高职高专规划教材

税务会计

第4版

主　编　唐　晓　何俐利

副主编　邵惠芳　刘喜波

参　编　司宇佳　黄瑞芳　杨　茜

机械工业出版社

本书根据最新税法规定和《企业会计准则》，阐述了税务会计的基本理论和我国现行税制下的15个税种的计算、纳税申报及会计处理方法和一般纳税筹划方法。本书既着眼于向学生提供系统的税务会计知识，更注重实际操作。每章均有一定的实例，章末进行小结，并配有基础知识与技能训练题，有利于学生巩固所学知识，提高学生分析、解决问题的能力。本书内容新颖实用，易于理解和掌握，可作为高职高专会计、财政税收、管理等经济类专业和成人职业教育教学用书，也可作为在职人员岗位培训教材及参考书。

本书配有电子课件等教师用配套教学资源。凡使用本书作为教材的教师或学校可向出版社索取，发送电子邮件至：cmpgaozhi@sina.com，咨询电话：010-88379375，QQ：945379158。

图书在版编目（CIP）数据

税务会计/唐晓，何俐利主编．—4版．—北京：机械工业出版社，2017.6
高职高专规划教材
ISBN 978-7-111-56886-5

Ⅰ．①税…　Ⅱ．①唐…　②何…　Ⅲ．①税务会计—高等职业教育—教材　Ⅳ．①F810.62

中国版本图书馆CIP数据核字（2017）第111379号

机械工业出版社（北京市百万庄大街22号　邮政编码100037）
策划编辑：孔文梅　　责任编辑：孔文梅
责任校对：张　征　　封面设计：鞠　杨
责任印制：李　昂
河北鑫兆源印刷有限公司印刷
2017年7月第4版第1次印刷
184mm×260mm・19.5印张・489千字
0 001— 3000册
标准书号：ISBN 978-7-111-56886-5
定价：44.90元

凡购本书，如有缺页、倒页、脱页，由本社发行部调换

电话服务	网络服务
服务咨询热线：010-88379833	机 工 官 网：www.cmpbook.com
读者购书热线：010-88379649	机 工 官 博：weibo.com/cmp1952
	教育服务网：www.cmpedu.com
封面无防伪标均为盗版	金 书 网：www.golden-book.com

前　言

税务会计是融会计知识、税法知识为一体的特种专业会计，它是在国家税收体制和会计制度的逐步完善且两者的差别明显的环境下，为适应会计实践的需要而从企业财务会计中分离出来的相对独立的会计分支。

为了满足税务会计实务工作的实践需求和高职高专税务会计教学的需要，我们编写了本书。为进一步适应会计教学、岗位培训、业务学习、自学进修和专业技术资格考试的需要，本书第4版在第3版的基础上，结合当前“营改增”税制重大改革理论与实践和会计教学实践中的经验，按照财政部、国家税务总局《关于全面推开营业税改征增值税试点的通知》（财税〔2016〕36号）、《财政部、国家税务总局关于全面推进资源税改革的通知》（财税〔2016〕53号）以及近年修订公布的《中华人民共和国增值税暂行条例》《中华人民共和国消费税暂行条例》《中华人民共和国个人所得税法》《中华人民共和国车船税法》和《中华人民共和国耕地占用税暂行条例》等最新税收政策法规和《企业会计准则》等，对本书进行了修订。与第3版相比，第4版的内容更新、更实用，也更科学规范。

本书第1版于2006年被评为“普通高等教育‘十一五’国家级规划教材”，之后历经多次修改修订，及时反映有关税法变动，现在的第4版共分九章，主要介绍了税务会计的基本理论，增值税会计，消费税会计，出口货物、劳务及跨境应税行为退（免）税会计，关税会计，企业所得税会计，个人所得税会计，其他税种会计和纳税调整与税收筹划等内容。

本书的编写要求和特点如下：

1．内容新颖性：本书编写过程中参阅了最新的注册会计师资格考试教材与新企业会计制度的有关规定及最新颁布的“营改增”等税收法规、政策等规定，吸收税务会计研究的最新成果，知识新，观点正确。

2．知识实用性：本书以税务会计核算为主线，全面、系统、详细和准确地介绍各税种会计核算各环节中的业务处理，可操作性强、实用价值高，税收筹划与纳税调整等适合现在社会的最新需求。

3．结构合理性：本书的编写由浅入深、循序渐进，结构、体例新颖，有利于体现教师的主导性和学生的主体性。

4．教材适用性：本书满足高职教学和税务会计实践的需要，体现了高职教育职业能力培养的特征，适用于高职高专会计、财政、税收专业的学生，也可用作企业会计人员、办税人员、税务干部的培训或自学的参考资料。

本书由唐晓（广西交通职业技术学院）、何俐利（吉林交通职业技术学院）担任主编，由邵惠芳（石家庄信息工程学院）、刘喜波（吉林交通职业技术学院）担任副主编。各章第1版的编写人员是：唐晓编写第一、六章，何俐利编写第二、四章，邵惠芳编写第三章，黄瑞芳（石家庄信息工程学院）编写第五章，杨茜（广西交通职业技术学院）编写第七章、

第八章第六节至第十节，刘喜波编写第八章第一节至第五节，司宇佳（石家庄信息工程学院）编写第九章。由唐晓根据财政部、国家税务总局陆续公布的各项最新税收法规和《企业会计准则》，修订推出了第4版。

为方便教学，本书配备电子课件、课后习题答案等教学资源。凡选用本书作为教材的教师均可登录机械工业出版社教育服务网 www.cmpedu.com 免费下载。如下载中出现问题，或对电子课件有宝贵建议，欢迎致电 010-88379375，QQ：945379158。

在本书编写过程中，参考了其他一些同类教材，并得到有关专家的热情支持和帮助，在此一并表示诚挚的谢意。

由于作者水平有限，编写时间仓促，书中的疏漏和不妥之处在所难免，敬请同行专家和广大读者予以批评指正。

编　者

目　　录

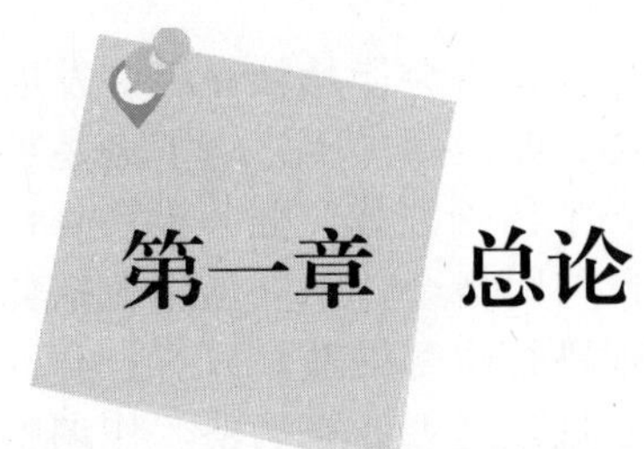

第一章　总论

【学习目的】 通过本章的学习，了解税务会计与财务会计的联系与区别，以及税务会计核算的一般方法及纳税基本程序。理解税务会计的概念及其特点，税务会计的职能与核算对象。掌握税务会计的基本前提和应遵循的基本制度。

【技能要求】 能以税务会计的基本理论解释财务会计中与税收相关的问题。

引　　言

某物流公司的副总经理兼财务主管霍先生近来一直为公司的涉税问题所困扰。由于现行税制日趋完善，与会计制度的差别越来越明显，公司财务部会计人员在执行会计制度上游刃有余，但对税法不熟，在涉税业务处理方面能力欠佳，经常是被动地接受税务机关的处理。就在最近，公司还因为对一笔已委托银行付款但尚未验收入库，也未取得增值税专用发票的外购货物进行了增值税进项税额的抵扣，而被税务稽查人员认定为过失偷税，并被罚款。一天上午，公司收到市国家税务局一个关于培训企业税务会计的通知，这正是公司所急需的，霍先生欣喜万分，他立刻决定派业务能力最强的会计去学习。他坚信由一个既精通会计业务又熟悉税务法律知识的会计人员专职处理涉税业务，一定能为公司减少或避免因不熟悉税收规定而未尽纳税义务所导致的损失。

那么，什么是税务会计，税务会计与财务会计有何联系和区别，税务会计的业务内容有哪些，等等，则是本章所要阐述的内容。

第一节　税务会计概述

一、税务会计的概念

税务会计是以纳税人为会计主体，以国家现行税收法律法规为依据，以货币为基本计量单位，运用会计的专门方法，对纳税人应纳税款的形成、计算和缴纳等税务活动所引起的税务资金运动进行连续、系统、全面的反映和监督的一门专业会计。

二、税务会计与财务会计的关系

税务会计是社会经济发展到一定历史阶段的必然产物，它是在完善的税收制度和财务会计制度条件下，为了满足社会发展的需要，而从财务会计中分离出来的，是企业会计的一个特殊领域。财务会计是税务会计产生和发展的基础，除纳税报表及其附表外，税务会计与财务会计共同使用包括凭证、账簿、报表在内的一套完整的会计账表，平时按会计准则进行账务处理。只有在会计准则与税法规定不符合时，或在纳税筹划需要时，才依照税法规定进行计算调整，作调整会计分录。税务会计寓于财务会计之中，是融税法和会计核算为一体的特种专业会计。

但税务会计与财务会计又有一定的区别，表现在以下几个方面：

（1）目标不同。税务会计的目标，是纳税人向税务部门及有关信息使用者及时提供真实准确的纳税信息，依法计算缴纳税额，正确履行纳税人的纳税义务，降低纳税成本和涉税风险，追求企业的纳税效益；而财务会计的主要目标，则是向政府管理部门、股东、经营者、债权人以及其他相关的报表资料使用者，及时、准确、完整地提供企业财务状况、经营成果和现金流量变动等有用的决策管理信息，利用会计信息更好地为企业本身的生产经营服务。

（2）业务处理依据不同。财务会计核算以会计准则为依据，讲求会计信息的客观真实、公允完整；税务会计则是依据税收法规进行会计处理，以保证足额、及时地缴纳税款，在税收法规与会计准则不一致时，税务会计是以税法为唯一依据进行相应的调整。目前我国的会计准则与税法规定的差异，主要表现在收益的确认口径、费用扣减标准和资产的取得、期末计价上。

（3）核算基础不同。企业财务会计是以权责发生制为核算基础，目的在于正确计算企业收益；而税务会计则是以收付实现制和权责发生制结合作为核算基础，这是由于税法综合考虑了纳税主体的现实支付能力。

（4）核算范围不同。企业财务会计以企业日常经营管理活动为主，核算企业生产经营过程中能以货币计量的全部经济事项，不论其是否与税务活动有关。而企业税务会计只核算与税务活动有关的经济事项，具体包括税务登记、计税依据的确定、应纳税款的计算、纳税申报、税款的解缴和退库、税务检查的调账等，与税务活动无关的事项不予核算。企业税务会计要对纳税申报、税款解缴、税款减免、税收筹划进行专门核算。企业财务会计则把以上项目作为附属。

三、税务会计的特点

税务会计与会计类的其他学科相比，主要有以下特点：

（1）税法导向性。以税收法规为准绳，确认、计量、记录和报告企业的税务信息，是税务会计的首要特性，也是税务会计区别于财务会计、管理会计的主要标志。如对资产的计价、收入的确认、成本的核算和费用的扣除等，会计准则与税法规定不一致时，税务会计是以税法规定为依据进行会计处理，以确保企业依法纳税。

（2）税务筹划性。税务筹划是纳税人在法律规定允许的范围内，通过对经营、投资、理财活动的事先策划和安排，尽可能地降低纳税成本，以求实现资金、成本和利润最佳效果的一种理财行为。税务会计不仅仅是反映、监督纳税人的税务资金运动，而且可以依据充分、可靠的税务信息，结合纳税人自身的特点，筹划纳税人的经营方式和纳税方式，实现纳税人不多缴税、减轻税负的目的。

（3）“财”“税”核算方法同一性。税务会计运用财务会计的专门方法进行核算。由于税务会计是从财务会计中分离出来的，是财务会计中的税务部分，是税法在会计核算中的运用处理，因此，税务会计的核算方法与财务会计的核算方法是相同的。具体包括设置会计科目和账户、复式记账、填制和审核会计凭证、登记账簿、成本核算、财产清查、编制会计报表等。但在我国目前的会计制度下，税务会计并不需要在财务会计的会计账表之外再单独设置一套会计账表，而是在会计核算基础上对税法与财务会计制度的差异进行纳税调整；也不需要专设税务会计机构。

（4）信息专一性。税务会计反映和监督的是纳税人的税务资金运动过程，所提供的是纳税人税务活动信息，与税务活动无关的经济活动不予反映。

四、税务会计的职能与核算对象

（一）税务会计的职能

税务会计的职能指税务会计本身所固有的职责和功能。税务会计的主要职能包括如下几个方面：

（1）核算职能。税务会计依据税法，对纳税人在生产经营的不同阶段所发生的应纳税款进行确认、计量、计算，并通过纳税申报、缴纳税款等核算程序，连续、全面、系统地反映纳税人的税务活动全过程和结果。

（2）监督职能。监督职能是对税务活动的合法性进行监督，目的是为了正确处理国家与纳税人之间的税收利益关系。税收是一种分配形式，造成了国家与纳税人之间的经济利益冲突，两者是矛盾对立统一体的两个侧面。税务会计既要维护国家利益，在税务活动中严格执行税法规定，及时发现并纠正不符合税法规定的行为，也要维护纳税人的合法权益，对税务机关在执法中存在的问题提出建议，对税务人员营私舞弊行为有权进行检举或控告。

（3）提供税务咨询服务的职能。由于目前我国税收制度和会计制度正处于重大变革阶段，为了体现税收与会计制度的原则和目标以及适应市场经济发展变化的新情况，税收与会计制度的具体政策规定越来越丰富，两者的差异也越来越大，从而使得纳税人的涉税关系越来越复杂。精通税收法规的税务会计可以为纳税人提供税务咨询服务，从而有助于纳税人增强诚信纳税意识，树立良好的纳税信用，避免或减少涉税风险。

（二）税务会计核算对象

税务会计核算对象是指税务会计所要核算和监督的内容，是纳税人在其生产经营过程中可用货币表现的与税收相关的经济活动。具体来说，包括以下内容：

1．生产经营收入

生产经营收入是指企业在生产经营活动中销售商品或提供劳务所取得的各种收入，它是计算增值税、消费税等流转税及所得税等收益税的依据。因而，生产经营收入核算是否全面、真实、完整，关系到税款计算的准确与否和能否及时、足额上缴国库。

2. 生产经营的成本费用及损失

生产经营的成本费用及损失指企业生产经营过程中发生的各种耗费及因市场变化、意外灾害等原因造成的损失，是企业所得的抵减项。因此，生产经营成本费用及损失的核算是否以税收法律法规为依据，关系到应纳税所得额的计算正确与否，从而关系到所得税计算和缴纳的正确性。

3. 经营成果分配

经营成果是企业在一定会计期间内实现的利润总额，也是企业一定时期的经营所得。税法规定企业经营成果必须以上缴所得税的形式在企业与国家之间进行分配，但利润总额并不等同于税法规定中的应税所得额。因此，税务会计必须保证经营成果计算正确以保证所得税的正确计缴，而且，当企业财务会计核算的经营成果与按税法要求核算的结果不一致时，税务会计必须按照税法规定的要求及时调整财务会计核算的结果。

4. 税款的计算与纳税申报

纳税人必须严格按照税收法规的要求，准确计算应缴税额，并且依法将计提的税款及时上缴国库。缴纳税款时，纳税人必须按法定的程序编制纳税申报表，填制税收缴款书，经税务征收机关审核无误后及时缴纳。准确无误地计算税款及编制纳税申报表，是税务会计核算的主要内容。

5. 缴纳罚金和税收减免

纳税人因违反税收法规、因超过规定期限缴纳税款，税务机关应对其加征罚款和滞纳金。罚款和滞纳金的计算缴纳不可避免地影响到企业税收资金运动，因而正确计算、缴纳罚金也成为税务会计核算、监督的内容之一。

税收减免也叫减税免税。减税是指纳税人的应征税款减征一部分，免税是指纳税人的应征税款全部免予征收。税收减免需要严格按照税法规定的管辖权限、减免范围和减免幅度进行计算、审批。由于税收减免也会引起税收资金运动的变化，因而正确计算、监督税收减免也是税务会计的重要内容。

五、税务会计的基本前提和应遵循的基本制度

（一）税务会计的基本前提

税务会计以财务会计为基础，财务会计中的基本前提有些也适用于税务会计，如会计分期、货币计量等。但由于税务会计有自己的特点，其基本前提也有其特殊性。

1. 纳税主体

纳税主体是指税务会计为之服务的、按税法规定直接负有纳税义务并能够独立承担纳税义务的单位和个人，包括自然人和法人。纳税主体概念限定了税务会计为之服务的范围，税务会计就在这一范围内核算计缴税款和向税务部门申报纳税。纳税主体与会计主体有密切联系，但不一定等同。会计主体是财务会计为之服务的特定单位或组织。一般企业既是财务会计主体，也是纳税主体。但有时两者有区别。在我国某些垂直领导的行业，如铁路、银行，由中国铁路总公司、各总行集中纳税，则中国铁路总公司、各总行是纳税主体，其

基层单位是会计主体，但不是纳税主体。又如，由若干母、子公司组成的控股公司，在编制合并会计报表时，被视为一个独立的会计主体，而在纳税时，控股公司内的母、子公司各自缴纳自己的税款，它们都是独立的纳税主体。

2. 持续经营

持续经营的前提意味着该纳税主体将在未来无限长的时间里继续经营下去，并实现其现在的承诺，如预期所得税在将来要继续缴纳。这是所得税税款递延、亏损前溯或后转以及暂时性差异能够存在，并且能够使用资产负债表债务法进行所得税跨期摊配的基础所在。

3. 货币时间价值

货币的拥有者因放弃对货币的使用权并根据其时间的长短所获得的报酬，就是货币的时间价值。这一基本前提实际上已体现在税收立法、税收征管上，各个税种都明确纳税义务的确认原则、纳税期限和缴税期限，以保证国家的利益不受损害。纳税人也同样为维护自身利益而进行税务筹划，尽量推迟纳税。货币时间价值也为所得税会计中采用资产负债表债务法进行纳税调整奠定了基础。

4. 纳税会计期间

纳税会计期间亦称纳税年度，是指纳税人按照税法规定选定的纳税年度。为了保证在税法规定的纳税期限内及时、足额地缴纳税款，在持续经营前提下，把纳税人持续经营期间的税务活动人为地等距离划分为一定期间，据以及时计算、申报、缴纳税款，结算账目，编制报告，及时披露税务活动信息。我国税法规定的纳税会计期间是自公历 1 月 1 日起至 12 月 31 日止。

（二）税务会计应遵循的基本制度

为了顺利履行税务会计职能，税务会计工作必须遵循以下制度规定：

1. 会计准则等法规制度

对于《会计法》《企业会计准则》等法规制度，与其他专业会计一样，税务会计也必须遵照执行。只有当会计准则与税收规定有差别时，才按税收的规定执行。

2. 纳税申报制度

纳税申报制度，是企业履行纳税义务的法定程序，按规定向税务机关申报缴纳应缴税款的制度。企业税务会计应根据各税种的不同要求真实反映纳税申报的内容。

3. 减免税、退税与延期纳税的制度

企业可按照税收规定，申请减税、免税、退税和延期纳税。按照税务机关的具体规定办理书面申报和报批手续，应附送有关报表，以供税务机关审查。批准前，企业仍应申报纳税，减免税到期后，企业应主动恢复纳税。

4. 企业纳税自查制度

企业纳税自查，是企业自身监督本单位履行纳税义务，防止和纠正错计税、少缴税、欠税的一种手段。企业内部对账务、票证、经营、核算、纳税情况等进行自行检查，以避免应税方面的疏漏而给企业造成不应有的损失。

六、税务会计的核算方法

税务会计核算方法是对企业缴纳税款的形成、计算和缴纳过程的经济业务进行连续、

完整、系统的记录和计算，提供纳税信息所应用的方法。主要包括设置会计科目和账户，复式记账，填制、审核税务会计凭证，登记账簿，填制纳税申报表等。目前我国尚未建立完整独立的税务会计核算制度，其会计核算方面的有关规定分散在各种具体的税收法规之中，税务会计的核算是按会计准则的规定，设置“应交税费”等相关科目对企业税务资金运动进行反映。由于核算方法基本与财务会计相同，在此仅介绍税务会计科目设置和税务会计凭证，纳税申报则在本章第二节介绍。

（一）税务会计科目设置

（1）设置“应交税费”会计科目。该科目属于负债类会计科目，除印花税、关税、车辆购置税、契税及耕地占用税等不需预缴的税种外，其余各税种的应缴、预缴、已缴税款业务，均通过“应交税费”科目进行核算，是我国目前会计核算中唯一能较全面地反映企业税务资金运动的会计科目。该科目按税种及特殊业务事项设置明细账进行明细核算。

（2）设置“所得税费用”“递延所得税资产”“递延所得税负债”科目。这三个科目分别用于核算所得税费用和暂时性差异对所得税的影响。

（3）设置“税金及附加”科目。该科目核算企业经营活动发生的消费税、城市维护建设税、资源税和教育费附加等相关税费。

（4）设置“以前年度损益调整”科目。该科目核算企业本年度发生的调整以前年度损益的事项，以及本年度发现的重要前期差错更正涉及调整以前年度损益的事项。由于以前年度损益调整增加或减少的所得税，通过本科目核算。

（5）设置“营业外收入”科目和“营业外支出”科目。“营业外收入”科目核算企业实际收到即征即退、先征后退、先征税后返还的增值税或直接减免的增值税。

（6）设置“其他应收款——应收出口退税款”科目。该科目核算企业销售出口货物后，按规定向税务机关办理“免、抵、退”税申报，所计算得出的应退税额和实际收到的出口货物的应退税额。

（7）因违反税法规定而应缴纳的各种罚款、滞纳金等，按照会计准则计入“营业外支出”科目，但在计算应纳税所得额时，不得抵扣所得额，应作相应调整。

企业计提或计缴税金时，应分别税种记入有关科目。为便于了解，以下按税种涉及的一般会计科目列表做一总结（见表1-1），有关业务的具体运用将在本书以后章节详细说明。

表1-1 各税种涉及的会计科目表

会计科目	记入科目税种
税金及附加	消费税、出口关税、资源税、土地增值税、城市维护建设税、教育费附加、房产税、城镇土地使用税、车船税、印花税
所得税费用 递延所得税资产 递延所得税负债	所得税
在建工程	耕地占用税
固定资产	契税、车辆购置税
无形资产	契税
固定资产清理	土地增值税
应交税费	增值税、消费税、关税、企业所得税、个人所得税、资源税、土地增值税、城市维护建设税、教育费附加、房产税、城镇土地使用税、车船税

（二）税务会计凭证

税务会计凭证是记载纳税人有关税务活动，具有法律效力并据以登记账簿的书面文件。税务会计凭证种类繁多，大致可分为以下几类：

1. 应征凭证

应征凭证是税务机关用以核定纳税人应缴税金发生情况的证明，也是税务会计核算应征税金的原始凭证。应征凭证包括纳税申报表、代扣代缴税费报告表、定额税款通知书、应缴税款核算书、预缴税款通知单、审计决定书和财政监督检查处理决定书。

2. 减免凭证

减免凭证是税务机关按税法规定的内容和程序准予纳税人减税、免税并由税务机关填制的，用以确定实际减免税款的一种原始凭证。减免凭证包括载有减免税款的纳税申报表、抵顶欠税的减免税批准文件、办理减免退库的收入退还书、载有减免退税的提退清单。

3. 征缴凭证

征缴凭证是税务机关向纳税人征收税款时使用的完税证明，也是纳税人实际上缴税金的原始会计凭证。它包括：税收缴款书、出口货物税收专用缴款书、税收完税证、代扣代缴税款凭证、税收罚款收据、印花税票及印花税票销售凭证、税收收入退还书、出口货物完税分割单、纳税保证金收据、车船税标志等。

4. 特种会计凭证

增值税专用发票是税务会计的特种会计凭证，它不仅是纳税人经济活动的重要商业凭证，也是记载销货方纳税义务和购货方抵扣税款的合法凭证。

第二节 纳 税 基 础

一、税收的概念及其特征

（一）税收的概念

税收指国家为实现国家职能，凭借其政治权力，按照法律事先规定的标准，参与单位和个人的财富分配，强制、无偿地取得财政收入的一种手段。

（二）税收的基本特征

1. 强制性

强制性是指国家凭借政治权力，通过颁布法律、法令进行强制征税。只要纳税人取得了应税收入或发生应税行为，就必须依法纳税，否则就是违法，将受到法律的制裁。

2. 无偿性

无偿性是指国家征税后税款即为国家所有，不再直接返还给纳税人，也不需要向纳税人支付任何代价或报酬。

3．固定性

固定性指国家事先以法律的形式规定的征税对象及每一征税对象的征收比例或征收数额，是相对固定的，并只能按预定标准征收，而不能无限度地征收。纳税人取得了应税收入或发生应税行为，也必须按税法规定的比例或数额如数缴纳，而不能改变相应标准。但随着社会经济条件变化，国家有权力修改具体的征税标准。

税收的这三个特性是互相联系的统一整体，是税收区别于其他财政收入形式的重要标志，也是鉴别一种财政收入是否属于税收的基本尺度。

二、税收制度及其构成要素

税收制度简称税制，是国家以法律形式规定的各种税收法律、法规和征收管理办法的总称，税收制度由纳税人、征税对象、税目、税率、纳税环节、纳税期限、减税免税和违章处理等要素构成，其中纳税人、征税对象、税率是最基本的三个要素。

（一）纳税人

纳税人即纳税义务人，是税法规定的直接负有纳税义务的单位和个人，是纳税主体，是税收制度构成的最基本的要素之一。从法律的角度划分，纳税人可分为法人和自然人两种。

（1）作为纳税人的法人，是指经工商行政管理机关审查批准和登记、具备必要的生产手段和经营条件、实行独立经济核算并能承担经济责任、能够依法行使权利和义务的单位、团体。

（2）作为纳税人的自然人，是指负有纳税义务的公民个人。

在实际纳税过程中，与纳税人有关的概念如下：

（1）扣缴义务人，是指税法规定对国家负有代扣代缴、代收代缴税款义务的单位和个人。

代扣代缴是指在经济往来中向纳税人支付收入、所得时，将纳税人应缴的税款扣除下来并代为缴纳。一般适用于税源分散，容易流失，需要进行源泉控制的税种。

代收代缴是指在经济往来中向纳税人收取收入、所得时，将纳税人应缴纳的税款代为收下并代为缴纳。一般适用于税收网络覆盖不到或很难控管的领域。

（2）负税人，是指实际负担税款的单位和个人。有的税种，纳税人就是负税人，如我国的所得税，税款是由纳税人直接负担；有些税种，虽然是由纳税人直接缴纳税款，但税款的实际负担者并不是纳税人本身，纳税人只是履行一种纳税义务。纳税人如果能够通过一定途径把税款转嫁或转移出去，纳税人就不再是负税人。

（二）征税对象

征税对象是指税法规定的征税的目的物，亦称课税客体。每一种税都必须明确规定对什么征税，不同的税种有不同的征税对象，它是一个税种区别于另一个税种的主要标志。按征税对象的不同性质，可将一个国家的全部税种划分为五类：

（1）流转征税，是以商品流转额、商品增值额和非商品流转额为征税对象的税收形式，如增值税、关税等。

（2）收益征税，是以净收益、总收益或利润、利息、租金、股息、红利、特许权使用费、劳务报酬、工资、薪金等为征税对象的税收形式，如企业所得税、个人所得税等。

（3）财产征税，是以所有者或支配者的财产数量或价值额为征税对象的税收形式，如房产税、契税等。

（4）资源征税，是以金属矿产、非金属矿产、森林资源、水资源、土地资源、海洋资源以及阳光资源等为征税对象的税收形式，如资源税、耕地占用税等。

（5）行为征税，是以发生的各种特定行为为征税对象的税收形式，如印花税。

确定征税对象的同时还必须确定计税依据。

计税依据又称税基，是征税的客观基础，是税法规定具体计算应征税额的计量单位和标准。它既可以是实物数量，也可以是价值金额。征税对象是从质的方面对征税所做的规定，计税依据则是从量的方面对征税所做的规定，是征税对象量的具体表现。

（三）税目

税目是征税对象的具体项目，它具体地规定一个税种的征税范围，是征税广度的体现。有些税种征税对象简单、明确，没有必要再另行规定税目；有些税种征税对象复杂，需要规定税目。如消费税以消费品为征税对象，但对哪些消费品征税，需要通过税目来规定。

税目一般又可分为列举税目和概括税目两种。列举税目是采用一一列举的方法规定的税目，凡列举的才征税，没有列举的则不征税，如消费税。概括税目是采用概括方法规定的税目，如资源税中的“其他非金属矿原矿”。

（四）税率

税率是应纳税额与征税对象之间的比例，是应纳税额计算的尺度。它体现征税的深度，是税收制度的中心环节。我国现行税率大致可分为三种：

1. 比例税率

比例税率是对同一征税对象或同一税目，不论数额大小，只规定同一比例的税率。

2. 定额税率

定额税率亦称固定税额，是税率的一种特殊形式。它按征税对象的一定计量单位规定固定税额，而不是规定征收比例。定额税率一般适用于从量计征的某些税种。

3. 累进税率

累进税率是按征税对象数额的大小，划分若干等级，每个等级由低到高规定相应的税率，征税对象数额越大税率越高，数额越小税率越低。累进税率因计算方法和依据的不同，又分为全额累进税率、全率累进税率、超额累进税率、超率累进税率四种。我国现行税制体系中采用全额累进税率、超额累进税率、超率累进税率三种。

在实际工作中超额累进税计算通常采用“速算扣除数”的办法，计算公式为

$$应纳税额=应纳税所得额\times适用税率-速算扣除数$$

根据该公式即可直接计算应纳税额，不必分级分段计算。公式中的速算扣除数通常事

先计算出来附在税率表中与税率表一同颁布。

（五）纳税环节

纳税环节是商品在流转过程中缴纳税款的环节。任何一种税都要确定纳税环节，有的税种纳税环节比较明确、固定，有的税种则需要在许多流转环节中选择和确定适当的纳税环节。如对一种商品，在生产、批发、零售诸环节中，可以选择只在生产环节征税，称为"一次课征制"，也可以选择在两个环节征税，称为"两次课征制"，还可以实行在所有流转环节都征税，称为"多次课征制"。

（六）纳税义务发生时间

在实际工作中，对税款征收的时间有三种规定：一是纳税义务发生时间；二是纳税期限；三是税款缴库期限。纳税义务发生时间是指纳税人发生应税行为，应当承担纳税义务的起始时间。

（七）纳税期限

纳税期限是负有纳税义务的纳税人向国家缴纳税款的最后时间限制。它是税收强制性、固定性在时间上的体现。我国现行税制的纳税期限有按期纳税，按次纳税，按年计征、分期预缴三种形式。

（八）税款缴库期限

税款缴库期限是指纳税计算期满以后，纳税人报缴税款的法定期限。由于纳税人对纳税计算期内的应纳税款进行结算和办理缴税手续需要一定的时间，因而税法又规定了各税种税款的入库期限。

（九）纳税地点

纳税地点是指纳税人缴纳税款的地点。分三种情况：

（1）在纳税人从事生产经营的所在地缴纳税款。

（2）在营业行为发生地缴纳税款，在什么地方营业，就在什么地方纳税。非固定业户销售应税劳务，其应纳税款应向销售地税务机关缴纳。

（3）汇总集中缴纳，当总机构和分支机构不在同一市（县）的，其分支机构的应纳税款可以由总机构汇总缴纳。

（十）减税免税

减税免税是对某些纳税人和征税对象给予鼓励和照顾的一种措施。国家的税收制度是根据一般情况制定的，具有普遍性。但在国民经济中总有一些特殊情况。同时，根据国家某些经济政策，对某些特殊情况需要在税收上给予扶持和照顾。减税免税可以把税收的严肃性和必要的灵活性结合起来，体现因地制宜和因事制宜的原则，更好地贯彻税收政策。

减免税可以分为以下三种基本形式：

（1）税基式减免。这是通过直接缩小计税依据的方式实现的减税免税。

（2）税率式减免税。具体包括：

1）重新确定税率。

2）选用其他税率。

3）零税率。零税率是以零表示的税率，它表明纳税对象的持有人负有纳税义务，但不需要缴纳税款。

（3）税额式减免，即通过直接减少应纳税额的方式实现的减免税。具体包括：①全部免征；②减半征收；③核定减免率；④另定减征额等。

（十一）税收的加征

税收的加征是加重纳税人负担的措施，包括税收附加和税收加成两种形式。

（十二）违章处理

违章处理是对纳税人发生违反税法行为采取的惩罚措施。它是税收强制性在税收制度中的体现。纳税人必须依法按期、足额地缴纳税款。凡有拖欠税款、逾期不交、偷税漏税等违反税法者，都应受到制裁，包括经济制裁和法律制裁。违章处理的措施有加收滞纳金、处以罚款、送交人民法院依法处理等。

三、纳税基本程序

纳税基本程序是指纳税人在履行纳税义务过程中所必须遵守的各项制度的总称。从纳税人角度而言，主要包括税务登记、纳税申报、税款缴纳等。

（一）税务登记

税务登记又称纳税登记，是纳税人按照税法规定，就其经营活动，在指定的时间内，向所在地税务机关办理书面登记的一项制度。税务登记是税务机关对纳税人的开业、转业、改组、分设、合并、联营、迁移、停业、破产等活动进行注册备案的行为过程。税务登记的基本内容包括：开业税务登记、变更税务登记、注销税务登记。

（二）纳税申报

纳税申报是纳税人为正确履行纳税义务，就纳税有关事项向税务机关提出书面报告的一项法定手续，也是基层税务机关办理征收业务，核实应征税款，开具纳税凭证的主要依据。

1. 纳税申报的要求

（1）纳税人在领取税务登记证后于次月规定的纳税申报期限内，无论有无经营收入和所得或无论有无应纳税款发生，均应按经营范围和经营项目的实际收入（包括零申报）依适用的税种、税目和税率向主管税务机关（科、所）报送纳税申报表及其他证件资料。无收入的企业也必须履行申报手续，并在纳税申报表的“经营收入”或“所得”一栏填上“零”或“无”，即进行“零申报”。（季度报送财务会计报表）

（2）扣缴义务人也应在规定的申报期限内向主管税务机关（科、所）报送代扣代缴、代收代缴税款报告表及其他有关资料。

（3）临时经营的纳税人应到所在地主管税务机关办理纳税申报。

（4）纳税人按政策或经批准享受减税、免税待遇的，在减免税期间，也应办理纳税申报。其内容包括应纳税额、减免税额、实际应缴纳税额。

2．违章处罚

（1）纳税人未按照规定的期限办理纳税申报和报送纳税资料的，或者扣缴义务人未按照规定的期限向税务机关报送代扣代缴、代收代缴税款报告表和有关资料的，由税务机关责令限期改正，可以处2 000元以下的罚款；情节严重的，可以处2 000元以上1万元以下的罚款。

（2）纳税人不进行纳税申报，不缴或者少缴应纳税款的，由税务机关追缴其不缴或者少缴的税款、滞纳金，并处不缴或者少缴的税款50%以上5倍以下的罚款。

（3）纳税人未按照规定期限缴纳税款，扣缴义务人未按照规定期限解缴税款的，税务机关除责令限期缴纳外，从滞纳税款之日起，按日加收滞纳税款万分之五的滞纳金。

纳税申报可以采取直接到税务机关办理纳税申报、邮寄申报、电子申报等方式（纳税申报表的格式见以后各章节的附表）。

（三）税款缴纳

纳税人纳税申报过后，随即将应纳税款缴入国库，履行纳税人的纳税义务。

纳税人应当按照主管国家税务机关确定的征收方式缴纳税款。缴纳税款的方式一般有自核自缴、申报核实缴纳、申报查定缴纳、定额申报缴纳等几种。

本章小结

本章阐述了税务会计的基本理论和方法，包括税务会计的概念及其特点，税务会计的职能与核算对象，税务会计与财务会计的联系与区别，税务会计的基本前提和应遵循的基本制度，以及税务会计核算的一般方法和纳税基本程序。本章重点应掌握税务会计的概念及其特点，税务会计的职能与核算对象。

基础知识与技能训练题

一、名词解释

纳税主体　　税务会计凭证　　应征凭证　　征缴凭证　　税务会计核算方法

二、简答题

1．简述税务会计的概念及其特点。

2．税务会计的职能是什么？

3．简述税务会计与财务会计的区别。

4．简述税务会计核算对象。

5. 简述纳税基本程序。

三、单项选择题

1. 税务会计的目标是（　　）。
   A. 依法正确计缴税款，提供企业税务活动信息
   B. 向企业报表的使用者提供财务信息
   C. 向经营管理者提供生产经营信息
   D. 不择手段追求企业纳税最小化
2. 税务会计的监督职能是对（　　）进行监督。
   A. 企业的资金运动　　B. 企业的生产经营过程
   C. 企业税务活动的合法性　　D. 企业的经营成果分配
3. 税务会计核算的对象是（　　）。
   A. 用货币表现的与税收相关的经济活动
   B. 企业生产经营活动
   C. 企业的生产活动
   D. 企业的资金运动过程
4. 独立核算但由总部集中纳税的基层单位是（　　）。
   A. 会计主体　　B. 纳税主体
   C. 法律主体　　D. 经营主体
5. 目前我国税务会计核算中用于全面反映企业税务资金运动的会计科目是（　　）。
   A. 税金及附加　　B. 所得税费用
   C. 应交税费　　D. 管理费用
6. 下列属于应征凭证的是（　　）。
   A. 税收缴款书　　B. 增值税专用发票
   C. 税收完税证　　D. 纳税申报表
7. 企业财务会计制度与税法规定不一致时，税务会计依据（　　）进行调整。
   A. 企业会计准则　　B. 税法
   C. 企业财务通则　　D. 会计法
8. 下列不属于税收特征的是（　　）。
   A. 强制性　　B. 无偿性
   C. 固定性　　D. 返还性
9. 下列税种业务发生时不能计入“税金及附加”科目的是（　　）。
   A. 消费税　　B. 城市维护建设税
   C. 出口关税　　D. 耕地占用税
10. 下列不属于税收制度基本要素的是（　　）。
   A. 纳税人　　B. 税目　　C. 税率　　D. 征税对象

四、多项选择题

1. 税务会计的基本前提包括（　　）。
   A. 纳税主体　　B. 持续经营
   C. 货币时间价值　　D. 纳税会计期间

E．会计主体

2．税务会计的核算内容包括（　　）。

A．生产经营收入　B．生产经营成本费用及损失

C．经营成果分配　D．税款计算与申报

E．缴纳罚金和税收减免

3．税务会计与会计类其他学科相比有以下特点（　　）。

A．税法导向性　B．税务筹划性

C．“财”“税”核算方法同一性　D．信息专一性

E．一贯性

4．按我国目前税务会计核算的科目设置，发生下列税种的业务应通过“应交税费”科目核算（　　）。

A．增值税　B．印花税　C．消费税　D．关税

E．所得税

5．下列属于税务会计凭证的是（　　）。

A．纳税申报表　B．办理减免退库的收入退还书

C．税收完税证　D．差旅费报销单

E．商品入库单

6．税务会计与财务会计的区别在于（　　）。

A．目标不同　B．业务处理依据不同

C．核算基础不同　D．核算范围不同

E．核算方法不同

7．税务会计应遵循的基本制度包括（　　）。

A．会计准则　B．纳税申报制度

C．减免税、退税与延期纳税的制度　D．企业纳税自查制度

E．定期汇报制度

8．税务会计的职能是（　　）。

A．核算反映职　B．监督职能

C．控制职能　D．提供税务咨询服务的职能

E．决策职能

9．我国现行税率大致可分为（　　）。

A．比例税率　B．定额税率　C．累进税率　D．分级税率

E．分类税率

10．税务会计中应计入“管理费用”科目的是（　　）。

A．车辆购置税　B．印花税

C．房产税　D．城镇土地使用税

E．车船税

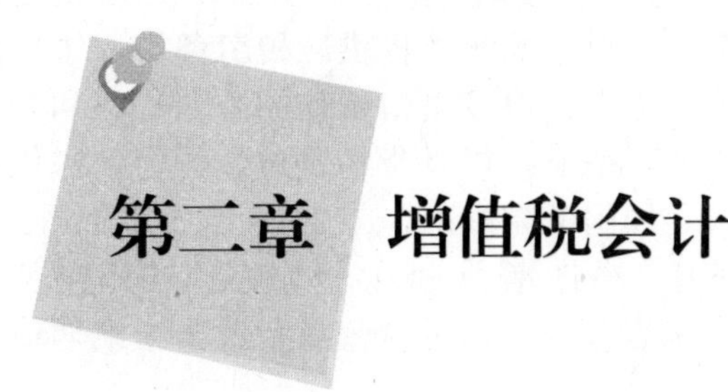

第二章　增值税会计

【学习目的】通过本章的学习，了解增值税的特点、征收范围，熟悉增值税一般纳税人和小规模纳税人计算增值税的方法及管理，掌握增值税的会计处理。

【技能要求】学会增值税的计算，能够进行商品流通企业、工业企业及交通、金融、服务等企业增值税的会计处理及增值税的纳税申报。

引　言

某工业企业系增值税一般纳税人。某月某日有一笔这样的业务：购进原材料一批，已验收入库，取得增值税专用发票一张，注明价款 100 000 元（其中 20 000 元原材料直接发放给职工作为职工福利），增值税额 17 000 元，取得运输部门开具的增值税专用发票一张，注明运费 6 000 元，增值税额 660 元，款项均未支付，企业账务处理如下：

借：原材料　　86 000
　　应付职工薪酬——职工福利费　　20 000
　　应交税费——应交增值税（进项税额）　　17 660
　　贷：应付账款　　123 660

那么该企业此笔增值税业务的会计处理是否正确？为什么？有关增值税的会计处理是如何规定的呢？通过本章的学习你将会得到答案。

第一节　增值税概述

一、增值税含义及其类型

（一）增值税的含义

增值税是以商品（含应税劳务和应税服务）在流转过程中产生的增值额为征税对象而

征收的一种流转税。

按照我国增值税法的规定，增值税是对在我国境内销售货物或者提供加工、修理修配劳务（以下简称“提供应税劳务”），销售服务、无形资产及其不动产（以下简称“发生应税行为”），以及进口货物的企业单位和个人，就其销售货物、提供应税劳务、发生应税行为的增值额，以及货物进口金额为计税依据而课征的一种流转税。

经国务院批准，自2016年5月1日起，在全国范围内全面推开营业税改征增值税（以下称“营改增”）试点，建筑业、房地产业、金融业、生活服务业等全部营业税纳税人，纳入试点范围，由缴纳营业税改为缴纳增值税。

（二）增值税的类型

增值税可以有多种分类方法。按增值税纳税基数分主要有：

1. 生产型增值税

所谓生产型增值税，就是在计算应纳增值税额时，只允许从当期销项税额中扣除原材料等劳动对象的已纳税款，而不允许扣除固定资产所含税款的增值税。由于从整个社会来说，负担税款的是固定资产和消费资料，即以国民生产总值为计税依据，故称之为生产型增值税。由于这种类型增值税的扣除范围不包括固定资产，因此，它在一定程度上仍带有重复征税的问题，不利于投资较大的生产企业的专业分工与协作，但对资本有机构成低的行业、企业和劳动密集型生产有利。采用这种增值税类型的国家是一部分发展中国家。

2. 收入型增值税

所谓收入型增值税，就是在计算应纳增值税额时，只允许从当期销项税额中扣除折旧部分所含税金。这样，从全社会来看，实际上是对国民收入征税，故称之为收入型增值税。

3. 消费型增值税

所谓消费型增值税，就是在计算应纳增值税额时，对纳税人购入固定资产的已纳税款，允许一次性地从当期销项税额中全部扣除，从而使纳税人用于生产应税产品的全部外购生产资料都不负担税款。这样，从全社会来看，实际上是对国民收入中的消费资料部分征税，故称之为消费型增值税。

在上述三种类型的增值税中，生产型增值税的税基最大，消费型增值税的税基最小。一般说来，发达国家大都实行消费型增值税。2008年底以前我国实行的是生产型增值税，自2009年1月1日起在全国范围内实施增值税转型改革，将生产型增值税转变为消费型增值税，全国所有增值税一般纳税人新购进设备所含的进项税额可以计算抵扣。

二、增值税纳税义务人和扣缴义务人

（一）纳税义务人

根据《中华人民共和国增值税暂行条例》（以下简称《增值税暂行条例》）和《营业税改征增值税试点实施办法》规定，凡在中华人民共和国境内（以下简称“境内”）销售货物、提供应税劳务、发生应税行为以及进口货物的单位和个人，为增值税的纳税人。

单位是指企业、行政单位、事业单位、军事单位、社会团体及其他单位。

个人是指个体工商户及其他个人。

在境内销售或者进口货物、提供应税劳务的单位租赁或承包给其他单位或个人经营的，承租人或者承包人为纳税人。单位以承包、承租、挂靠方式经营的，承包人、承租人、挂靠人（以下统称承包人）以发包人、出租人、被挂靠人（以下统称发包人）名义对外经营并由发包人承担相关法律责任的，以该发包人为纳税人。否则，以承包人为纳税人。

（二）扣缴义务人

中华人民共和国境外（以下称“境外”）单位或者个人在境内销售货物、提供应税劳务、发生应税行为，在境内未设有经营机构的，以购买方为增值税扣缴义务人。财政部和国家税务总局另有规定的除外。

三、一般纳税人和小规模纳税人的认定

增值税实行凭专用发票抵扣税款的制度，客观上要求纳税人具备健全的会计核算制度和能力。在实际经济生活中我国增值税纳税人会计核算水平差异较大，大量小企业和个人还不具备用专用发票抵扣税款的条件，为简化增值税的计算和征收，减少征管漏洞，税法将增值税纳税人按会计核算水平和经营规模分为一般纳税人和小规模纳税人。

一般纳税人是指销售货物或应税行为的年应征增值税销售额（以下简称年应税销售额）超过财政部和国家税务总局规定的小规模纳税人标准的企业和企业性单位。

小规模纳税人是指年应税销售额在规定标准以下，并且会计核算不健全，不能按规定报送有关税务资料的增值税纳税人。

根据《增值税暂行条例》及其《中华人民共和国增值税暂行条例实施细则》（以下简称《增值税暂行条例实施细则》）的规定，小规模的认定标准是：

（1）从事货物生产或者提供应税劳务的纳税人，以及以从事货物生产或者提供应税劳务为主，并兼营货物批发或者零售的纳税人，年应征增值税销售额（以下简称年应税销售额）在50万元以下（含本数，下同）的；“以从事货物生产或者提供应税劳务为主”是指纳税人的年货物生产或提供应税劳务的销售额占全年应税销售额的比重在50%以上。

（2）对上述规定以外的纳税人（不含提供应税服务的纳税人），年应税销售额在 80万元以下的。

（3）年应税销售额超过小规模纳税人标准的其他个人按小规模纳税人纳税。

（4）非企业性单位、不经常发生应税行为的企业可选择按小规模纳税人纳税。

（5）应税服务的年销售额标准为500万元，应税服务年销售额未超过500万元的纳税人为小规模纳税人。

符合一般纳税人条件的纳税人应当向主管税务机关办理一般纳税人资格登记。一经登记为一般纳税人后，不得转为小规模纳税人。

四、增值税的征税范围

根据《增值税暂行条例》和《营业税改征增值税试点实施办法》规定，增值税的征收范围如下：

（一）征税范围的一般规定

现行增值税征税范围的一般规定包括销售或者进口的货物、提供的应税劳务和发生的应税行为。

1．销售或者进口的货物

“货物”是指有形动产，包括电力、热力、气体在内。销售货物是指有偿转让货物的所有权。

2．提供的应税劳务

应税劳务是指纳税人提供的加工、修理修配劳务。加工是指受托加工货物，即委托方提供原料及主要材料，受托方按照委托方的要求制造货物并收取加工费的业务；修理修配是指受托方对损伤和丧失功能的货物进行修复，使其恢复原状和功能的业务。“提供应税劳务”是指有偿提供加工和修理修配劳务。单位或个体工商户聘用的员工为本单位或雇主提供加工、修理修配劳务不包括在内。

3．发生的应税行为

应税行为分为三大类，即销售应税服务、销售无形资产和销售不动产。其中：销售应税服务，是指提供交通运输服务、邮政服务、电信服务、建筑服务、金融服务、现代服务、生活服务。

具体征税范围如下：

（1）交通运输服务。交通运输服务，是指利用运输工具将货物或者旅客送达目的地，使其空间位置得到转移的业务活动，包括陆路运输服务、水路运输服务、航空运输服务和管道运输服务。

1）陆路运输服务。

陆路运输服务，是指通过陆路（地上或者地下）运送货物或者旅客的运输业务活动，包括铁路运输服务和其他陆路运输服务。

铁路运输服务，是指通过铁路运送货物或者旅客的运输业务活动。

其他陆路运输服务，是指铁路运输以外的陆路运输业务活动，包括公路运输、缆车运输、索道运输、地铁运输、城市轻轨运输等。

出租车公司向使用本公司自有出租车的出租车司机收取的管理费用，按照陆路运输服务缴纳增值税。

2）水路运输服务。

水路运输服务，是指通过江、河、湖、川等天然、人工水道或者海洋航道运送货物或者旅客的运输业务活动。

水路运输的程租、期租业务，属于水路运输服务。

程租业务，是指运输企业为租船人完成某一特定航次的运输任务并收取租赁费的业务。

期租业务，是指运输企业将配备有操作人员的船舶承租给他人使用一定期限，承租期内听候承租方调遣，不论是否经营，均按天向承租方收取租赁费，发生的固定费用均由船东负担的业务。

3）航空运输服务。

航空运输服务，是指通过空中航线运送货物或者旅客的运输业务活动。

航空运输的湿租业务，属于航空运输服务。

湿租业务，是指航空运输企业将配备有机组人员的飞机承租给他人使用一定期限，承租期内听候承租方调遣，不论是否经营，均按一定标准向承租方收取租赁费，发生的固定费用均由承租方承担的业务。

航天运输服务，按照航空运输服务缴纳增值税。

航天运输服务，是指利用火箭等载体将卫星、空间探测器等空间飞行器发射到空间轨道的业务活动。

4）管道运输服务。

管道运输服务，是指通过管道设施输送气体、液体、固体物质的运输业务活动。

无运输工具承运业务，按照交通运输服务缴纳增值税。

无运输工具承运业务，是指经营者以承运人身份与托运人签订运输服务合同，收取运费并承担承运人责任，然后委托实际承运人完成运输服务的经营活动。

（2）邮政服务。

邮政服务，是指中国邮政集团公司及其所属邮政企业提供邮件寄递、邮政汇兑和机要通信等邮政基本服务的业务活动，包括邮政普遍服务、邮政特殊服务和其他邮政服务。

1）邮政普遍服务。

邮政普遍服务，是指函件、包裹等邮件寄递，以及邮票发行、报刊发行和邮政汇兑等业务活动。

函件，是指信函、印刷品、邮资封片卡、无名址函件和邮政小包等。

包裹，是指按照封装上的名址递送给特定个人或者单位的独立封装的物品，其重量不超过 50 千克，任何一边的尺寸不超过 150 厘米，长、宽、高合计不超过 300 厘米。

2）邮政特殊服务。

邮政特殊服务，是指义务兵平常信函、机要通信、盲人读物和革命烈士遗物的寄递等业务活动。

3）其他邮政服务。

其他邮政服务，是指邮册等邮品销售、邮政代理等业务活动。

（3）电信服务。

电信服务，是指利用有线、无线的电磁系统或者光电系统等各种通信网络资源，提供语音通话服务，传送、发射、接收或者应用图像、短信等电子数据和信息的业务活动。电信服务包括基础电信服务和增值电信服务。

1）基础电信服务。

基础电信服务，是指利用固网、移动网、卫星、互联网，提供语音通话服务的业务活动，以及出租或者出售带宽、波长等网络元素的业务活动。

2）增值电信服务。

增值电信服务，是指利用固网、移动网、卫星、互联网、有线电视网络，提供短信和彩信服务、电子数据和信息的传输及应用服务、互联网接入服务等业务活动。

卫星电视信号落地转接服务，按照增值电信服务缴纳增值税。

（4）建筑服务。

建筑服务，是指各类建筑物、构筑物及其附属设施的建造、修缮、装饰，线路、管道、设备、设施等的安装以及其他工程作业的业务活动，包括工程服务、安装服务、修缮服务、装饰服务和其他建筑服务。

1）工程服务。

工程服务，是指新建、改建各种建筑物、构筑物的工程作业，包括与建筑物相连的各种设备或者支柱、操作平台的安装或者装设工程作业，以及各种窑炉和金属结构工程作业。

2）安装服务。

安装服务，是指生产设备、动力设备、起重设备、运输设备、传动设备、医疗实验设备以及其他各种设备、设施的装配、安置工程作业，包括与被安装设备相连的工作台、梯子、栏杆的装设工程作业，以及被安装设备的绝缘、防腐、保温、油漆等工程作业。

固定电话、有线电视、宽带、水、电、燃气、暖气等经营者向用户收取的安装费、初装费、开户费、扩容费以及类似收费，按照安装服务缴纳增值税。

3）修缮服务。

修缮服务，是指对建筑物、构筑物进行修补、加固、养护、改善，使之恢复原来的使用价值或者延长其使用期限的工程作业。

4）装饰服务。

装饰服务，是指对建筑物、构筑物进行修饰装修，使之美观或者具有特定用途的工程作业。

5）其他建筑服务。

其他建筑服务，是指上列工程作业之外的各种工程作业服务，如钻井（打井）、拆除建筑物或者构筑物、平整土地、园林绿化、疏浚（不包括航道疏浚）、建筑物平移、搭脚手架、爆破、矿山穿孔、表面附着物（包括岩层、土层、沙层等）剥离和清理等工程作业。

（5）金融服务。

金融服务，是指经营金融保险的业务活动，包括贷款服务、直接收费金融服务、保险服务和金融商品转让。

1）贷款服务。

贷款，是指将资金贷与他人使用而取得利息收入的业务活动。

各种占用、拆借资金取得的收入，包括金融商品持有期间（含到期）利息（保本收益、报酬、资金占用费、补偿金等）收入、信用卡透支利息收入、买入返售金融商品利息收入、融资融券收取的利息收入，以及融资性售后回租、押汇、罚息、票据贴现、转贷等业务取得的利息及利息性质的收入，按照贷款服务缴纳增值税。

融资性售后回租，是指承租方以融资为目的，将资产出售给从事融资性售后回租业务的企业后，从事融资性售后回租业务的企业将该资产出租给承租方的业务活动。

以货币资金投资收取的固定利润或者保底利润，按照贷款服务缴纳增值税。

2）直接收费金融服务。

直接收费金融服务，是指为货币资金融通及其他金融业务提供相关服务并且收取费用的业务活动，包括提供货币兑换、账户管理、电子银行、信用卡、信用证、财务担保、资产管理、信托管理、基金管理、金融交易场所（平台）管理、资金结算、资金清算、金融支付等服务。

3）保险服务。

保险服务，是指投保人根据合同约定，向保险人支付保险费，保险人对于合同约定的可能发生的事故因其发生所造成的财产损失承担赔偿保险金责任，或者当被保险人死亡、伤残、疾病或者达到合同约定的年龄、期限等条件时承担给付保险金责任的商业保险行为。保险服务包括人身保险服务和财产保险服务。

人身保险服务，是指以人的寿命和身体为保险标的的保险业务活动。

财产保险服务，是指以财产及其有关利益为保险标的的保险业务活动。

4）金融商品转让。

金融商品转让，是指转让外汇、有价证券、非货物期货和其他金融商品所有权的业务活动。

其他金融商品转让包括基金、信托、理财产品等各类资产管理产品和各种金融衍生品的转让。

（6）现代服务。

现代服务，是指围绕制造业、文化产业、现代物流产业等提供技术性、知识性服务的业务活动，包括研发和技术服务、信息技术服务、文化创意服务、物流辅助服务、租赁服务、鉴证咨询服务、广播影视服务、商务辅助服务和其他现代服务。

1）研发和技术服务。

研发和技术服务，包括研发服务、合同能源管理服务、工程勘察勘探服务、专业技术服务。

研发服务，也称技术开发服务，是指就新技术、新产品、新工艺或者新材料及其系统进行研究与试验开发的业务活动。

合同能源管理服务，是指节能服务公司与用能单位以契约形式约定节能目标，节能服务公司提供必要的服务，用能单位以节能效果支付节能服务公司投入及其合理报酬的业务活动。

工程勘察勘探服务，是指在采矿、工程施工前后，对地形、地质构造、地下资源蕴藏情况进行实地调查的业务活动。

专业技术服务，是指气象服务、地震服务、海洋服务、测绘服务、城市规划、环境与生态监测服务等专项技术服务。

2）信息技术服务。

信息技术服务，是指利用计算机、通信网络等技术对信息进行生产、收集、处理、加工、存储、运输、检索和利用，并提供信息服务的业务活动，包括软件服务、电路设计及测试服务、信息系统服务、业务流程管理服务和信息系统增值服务。

软件服务，是指提供软件开发服务、软件维护服务、软件测试服务的业务活动。

电路设计及测试服务，是指提供集成电路和电子电路产品设计、测试及相关技术支持服务的业务活动。

信息系统服务，是指提供信息系统集成、网络管理、网站内容维护、桌面管理与维护、信息系统应用、基础信息技术管理平台整合、信息技术基础设施管理、数据中心、托管中心、信息安全服务、在线杀毒、虚拟主机等业务活动，包括网站对非自有的网络游戏提供的网络运营服务。

业务流程管理服务，是指依托信息技术提供的人力资源管理、财务经济管理、审计管理、税务管理、物流信息管理、经营信息管理和呼叫中心等服务的活动。

信息系统增值服务，是指利用信息系统资源为用户附加提供的信息技术服务，包括数据处理、分析和整合、数据库管理、数据备份、数据存储、容灾服务、电子商务平台等。

3）文化创意服务。

文化创意服务，包括设计服务、知识产权服务、广告服务和会议展览服务。

设计服务，是指把计划、规划、设想通过文字、语言、图画、声音、视觉等形式传递出来的业务活动，包括工业设计、内部管理设计、业务运作设计、供应链设计、造型设计、服装设计、环境设计、平面设计、包装设计、动漫设计、网游设计、展示设计、网站设计、机械设计、工程设计、广告设计、创意策划、文印晒图等。

知识产权服务，是指处理知识产权事务的业务活动，包括对专利、商标、著作权、软件、集成电路布图设计的登记、鉴定、评估、认证、检索服务。

广告服务，是指利用图书、报纸、杂志、广播、电视、电影、幻灯、路牌、招贴、橱窗、霓虹灯、灯箱、互联网等各种形式为客户的商品、经营服务项目、文体节目或者通告、声明等委托事项进行宣传和提供相关服务的业务活动，包括广告代理和广告的发布、播映、宣传、展示等。

会议展览服务，是指为商品流通、促销、展示、经贸洽谈、民间交流、企业沟通、国际往来等举办或者组织安排的各类展览和会议的业务活动。

4）物流辅助服务。

物流辅助服务，包括航空服务、港口码头服务、货运客运场站服务、打捞救助服务、装卸搬运服务、仓储服务和收派服务。

航空服务，包括航空地面服务和通用航空服务。

航空地面服务，是指航空公司、飞机场、民航管理局、航站等向在境内航行或者在境内机场停留的境内外飞机或者其他飞行器提供的导航等劳务性地面服务的业务活动，包括旅客安全检查服务、停机坪管理服务、机场候机厅管理服务、飞机清洗消毒服务、空中飞行管理服务、飞机起降服务、飞行通讯服务、地面信号服务、飞机安全服务、飞机跑道管理服务、空中交通管理服务等。

通用航空服务，是指为专业工作提供飞行服务的业务活动，包括航空摄影、航空培训、航空测量、航空勘探、航空护林、航空吊挂播洒、航空降雨、航空气象探测、航空海洋监测、航空科学实验等。

港口码头服务，是指港务船舶调度服务、船舶通讯服务、航道管理服务、航道疏浚服务、灯塔管理服务、航标管理服务、船舶引航服务、理货服务、系解缆服务、停泊和移泊服务、海上船舶溢油清除服务、水上交通管理服务、船只专业清洗消毒检测服务和防止船只漏油服务等为船只提供服务的业务活动。

港口设施经营人收取的港口设施保安费按照港口码头服务缴纳增值税。

货运客运场站服务，是指货运客运场站提供货物配载服务、运输组织服务、中转换乘服务、车辆调度服务、票务服务、货物打包整理、铁路线路使用服务、加挂铁路客车服务、铁路行包专列发送服务、铁路到达和中转服务、铁路车辆编解服务、车辆挂运服务、铁路接触网服务、铁路机车牵引服务等业务活动。

打捞救助服务，是指提供船舶人员救助、船舶财产救助、水上救助和沉船沉物打捞服务的业务活动。

装卸搬运服务，是指使用装卸搬运工具或者人力、畜力将货物在运输工具之间、装卸现场之间或者运输工具与装卸现场之间进行装卸和搬运的业务活动。

仓储服务，是指利用仓库、货场或者其他场所代客贮放、保管货物的业务活动。

收派服务，是指接受寄件人委托，在承诺的时限内完成函件和包裹的收件、分拣、派送服务的业务活动。

收件服务，是指从寄件人收取函件和包裹，并运送到服务提供方同城的集散中心的业务活动。

分拣服务，是指服务提供方在其集散中心对函件和包裹进行归类、分发的业务活动。

派送服务，是指服务提供方从其集散中心将函件和包裹送达同城的收件人的业务活动。

5）租赁服务。

租赁服务，包括融资租赁服务和经营租赁服务。

融资租赁服务，是指具有融资性质和所有权转移特点的租赁活动。即出租人根据承租人所要求的规格、型号、性能等条件购入有形动产或者不动产租赁给承租人，合同期内租赁物所有权属于出租人，承租人只拥有使用权，合同期满付清租金后，承租人有权按照残值购入租赁物，以拥有其所有权。不论出租人是否将租赁物销售给承租人，均属于融资租赁。

按照标的物的不同，融资租赁服务可分为有形动产融资租赁服务和不动产融资租赁服务。

融资性售后回租不按照本税目缴纳增值税。

经营租赁服务，是指在约定时间内将有形动产或者不动产转让他人使用且租赁物所有权不变更的业务活动。

按照标的物的不同，经营租赁服务可分为有形动产经营租赁服务和不动产经营租赁服务。

将建筑物、构筑物等不动产或者飞机、车辆等有形动产的广告位出租给其他单位或者个人用于发布广告，按照经营租赁服务缴纳增值税。

车辆停放服务、道路通行服务（包括过路费、过桥费、过闸费等）等按照不动产经营租赁服务缴纳增值税。

水路运输的光租业务、航空运输的干租业务，属于经营租赁。

光租业务，是指运输企业将船舶在约定的时间内出租给他人使用，不配备操作人员，不承担运输过程中发生的各项费用，只收取固定租赁费的业务活动。

干租业务，是指航空运输企业将飞机在约定的时间内出租给他人使用，不配备机组人员，不承担运输过程中发生的各项费用，只收取固定租赁费的业务活动。

6）鉴证咨询服务。

鉴证咨询服务，包括认证服务、鉴证服务和咨询服务。

认证服务，是指具有专业资质的单位利用检测、检验、计量等技术，证明产品、服务、管理体系符合相关技术规范、相关技术规范的强制性要求或者标准的业务活动。

鉴证服务，是指具有专业资质的单位受托对相关事项进行鉴证，发表具有证明力的意见的业务活动，包括会计鉴证、税务鉴证、法律鉴证、职业技能鉴定、工程造价鉴证、工程监理、资产评估、环境评估、房地产土地评估、建筑图纸审核、医疗事故鉴定等。

咨询服务，是指提供信息、建议、策划、顾问等服务的活动，包括金融、软件、技术、财务、税收、法律、内部管理、业务运作、流程管理、健康等方面的咨询。

翻译服务和市场调查服务按照咨询服务缴纳增值税。

7）广播影视服务。

广播影视服务，包括广播影视节目（作品）的制作服务、发行服务和播映（含放映，下同）服务。

广播影视节目（作品）制作服务，是指进行专题（特别节目）、专栏、综艺、体育、动画片、广播剧、电视剧、电影等广播影视节目和作品制作的服务。具体包括与广播影视节目和作品相关的策划、采编、拍摄、录音、音视频文字图片素材制作、场景布置、后期的剪辑、翻译（编译）、字幕制作、片头、片尾、片花制作、特效制作、影片修复、编目和确权等业务活动。

广播影视节目（作品）发行服务，是指以分账、买断、委托等方式，向影院、电台、电视台、网站等单位和个人发行广播影视节目（作品）以及转让体育赛事等活动的报道及播映权的业务活动。

广播影视节目（作品）播映服务，是指在影院、剧院、录像厅及其他场所播映广播影视节目（作品），以及通过电台、电视台、卫星通信、互联网、有线电视等无线或者有线装置播映广播影视节目（作品）的业务活动。

8）商务辅助服务。

商务辅助服务，包括企业管理服务、经纪代理服务、人力资源服务、安全保护服务。

企业管理服务，是指提供总部管理、投资与资产管理、市场管理、物业管理、日常综合管理等服务的业务活动。

经纪代理服务，是指各类经纪、中介、代理服务，包括金融代理、知识产权代理、货物运输代理、代理报关、法律代理、房地产中介、职业中介、婚姻中介、代理记账、拍卖等。

货物运输代理服务，是指接受货物收货人、发货人、船舶所有人、船舶承租人或者船舶经营人的委托，以委托人的名义，为委托人办理货物运输、装卸、仓储和船舶进出港口、引航、靠泊等相关手续的业务活动。

代理报关服务，是指接受进出口货物的收、发货人委托，代为办理报关手续的业务活动。

人力资源服务，是指提供公共就业、劳务派遣、人才委托招聘、劳动力外包等服务的业务活动。

安全保护服务，是指提供保护人身安全和财产安全，维护社会治安等的业务活动，包括场所住宅保安、特种保安、安全系统监控以及其他安保服务。

9）其他现代服务。

其他现代服务，是指除研发和技术服务、信息技术服务、文化创意服务、物流辅助服务、租赁服务、鉴证咨询服务、广播影视服务和商务辅助服务以外的现代服务。

（7）生活服务。

生活服务，是指为满足城乡居民日常生活需求提供的各类服务活动，包括文化体育服务、教育医疗服务、旅游娱乐服务、餐饮住宿服务、居民日常服务和其他生活服务。

1）文化体育服务。

文化体育服务，包括文化服务和体育服务。

文化服务，是指为满足社会公众文化生活需求提供的各种服务，包括：文艺创作、文艺表演、文化比赛，图书馆的图书和资料借阅，档案馆的档案管理，文物及非物质遗产保护，组织举办宗教活动、科技活动、文化活动，提供游览场所。

体育服务，是指组织举办体育比赛、体育表演、体育活动，以及提供体育训练、体育指导、体育管理的业务活动。

2）教育医疗服务。

教育医疗服务，包括教育服务和医疗服务。

教育服务，是指提供学历教育服务、非学历教育服务、教育辅助服务的业务活动。

学历教育服务，是指根据教育行政管理部门确定或者认可的招生和教学计划组织教学，并颁发相应学历证书的业务活动，包括初等教育、初级中等教育、高级中等教育、高等教育等。

非学历教育服务，包括学前教育、各类培训、演讲、讲座、报告会等。

教育辅助服务，包括教育测评、考试、招生等服务。

医疗服务，是指提供医学检查、诊断、治疗、康复、预防、保健、接生、计划生育、防疫服务等方面的服务，以及与这些服务有关的提供药品、医用材料器具、救护车、病房住宿和伙食的业务。

3）旅游娱乐服务。

旅游娱乐服务，包括旅游服务和娱乐服务。

旅游服务，是指根据旅游者的要求，组织安排交通、游览、住宿、餐饮、购物、文娱、商务等服务的业务活动。

娱乐服务，是指为娱乐活动同时提供场所和服务的业务。

具体包括：歌厅、舞厅、夜总会、酒吧、台球、高尔夫球、保龄球、游艺（包括射击、狩猎、跑马、游戏机、蹦极、卡丁车、热气球、动力伞、射箭、飞镖）。

4）餐饮住宿服务。

餐饮住宿服务，包括餐饮服务和住宿服务。

餐饮服务，是指通过同时提供饮食和饮食场所的方式为消费者提供饮食消费服务的业务活动。

住宿服务，是指提供住宿场所及配套服务等的活动，包括宾馆、旅馆、旅社、度假村和其他经营性住宿场所提供的住宿服务。

5）居民日常服务。

居民日常服务，是指主要为满足居民个人及其家庭日常生活需求提供的服务，包括市容市政管理、家政、婚庆、养老、殡葬、照料和护理、救助救济、美容美发、按摩、桑拿、氧吧、足疗、沐浴、洗染、摄影扩印等服务。

6）其他生活服务。

其他生活服务，是指除文化体育服务、教育医疗服务、旅游娱乐服务、餐饮住宿服务和居民日常服务之外的生活服务。

（8）销售无形资产

销售无形资产，是指转让无形资产所有权或者使用权的业务活动。无形资产，是指不具实物形态，但能带来经济利益的资产，包括技术、商标、著作权、商誉、自然资源使用权和其他权益性无形资产。

技术，包括专利技术和非专利技术。

自然资源使用权，包括土地使用权、海域使用权、探矿权、采矿权、取水权和其他自然资源使用权。

其他权益性无形资产，包括基础设施资产经营权、公共事业特许权、配额、经营权（包括特许经营权、连锁经营权、其他经营权）、经销权、分销权、代理权、会员权、席位权、网络游戏虚拟道具、域名、名称权、肖像权、冠名权、转会费等。

（9）销售不动产

销售不动产，是指转让不动产所有权的业务活动。不动产，是指不能移动或者移动后会引起性质、形状改变的财产，包括建筑物、构筑物等。

建筑物，包括住宅、商业营业用房、办公楼等可供居住、工作或者进行其他活动的建造物。

构筑物，包括道路、桥梁、隧道、水坝等建造物。

转让建筑物有限产权或者永久使用权的，转让在建的建筑物或者构筑物所有权的，以及在转让建筑物或者构筑物时一并转让其所占土地的使用权的，按照销售不动产缴纳增值税。

确定一项经济行为是否需要缴纳增值税，根据《营业税改征增值税试点实施办法》（财税〔2016〕36 号），除另有规定外，一般应同时具备以下四个条件：①应税行为是发生在中华人民共和国境内；②应税行为是属于《销售服务、无形资产、不动产注释》范围内的业务活动；③应税服务是为他人提供的；④应税行为是有偿的。

4. 非经营活动

销售服务、无形资产或者不动产，是指有偿提供服务、有偿转让无形资产或者不动产，但属于下列非经营活动的情形除外：

（1）行政单位收取的同时满足以下条件的政府性基金或者行政事业性收费。

① 由国务院或者财政部批准设立的政府性基金，由国务院或者省级人民政府及其财政、价格主管部门批准设立的行政事业性收费；

② 收取时开具省级以上（含省级）财政部门监（印）制的财政票据；

③ 所收款项全额上缴财政。

（2）单位或者个体工商户聘用的员工为本单位或者雇主提供取得工资的服务。

（3）单位或者个体工商户为聘用的员工提供服务。

（4）财政部和国家税务总局规定的其他情形。

上述规定中所说的有偿，是指从购买方取得货币、货物或者其他经济利益。其他经济利益是指非货币、货物形式的收益，具体包括固定资产（不含货物）、生物资产（不含货物）、无形资产（包括特许权）、股权投资、存货、不准备持有至到期的债券投资、服务以及有关权益等。

5. 境内销售服务、无形资产或者不动产的含义

在境内销售服务、无形资产或者不动产，是指：①服务（租赁不动产除外）或者无形资产（自然资源使用权除外）的销售方或者购买方在境内；②所销售或者租赁的不动产在境内；③所销售自然资源使用权的自然资源在境内；④财政部和国家税务总局规定的其他情形。

下列情形不属于在境内销售服务或者无形资产：

（1）境外单位或者个人向境内单位或者个人销售完全在境外发生的服务。例如，境外单位或者个人为出境的函件、包裹在境外提供邮政服务和收派服务，属于完全在境外发生的服务。

（2）境外单位或者个人向境内单位或者个人销售完全在境外使用的无形资产。

（3）境外单位或者个人向境内单位或者个人出租完全在境外使用的有形动产。

（4）财政部和国家税务总局规定的其他情形。

（二）征税范围的特殊规定

《增值税暂行条例》和《营业税改征增值税试点实施办法》对经济实务中某些特殊项

目或行为是否属于增值税的征税范围，做出了明确规定。

1．属于征税范围的特殊项目

（1）货物期货（包括商品期货和贵金属期货），应当征收增值税，纳税人应在期货的实物交割环节纳税。

（2）供电企业利用自身输变电设备对并入电网的企业自备电厂生产的电力产品进行电压调节，属于提供加工劳务。对供电企业进行电力调压并按电量向电厂收取的并网服务费应当征收增值税。

（3）经批准允许从事二手车经销业务的纳税人按照《机动车登记规定》的有关规定，收购二手车时将其办理过户登记到自己名下，销售时再将该二手车过户登记到买家名下的行为，属于《增值税暂行条例》规定的销售货物行为，按现行规定征收增值税。

（4）罚没物品征与不征增值税的处理。

1）执罚部门和单位查处的属于一般商业部门经营的商品，具备拍卖条件的，由执罚部门或单位商同级财政部门同意后，公开拍卖。其拍卖收入作为罚没收入由执罚部门和单位如数上缴财政，不予征税。对经营单位购入拍卖物品再销售的应照章征收增值税。

2）执罚部门和单位查处的属于一般商业部门经营的商品，不具备拍卖条件的，由执罚部门、财政部门、国家指定销售单位会同有关部门按质论价，并由国家指定单位纳入正常销售渠道变价处理。执罚部门按商定价格所取得的变价收入作为罚没收入如数上缴财政，不予征税。国家指定销售单位将罚没物品纳入正常销售渠道销售的，应照章征收增值税。

3）执罚部门和单位查处的属于专管机关管理或专管企业经营的财物，如金银（不包括金银首饰）、外币、有价证券、非禁止出口文物，应交由专管机关或专营企业收兑或收购。执罚部门和单位按收兑或收购价所取得的收入作为罚没收入如数上缴财政，不予征税。专管机关或专营企业经营上述物品中属应征增值税的物品应照章征收增值税。

（5）航空运输企业已售票但未提供航空运输服务取得的逾期票证收入，按照航空运输服务征收增值税。

（6）单用途商业预付卡（以下简称“单用途卡”）业务按照以下规定执行：

1）单用途卡发卡企业或者售卡企业（以下统称“售卡方”）销售单用途卡，或者接受单用途卡持卡人充值取得的预收资金，不缴纳增值税。售卡方可按照《关于营改增试点若干征管问题的公告》第九条的规定，向购卡人、充值人开具增值税普通发票，不得开具增值税专用发票。单用途卡，是指发卡企业按照国家有关规定发行的，仅限于在本企业、本企业所属集团或者同一品牌特许经营体系内兑付货物或者服务的预付凭证。

发卡企业，是指按照国家有关规定发行单用途卡的企业。售卡企业，是指集团发卡企业或者品牌发卡企业指定的，承担单用途卡销售、充值、挂失、换卡、退卡等相关业务的本集团或同一品牌特许经营体系内的企业。

2）售卡方因发行或者销售单用途卡并办理相关资金收付结算业务取得的手续费、结算费、服务费、管理费等收入，应按照现行规定缴纳增值税。

3）持卡人使用单用途卡购买货物或服务时，货物或者服务的销售方应按照现行规定缴纳增值税，且不得向持卡人开具增值税发票。

4）销售方与售卡方不是同一个纳税人的，销售方在收到售卡方结算的销售款时，应向售卡方开具增值税普通发票，并在备注栏注明“收到预付卡结算款”，不得开具增值税专用发票。售卡方从销售方取得的增值税普通发票，作为其销售单用途卡或接受单用途卡充值取得预收资金不缴纳增值税的凭证，留存备查。

（7）支付机构预付卡（以下称“多用途卡”）业务按照以下规定执行：

1）支付机构销售多用途卡取得的等值人民币资金，或者接受多用途卡持卡人充值取得的充值资金，不缴纳增值税。支付机构可按照本公告第九条的规定，向购卡人、充值人开具增值税普通发票，不得开具增值税专用发票。

支付机构，是指取得中国人民银行核发的《支付业务许可证》，获准办理“预付卡发行与受理”业务的发卡机构和获准办理“预付卡受理”业务的受理机构。多用途卡，是指发卡机构以特定载体和形式发行的，可在发卡机构之外购买货物或服务的预付价值。

2）支付机构因发行或者受理多用途卡并办理相关资金收付结算业务取得的手续费、结算费、服务费、管理费等收入，应按照现行规定缴纳增值税。

3）持卡人使用多用途卡，向与支付机构签署合作协议的特约商户购买货物或服务，特约商户应按照现行规定缴纳增值税，且不得向持卡人开具增值税发票。

4）特约商户收到支付机构结算的销售款时，应向支付机构开具增值税普通发票，并在备注栏注明“收到预付卡结算款”，不得开具增值税专用发票。支付机构从特约商户取得的增值税普通发票，作为其销售多用途卡或接受多用途卡充值取得预收资金不缴纳增值税的凭证，留存备查。

2．属于征税范围的特殊行为

（1）视同销售货物或视同发生应税行为。

单位或个体经营者的下列行为，视同销售货物或发生应税行为：

1）将货物交付其他单位或者个人代销；

2）销售代销货物；

3）设有两个以上机构并实行统一核算的纳税人，将货物从一个机构移送至其他机构用于销售，但相关机构设在同一县（市）的除外。

用于销售，是指受货机构发生以下情形之一的经营行为：一是向购货方开具发票；二是向购货方收取货款。

受货机构的货物移送行为有上述两项情形之一的，应当向所在地税务机关缴纳增值税；未发生上述两项情形的，则应由总机构统一缴纳增值税。

如果受货机构只就部分货物向购买方开具发票或收取货款，则应当区别不同情况计算并分别向总机构所在地或分支机构所在地缴纳税款。

4）将自产或委托加工的货物用于非增值税应税项目；

5）将自产、委托加工的货物用于集体福利或个人消费；

6）将自产、委托加工或购进的货物作为投资，提供给其他单位或个体工商户；

7）将自产、委托加工或购进的货物分配给股东或投资者；

8）将自产、委托加工或购进的货物无偿赠送其他单位或者个人；

9）单位和个体工商户向其他单位或者个人无偿提供服务、无偿转让无形资产或者不动产，但用于公益事业或以社会公众为对象的除外；

10）财政部和国家税务总局规定的其他情形。

上述10种行为确定为视同销售行为，均要征收增值税。

（2）混合销售。一项销售行为如果既涉及服务又涉及货物，为混合销售。从事货物的生产、批发或者零售的单位和个体工商户的混合销售，按照销售货物缴纳增值税；其他单位和个体工商户的混合销售，按照销售服务缴纳增值税。

上述所称从事货物的生产、批发或者零售的单位和个体工商户，包括以从事货物的生产、批发或者零售为主，并兼营销售服务的单位和个体工商户在内。

混合销售行为成立的行为标准有两点，一是其销售行为必须是一项；二是该项行为必须既涉及货物销售又涉及应税行为。在确定混合销售是否成立时，上述两点必须是同时存在才能确认为混合销售。

3．不征收增值税项目

（1）根据国家指令无偿提供的铁路运输服务、航空运输服务，属于《试点实施办法》第十四条规定的用于公益事业的服务，不征收增值税。

（2）存款利息。

（3）被保险人获得的保险赔付。

（4）房地产主管部门或者其指定机构、公积金管理中心、开发企业以及物业管理单位代收的住宅专项维修资金。

（5）纳税人在资产重组过程中，通过合并、分立、出售、置换等方式，将全部或者部分实物资产以及与其相关联的债权、负债和劳动力一并转让给其他单位和个人，不属于增值税的征税范围，其中涉及的货物转让、不动产、土地使用权转让行为，不征收增值税。

（6）对增值税纳税人收取的会员费收入不征收增值税。

（7）各燃油电厂从政府财政专户取得的发电补贴不属于增值税规定的价外费用，不计入应税销售额，不征收增值税。

（8）纳税人取得的中央财政补贴，不属于增值税应税收入，不征收增值税。

（9）融资性售后回租业务中，承租方出售资产的行为不属于增值税的征税范围，不征收增值税。

（10）药品生产企业销售自产创新药的销售额，为向购买方收取的全部价款和价外费用，其提供给患者后续免费使用的相同创新药，不属于增值税视同销售范围。创新药是指经国家食品药品监督管理部门批准注册、获批前未曾在中国境内外上市销售，通过合成或者半合成方法制得的原料药及其制剂。

五、增值税减免

（一）《增值税暂行条例》规定的免税项目

（1）农业生产者销售的自产农产品。

（2）避孕药品和用具。

（3）古旧图书，是指向社会收购的古书和旧书。

（4）直接用于科学研究、科学试验和教学的进口仪器、设备。

（5）外国政府、国际组织无偿援助的进口物资和设备。

（6）由残疾人的组织直接进口供残疾人专用的物品。

（7）销售的自己使用过的物品。自己使用过的物品，是指其他个人自己使用过的物品。

（二）财政部、国家税务总局规定的其他部分减免税项目

（1）资源综合利用产品和劳务增值税优惠政策。

纳税人销售自产的资源综合利用产品和提供资源综合利用劳务，可享受增值税即增即退政策。退税比例有30%、50%、70%和100% 4个档次。

（2）免征蔬菜流通环节增值税。

对从事蔬菜批发、零售的纳税人销售的蔬菜免征增值税。纳税人既销售蔬菜又销售其他增值税应税货物的，应分别核算蔬菜和其他增值税应税货物的销售额，否则不得享受蔬菜增值税减免政策。

（3）粕类产品征免增值税问题。豆粕属于征收增值税的饲料产品，除豆粕以外的其他粕类饲料产品，均免征增值税。

（4）制种行业增值税政策。制种企业在规定的生产经营模式下生产销售种子，属于农业生产者销售自产农业产品的，按有关规定可免征增值税。

（5）按债转股企业与金融资产管理公司签订的债转股协议，债转股原企业将货物资产作为投资提供给债转股新公司的，免征增值税。

（6）有机肥产品免征增值税政策

自2008年6月1日起，纳税人生产销售和批发、零售有机肥产品免征增值税。

（7）为扶持小微企业发展，自2014年10月1日起至2017年12月31日，对增值税小规模纳税人中月销售额不超过3万元的（含3万元）企业或非企业性单位，暂免征收增值税。

其他个人采取一次性收取租金的形式出租不动产，取得的租金收入可在租金对应的租赁期内平均分摊，分摊后的月租金收入不超过3万元的，可享受小微企业免征增值税优惠政策。

（8）自2014年3月1日起，对外购用于生产乙烯、芳烃类化工产品（以下称特定化工产品）的石脑油、燃料油（以下称2类油品），且使用2类油品生产特定化工产品的产量占本企业用石脑油、燃料油生产各类产品总量50%（含）以上的企业，其外购2类油品的价格中消费税部分对应的增值税额，予以退还。予以退还的增值税额=已缴纳消费税的2类油品数量×2类油品消费税单位税额×17%。

（9）境内的单位和个人销售规定的服务和无形资产免征增值税，但财政部和国家税务总局规定适用增值税零税率的除外。

（10）自2016年1月1日至2018年供暖期结束，对供热企业向居民个人供热而取得的采暖费收入免征增值税。

（11）自2016年1月1日至2018年12月31日，继续对国产抗艾滋病病毒药物免征生产环节和流通环节增值税。

（12）研发机构采购设备增值税政策。

为了鼓励科学研究和技术开发，促进科技进步，经国务院批准，继续对规定的内资研发机构和符合退税资格认定条件的外资研发中心采购国产设备全额退还增值税。

（三）“营改增”规定的税收优惠政策

（1）下列项目免征增值税：

1）托儿所、幼儿园提供的保育和教育服务。

2）养老机构提供的养老服务。

3）残疾人福利机构提供的育养服务。

4）婚姻介绍服务。

5）殡葬服务。

6）残疾人员本人为社会提供的服务。

7）医疗机构提供的医疗服务。

8）从事学历教育的学校提供的教育服务。

9）学生勤工俭学提供的服务。

10）农业机耕、排灌、病虫害防治、植物保护、农牧保险以及相关技术培训业务，家禽、牲畜、水生动物的配种和疾病防治。

11）纪念馆、博物馆、文化馆、文物保护单位管理机构、美术馆、展览馆、书画院、图书馆在自己的场所提供文化体育服务取得的第一道门票收入。

12）寺院、宫观、清真寺和教堂举办文化、宗教活动的门票收入。

13）行政单位之外的其他单位收取的符合《试点实施办法》第十条规定条件的政府性基金和行政事业性收费。

14）个人转让著作权。

15）个人销售自建自用住房。

16）台湾航运公司、航空公司从事海峡两岸海上直航、空中直航业务在大陆取得的运输收入。

17）纳税人提供的直接或者间接国际货物运输代理服务。

18）以下利息收入：

① 2016 年 12 月 31 日前，金融机构农户小额贷款；

② 国家助学贷款；

③ 国债、地方政府债；

④ 人民银行对金融机构的贷款；

⑤ 住房公积金管理中心用住房公积金在指定的委托银行发放的个人住房贷款；

⑥ 外汇管理部门在从事国家外汇储备经营过程中，委托金融机构发放的外汇贷款；

⑦ 统借统还业务中，企业集团或企业集团中的核心企业以及集团所属财务公司按不高于支付给金融机构的借款利率水平或者支付的债券票面利率水平，向企业集团或者集团内下属单位收取的利息。

19）被撤销金融机构以货物、不动产、无形资产、有价证券、票据等财产清偿债务。

20）保险公司开办的一年期以上人身保险产品取得的保费收入。

21）再保险服务。

22）下列金融商品转让收入：

① 合格境外投资者（QFII）委托境内公司在我国从事证券买卖业务；

② 香港市场投资者（包括单位和个人）通过沪港通买卖上海证券交易所上市 A 股；

③ 对香港市场投资者（包括单位和个人）通过基金互认买卖内地基金份额；

④ 证券投资基金（封闭式证券投资基金，开放式证券投资基金）管理人运用基金买卖股票、债券；

⑤ 个人从事金融商品转让业务。

23）金融同业往来利息收入。

24）符合条件的担保机构从事中小企业信用担保或者再担保业务取得的收入（不含信用评级、咨询、培训等收入）3 年内免征增值税：

25）国家商品储备管理单位及其直属企业承担商品储备任务，从中央或者地方财政取得的利息补贴收入和价差补贴收入。

26）纳税人提供技术转让、技术开发和与之相关的技术咨询、技术服务。

27）符合条件的节能服务公司实施合同能源管理项目中提供的应税服务。

28）政府举办的从事学历教育的高等、中等和初等学校（不含下属单位），举办进修班、培训班取得的全部归该学校所有的收入。

29）政府举办的职业学校设立的主要为在校学生提供实习场所、并由学校出资自办、由学校负责经营管理、经营收入归学校所有的企业，从事《销售服务、无形资产、不动产注释》中“现代服务”（不含融资租赁服务、广告服务和其他现代服务）、“生活服务”（不含文化体育服务、其他生活服务和桑拿、氧吧）业务活动取得的收入。

30）家政服务企业由员工制家政服务员提供家政服务取得的收入。

31）福利彩票、体育彩票的发行收入。

32）军队空余房产租赁收入。

33）为了配合国家住房制度改革，企业、行政事业单位按房改成本价、标准价出售住房取得的收入。

34）将土地使用权转让给农业生产者用于农业生产。

35）涉及家庭财产分割的个人无偿转让不动产、土地使用权。

36）土地所有者出让土地使用权和土地使用者将土地使用权归还给土地所有者。

37）县级以上地方人民政府或自然资源行政主管部门出让、转让或收回自然资源使用权（不含土地使用权）。

38）随军家属就业。

① 为安置随军家属就业而新开办的企业，自领取税务登记证之日起，其提供的应税服务 3 年内免征增值税；

② 从事个体经营的随军家属，自办理税务登记事项之日起，其提供的应税服务 3 年内免征增值税。

39）军队转业干部就业。

① 从事个体经营的军队转业干部，自领取税务登记证之日起，其提供的应税服务 3 年内免征增值税；

② 为安置自主择业的军队转业干部就业而新开办的企业，凡安置自主择业的军队转业干部占企业总人数 60%（含）以上的，自领取税务登记证之日起，其提供的应税服务 3 年内免征增值税。

40）对按照国家规定的收费标准向学生收取的高校学生公寓住宿费收入，和高校学生食堂为高校师生提供餐饮服务取得的收入，自 2016 年 5 月 1 日起，在“营改增”试点期间免征增值税。

享受上述优惠政策的自主择业的军队转业干部必须持有师以上部队颁发的转业证件。

41）各党派、共青团、工会、妇联、中科协、青联、台联、侨联收取党费、团费、会费，以及政府间国际组织收取会费，属于非经营活动，不征收增值税。

42）青藏铁路公司提供的铁路运输服务免征增值税。

43）中国邮政集团公司及其所属邮政企业提供的邮政普遍服务和邮政特殊服务，免征增值税。

44）自2016年1月1日起，中国邮政集团公司及其所属邮政企业为金融机构代办金融保险业务取得的代理收入，在“营改增”试点期间免征增值税。

45）中国信达资产管理股份有限公司、中国华融资产管理股份有限公司、中国长城资产管理公司和中国东方资产管理公司及各自经批准分设于各地的分支机构（以下统称资产公司），在收购、承接和处置政策政策性剥离不良资产和改制银行剥离不良资产过程中开展的以下业务，免征增值税：

① 接受相关国有银行的不良债权，借款方以货物、不动产、无形资产、有价证券和票据等抵充贷款本息的，资产公司销售转让该货物、不动产、无形资产、有价证券、票据以及利用该货物、不动产从事的融资租赁业务。

② 接受相关国有银行的不良债权取得的利息。

③ 资产公司所属的投资咨询类公司，为本公司收购、承接、处置不良资产而提供的资产、项目评估和审计服务。

除另有规定者外，资产公司所属、附属企业，不得享受资产公司免征增值税的政策。

46）全国社会保障基金理事会、全国社会保障基金投资管理人运用全国社会保障基金买卖证券投资基金、股票、债券取得的金融商品转让收入，免征增值税。

47）对下列国际航运保险业务免征增值税：

① 注册在上海、天津的保险企业从事国际航运保险业务。

② 注册在深圳市的保险企业向注册在前海深港现代服务业合作区的企业提供国际航运保险业务。

③ 注册在平潭的保险企业向注册在平潭的企业提供国际航运保险业务。

（2）下列项目实行增值税即征即退：

1）增值税一般纳税人提供管道运输服务，对其增值税实际税负超过3%的部分实行增值税即征即退政策。

2）经人民银行、银监会或者商务部批准从事融资租赁业务的试点纳税人中的一般纳税人，提供有形动产融资租赁服务和有形动产融资性售后回租服务，对其增值税实际税负超过3%的部分实行增值税即征即退政策。

3）对安置残疾人的单位和个体工商户（以下称纳税人），实行由税务机关按纳税人安置残疾人的人数，限额即征即退增值税的办法。安置的每位残疾人每月可退还的增值税具体限额，由县级以上税务机关根据纳税人所在区县（含县级市、旗，下同）适用的经省（含自治区、直辖市、计划单列市，下同）人民政府批准的月最低工资标准的4倍确定。

4）一般纳税人销售其自行开发生产的软件产品，按17%的税率征收增值税后，对其增值税实际税负超过3%的部分，实行即征即退政策。

增值税一般纳税人将进口的软件进行本地化改造后对外销售，其销售的软件产品可享受上述规定的增值税即征即退政策。本地化改造是指对进口软件产品进行重新设计、改进、转换等，单纯对进口软件进行汉字化处理不包括在内。

上述所称增值税实际税负，是指纳税人当期提供应税服务实际缴纳的增值税额与纳税人当期提供应税服务取得的全部价款和价外费用的百分比。

（3）金融企业发放贷款后，自结息日起 90 天内发生的应收未收利息按现行规定缴纳增值税，自结息日起 90 天后发生的应收未收利息暂不缴纳增值税，待实际收到利息时按规定缴纳增值税。

（4）个人将购买不足 2 年的住房对外销售的，按照 5%的征收率全额缴纳增值税；个人将购买 2 年以上（含 2 年）的住房对外销售的，免征增值税。个人将购买 2 年以上（含 2 年）的非普通住房对外销售的，以销售收入减去购买住房价款后的差额按照 5%的征收率缴纳增值税。上述政策适用于北京市、上海市、广州市和深圳市之外的地区。

（5）其他有关减免税规定：

1）纳税人兼营免税、减税项目的，应当分别核算免税、减税项目的销售额；未分别核算销售额的，不得免税、减税。

2）纳税人销售货物，提供劳务和发生应税行为适用免税、减税规定的，可以放弃免税、减税，依照规定缴纳增值税。但一经放弃，36 个月内不得再申请免税、减税。

纳税人销售货物、提供劳务和发生应税行为同时适用免税和零税率规定的，优先适用零税率。

① 生产和销售免征增值税货物或者劳务或者应税行为的纳税人要求放弃免税权，应当以书面形式提交放弃免税权声明，报主管税务机关备案。纳税人自提交备案资料的次月起，按照现行有关规定计算缴纳增值税。

② 放弃免税权的纳税人符合一般纳税人认定条件尚未认定为增值税一般纳税人的，应当按现行规定认定为增值税一般纳税人，其销售的货物、劳务和应税行为可开具增值税专用发票。

③ 纳税人一经放弃免税权，其生产销售的全部增值税应税货物或劳务或应税行为均应按照适用税率征税，不得选择某一免税项目放弃免税权，也不得根据不同的销售对象选择部分货物或劳务或应税行为放弃免税权。

④ 纳税人在免税期内购进用于免税项目的货物、劳务和应税行为所取得的增值税扣税凭证，一律不得抵扣。

3）安置残疾人单位既符合促进残疾人就业增值税优惠政策条件，又符合其他增值税优惠政策条件的，可同时享受多项增值税优惠政策，但年度申请退还增值税总额不得超过本年度内应纳增值税总额。

4）纳税人既享受增值税即征即退、先征后退政策，又享受增值税“免、抵、退”政策有关问题的处理。

① 纳税人既有增值税即征即退、先征后退项目，也有出口等其他增值税“免、抵、退”项目的，增值税即征即退和先征后退项目不参与出口项目“免、抵、退”税计算。纳税人应分别核算增值税“免、抵、退”项目和增值税即征即退、先征后退项目，并分别申请享受增值税即征即退、先征后退和“免、抵、退”税政策。

② 用于增值税即征即退或者先征后退项目的进项税额无法划分的，按照下列公式计算：

无法划分进项税额中用于增值税即征即退或者先征后退项目的部分=当月无法划分的全部进项税额×当月增值税即征即退或者先征后退项目销售额÷当月全部销售额、营业额合计

（四）增值税起征点

个人发生销售货物、劳务和应税行为的销售额未达到增值税起征点的，免征增值税；

达到起征点的，全额计算缴纳增值税。

增值税起征点仅适用于个人，包括个体工商户和其他个人，但不适用于认定为一般纳税人的个体工商户，即增值税起征点仅适用于按照小规模纳税人纳税的个体工商户和其他个人

增值税起征点幅度为：按期纳税的，为月销售额 5 000～20 000 元（含本数）；按次纳税的，为每次（日）销售额 300～500 元（含本数）。

起征点的调整由财政部和国家税务总局规定。省、自治区、直辖市财政厅（局）和国家税务局应当在规定的幅度内，根据实际情况确定本地区适用的起征点，并报财政部和国家税务总局备案。

对增值税小规模纳税人中月销售额未达到 2 万元的企业或非企业性单位，免征增值税。

六、税率及征收率的确定

我国增值税采用比例税率形式。为了发挥增值税的中性作用，原则上增值税的税率应该对不同行业不同企业实行单一税率，称为基本税率。实践中为照顾一些特殊行业或产品也增设了低税率档次，对出口产品实行零税率。为了适应增值税纳税人分成一般纳税人和小规模纳税人的情况，又对这两类不同的纳税人采用了不同的税率和征收率。

（一）基本税率

增值税一般纳税人销售或者进口货物，提供应税劳务，发生应税行为，除低税率和零税率适用范围外，税率一律为 17%，这就是通常所说的基本税率。

（二）低税率

（1）增值税一般纳税人销售或者进口下列货物，按低税率 11%计征增值税：

1）农产品（含粮食）、食用植物油。

2）自来水、暖气、冷气、热水、煤气、石油液化气、天然气、沼气、居民用煤炭制品。

3）图书、报纸、杂志。

4）饲料、化肥、农药、农机、农膜。

5）食用盐。

6）音像制品。

7）电子出版物。

8）二甲醚。

9）国务院规定的其他货物。

（2）提供交通运输、邮政、基础电信、建筑、不动产租赁服务，销售不动产，转让土地使用权，税率为 11%。

（3）提供现代服务业服务、生活服务、金融服务及提供增值电信服务，销售无形资产（不包括转让土地使用权），税率为 6%。

（三）零税率

纳税人出口货物和境内单位、个人发生符合规定的跨境应税行为，税率为零；但是，

国务院另有规定的除外。

（1）根据“营改增”的规定，中华人民共和国境内（以下称境内）的单位和个人销售的下列服务和无形资产，适用增值税零税率：

1）国际运输服务。国际运输服务是指：

① 在境内载运旅客或者货物出境。

② 在境外载运旅客或者货物入境。

③ 在境外载运旅客或者货物。

2）航天运输服务。

3）向境外单位提供的完全在境外消费的下列服务：

① 研发服务。

② 合同能源管理服务。

③ 设计服务。

④ 广播影视节目（作品）的制作和发行服务。

⑤ 软件服务。

⑥ 电路设计及测试服务。

⑦ 信息系统服务。

⑧ 业务流程管理服务。

⑨ 离岸服务外包业务。离岸服务外包业务，包括信息技术外包服务（ITO）、技术性业务流程外包服务（BPO）、技术性知识流程外包服务（KPO），其所涉及的具体业务活动，按照《销售服务、无形资产、不动产注释》相对应的业务活动执行。

⑩ 转让技术。

4）财政部和国家税务总局规定的其他服务。

（2）其他零税率政策。

1）按照国家有关规定应取得相关资质的国际运输服务项目，纳税人取得相关资质的，适用增值税零税率政策，未取得的，适用增值税免税政策。

2）境内的单位和个人提供程租服务，如果租赁的交通工具用于国际运输服务和港澳台运输服务，由出租方按规定申请适用增值税零税率。

3）境内的单位和个人向境内单位或个人提供期租、湿租服务，如果承租方利用租赁的交通工具向其他单位或个人提供国际运输服务和港澳台运输服务，由承租方适用增值税零税率。境内的单位或个人向境外单位或个人提供期租、湿租服务，由出租方适用增值税零税率。

4）境内的单位和个人以无运输工具承运方式提供的国际运输服务，由境内实际承运人适用增值税零税率；无运输工具承运业务的经营者适用增值税免税政策。

（3）境内的单位和个人发生的与香港、澳门、台湾有关的应税行为，除另有规定外，参照上述规定执行。

（4）纳税人发生适用零税率的应税行为的，可以放弃适用零税率，选择免税或按规定缴纳增值税。放弃适用零税率后，36个月内不得再申请适用零税率。

（5）纳税人发生适用零税率的应税行为，应当按期向主管税务机关申报办理退（免）税，具体办法由财政部和国家税务总局制定。

出口零税率不同于免税。免税往往指某一环节免税；而零税率是指整体税负为零，意味着出口环节免增值税且退还以前纳税环节的已纳增值税税款。

（四）征收率

增值税征收率是指对特定的货物或特定的纳税人销售货物、提供应税劳务、发生应税行为在某一生产流通环节应纳税额与销售额的比率。增值税征收率适用于两种情况，一是小规模纳税人；二是一般纳税人销售货物、提供应税劳务、发生应税行为，按规定可以选择简易计税方法计税的。

1. 征收率的一般规定

纳税人增值税征收率除有特殊规定外一般为 3%。在“营改增”中，财政部和国家税务总局根据不动产销售等特殊行业情况，规定了 5%的增值税征收率并明确了 5%征收率的适用范围。

2. 征收率的特殊政策

根据增值税法律有关规定，适用 3%征收率的某些一般纳税人和小规模纳税人可以减按 2%计征增值税。

（1）一般纳税人销售自己使用过的按规定不得抵扣且未抵扣进项税额的固定资产，按简易办法依 3%征收率减按 2%征收增值税。

纳税人销售自己使用过的固定资产，适用简易办法依照 3%征收率减按 2%征收增值税政策的，可以放弃减税，按照简易办法依照 3%征收率缴纳增值税，并可以开具增值税专用发票。

（2）小规模纳税人（除其他个人外，下同）销售自己使用过的固定资产，减按 2%征收率征收增值税。

（3）纳税人销售旧货，按照简易办法依照 3%征收率减按 2%征收增值税。（不管是一般纳税人还是小规模纳税人）。所称旧货，是指进入二次流通的具有部分使用价值的货物（含旧汽车、旧摩托车和旧游艇），但不包括自己使用过的物品。

上述纳税人销售自己使用过的固定资产、旧货适用按照简易办法依照 3%征收率减按 2%征收增值税的，按下列公式确定销售额和应纳税额：

$$销售额=含税销售额\div（1+3\%）$$

$$应纳税额=销售额\times 2\%$$

纳税人兼营销售货物、劳务、服务、无形资产或者不动产，适用不同税率或者征收率的，应当分别核算适用不同税率或者征收率的销售额；未分别核算的，从高适用税率。

第二节 增值税的计算

一、增值税的计税方法

增值税的计税方法，包括一般计税方法、简易计税方法和扣缴计税方法。

（一）一般计税方法

一般计税方法的应纳税额，是指当期销项税额抵扣当期进项税额后的余额。

一般纳税人发生应税行为适用一般计税方法计税。其计算公式为

当期应纳增值税税额=当期销项税额−当期进项税额

（二）简易计税方法

简易计税方法，是指以不含增值税的销售额直接乘以征收率计算增值税，不得抵扣进项税额。

1．小规模纳税人

小规模纳税人发生应税行为适用简易计税方法计税。简易计税方法计算公式为

当期应纳增值税税额=当期销售额（不含增值税）×征收率

小规模纳税人一般适用3%的征收率，但以下情况适用5%的征收率：

（1）小规模纳税人销售其取得（不含自建）的不动产（不含个体工商户销售购买的住房和其他个人销售不动产），应以取得的全部价款和价外费用减去该项不动产购置原价或者取得不动产时的作价后的余额为销售额，按照5%的征收率计算应纳税额。

（2）小规模纳税人销售其自建的不动产，应以取得的全部价款和价外费用为销售额，按照5%的征收率计算应纳税额。

（3）房地产开发企业中的小规模纳税人，销售自行开发的房地产项目，按照5%的征收率计税。

（4）其他个人销售其取得（不含自建）的不动产（不含其购买的住房），应以取得的全部价款和价外费用减去该项不动产购置原价或者取得不动产时的作价后的余额为销售额，按照5%的征收率计算应纳税额。

（5）小规模纳税人出租其取得的不动产（不含个人出租住房），应按照5%的征收率计算应纳税额。

（6）其他个人出租其取得的不动产（不含住房），应按照5%的征收率计算应纳税额。

（7）个人出租住房，应按照5%的征收率减按1.5%计算应纳税额。

（8）个人将购买不足2年的住房对外销售的，按照5%的征收率全额缴纳增值税。

（9）小规模纳税人提供劳务派遣服务，可以按照《财政部、国家税务总局关于全面推开营业税改征增值税试点的通知》（财税〔2016〕36号）的有关规定，以取得的全部价款和价外费用为销售额，按照简易计税方法依3%的征收率计算缴纳增值税；也可以选择差额纳税，以取得的全部价款和价外费用，扣除代用工单位支付给劳务派遣员工的工资、福利和为其办理社会保险及住房公积金后的余额为销售额，按照简易计税方法依5%的征收率计算缴纳增值税。

选择差额纳税的纳税人，向用工单位收取用于支付给劳务派遣员工工资、福利和为其办理社会保险及住房公积金的费用，不得开具增值税专用发票，可以开具普通发票。

2．一般纳税人

（1）根据增值税法的有关规定，一般纳税人可以选择简易计税方法计税的主要包括以

下情况：

1）县级及县级以下小型水力发电单位生产的电力。小型水力发电单位，是指各类投资主体建设的装机容量为5万千瓦以下（含5万千瓦）的小型水力发电单位。

2）建筑用和生产建筑材料所用的砂、土、石料。

3）以自己采掘的砂、土、石料或其他矿物连续生产的砖、瓦、石灰（不含黏土实心砖、瓦）。

4）自己用微生物、微生物代谢产物、动物毒素、人或动物的血液或组织制成的生物制品。

5）自产的自来水。

6）自产的商品混凝土（仅限于以水泥为原料生产的水泥混凝土）。

7）自来水公司销售自来水。

8）单采血浆站销售非临床用人体血液。

9）寄售商店代销寄售物品（包括居民个人寄售的物品在内）。

10）典当业销售死当物品。

11）药品经营企业销售生物制品。

12）提供物业管理服务的纳税人，向服务接受方收取的自来水水费，以扣除其对外支付的自来水水费后的余额为销售额，按照简易计税方法计缴增值税。

（2）根据“营改增”的规定，一般纳税人发生下列应税行为可以选择适用简易计税方法计税：

1）一般纳税人提供的公共交通运输服务（不包括铁路旅客运输服务），可以选择按照简易计税方法计算缴纳增值税。公共交通运输服务，包括轮客渡、公交客运、地铁、城市轻轨、出租车、长途客运、班车。

2）经认定的动漫企业为开发动漫产品提供的动漫脚本编撰、形象设计、背景设计、动画设计、分镜、动画制作、摄制、描线、上色、画面合成、配音、配乐、音效合成、剪辑、字幕制作、压缩转码（面向网络动漫、手机动漫格式适配）服务，以及在境内转让动漫版权（包括动漫品牌、形象或者内容的授权及再授权）。

动漫企业和自主开发、生产动漫产品的认定标准和认定程序，按照《文化部、财政部、国家税务总局关于印发〈动漫企业认定管理办法（试行）〉的通知》（文市发〔2008〕51号）的规定执行。

3）一般纳税人以该地区“营改增”实施之日前购进或者自制的有形动产为标的物提供的经营租赁服务，以及在“营改增”实施之日前签订的尚未执行完毕的有形动产租赁合同，可以选择按照简易计税方法计算缴纳增值税。

4）一般纳税人提供的电影放映服务、仓储服务、装卸搬运服务和收派服务和文化体育服务，可以选择按照简易计税办法计算缴纳增值税。

5）一般纳税人以下列方式提供的建筑服务，可以选择适用简易计税方法计税：

① 一般纳税人以清包工方式提供的建筑服务；

② 一般纳税人为甲供工程提供的建筑服务；

③ 一般纳税人为建筑工程老项目提供的建筑服务；

建筑工程老项目，是指：

a. 建筑工程施工许可证注明的合同开工日期在2016年4月30日前的建筑工程项目；

b. 未取得建筑工程施工许可证的，建筑工程承包合同注明的开工日期在2016年4月

30日前的建筑工程项目。

④ 一般纳税人跨县（市）提供建筑服务，选择适用简易计税方法计税的，应以取得的全部价款和价外费用扣除支付的分包款后的余额为销售额，按照3%的征收率计算应纳税额。

6）一般纳税人销售不动产。

① 一般纳税人销售其2016年4月30日前取得（不含自建）的不动产，可以选择适用简易计税方法，以取得的全部价款和价外费用减去该项不动产购置原价或者取得不动产时的作价后的余额为销售额，按照5%的征收率计算应纳税额。

② 一般纳税人销售其2016年4月30日前自建的不动产，可以选择适用简易计税方法，以取得的全部价款和价外费用为销售额，按照5%的征收率计算应纳税额。

③ 房地产开发企业中的一般纳税人，销售自行开发的房地产老项目，可以选择适用简易计税方法按照5%的征收率计税。

7）一般纳税人不动产经营租赁服务。

① 一般纳税人出租其2016年4月30日前取得的不动产，可以选择适用简易计税方法，按照5%的征收率计算应纳税额。

② 公路经营企业中的一般纳税人收取试点前开工的高速公路的车辆通行费，可以选择适用简易计税方法，减按3%的征收率计算应纳税额。

试点前开工的高速公路，是指相关施工许可证明上注明的合同开工日期在2016年4月30日前的高速公路。

8）提供非学历教育服务。

9）一般纳税人提供教育辅助服务，可以选择简易计税方法按照3%征收率计算增值税。

10）一般纳税人2016年4月30日前签订的不动产融资租赁合同，或以2016年4月30日前取得的不动产提供的融资租赁服务。

11）纳税人转让2016年4月30日前取得的土地使用权，可以选择适用简易计税方法，以取得的全部价款和价外费用减去取得该土地使用权的原价后的余额为销售额，按照5%征收率计算增值税。

12）一般纳税人收取试点前开工的一级公路、二级公路、桥、闸通行费，可以选择适用简易计税方法，按照5%的征收率计算缴纳增值税。

13）一般纳税人提供人力资源外包服务，可以选择适用简易计税方法，按照5%的征收率计算缴纳增值税。

14）一般纳税人提供劳务派遣服务，可以选择差额纳税，以取得的全部价款和价外费用，扣除代用工单位支付给劳务派遣员工的工资、福利和为其办理社会保险及住房公积金后的余额为销售额，按照简易计税方法依5%的征收率计算缴纳增值税。

上述一般纳税人适用简易计税方法的各项，除6）、7）①、11）、12）、13）、14）六项适用5%征收率外，其余均按3%征收率计算缴纳增值税。

一般纳税人发生财政部和国家税务总局规定的特定的货物、应税劳务、应税行为，一经选择适用简易计税方法计税后，36个月内不得变更。一般纳税人可以选择适用简易计税方法的具体应税行为归纳如表2-1所示。

表 2-1 “营改增”分税目明细表

税目	基本税率	简易计税项目		销售额差额计算项目
		一般纳税人可选择简易计税项目	征收率	
交通运输服务	11%	公共交通运输服务	3%	航空运输企业代收的机场建设费和代收转付的客票价款可差额扣除
现代服务	6%	经认定的动漫企业为开发动漫产品提供服务、电影放映、仓储、装卸搬运、收派服务	3%	客运场站服务（仅一般纳税人）
				经纪代理服务
	不动产租赁 11%	试点前取得的不动产经营租赁	5%	融资租赁
		公路经营企业中的一般纳税人收取试点前开工的高速公路的车辆通行费	5%（减按 3%）	
		个人出租住房	5%（减按 1.5%）	
	有形动产租赁 17%	2012 年 9 月 30 日前取得的有形动产为标的物提供的经营租赁	3%	
		2012 年 9 月 30 日前签订的尚未执行完毕的有形动产租赁合同		
电信服务	基础电信 11%	—	3%	—
	增值电信 6%			
邮政服务	11%	—	3%	—
建筑服务	11%	清包工、甲供工程、老项目	3%	简易计税项目的总包方
金融服务	6%	2012 年 9 月 30 日前签订的尚未执行完毕的有形动产租赁合同（融资性售后回租）	3%	金融商品转让、融资性售后回租
生活服务	6%	文化体育服务	3%	旅游服务
销售无形资产	6%	境内转让动漫版权	3%	—
	转让土地使用权 11%	—	3%	—
销售不动产	11%	销售试点前取得的不动产	5%	销售试点前取得（非自建）不动产
		房地产企业销售自行开发的房地产老项目		房地产开发项目（限一般计税方法）

（三）扣缴计税方法

扣缴义务人适用扣缴计税方法。其计算公式为

应扣缴增值税税额=购买方支付的价款/（1+税率）×税率

二、一般纳税人应纳税额的计算

一般纳税人销售货物或者提供应税劳务、发生应税行为，应纳税额为当期销项税额抵扣进项税额后的余额。应纳税额计算公式为

应纳税额=当期销项税额−当期进项税额−上期留抵税额

如应纳税额大于零，则为当期应该缴纳的增值税；如应纳税额小于零，则为本期留抵税额，转入下一期抵扣。

（一）销项税额的计算

销项税额指一般纳税人销售货物或者提供应税劳务和发生应税行为，按照销售额或者提供应税劳务和应税行为的收入与规定税率计算并向购买方收取的增值税额，其计算公式为

销项税额=销售额×适用税率

在适用税率既定的前提下，销项税额的大小主要取决于销售额的大小，因而准确确定作为增值税计算依据的销售额是计算销项税额的关键。

1．一般销售额确定

上述公式所述销售额，是指纳税人销售货物或者提供应税劳务、发生应税行为向购买方（承受应税劳务和应税行为也视为购买方）收取的全部价款和价外费用，但是不包括收取的销项税额。

价外费用，包括价外向购买方收取的手续费、补贴、基金、集资费、返还利润、奖励费、违约金、滞纳金、延期付款利息、赔偿金、代收款项、代垫款项、包装费、包装物租金、储备费、优质费、运输装卸费以及其他各种性质的价外收费。但下列项目不包括在内：

（1）受托加工应征消费税的消费品所代收代缴的消费税。

（2）同时符合以下条件的代垫运输费用：

1）承运部门的运输费用发票开具给购买方的；

2）纳税人将该项发票转交给购买方的。

（3）同时符合以下条件代为收取的政府性基金或者行政事业性收费：

1）由国务院或者财政部批准设立的政府性基金，由国务院或者省级人民政府及其财政、价格主管部门批准设立的行政事业性收费；

2）收取时开具省级以上财政部门印制的财政票据；

3）所收款项全额上缴财政。

（4）销售货物的同时代办保险等而向购买方收取的保险费，以及向购买方收取的代购买方缴纳的车辆购置税、车辆牌照费。

2．特殊应税行为的销售额确定

根据“营改增”规定，发生下列应税行为的销售额分别按以下方式确定：

（1）贷款服务，以提供贷款服务取得的全部利息及利息性质的收入为销售额。

（2）直接收费金融服务，以提供直接收费金融服务收取的手续费、佣金、酬金、管理费、服务费、经手费、开户费、过户费、结算费、转托管费等各类费用为销售额。

（3）金融商品转让，按照卖出价扣除买入价后的余额为销售额。

转让金融商品出现的正负差，按盈亏相抵后的余额为销售额。若相抵后出现负差，可结转下一纳税期与下期转让金融商品销售额相抵，但年末时仍出现负差的，不得转入下一个会计年度。

金融商品的买入价，可以选择按照加权平均法或者移动加权平均法进行核算，选择后

36个月内不得变更。

金融商品转让，不得开具增值税专用发票。

（4）经纪代理服务，以取得的全部价款和价外费用，扣除向委托方收取并代为支付的政府性基金或者行政事业性收费后的余额为销售额。向委托方收取的政府性基金或者行政事业性收费，不得开具增值税专用发票。

（5）融资租赁和融资性售后回租业务。

1）经人民银行、银监会或者商务部批准从事融资租赁业务的纳税人，提供融资租赁服务，以取得的全部价款和价外费用，扣除支付的借款利息（包括外汇借款和人民币借款利息）、发行债券利息和车辆购置税后的余额为销售额。

2）经人民银行、银监会或者商务部批准从事融资租赁业务的纳税人，提供融资性售后回租服务，以取得的全部价款和价外费用（不含本金），扣除对外支付的借款利息（包括外汇借款和人民币借款利息）、发行债券利息后的余额作为销售额。

3）纳税人根据2016年4月30日前签订的有形动产融资性售后回租合同，在合同到期前提供的有形动产融资性售后回租服务，可继续按照有形动产融资租赁服务缴纳增值税。

4)经商务部授权的省级商务主管部门和国家经济技术开发区批准的从事融资租赁业务的纳税人，2016年5月1日后实收资本达到1.7亿元的，从达到标准的当月起按照上述第1)、2)、3）点规定执行；2016年5月1日后实收资本未达到1.7亿元但注册资本达到1.7亿元的，在2016年7月31日前仍可按照上述第1)、2)、3）点规定执行，2016年8月1日后开展的融资租赁业务和融资性售后回租业务不得按照上述第1)、2)、3）点规定执行。

（6）航空运输企业的销售额，不包括代收的机场建设费和代售其他航空运输企业客票而代收转付的价款。

（7）一般纳税人提供客运场站服务，以其取得的全部价款和价外费用，扣除支付给承运方运费后的余额为销售额。

（8）纳税人提供旅游服务，可以选择以取得的全部价款和价外费用，扣除向旅游服务购买方收取并支付给其他单位或者个人的住宿费、餐饮费、交通费、签证费、门票费和支付给其他接团旅游企业的旅游费用后的余额为销售额。

选择上述办法计算销售额的纳税人，向旅游服务购买方收取并支付的上述费用，不得开具增值税专用发票，可以开具普通发票。

（9）纳税人提供建筑服务适用简易计税方法的，以取得的全部价款和价外费用扣除支付的分包款后的余额为销售额。

（10）房地产开发企业中的一般纳税人销售其开发的房地产项目（选择简易计税方法的房地产老项目除外），以取得的全部价款和价外费用，扣除受让土地时向政府部门支付的土地价款后的余额为销售额。

房地产老项目，是指《建筑工程施工许可证》注明的合同开工日期在2016年4月30日前的房地产项目。

（11）试点纳税人按照上述（4）～（10）款的规定从全部价款和价外费用中扣除的价款，应当取得符合法律、行政法规和国家税务总局规定的有效凭证；否则，不得扣除。

上述凭证是指：

1）支付给境内单位或者个人的款项，以发票为合法有效凭证。

2）支付给境外单位或者个人的款项，以该单位或者个人的签收单据为合法有效凭证，税务机关对签收单据有疑义的，可以要求其提供境外公证机构的确认证明。

3）缴纳的税款，以完税凭证为合法有效凭证。

4）扣除的政府性基金、行政事业性收费或者向政府支付的土地价款，以省级以上（含省级）财政部门监（印）制的财政票据为合法有效凭证。

5）国家税务总局规定的其他凭证。

纳税人取得的上述凭证属于增值税扣税凭证的，其进项税额不得从销项税额中抵扣。

实际工作中，常会出现一般纳税人采用销售额和销项税额合并定价收取的方法，从而形成含税销售额。由于我国增值税是价外税，计税依据中不含增值税本身的数额，因此，必须将含税销售额换算为不含税的销售额，换算公式为

销售额＝含税销售额÷（1+适用税率）

销售额以人民币计算。纳税人以人民币以外的货币结算销售额的，应当折合成人民币计算。

（二）进项税额的计算

进项税额指纳税人购进货物、加工修理修配劳务、服务、无形资产或者不动产，支付或者负担的增值税额。

纳税人缴纳增值税，是以其收取的销项税额抵扣其支付的进项税额的余额为应纳税额。但进项税额作为可抵扣部分，并不是纳税人支付的所有进项税额都可以从销项税额中抵扣。根据《增值税暂行条例》和"营改增"的有关规定，准予从销项税额中抵扣的进项税额，限于下列增值税扣税凭证上注明的增值税税额和按规定的扣除率计算的进项税额：

（1）从销售方或者提供方取得的增值税专用发票（含税控机动车销售统一发票，下同）上注明的增值税额。

（2）从海关取得的海关进口增值税专用缴款书上注明的增值税额。

（3）购进农产品。

1）纳税人购进农产品，取得一般纳税人开具的增值税专用发票或海关进口增值税专用缴款书的，以增值税专用发票或海关进口增值税专用缴款书上注明的增值税额为进项税额。

2）从按照简易计税方法依照3%征收率计算缴纳增值税的小规模纳税人取得增值税专用发票的，以增值税专用发票上注明的金额和11%的扣除率计算进项税额。

3）取得（开具）农产品销售发票或收购发票的，以农产品销售发票或收购发票上注明的农产品买价和11%的扣除率计算进项税额。其进项税额计算公式为

进项税额=买价×扣除率

4）营业税改征增值税试点期间，纳税人购进用于生产销售或委托受托加工 17%税率货物的农产品维持原扣除力度不变，即对于购入农产品用于生产销售或委托受托加工 17%税率货物，对应耗用农产品依然可按照 13%抵扣进项税额。计算公式为

当期允许抵扣农产品增值税进项税额=当期耗用农产品数量×农产品平均购买单价×13%/（1+13%）

5）纳税人从批发、零售环节购进适用免征增值税政策的蔬菜、部分鲜活肉蛋而取得的普通发票，不得作为计算抵扣进项税额的凭证。

6）纳税人购进农产品既用于生产销售或委托受托加工 17%税率货物，又用于生产销售其他货物服务的，应当分别核算用于生产销售或委托受托加工 17%税率货物和其他货物服务的农产品进项税额。未分别核算的，统一以增值税专用发票或海关进口增值税专用缴款书上注明的增值税额为进项税额，或以农产品收购发票或销售发票上注明的农产品买价和 11%的扣除率计算进项税额。

（4）增值税一般纳税人取得的小规模纳税人由税务机关代开的增值税专用发票，按增值税专用发票注明的税额抵扣进项税额。

（5）增值税一般纳税人（以下称“原纳税人”）在资产重组过程中，将全部资产、负债和劳动力一并转让给其他增值税一般纳税人（以下称“新纳税人”）并按程序注销登记的，其在办理注销登记前尚未抵扣的进项税额可以结转至新纳税人处继续抵扣。

（6）增值税一般纳税人购进服务、无形资产或者不动产，取得的增值税专用发票上注明的增值税额为进项税额，准予从销项税额中抵扣。

2016 年 5 月 1 日后取得并在会计制度上按固定资产核算的不动产或者 2016 年 5 月 1 日后取得的不动产在建工程，其进项税额应自取得之日起分 2 年从销项税额中抵扣，第一年抵扣比例为 60%，第二年抵扣比例为 40%。

房地产开发企业自行开发的房地产项目，融资租入的不动产，以及在施工现场修建的临时建筑物、构筑物，其进项税额不适用上述分 2 年抵扣的规定。

（7）增值税一般纳税人自用的应征消费税的摩托车、汽车、游艇，其进项税额准予从销项税额中抵扣。

（8）增值税一般纳税人从境外单位或者个人购进服务、无形资产或者不动产，按照规定应当扣缴增值税的，准予从销项税额中抵扣的进项税额为自税务机关或者扣缴义务人取得的解缴税款的完税凭证上注明的增值税额。

（9）增值税一般纳税人购进货物或者接受加工修理修配劳务，用于《销售服务、无形资产、不动产注释》所列项目的，不属于《增值税暂行条例》第十条所称的用于非增值税应税项目，其进项税额准予从销项税额中抵扣。

（三）不得从销项税额中抵扣的进项税额

（1）增值税一般纳税人购进货物或者购进服务、无形资产或者不动产，未按照规定取得并保存增值税扣税凭证或者增值税扣税凭证上未按照规定注明增值税额及其他有关事项的，以及取得的增值税扣税凭证不符合法律、行政法规或者国务院税务主管部门有关规定的，其进项税额不得从销项税额中抵扣。

增值税扣税凭证，是指增值税专用发票、海关进口增值税专用缴款书、农产品收购发票、农产品销售发票和完税凭证。

纳税人凭完税凭证抵扣进项税额的，应当具备书面合同、付款证明和境外单位的对账单或者发票。资料不全的，其进项税额不得从销项税额中抵扣。

（2）下列项目的进项税额不得从销项税额中抵扣：

1）用于简易计税方法计税项目、免征增值税项目、集体福利或者个人消费的购进货物、加工修理修配劳务、服务、无形资产和不动产。其中涉及的固定资产、无形资产、不动产，仅指专用于上述项目的固定资产、无形资产（不包括其他权益性无形资产）、不动产。

纳税人的交际应酬消费属于个人消费。

2）非正常损失的购进货物，以及与非正常损失的购进货物相关的加工修理修配劳务和交通运输服务。

3）非正常损失的在产品、产成品所耗用的购进货物（不包括固定资产），与非正常损失的在产品、产成品所耗用购进货物相关的加工修理修配劳务、交通运输业服务。

4）非正常损失的不动产，以及该不动产所耗用的购进货物、设计服务和建筑服务。

5）非正常损失的不动产在建工程所耗用的购进货物、设计服务和建筑服务。

纳税人新建、改建、扩建、修缮、装饰不动产，均属于不动产在建工程。

6）购进的旅客运输服务、贷款服务、餐饮服务、居民日常服务和娱乐服务。

7)纳税人接受贷款服务向贷款方支付的与该笔贷款直接相关的投融资顾问费、手续费、咨询费等费用，其进项税额不得从销项税额中抵扣。

8）财政部和国家税务总局规定的其他情形。

（3）有下列情形之一者，应当按照销售额和增值税税率计算应纳税额，不得抵扣进项税额，也不得使用增值税专用发票：

1）一般纳税人会计核算不健全，或者不能够提供准确税务资料的。

2）应当申请办理一般纳税人资格认定而未申请的。

（四）应纳税额计算的相关规定

（1）纳税人适用一般计税方法计税的，因销售折让、中止或者退回而退还给购买方的增值税额，应当从当期的销项税额中扣减；因销售折让、中止或者退回而收回的增值税额，应当从当期的进项税额中扣减。

纳税人适用简易计税方法计税的，因销售折让、中止或者退回而退还给购买方的销售额，应当从当期销售额中扣减。扣减当期销售额后仍有余额造成多缴的税款，可以从以后的应纳税额中扣减。

（2）已抵扣进项税额的购进货物（不含固定资产）或应税劳务、服务，如果事后改变用途，用于不得从销项税额中抵扣的项目时，应将该项购进货物或应税劳务、服务的进项税额从当期的进项税额中扣减，即作进项税额转出处理。无法准确确定该项进项税额的，按当期实际成本计算应扣减的进项税额。扣减进项税额计算依据不是按该货物或应税劳务、服务的原进价，而是按发生上述情况的当期该货物或应税劳务、服务的“实际成本”，按征税时该货物或应税劳务、服务适用的税率计算应扣减的进项税额。

实际成本=进价+运费+保险费+其他有关费用

（3）已抵扣进项税额的固定资产、无形资产或者不动产，发生《增值税暂行条例》和“营改增”规定不得从销项税额中抵扣进项税额情形的，按照下列公式计算不得抵扣的进项税额：

不得抵扣的进项税额=固定资产、无形资产或者不动产净值×适用税率

（4）按照《增值税暂行条例》和“营改增”规定不得抵扣且未抵扣进项税额的固定资产、无形资产、不动产，发生用途改变，用于允许抵扣进项税额的应税项目，可在用途改变的次月按照下列公式，依据合法有效的增值税扣税凭证，计算可以抵扣的进项税额：

可以抵扣的进项税额=固定资产、无形资产、不动产净值/（1+适用税率）×适用税率

上述可以抵扣的进项税额应取得合法有效的增值税扣税凭证。

（5）增值税期末留抵税额。

原增值税一般纳税人兼有销售服务、无形资产或者不动产的，截止到纳入“营改增”之日前的增值税期末留抵税额，不得从销售服务、无形资产或者不动产的销项税额中抵扣。

（6）适用一般计税方法的纳税人，兼营简易计税方法计税项目、免征增值税项目而无法划分不得抵扣的进项税额，按照下列公式计算不得抵扣的进项税额：

不得抵扣的进项税额＝当期无法划分的全部进项税额×（当期简易计税方法计税项目销售额+免征增值税项目销售额）÷当期全部销售额

（7）销售额以人民币计算。

纳税人按照人民币以外的货币结算销售额的，应当折合成人民币计算，折合率可以选择销售额发生的当天或者当月 1 日的人民币汇率中间价。纳税人应当在事先确定采用何种折合率，确定后 12 个月内不得变更。

（8）纳税人发生应税行为，开具增值税专用发票后，发生开票有误或者销售折让、中止、退回等情形的，应当按照国家税务总局的规定开具红字增值税专用发票；未按照规定开具红字增值税专用发票的，不得按照相关规定扣减销项税额或者销售额。

（9）纳税人发生应税行为，将价款和折扣额在同一张发票上分别注明的，以折扣后的价款为销售额；未在同一张发票上分别注明的，以价款为销售额，不得扣减折扣额。

（10）纳税人发生应税行为价格明显偏低或者偏高且不具有合理商业目的的，或者向其他单位或者个人无偿提供服务、转让无形资产、不动产而无销售额的，主管税务机关有权按照下列顺序确定销售额：

1）按照纳税人最近时期销售同类服务、无形资产或者不动产的平均价格确定。

2）按照其他纳税人最近时期销售同类服务、无形资产或者不动产的平均价格确定。

3）按照组成计税价格确定。组成计税价格的公式为：

组成计税价格=成本×（1+成本利润率）

成本利润率由国家税务总局确定。

不具有合理商业目的，是指以谋取税收利益为主要目的，通过人为安排，减少、免除、推迟缴纳增值税税款，或者增加退还增值税税款。

（11）增值税专用发票认证有关规定。

增值税专用发票认证是指通过增值税发票税控系统对增值税发票所包含的数据进行识别、确认。自 2017 年 7 月 1 日起，增值税一般纳税人取得的 2017 年 7 月 1 日及以后开具的增值税专用发票和机动车销售统一发票，应自开具之日起 360 日内认证或登录增值税发票选择确认平台进行确认，并在规定的纳税申报期内，向主管国税机关申报抵扣进项税额。

增值税一般纳税人取得的 2017 年 7 月 1 日及以后开具的海关进口增值税专用缴款书，应自开具之日起 360 日内向主管国税机关报送“海关完税凭证抵扣清单”，申请稽核比对。

纳税人取得的 2017 年 6 月 30 日前开具的增值税扣税凭证，认证时间为 180 日。

2016 年 8 月起增值税纳税人按照纳税信用级别分别适用发票认证的有关规定。纳税信用评价为 A 级和 B 级（含国地税联合评价或仅有地税评价结果）的增值税一般纳税人取得销售方使用新系统开具的增值税发票（包括增值税专用发票、机动车销售统一发票，下同），可以不进行扫描认证，登录本省增值税发票查询平台，查询、选择用于申报抵扣或者出口退税的增值税发票信息，未查询到对应发票信息的，仍可进行扫描认证。纳税信用评价为

C、D 级及未取得纳税信用评价级别的增值税一般纳税人应通过网上远程认证或到办税服务厅扫描认证的方式，办理增值税专用发票认证业务。

（五）进项税额不足抵扣的处理

因当期销项税额小于当期进项税额不足抵扣时，其不足部分可以结转下期继续抵扣。

（六）增值税应纳税额计算实例

例 2-1 某生产企业为增值税一般纳税人（信用等级 A 级），适用增值税税率 17%，20×7 年 2 月份有关生产经营业务如下：

（1）销售甲产品给某大商场，开具增值税专用发票，取得不含税销售额 160 万元；另外，取得销售甲产品的送货运输费收入 11.7 万元（含增值税价格，与销售货物不能分别核算）。

（2）销售乙产品，开具普通发票，取得含税销售额 58.5 万元。

（3）将试制的一批应税新产品用于本企业基建工程，成本价为 40 万元，成本利润率为 10%，该新产品无同类产品市场销售价格。

（4）销售使用过的进口摩托车 5 辆，开具增值税专用发票，上面注明每辆取得销售额 1 万元。

（5）购进货物取得增值税专用发票，注明支付的货款 120 万元、进项税额 20.4 万元；另外支付购货的运输费用 12 万元（不含税价），取得运输公司开具的增值税专用发票。

（6）向农业生产者购进免税农产品一批，支付收购价 60 万元，支付给运输单位的运费 10 万元（不含税价），取得相关的合法票据。本月下旬将购进的农产品的 20%用于本企业职工福利。（以上相关票据均符合税法的规定，并已登录本省增值税发票查询平台，查询到相关票据信息，不需扫描认证。）

试计算该企业 20×7 年 2 月应缴纳的增值税税额。

计算过程如下：

（1）销售甲产品的销项税额：

160×17%+11.7/（1+17%）×17%=28.9（万元）

（2）销售乙产品的销项税额：

58.5/（1+17%）×17%=8.5（万元）

（3）自用新产品的销项税额：

40×（1+10%）×17%=7.48（万元）

（4）销售使用过的摩托车应纳税额：

1×17%×5=0.85（万元）

（5）外购货物应抵扣的进项税额：

20.4+12×11%=21.72（万元）

（6）外购免税农产品应抵扣的进项税额：

（60×13%+10×11%）×（1−20%）=7.12（万元）

（7）该企业 2 月份应缴纳的增值税税额：

[（28.9+8.5+7.48）−（21.72+7.12）]+0.85=16.89（万元）

三、“营改增”后应纳增值税税额计算举例

（一）交通运输业

应纳增值税税额=交通运输业计税销售额×11%–进项税额

例 2-2 沿海地区某运输公司为增值税一般纳税人（信用等级 A 级），具备国际运输资质。20×6 年 8 月运送货物，开具增值税专用发票注明（不含税）运输收入金额 200 万元，装卸收入金额 20 万元；国内运送旅客，按售票统计取得价税合计金额 142.08 万元；运送旅客至境外，按售票统计取得价税合计金额 42 万元。购进货运用汽油取得增值税专用发票注明金额 12 万元，税额 2.04 万元，购进随车工具一批，取得增值税专用发票注明金额 3 万元，税额 0.51 万元。已通过增值税发票查询平台，查询到对应发票信息。试计算该公司当月应纳增值税税额。

由题可知该企业是混业经营，其中货运业务增值税率 11%，装卸业务增值税率 6%。

该运输公司当月的增值税销项税额为：

货运及装卸业务销项税额=200×11%+20×6%=23.2（万元）

根据“营改增”规定，一般纳税人企业旅客运输业务可以选择简易计税方法计税，按 3%征收率计缴增值税。境外运输业务适用增值税零税率。因而：

客运业务应纳税额=142.08/（1+3%）×3%=4.138 3（万元）

该运输公司当月应纳增值税税额为：23.2–（2.04+0.51）+4.138 3=24.788 3（万元）

（二）建筑业

应纳增值税税额=建筑业计税销售额×11%–进项税额

例 2-3 甲建筑公司为一般纳税人，承包一项建筑装饰工程，工程结算含税收入 4 600 万元，工程成本 3 000 万元，该工程外购材料取得一般纳税人开具的增值税专用发票（已通过认证）注明不含税价款 1 647 万元，进项税额 280 万元。要求计算甲建筑公司承包该项建筑装饰工程应纳增值税税额。

工程总收入为价税合计金额。则：

甲建筑公司该项工程销项税额=4 600/（1+11%）×11%=455.855 9（万元）

应纳增值税税额=455.855 9–280=175.855 9（万元）

（三）金融保险业

根据财税〔2016〕36 号文的规定，保险公司包括保费收入以及金融商品转让的主要收入都适用增值税，而保费收入中一年以上人身保险产品的保费收入被列为增值税免税政策适用范围。总的来说，对于财险公司，经营的绝大部分财产保险产品的保费收入都纳入增值税的征收范围；对于寿险公司，只有一年以下短期人身保险产品（主要是短期健康险、意外险）的保费收入纳入增值税的征收范围。“营改增”后，原营业税税制下保险行业所享受的税收减免政策将全部得到延续。金融保险业增值税率 6%，可以就日常经营费用支出进行进项税额抵扣。

应纳增值税税额=金融保险业计税销售额×6%−进项税额

保险业原则上以收入全额为销售额，但对于以储金方式开展的保险业务，其销售额为纳税人在纳税期内的储金平均余额（纳税期期初储金余额与期末余额之和乘以50%）乘以中国人民银行公布的一年期存款利率。

保险业开展无赔偿奖励业务的，以向投保人实际收取的保费为销售额，不能扣除保单之外的无赔偿奖励支出。

例 2-4 某保险公司1月份发生如下业务：①以储金方式开展保险业务，纳税人期初储金余额为300万元，期末储金余额为700万元，储蓄存款利率为2.25%，无赔偿奖励支出为3万元；②初保业务取得含税保费收入100万元，付给分保人的保费收入40万元。当月日常经营费用支出未取得增值税专用发票，本例中的利息收入为价税合计金额，则

应纳增值税税额=[（300+700）×50%×2.25%/12]/（1+6%）×6%+100/（1+6%）×6%
=5.713 4（万元）

（四）邮电通信业

"营改增"后，邮政业和电信业增值税税率统一确定为11%。邮政储蓄业务属于金融业按利息收入6%计缴增值税。邮政企业增值税计缴由各省、自治区、直辖市和计划单列市邮政企业（以下称总机构）汇总计算后，向主管税务机关申报纳税。分支机构提供邮政服务，按照销售额和预征率计算应预缴税额，按月向主管税务机关申报纳税，不得抵扣进项税额。计算公式为

应预缴税额=（销售额+预订款）×预征率

例 2-5 某邮局5月份取得报刊发行收入15万元，传递函件收入3万元，邮政储蓄利息收入0.8万元，邮政业务收入0.5万元，销售各类邮品收入0.4万元，上述收入均为含税收入，预征率为5%。则

应预缴增值税税额=[（15+3+0.5+0.4）/（1+11%）+0.8/（1+6%）]×10 000×5%=8 890.87（元）

（五）文化体育业

一般纳税人发生文化体育服务行为可以选择适用简易计税方法计税，税率3%。

应纳增值税税额=文化体育业计税销售额×3%

例 2-6 某公园3月份取得门票含税收入0.5万元，则

应纳增值税税额=0.5/（1+3%）×3%=0.014 6（万元）

（六）娱乐业

"营改增"规定娱乐业等生活服务行业适用税率为6%，日常经营过程中取得的增值税专用发票的进项税额可以抵扣。计算公式为

应纳增值税税额=娱乐业计税销售额×6%−可抵扣的进项税额
=（娱乐业服务含税收入）/（1+6%）×6%−可抵扣的进项税额

根据《财政部、国家税务总局关于营业税改征增值税试点有关文化事业建设费政策及征收管理问题的补充通知》，自 2016 年 5 月 1 日起在中华人民共和国境内提供娱乐服务的单位和个人（以下称缴纳义务人），应按照规定缴纳文化事业建设费。缴纳义务人应按照提供娱乐服务取得的计费销售额和 3%的费率计算娱乐服务应缴费额，计算公式为

娱乐服务应缴费额=娱乐服务计费销售额×3%

娱乐服务计费销售额，为缴纳义务人提供娱乐服务取得的全部含税价款和价外费用。

未达到增值税起征点的缴纳义务人，免征文化事业建设费。

例 2-7 某市卡拉 OK 歌舞厅 5 月份取得销售额如下：门票收入 0.2 万元；台位费收入 0.6 万元；点歌费收入 3 万元；销售烟酒收入 0.6 万元；销售饮料收入 0.4 万元。上述收入为含税收入。当月经营中各项开支取得的均为普通发票。则

应纳增值税税额=（0.2+0.6+3+0.6+0.4）/（1+6%）×6%=0.271 7（万元）

娱乐服务应缴费额=（0.2+0.6+3+0.6+0.4）×3%=0.144（万元）

（七）旅游服务业

旅游服务业税率 6%。根据“营改增”规定，纳税人提供旅游服务，可以选择以取得的全部价款和价外费用，扣除向旅游服务购买方收取并支付给其他单位或者个人的住宿费、餐饮费、交通费、签证费、门票费和支付给其他接团旅游企业的旅游费用后的余额为销售额。由于旅游服务业增值税不是采用简易征税办法，因此，纳税人日常经营过程中购买办公用品等取得增值税专用发票上注明的增值税额仍可作为进项税额抵扣。但作为销售额的扣除项目取得的增值税扣税凭证，其进项税额不得从销项税额中抵扣。

应纳增值税税额=旅游服务业计税销售额×6%−可抵扣的进项税额

=（旅游服务含税收入−可扣减成本）/（1+6%）×6%−可抵扣的进项税额

公式中可抵扣的进项税额包括纳税人取得的日常经营中的办公用品、电话费、固定资产、无形资产或房屋等增值税专用发票中的税额。

例 2-8 8 月份，某旅行社组织旅游团在境内旅游，取得旅游含税收入 50 万元，其中为旅游者支付就餐费 7 万元，住宿费 10 万元，交通费 0.5 万元，旅游景点门票费 3 万元，旅行社日常经营过程中购买办公用品、支付电话费等取得增值税专用发票注明的进项税额为 0.2 万元，增值税专用发票已通过认证。则

该旅行社应纳增值税税额=（50−7−10−0.5−3）/（1+6%）×6%−0.2=1.469 8（万元）

（八）转让无形资产

根据“营改增”规定，目前纳税人提供技术转让、技术开发和与之相关的技术咨询、技术服务免征增值税。商标权、著作权和商誉的转让按 6%的税率征收增值税。一般纳税人企业转让无形资产，以转让无形资产的销项税额抵扣其进项税额后的余额为增值税应纳税额。购进无形资产时取得的增值税专用发票上注明的增值税额为进项税额。

应纳增值税税额=转让无形资产的计税销售额×6%−进项税额

例 2-9 某企业某年 11 月 1 日购进一项商标权，支付款项共计 85 万元，取得增值税专用发票，注明购入价 801 887 元，增值税 48 113 元，增值税专用发票已通过认证。有效使用年限为 5 年。次年 10 月 31 日经研究决定将其出售，价税合计收取 75 万元，则

该企业应纳增值税税额=75/（1+6%）×6%−4.811 3

=4.245 3−4.811 3=−0.566（万元）

（九）销售不动产

应纳增值税税额=销售不动产计税销售额×11%−进项税额

适用一般计税方法计税的，按照 11%的适用税率计算；适用简易计税方法计税的，按照 5%的征收率计算，不得抵扣进项税额。

例 2-10 某房地产开发公司 20×7 年 9 月自建写字楼出售，销售额为 2 800 万元，建筑安装成本 1 500 万元。建筑安装工程所用材料均为外购，取得增值税专用发票注明增值税税额 120 万元。向当地政府部门支付土地出让金 1 000 万元。增值税专用发票已通过认证。

根据“营改增”的规定，房地产开发企业中的一般纳税人销售自行开发的房地产项目（选择简易计税方法的房地产老项目除外），适用一般计税方法计税，以取得的全部价款和价外费用，扣除当期销售房地产项目对应的土地价款后的余额计算销售额。销售额的计算公式为

销售额=（全部价款和价外费用−当期允许扣除的土地价款）÷（1+11%）

当期允许扣除的土地价款=（当期销售房地产项目建筑面积÷房地产项目可供销售建筑面积）×支付的土地价款

当期销售房地产项目建筑面积，是指当期进行纳税申报的增值税销售额对应的建筑面积。

房地产项目可供销售建筑面积，是指房地产项目可以出售的总建筑面积，不包括销售房地产项目时未单独作价结算的配套公共设施的建筑面积。

支付的土地价款，是指向政府、土地管理部门或受政府委托收取土地价款的单位直接支付的土地价款。

房地产老项目，是指建筑工程施工许可证注明的合同开工日期在 2016 年 4 月 30 日前的房地产项目。

假设该房产公司该自建写字楼项目合同注明开工日期在 2016 年 4 月 30 日以后，则应纳增值税计算如下：

该公司当期销售不动产销项税额=（2 800−1 000）/（1+11%）×11%=178.378 4（万元）

应纳增值税税额=178.378 4−120=58.378 4（万元）

一般纳税人销售自行开发的房地产项目，兼有一般计税方法计税、简易计税方法计税、免征增值税的房地产项目而无法划分不得抵扣的进项税额的，应以建筑工程施工许可证注明的“建设规模”为依据进行划分。

不得抵扣的进项税额=当期无法划分的全部进项税额×（简易计税、免税房地产项目建设规模÷房地产项目总建设规模）

纳税人采取预收款方式销售自行开发的房地产项目，应在收到预收款时按照 3%的预征率预缴增值税，计算公式为

应预缴税款=预收款÷（1+适用税率或征收率）×3%

四、小规模纳税人应纳税额的计算

（一）小规模纳税人应纳税额的计算

小规模纳税人销售货物或者提供应税劳务和应税服务，适用简易计税方法计税。即按照销售额和规定的征收率计算应纳税额，并不得抵扣进项税额。因此，增值税小规模纳税人不需要取得增值税专用发票和进行认证工作。

简易计税方法的销售额也不包括其应纳税额，纳税人采用销售额和应纳增值税税额合并定价方法的，按下列公式计算销售额：

销售额=含税销售额/（1+征收率）

例 2-11　某商店为增值税小规模纳税人，20×7 年 8 月，取得零售收入总额 24.72 万元。计算该商店 20×7 年 8 月应缴纳的增值税税额。

（1）8 月取得的不含税销售额：

24.72÷（1+3%）=24（万元）

（2）8 月应缴纳的增值税税额：

24×3%=0.72（万元）

（二）小规模纳税人购置税控收款机的税款抵扣的计算

自 2004 年 12 月 1 日起，增值税小规模纳税人购置税控收款机，经主管税务机关审核批准后，可凭购进税控收款机取得的增值税专用发票，按照发票上注明的增值税税额，抵免当期应纳增值税。或者按购进税控收款机取得的普通发票上注明的价款，依下列公式计算可抵免税额：

可抵免税额=价款÷（1+17%）×17%

当期应纳税额不足抵免的，未抵免部分可在下期继续抵扣。

五、扣缴义务人扣缴计税方法

境外单位或者个人在境内发生应税行为，在境内未设有经营机构的，由扣缴义务人计算应扣缴税额：

例 2-12　20×6 年 8 月，境外公司为我国甲企业提供技术咨询服务，含税价款 318 万元，该境外公司在境内未设立经营机构，也没有境内代理人，则甲企业应当扣缴的增值税税额为

甲企业应当扣缴的增值税税额=318/（1+6%）×6%=18（万元）

第三节　增值税的会计处理

一、增值税一般纳税人的会计科目设置及会计处理

（一）会计科目及专栏设置

为了反映和监督增值税的计算和缴纳情况，增值税一般纳税人会计上应设置“应交税费”一级会计科目，下设“应交增值税”和“未交增值税”“预交增值税”“待抵扣进项税额”“待认证进项税额”“待转销项税额”“增值税留抵税额”“简易计税”“转让金融商品应交增值税”“代扣代交增值税”等明细科目。

1.“应交税费——应交增值税”科目

增值税一般纳税人应在“应交增值税”明细账内设置“进项税额”“销项税额抵减”“已交税金”“转出未交增值税”“减免税款”“出口抵减内销产品应纳税额”“销项税额”“出口退税”“进项税额转出”“转出多交增值税”等专栏。其中：

（1）“进项税额”专栏，记录一般纳税人购进货物、加工修理修配劳务、服务、无形资产或不动产而支付或负担的、准予从当期销项税额中抵扣的增值税额；

（2）“销项税额抵减”专栏，记录一般纳税人按照现行增值税制度规定因扣减销售额而减少的销项税额；

（3）“已交税金”专栏，记录一般纳税人当月已缴纳的应缴增值税额。

（4）“转出未交增值税”和“转出多交增值税”专栏，分别记录一般纳税人月度终了转出当月应缴未缴或多缴的增值税额；

（5）“减免税款”专栏，记录一般纳税人按现行增值税制度规定准予减免的增值税额。

（6）“出口抵减内销产品应纳税额”专栏，记录实行“免、抵、退”办法的一般纳税人按规定计算的出口货物的进项税抵减内销产品的应纳税额；

（7）“销项税额”专栏，记录一般纳税人销售货物、加工修理修配劳务、服务、无形资产或不动产应收取的增值税额；

（8）“出口退税”专栏，记录一般纳税人出口货物、加工修理修配劳务、服务、无形资产按规定退回的增值税额；

（9）“进项税额转出”专栏，记录一般纳税人购进货物、加工修理修配劳务、服务、无形资产或不动产等发生非正常损失以及其他原因而不应从销项税额中抵扣、按规定转出的进项税额。

2.“未交增值税”明细科目

为了分别反映一般纳税人欠缴增值税税款和待抵扣增值税情况，一般纳税人应在“应交税费”科目下设置“未交增值税”明细科目，核算一般纳税人月度终了从“应交增值税”或“预交增值税”明细科目转入当月应缴未缴、多缴或预缴的增值税额，以及当月缴纳以前期间未缴的增值税额。

3."预交增值税"明细科目

"预交增值税"核算一般纳税人转让不动产、提供不动产经营租赁服务、提供建筑服务、采用预收款方式销售自行开发的房地产项目等，以及其他按现行增值税制度规定应预缴的增值税额。

企业预缴增值税时，借记"应交税费——预交增值税"科目，贷记"银行存款"科目。

月末，企业应将"预交增值税"明细科目余额转入"未交增值税"明细科目，借记"应交税费——未交增值税"科目，贷记"应交税费——预交增值税"科目。

房地产开发企业等在预缴增值税后，应直至纳税义务发生时方可从"应交税费——预交增值税"科目结转至"应交税费——未交增值税"科目。

4."待抵扣进项税额"明细科目

"待抵扣进项税额"核算一般纳税人已取得增值税扣税凭证并经税务机关认证，按照现行增值税制度规定准予以后期间从销项税额中抵扣的进项税额，包括：一般纳税人自2016年5月1日后取得并按固定资产核算的不动产或者2016年5月1日后取得的不动产在建工程，按现行增值税制度规定准予以后期间从销项税额中抵扣的进项税额；实行纳税辅导期管理的一般纳税人取得的尚未交叉稽核比对的增值税扣税凭证上注明或计算的进项税额。

纳税人取得增值税扣税凭证后，应借记"应交税费——待抵扣进项税额"明细科目，贷记相关科目；稽核对比相符以及核查后允许抵扣的，应借记"应交税费——应交增值税（进项税额）"，贷记"应交税费——待抵扣进项税额"。经核查不得抵扣的进项税额，红字借记"应交税费——待抵扣进项税额"，红字贷记相关科目。

5."待认证进项税额"明细科目

"待认证进项税额"核算一般纳税人由于未经税务机关认证而不得从当期销项税额中抵扣的进项税额，包括：一般纳税人已取得增值税扣税凭证、按照现行增值税制度规定准予从销项税额中抵扣，但尚未经税务机关认证的进项税额；一般纳税人已申请稽核但尚未取得稽核相符结果的海关缴款书进项税额。

6."待转销项税额"明细科目

"待转销项税额"核算一般纳税人销售货物、加工修理修配劳务、服务、无形资产或不动产，已确认相关收入（或利得）但尚未发生增值税纳税义务而需于以后期间确认为销项税额的增值税额。

7."增值税留抵税额"明细科目

"增值税留抵税额"核算兼有销售服务、无形资产或者不动产的原增值税一般纳税人，截止到纳入"营改增"试点之日前的增值税期末留抵税额按照现行增值税制度规定不得从销售服务、无形资产或不动产的销项税额中抵扣的增值税留抵税额。

8."简易计税"明细科目

"简易计税"核算一般纳税人采用简易计税方法发生的增值税计提、扣减、预缴、缴纳等业务。

9."转让金融商品应交增值税"明细科目

"转让金融商品应交增值税"核算增值税纳税人转让金融商品发生的增值税额。

10."代扣代交增值税"明细科目

"代扣代交增值税"核算纳税人购进在境内未设经营机构的境外单位或个人在境内的应税行为代扣代缴的增值税。

11."增值税检查调整"专门账户

根据国家税务总局《增值税日常稽查办法》的规定:增值税一般纳税人在税务机关对其增值税纳税情况进行检查后,凡涉及增值税涉税账务调整的,应设立"应交税费——增值税检查调整"账户。凡检查后应调减账面进项税额或调增销项税额和进项税额转出的数额,借记有关科目,贷记本科目;凡检查后应调增账面进项税额或调减销项税额和进项税额转出的数额,借记本科目,贷记有关科目;全部调账事项入账后,应结出本账户的余额,并对该余额进行处理。处理之后,本账户无余额。

(二)会计处理

1. 取得资产或接受劳务等业务的会计处理

(1)采购等业务进项税额允许抵扣会计处理

一般纳税人购进货物、加工修理修配劳务、服务、无形资产或不动产,按应计入相关成本费用或资产的金额,借记"在途物资"或"原材料""库存商品""生产成本""无形资产""固定资产""管理费用"等科目,按当月已认证的可抵扣增值税额,借记"应交税费——应交增值税(进项税额)"科目,按当月未认证的可抵扣增值税额,借记"应交税费——待认证进项税额"科目,按应付或实际支付的金额,贷记"应付账款""应付票据""银行存款"等科目。发生退货的,如原增值税专用发票已做认证,应根据税务机关开具的红字增值税专用发票做相反的会计分录;如原增值税专用发票未做认证,应将发票退回并做相反的会计分录。

1)国内采购货物进项税额的会计处理。

例 2-13 旭日公司(一般纳税人,信用A级企业)购进材料按实际成本计价。8月2日购入甲材料6吨,3 500元/吨,增值税专用发票注明价款21 000元,增值税额为3 570元,甲材料运费装卸费1 000元,增值税额为110元,取得增值税专用发票。款项全部用银行存款支付。材料已入库。公司登录本省增值税发票查询平台,查询到购入甲材料增值税发票信息。但未查询到甲材料运费装卸费发票信息,需要扫描认证。

甲材料的进项税额分别为当月可抵扣的3 570元和待认证的110元。

甲材料采购总成本=21 000+1 000=22 000(元)

会计处理如下:

借:原材料	22 000	
应交税费——应交增值税(进项税额)	3 570	
——待认证进项税额	110	
贷:银行存款		25 680

例 2-14 旭日公司8月5日向前进家具城购进一批低值易耗品，增值税专用发票注明价款为1 100元，增值税额为187元。低值易耗品已验收入库，款项尚未支付。已查询到对应发票信息，不需扫描认证。

会计处理如下：

借：周转材料　　1 100
　　应交税费——应交增值税（进项税额）　　187
　　贷：应付账款——前进家具城　　1 287

2）接受投资进项税额的会计处理。一般纳税人接受投资转入的货物，应按增值税专用发票注明的增值税额借记“应交税费——应交增值税（进项税额）”或“应交税费——待认证进项税额”科目，按投资各方确认的价值，借记“原材料”科目，按确定的出资额，贷记“实收资本”（或“股本”）科目，按其差额，贷记“资本公积”科目。

例 2-15 旭日公司8月8日接受华申公司投资的甲材料一批，双方协议确认价值为46 800元。华申公司开出增值税专用发票上注明的价款为40 000元，增值税额为6 800元。已查询到对应发票信息，不需扫描认证。

会计处理如下：

借：原材料——甲材料　　40 000
　　应交税费——应交增值税（进项税额）　　6 800
　　贷：实收资本——法人资本金（华申公司）　　46 800

若华申公司未开增值税发票，则接受投资中所含的增值税就不能作为进项税额予以抵扣。

3）接受捐赠进项税额的会计处理。企业接受捐赠转入的货物，按确认的捐赠货物的价值，借记“原材料”等科目，按专用发票上注明的增值税额，借记“应交税费——应交增值税（进项税额）”或“应交税费——待认证进项税额”科目，将接受捐赠的非货币资产含税价值扣除应纳所得税后的金额转入“营业外收入”科目，将应纳所得税金额转入“递延所得税负债”科目。

例 2-16 旭日公司8月9日接受振兴公司无偿捐赠的乙材料，增值税专用发票注明乙材料价款2 000元，增值税额为340元，振兴公司委托沪北运输公司运送，增值税专用发票注明运费为400元，增值税额为44元。乙材料已验收入库，运费以银行存款付讫。已查询到运费的增值税发票信息，未查询到乙材料发票信息，需进行扫描认证。

进项税额=340+44=384（元）

乙材料的入账价值=2 000+400=2 400（元）

应纳所得税=2 000×25%=500（元）

营业外收入=2 000+340−500=1 840（元）

会计处理如下：

借：原材料——乙材料　　2 400
　　应交税费——应交增值税（进项税额）　　44
　　　　　　——待认证进项税额　　340

贷：营业外收入——捐赠利得 1 840
递延所得税负债 500
银行存款 444

4）接受应税劳务的会计处理。企业接受应税劳务，按照专用发票上注明的增值税额，借记“应交税费——应交增值税（进项税额）”或“应交税费——待认证进项税额”科目；按专用发票上记载的应计入加工、修理修配等货物成本的金额，借记“委托加工物资”等科目；按应付或实际支付的金额，贷记“应付账款”“银行存款”“库存现金”等科目。

例 2-17 旭日公司8月10日将涂塑材料5 000元委托美华印刷包装公司加工，制成包装袋，专用发票上注明加工费2 000元，增值税额为340元。加工完毕，包装袋验收入库。加工费及应负担的税款均以银行存款支付。已查询到对应发票信息，不需扫描认证。会计处理如下：

送料加工：

借：委托加工物资 5 000
贷：原材料——涂塑材料 5 000

支付加工费和增值税款：

借：委托加工物资 2 000
应交税费——应交增值税（进项税额） 340
贷：银行存款 2 340

加工完毕验收入库：

借：周转材料——包装袋 7 000
贷：委托加工物资 7 000

若委托加工产品收回还需继续生产或加工，凭入库单做如下会计分录：

借：原材料
贷：委托加工物资

5）购进免税农产品的会计处理。企业购进免税农业产品，按购进农产品的买价和规定的11%的扣除率计算的进项税额，借记“应交税费——应交增值税（进项税额）”科目；按买价扣除进项税额后的余额，借记“原材料”等相关科目；按应付或实际支付的价款贷记“应付账款”等相关科目。

例 2-18 旭日公司8月12日购进免税农副产品一批，购进价为40 000元，农副产品验收入库，货款以银行存款支付。

农副产品的应抵扣的进项税额=40 000×11%=4 400（元）

农副产品的入账价值=40 000×（1−11%）=35 600（元）

会计处理如下：

借：原材料 35 600
应交税费——应交增值税（进项税额） 4 400
贷：银行存款 40 000

6）进口货物进项税额的会计处理。企业进口非固定资产的货物，应按从海关取得的完税凭证上注明的增值税，借记“应交税费——应交增值税（进项税额）”科目；按进口货物应计入货物采购成本的金额，借记“材料采购”或“原材料”等相关科目；按应付或实际支付的价款贷记“应付账款”等相关科目。

例 2-19 旭日公司8月14日进口食品，海关提供的完税凭证上注明进口价格为200 000元，关税为20 000元，增值税为37 400元，另发生运费1 500元，增值税为165元，有运输公司开具增值税专用发票一张。以上货款、税款、运费均以银行存款支付，食品已验收入库。已查询到对应发票信息，不需进行扫描认证。

进口货物允许抵扣的进项税额=37 400+165=37 565（元）

进口货物的入账价值=200 000+20 000+1 500=221 500（元）

会计处理如下：

借：材料采购 221 500
　　应交税费——应交增值税（进项税额） 37 565
　　贷：银行存款 259 065

借：原材料 221 500
　　贷：材料采购 221 500

（2）采购等业务进项税额不得抵扣的会计处理

一般纳税人购进货物、加工修理修配劳务、服务、无形资产或不动产，用于简易计税方法计税项目、免征增值税项目、集体福利或个人消费等，其进项税额按照现行增值税制度规定不得从销项税额中抵扣的，取得增值税专用发票时，应借记相关成本费用或资产科目，借记“应交税费——待认证进项税额”科目，贷记“银行存款”“应付账款”等科目，经税务机关认证后，应借记相关成本费用或资产科目，贷记“应交税费——应交增值税（进项税额转出）”科目。

1）购入不准予抵扣固定资产、无形资产、不动产增值税会计处理。当企业购入专门用于简易计税方法计税项目、免征增值税项目、集体福利或者个人消费的固定资产、无形资产、不动产时，其增值税专用发票上注明的增值税应与其价款一并作为固定资产或无形资产、不动产的价值，不再通过“应交税费——应交增值税（进项税额）”科目核算。

例 2-20 旭日公司8月为公司所办幼儿园购入校车一辆，增值税专用发票注明价款100 000元，增值税额为17 000元。款项已支付。假设公司登录本省增值税发票查询平台未查询到对应发票信息，需要进行扫描认证。

会计处理如下：

取得增值税专用发票时，

借：固定资产 100 000
　　应交税费——待认证进项税额 17 000
　　贷：银行存款 117 000

经扫描认证后，

借：固定资产 17 000
　　贷：应交税费——应交增值税（进项税额转出） 17 000

2）购入用于免税项目的货物或应税劳务增值税会计处理。企业购入用于免税项目的货物或应税劳务，其增值税专用发票上注明的增值税应与其价款一并计入所购货物或应税劳务的成本中，不得作为进项税额抵扣。

例 2-21 旭日公司本期外购燃料柴油20吨用于生产免税甲产品，取得的增值税专用发票上注明柴油价款34 920元，增值税5 936.40元，款项用银行存款支付。已查询到对应发票信息，不需要进行扫描认证。

会计处理如下：

借：原材料——燃料　　40 856.40

　　贷：银行存款　　40 856.40

3）购入用于集体福利或者个人消费的货物或应税劳务的增值税会计处理。企业购入用于集体福利或者个人消费的货物或应税劳务的增值税专用发票上注明的增值税应与其价款一并记入“应付职工薪酬”科目。

例 2-22 旭日公司8月份购入商品一批，收到增值税专用发票上注明的增值税额为510元，货款为3 000元。此批商品已发给职工作为职工福利，货款用银行存款支付。增值税发票当月尚未通过认证。会计处理如下：

认证前根据增值税专用发票：

借：应付职工薪酬　　3 000

　　应交税费——待认证进项税额　　510

　　贷：银行存款　　3 510

通过认证后：

借：应付职工薪酬　　510

　　贷：应交税费——应交增值税（进项税额转出）　　510

（3）购进不动产或不动产在建工程按规定进项税额分年抵扣的会计处理

一般纳税人自2016年5月1日后取得并按固定资产核算的不动产或者2016年5月1日后取得的不动产在建工程，其进项税额按现行增值税制度规定自取得之日起分2年从销项税额中抵扣的，应当按取得成本，借记“固定资产”“在建工程”等科目，按当期可抵扣的增值税额，借记“应交税费——应交增值税（进项税额）”科目，按以后期间可抵扣的增值税额，借记“应交税费——待抵扣进项税额”科目，按应付或实际支付的金额，贷记“应付账款”“应付票据”“银行存款”等科目。尚未抵扣的进项税额待以后期间允许抵扣时，按允许抵扣的金额，借记“应交税费——应交增值税（进项税额）”科目，贷记“应交税费——待抵扣进项税额”科目。

例 2-23 东海公司为一般纳税人，2017年1月购入写字楼一栋，取得增值税专用发票，注明价款8 000万元，进项税额880万元，原已预付4 800万元，其余款项未付。专用发票于当月通过认证，写字楼直接投入使用。

根据现行“营改增”规定，纳税人购入不动产的进项税额分别按60%和40%的比例分2年抵扣：

第一年抵扣额为：880×60%=528（万元）

第二年抵扣额为：880×40%=352（万元）

会计处理如下：

借：固定资产 80 000 000

应交税费——应交增值税（进项税额） 5 280 000

应交税费——待抵扣进项税额——写字楼 3 520 000

贷：预付账款 48 000 000

应付账款 40 800 000

次年1月份，抵扣剩余40%：

借：应交税费——应交增值税（进项税额） 3 520 000

贷：应交税费——待抵扣进项税额——写字楼 3 520 000

（4）货物等已验收入库但尚未取得增值税扣税凭证的会计处理

一般纳税人购进的货物等已到达并验收入库，但尚未收到增值税扣税凭证并未付款的，应在月末按货物清单或相关合同协议上的价格暂估入账，不需要将增值税的进项税额暂估入账。下月初，用红字冲销原暂估入账金额，待取得相关增值税扣税凭证并经认证后，按应计入相关成本费用或资产的金额，借记“原材料”“库存商品”“固定资产”“无形资产”等科目，按可抵扣的增值税额，借记“应交税费——应交增值税（进项税额）”科目，按应付金额，贷记“应付账款”等科目。

（5）进项税额抵扣情况发生改变的会计处理

因发生非正常损失或改变用途等，原已计入进项税额、待抵扣进项税额或待认证进项税额，但按现行增值税制度规定不得从销项税额中抵扣的，借记“待处理财产损溢”“应付职工薪酬”“固定资产”“无形资产”等科目，贷记“应交税费——应交增值税（进项税额转出）”“应交税费——待抵扣进项税额”或“应交税费——待认证进项税额”科目；原不得抵扣且未抵扣进项税额的固定资产、无形资产等，因改变用途等用于允许抵扣进项税额的应税项目的，应按允许抵扣的进项税额，借记“应交税费——应交增值税（进项税额）”科目，贷记“固定资产”“无形资产”等科目。固定资产、无形资产等经上述调整后，应按调整后的账面价值在剩余尚可使用寿命内计提折旧或摊销。

一般纳税人购进时已全额计提进项税额的货物或服务等转用于不动产在建工程的，对于结转以后期间的进项税额，应借记“应交税费——待抵扣进项税额”科目，贷记“应交税费——应交增值税（进项税额转出）”科目。

例2-24 旭日公司由于仓库保管不善，使甲材料经雨淋后损失1 200元，应转出的进项税额为204元。会计处理如下：

借：待处理财产损溢——待处理流动资产损溢 1 404

贷：原材料——甲材料 1 200

应交税费——应交增值税（进项税额转出） 204

例2-25 8月16日，旭日公司把进口作原材料的食品1 100元发给职工作为福利用品，这部分食品应转出的进项税额为187元。会计处理如下：

借：应付职工薪酬 1 287

贷：原材料——食品 1 100

应交税费——应交增值税（进项税额转出） 187

例 2-26 旭日公司8月5日购入的甲材料6吨，3 500元/吨。验收后发现有0.8吨质量有问题，经交涉后，出售方愿意折让800元，增值税136元。退回的货款及税款已收到，存入银行。会计处理如下：

借：银行存款　　936

　贷：原材料　　800

　　应交税费——应交增值税（进项税额转出）　　136

2. 销售等业务的会计处理

（1）销售业务的会计处理

企业销售货物、加工修理修配劳务、服务、无形资产或不动产，应当按应收或已收的金额，借记“应收账款”“应收票据”“银行存款”等科目，按取得的收入金额，贷记“主营业务收入”“其他业务收入”“固定资产清理”“工程结算”等科目，按现行增值税制度规定计算的销项税额（或采用简易计税方法计算的应纳增值税额），贷记“应交税费——应交增值税（销项税额）”或“应交税费——简易计税”科目。

按照国家统一的会计制度确认收入或利得的时点早于按照增值税制度确认增值税纳税义务发生时点的，应将相关销项税额记入“应交税费——待转销项税额”科目，待实际发生纳税义务时再转入“应交税费——应交增值税（销项税额）”或“应交税费——简易计税”科目。

按照增值税制度确认增值税纳税义务发生时点早于按照国家统一的会计制度确认收入或利得的时点的，应将应纳增值税额，借记“应收账款”科目，贷记“应交税费——应交增值税（销项税额）”或“应交税费——简易计税”科目，按照国家统一的会计制度确认收入或利得时，应按扣除增值税销项税额后的金额确认收入。

例 2-27 旭日公司8月18日销售A产品2 000件，45元/件，向购货方开出的增值税专用发票上注明的增值税额为15 300元，货款为90 000元。购货方将所有款项通过银行结清。

会计处理如下：

借：银行存款　　105 300

　贷：主营业务收入　　90 000

　　应交税费——应交增值税（销项税额）　　15 300

例 2-28 旭日公司8月19日销售A产品一批给信誉公司（小规模纳税人），开出增值税普通发票一张，注明价税合计金额为6 435元。货已发出，款项尚欠。

会计处理如下：

确认的销项税额=6 435/（1+17%）×17%=935（元）

应确认的A产品销售收入=6 435/（1+17%）=5 500（元）

借：应收账款——信誉公司　　6 435

　贷：主营业务收入　　5 500

　　应交税费——应交增值税（销项税额）　　935

（2）视同销售的会计处理

企业发生税法上视同销售的行为，应当按照《企业会计准则》相关规定进行相应的会计处理，并按照现行增值税制度规定计算的销项税额（或采用简易计税方法计算的应纳增值税额），借记“应付职工薪酬”“利润分配”等科目，贷记“应交税费——应交增值税（销项税额）”或“应交税费——简易计税”科目。

例2-29　旭日公司8月20日将自产的市场价值为80 000元的产品作为职工集体福利分配给本公司的职工；将自产的市场价值为50 000元的产品向兴隆公司进行投资；将自产的市场价值为20 000元的产品无偿赠送给希望小学。三批产品的生产成本共计105 000元。

上述三项经济行为均为税法规定视同销售行为，应按其适用的增值税率计算销项税额。

计入“应付职工薪酬”的金额=80 000×（1+17%）=93 600（元）

计入“长期股权投资”的金额=50 000×（1+17%）=58 500（元）

计入“营业外支出”的金额=20 000×（1+17%）=23 400（元）

会计处理如下：

	借方	贷方
借：应付职工薪酬	93 600	
长期股权投资	58 500	
营业外支出	23 400	
贷：主营业务收入		150 000
应交税费——应交增值税（销项税额）		25 500
借：主营业务成本	105 000	
贷：库存商品		105 000
借：管理费用——福利费	93 600	
贷：应付职工薪酬		93 600

（3）随同产品出售单独计价的包装物、包装物出租收入、没收包装物押金增值税的会计处理

企业随同产品出售、单独计价的包装物也是销售货物，应与随同出售的产品一样开具增值税专用发票或普通发票计算增值税税额；企业出租包装物取得租金收入，属于价外收费，按税法规定应计算增值税税额。企业出租出借包装物时收取的包装物押金，若逾期包装物不归还或收取1年以上的押金，按税法规定应计算增值税税额。

例2-30　旭日公司8月23日销售B产品一批，价款40 000元，随同产品出售单独计价的高档拎包袋一批，价款1 000元。开出增值税专用发票，注明增值税税额为6 970元。产品已发出，贷款收到存入银行。会计处理如下：

	借方	贷方
借：银行存款	47 970	
贷：主营业务收入		40 000
其他业务收入		1 000
应交税费——应交增值税（销项税额）		6 970

例2-31　旭日公司8月28日收到出租包装物租金收入450元及增值税额76.50元存入银行，开出增值税专用发票一张。

会计处理如下：

借：银行存款　　526.50
　　贷：其他业务收入　　450
　　　　应交税费——应交增值税（销项税额）　　76.50

例2-32 旭日公司8月30日，决定对上个月逾期未归还的出借包装物押金351元予以没收。会计处理如下：

销项税额=351/（1+17%）×17%=51（元）

其他业务收入的入账价值=351/（1+17%）=300（元）

借：其他应付款　　351
　　贷：其他业务收入　　300
　　　　应交税费——应交增值税（销项税额）　　51

（4）混合销售行为增值税的会计处理

一项销售行为如果既涉及货物又涉及服务，为混合销售。从事货物的生产、批发或者零售的单位和个体工商户的混合销售行为，按照销售货物缴纳增值税；其他单位和个体工商户的混合销售行为，按照销售服务缴纳增值税。

例2-33 东升贸易公司8月30日销售电梯三台，并负责安装、保养、维修。电梯三台不含税总价款485 000元，收取不含税安装费5 000元。已开具增值税专用发票，货物已运到，款项尚未收到。本例电梯销售为混合销售行为，会计处理如下：

销项税额=485 000×17%+5 000×17%=82 450+850 =83 300（元）

主营业务收入的入账价值=485 000（元）

其他业务收入的入账价值=5 000（元）

借：应收账款——某公司　　573 300
　　贷：主营业务收入　　485 000
　　　　其他业务收入　　5 000
　　　　应交税费——应交增值税（销项税额）　　83 300

（5）发生销货退回或折让的增值税的会计处理

企业在销售商品时，也会发生销货退回和销售折让，只要手续完备，符合双方购销合同，按规定办妥手续后可冲减已计算入账的销项税额。发生销售退回的，应根据按规定开具的红字增值税专用发票做相反的会计分录。

根据购买方和销售方的入账与否对上述内容可分三种情况做出不同处理：

1）当购买方与销售方均未入账时发生退货或折让，购买方需将原发票退回销货方，销货方在收到退回的发票和抵扣联上加盖“作废”章后贴到发票存根处，再按实际购买额重开发票的价款和税款入账。

2）当购买方未入账而销售方已入账后发生退货或折让，购买方需将原发票退回销售方，销售方开具相同内容的红字专用发票，将红字专用发票的记账联撕下作为扣减当期销项税额的凭证，存根联、抵扣联、发票联不得撕下，销货方将原抵扣联、发票联粘贴在红字专用发票后，并注明原发票记账联和红字专用发票记账联的存放地点。属于销售折让的，销售方应按折让后的货款重开专用发票。

例 2-34 旭日公司8月30日收到购货单位星宇公司退回其购买的部分A产品（质量问题），其含税价款为491.40元，并退回旭日公司原开具的发票联和抵扣联各一张，上面注明价税合计为4 914元（价款4 200元，税款714元）。退回的产品已验收入库。

本例是购买方未入账而销售方已入账后发生部分退货。会计处理如下：

将退回的发票联、抵扣联加盖"作废"章后，复印发票一份。将盖有"作废"章的发票联、抵扣联贴到发票存根处，妥善保管，以备税务机关查验。把复印的盖有"作废"章的发票作为依据粘贴在记账凭证后，根据公司开具的红字增值税专用发票编制相反的会计分录：

借：主营业务收入　　4 200

　　应交税费——应交增值税（销项税额）　　714

　贷：应收账款——星宇公司　　4 914

按实际实现的含税销售额4 422.60元（4914−491.40）重开一张增值税发票[价款3 780元=4 422.60÷（1+17%），税款642.60元=3 780×17%]，将重开的发票联、抵扣联交给星宇公司入账。

根据重开的增值税发票应编制的会计分录如下：

借：应收账款——星宇公司　　4 422.60

　贷：主营业务收入　　3 780

　　　应交税费——应交增值税（销项税额）　　642.60

3）当购买方与销货方均已入账后发生退货或折让，在发票联及抵扣联无法退还的情况下，将由购买方向其主管税务机关要求开具"企业进货退出及索取折让证明单"，该证明单的基本联次为三联：第一联为存根联，由税务机关留存备查。第二联为证明联，交由购买方送销售方，为开具红字专用发票的合法依据，红字专用发票的存根联、记账联作为销售方扣减当期销项税额的凭证。购买方收到红字专用发票后，应将红字专用发票所注明的增值税额从当期的进项税额中扣减。证明单的第三联由购货单位留存。

（6）销售折扣的会计处理

1）折扣销售。折扣销售仅限于货物价格的折扣，也称商业折扣。折扣销售是指销货方在销售货物或应税劳务时，因购货数量较大等原因，而给予购货方的价格优惠。由于折扣是在实现销售时同时发生的，因此税法规定，如果销售额与折扣额在同一张发票上分别注明的，可按折扣后余额作为销售额计算增值税；如果将折扣额另开发票，不论其在财务上如何处理，均不得从销售额中减除折扣额。

2）现金折扣。现金折扣是指销货方在销售货物或应税劳务后，为鼓励购货方及早偿还货款，而协议许诺给予购货方的一种折扣优待，如2/10，1/20，n/30，即10天内付款，货款折扣2%；20天内付清，折扣1%；30天全价付款。现金折扣发生不得从销售额中减除。在会计处理时，现金折扣可以计入财务费用。

3）销售折让。销售折让是指货物销售后，由于其品种、质量等原因，购货方未予退货，但销货方需给予购货方一种价格折让。销售折让虽然也是在销售后发生的，但其实质上是对原销售额的减少，因此，对销售折让可以折让后的货款为销售额计算增值税。

3."营改增"后应纳增值税会计处理

（1）差额征税的会计处理

营业税改征增值税后，应税服务的纳税人按照国家有关营业税差额征税的政策规定，以取得的全部价款和价外费用扣除支付给规定范围纳税人的规定项目价款后的不含税余额为销售额，从而确定增值税销项税额。这种征税方法称为差额征税。《增值税会计处理规定》对增值税差额征税的账务处理做了如下规定：

1）企业发生相关成本费用允许扣减销售额的会计处理。按现行增值税制度规定企业发生相关成本费用允许扣减销售额的，发生成本费用时，按应付或实际支付的金额，借记“主营业务成本”“存货”“工程施工”等科目，贷记“应付账款”“应付票据”“银行存款”等科目。待取得合规增值税扣税凭证且纳税义务发生时，按照允许抵扣的税额，借记“应交税费——应交增值税（销项税额抵减）”或“应交税费——简易计税”科目（小规模纳税人应借记“应交税费——应交增值税”科目），贷记“主营业务成本”“存货”“工程施工”等科目。

2）金融商品转让按规定以盈亏相抵后的余额作为销售额的会计处理。金融商品实际转让月末，如产生转让收益，则按应纳税额借记“投资收益”等科目，贷记“应交税费——转让金融商品应交增值税”科目；如产生转让损失，则按可结转下月抵扣税额，借记“应交税费——转让金融商品应交增值税”科目，贷记“投资收益”等科目。交纳增值税时，应借记“应交税费——转让金融商品应交增值税”科目，贷记“银行存款”科目。年末，本科目如有借方余额，则借记“投资收益”等科目，贷记“应交税费——转让金融商品应交增值税”科目。

（2）运输企业增值税的会计处理

运输企业向国内提供运输服务，其计税依据为实际取得的运输收入额。企业取得全程运费后，按运费收入（不含税收入）和规定的税率计算增值税并开出增值税专用发票，按取得的全程运费借记“银行存款”等科目，按本企业应确认的收入（不含税收入），贷记“主营业务收入”等科目，按专用发票上的增值税额，贷记“应交税费——应交增值税（销项税额）”或“应交税费——简易计税”科目。国际运输收入适用增值税零税率，不计算增值税，但应根据取得的国际运输收入借记“银行存款”科目，贷记“主营业务收入”。企业购进汽油、材料等物资取得的增值税专用发票，经查询认证后可以抵扣进项税额，据以借记“原材料”“应交税费——应交增值税（进项税额）科目，贷记“银行存款”科目；计算缴纳增值税时，借记“应交税费——应交增值税（已交税金）”科目，贷记“银行存款”科目。

例 2-35　承沿海地区某运输公司应纳增值税计算的例题（例 2-2），该公司会计理如下：

（1）实现收入及收取款项时：

	借方	贷方
借：银行存款	4 272 800	
贷：主营业务收入——货运收入		2 000 000
——客运收入		1 379 417
——境外客运收入		420 000
其他业务收入——装卸收入		200 000
应交税费——应交增值税（销项税额）		232 000
应交税费——简易计税		41 383

（2）外购汽油和随车工具时：

	借方
借：原材料——燃料	120 000
周转材料——低值易耗品（随车工具）	30 000
应交税费——应交增值税（进项税额）	25 500

贷：银行存款 175 500

（3）缴纳增值税时：

借：应交税费——应交增值税（已交税金） 206 500

应交税费——简易计税 41 383

贷：银行存款 247 883

（3）建筑施工企业增值税的会计处理

建筑业总承包人将工程分包或转包给他人的，以工程全部承包额减去付给分包人或转包人的价款后的余额为价税合计销售额计税，在总承包人收到全部承包款项或应确认收入时，借记“银行存款”“应收账款”等科目，按应确认的收入和计算的增值税分别贷记“主营业务收入”科目和“应交税费——应交增值税（销项税额）”或“应交税费——简易计税”科目，按应支付给分包人或转包人的工程价款，贷记“应付账款”科目；根据工程材料进货增值专用发票（经查询认证后）记载价款和增值税额，借记“原材料”“应交税费——应交增值税（进项税额）”科目，贷记“银行存款”科目；计算缴纳增值税时，借记“应交税费——应交增值税”科目，贷记“银行存款”科目；总承包人在支付分包或转包款项时，借记“应付账款”科目，贷记“银行存款”科目。

例 2-36 承建筑施工企业应纳税额计算的例题（例 2-3），甲建筑公司的会计处理如下：

1）甲公司在与建设单位结算工程价款、确认收入时：

借：银行存款（或应收账款） 46 000 000

贷：主营业务收入 41 441 441

应交税费——应交增值税（销项税额） 4 558 559

2）工程材料进货取得增值专用发票时：

借：原材料 16 470 000

应交税费——应交增值税（进项税额） 2 800 000

贷：银行存款 19 270 000

3）交纳税金时：

借：应交税费——应交增值税（已交税金） 1 758 559

贷：银行存款 1 758 559

（4）金融保险业增值税的会计处理

1）贷款服务增值税的会计处理

根据“营改增”规定，贷款服务以提供服务取得的全部利息收入为销售额，购进贷款服务的进项税额不得从销项税额中抵扣；转贷款业务取得利息收入按贷款服务缴纳增值税。因此，金融企业的转贷业务，以贷款利息额作为计税依据缴纳增值税。转贷业务在收到转贷款项时，借记“银行存款”等科目，贷记有关借款科目；计算或支付转贷款项利息时，借记“利息支出”科目，贷记“银行存款”或“应付账款——应付利息”等科目；贷出款项时，借记有关贷款科目，贷记“银行存款”或有关企业存款等科目；收到贷款利息时，借记“银行存款”或有关企业存款等科目，贷记“利息收入”科目和“应交税费——应交增值税”科目。

例 2-37 中国农业银行9月1日收到世界银行转贷项目款项1 000万元（人民币），期限为2年，贷款合同规定按季支付利息，月利率为6‰。中国农业银行10月份将该款项贷给农田水利建设项目，期限为10个月，月利率9‰，利息按季支付，从当年10月1日开始计息。则中国农业银行的会计处理如下：

1）收到转贷款项时：

借：银行存款　　10 000 000

　　贷：长期借款　　10 000 000

2）将款项贷给农田水利建设项目时：

借：短期贷款　　10 000 000

　　贷：银行存款　　10 000 000

3）12月31日支付借款利息时：

借款利息=1 000×4×6‰=24（万元）

借：利息支出　　240 000

　　贷：银行存款　　240 000

4）12月末收到贷款利息为含税收入，将其转化为不含税收入：

贷款利息=1 000 ×3×9‰=27（万元）

不含税利息收入=27/（1+6%）=25.471 7（万元）

应纳增值税税额=254 717×6%=15 283（元）

借：银行存款　　270 000

　　贷：利息收入　　254 717

　　　　应交税费——应交增值税　　15 283

2）金融商品转让增值税的会计处理

金融商品转让，是指转让外汇、有价证券或非货物期货的所有权的行为，包括股票转让、债券转让、外汇转让、其他金融商品转让。

金融商品转让采用差额征税方法，按规定以盈亏相抵后的余额作为销售额。金融商品实际转让月月末，如产生转让收益，则按应纳税额借记“投资收益”等科目，贷记“应交税费——转让金融商品应交增值税”科目；如产生转让损失，则按可结转下月抵扣税额，借记“应交税费——转让金融商品应交增值税”科目，贷记“投资收益”等科目。缴纳增值税时，应借记“应交税费——转让金融商品应交增值税”科目，贷记“银行存款”科目。年末，本科目如有借方余额，则借记“投资收益”等科目，贷记“应交税费——转让金融商品应交增值税”科目。

3）保险业增值税的会计处理

例 2-38 某保险公司2月份取得车辆保险收入30万元，另在保单之外发生无赔偿奖励支出2万元。办理业务支付电话费、交通费等3万元，取得增值税专用发票注明进项税额为0.33万元。则

应纳增值税税额=30/（1+6%）×6%−0.33=1.368 1（万元）

1）取得车险收入时：

借：库存现金（银行存款、应收账款等）　　300 000

　　贷：保费收入　　283 019

应交税费——应交增值税（销项税额） 16 981

2）支付日常经营费用，取得增值税专用发票经认证后：

借：营业费用 30 000

应交税费——应交增值税（进项税额） 3 300

贷：银行存款（库存现金） 33 300

发生无赔偿奖励支出时：

借：保费收入 20 000

贷：银行存款（库存现金） 20 000

（5）旅游业增值税的会计处理

旅游业增值税采用差额征税方法。旅游业组团在境内旅游的，以取得的全部价款和价外费用，扣除向旅游服务购买方收取并支付给其他单位或者个人的住宿费、餐饮费、交通费、签证费、门票费和支付给其他接团旅游企业的旅游费用后的余额为销售额。企业实现收入时，按全程旅游费借记“库存现金”“银行存款”“应收账款”等科目，贷记“主营业务收入”和“应交税费——应交增值税（销项税额）”科目；支付旅客住宿费、餐费、交通费、门票和其他代付费用时，借记“主营业务成本”科目，贷记“银行存款”科目；待取得合规增值税扣税凭证且纳税义务发生时，按照允许抵扣的税额，借记“应交税费——应交增值税（销项税额抵减）”或“应交税费——简易计税”科目，贷记“主营业务成本”等科目。

例 2-39 某旅行社为一般纳税人，3 月份全部营业收入为 150 万元，其中为旅游者支付就餐费、住宿费、旅游景点门票费等各项费用为 80 万元，旅客人身意外保费 20 万元，均取得普通发票。当月购买办公用品、支付电话费等日常经营支出（不含税）5 万元，取得增值税专用发票注明的进项税额为 0.85 万元，增值税专用发票已通过认证。则该旅行社的税务及会计处理如下：

销售额扣除项目不包括旅客人身意外保费，因而旅行社当月可扣除费用是 80 万元，扣除费用后的销售额为：150−80=70（万元）

应纳增值税税额=（150−80）/（1+6%）×6%−0.85=3.962 3−0.85=3.112 3（万元）

1）实现营业收入时：

借：库存现金（银行存款、应收账款等） 1 500 000

贷：主营业务收入 1 460 377

应交税费——应交增值税（销项税额） 39 623

2）支付日常经营费用，取得增值税专用发票经认证后：

借：主营业务成本 50 000

应交税费——应交增值税（进项税额） 8 500

贷：银行存款（库存现金） 58 500

3）支付就餐费、住宿费等代收代付的费用时：

借：主营业务成本 800 000

贷：银行存款（库存现金） 800 000

4）根据可抵扣的发票确定因扣减销售额而减少的销项税额时：

可扣减销售额而减少的销项税额=80/（1+6%）×6%=4.528 3（万元）

借：应交税费——应交增值税（销项税额抵减） 45 283

贷：主营业务成本 45 283

（6）转让无形资产的会计处理

购入无形资产时，应按购入过程中所发生的全部支出，扣除进项税额后，借记“无形资产”科目，按专用发票上注明的增值税额借记“应交税费——应交增值税（进项税额）科目”，贷记“银行存款“科目；转让无形资产时，按实际取得的转让收入，借记“银行存款”等科目，按该项无形资产已计提的减值准备，借记“无形资产减值准备”科目，按已计提的累计摊销借记“累计摊销”科目，按无形资产的账面余额，贷记“无形资产”科目，按开出增值税专用发票上的增值税额，贷记“应交税费——应交增值税（销项税额）”科目，按其差额贷记“营业外收入——处置非流动资产利得”或借记“营业外支出——处置非流动资产损失”科目。

例 2-40 承例 2-9，会计处理如下：

（1）购入该项商标权时：

借：无形资产	801 887	
应交税费——应交增值税（进项税额）	48 113	
贷：银行存款		850 000

（2）该年摊销时：

该年摊销额=801 887/5=160 377.4（元）

借：管理费用——商标权	160 377.40	
贷：累计摊销		160 377.40

（3）出售商标权时：

借：银行存款	750 000	
累计摊销	160 377.40	
贷：无形资产		801 887
应交税费——应交增值税（销项税额）		42 453
——应交城建税		2 971.71
——应交教育费附加		1 273.59
营业外收入——处置非流动资产利得（处置无形资产利得）		61 792.10

注：应纳城市维护建设税=42 453×7%=2 971.71（元）

应纳教育费附加=42 453×3%=1 273.59（元）

（7）销售不动产的会计处理

1）房地产开发企业销售不动产会计处理

在实现销售收入时，借记“银行存款”“应收账款”等科目，贷记“主营业务收入”科目和“应交税费——应交增值税（销项税额）”科目。

例 2-41 某房地产开发公司 8 月份销售不动产取得含税收入 400 万元，则该房地产开发公司会计处理如下：

增值税销项税额=400/（1+11%）×11%=39.639 6（万元）

收到销售款项时：

借：银行存款	4 000 000	
贷：主营业务收入（或预收账款）		3 603 604
应交税费——应交增值税（销项税额）		396 396

2）非房地产开发企业销售不动产的会计处理

根据“营改增”的规定，一般纳税人销售其 2016 年 4 月 30 日前取得（不含自建）的不动产，可以选择适用简易计税方法，以取得的全部价款和价外费用减去该项不动产购置原价或者取得不动产时的作价后的余额为销售额，按照 5%的征收率计算应纳税额。会计核算在取得收入时，按照销售额借记“银行存款”“应收账款”等科目，贷记“固定资产清理”科目；按照计算的应纳增值税，贷记“应交税费——应交增值税”科目；实际缴税时，借记“应交税费——应交增值税”科目，贷记“银行存款”科目。

例 2-42 某工业企业 2016 年 10 月对外销售建筑物一幢，该建筑物原值 600 万元，已使用 8 年，已计提折旧 96 万元。出售该建筑物取得不含税收入 700 万元，发生清理费用 3 万元，支付契税等不动产交易税费 35 万元。则该企业会计处理如下：

（1）将需要销售的建筑物转入清理时：

借：固定资产清理　　5 040 000

　　累计折旧　　960 000

　　贷：固定资产　　6 000 000

（2）确认销售收入时：

借：银行存款　　7 000 000

　　贷：固定资产清理　　7 000 000

（3）计算应纳增值税税额、城建税等税额时：

应纳增值税税额=（700−600）×5%=5（万元）

应纳城市维护建设税=50 000×7%=3 500（元）

应纳教育费附加=50 000×3%=1 500（元）

借：固定资产清理　　55 000

　　贷：应交税费——应交增值税（销项税额）　　50 000

　　　　——应交城建税　　3 500

　　　　——应交教育费附加　　1 500

（4）支付固定资产清理费用及交易税费时：

借：固定资产清理　　380 000

　　贷：银行存款　　380 000

（5）实际缴纳增值税、城市维护建设税等税款时：

借：应交税费——应交增值税（已交税金）　　50 000

　　　　——应交城建税　　3 500

　　　　——应交教育费附加　　1 500

　　贷：银行存款　　55 000

（6）结转清理净收益时：

借：固定资产清理　　1 525 000

　　贷：营业外收入——处置非流动资产利得

　　　　（处置固定资产利得）　　1 525 000

4．减免增值税的会计处理

对于当期直接减免的增值税，借记“应交税金——应交增值税（减免税款）”科目，贷记损益类相关科目。

5．增值税税控系统专用设备和技术维护费用抵减增值税额的会计处理

按现行增值税制度规定，企业初次购买增值税税控系统专用设备支付的费用以及缴纳的技术维护费，允许在增值税应纳税额中全额抵减的，按规定抵减的增值税应纳税额，借记“应交税费——应交增值税（减免税款）”科目，贷记“管理费用”等科目。

6．增值税期末留抵税额的会计处理

纳入“营改增”试点当月月初，原增值税一般纳税人应按不得从销售服务、无形资产或不动产的销项税额中抵扣的增值税留抵税额，借记“应交税费——增值税留抵税额”科目，贷记“应交税费——应交增值税（进项税额转出）”科目。待以后期间允许抵扣时，按允许抵扣的金额，借记“应交税费——应交增值税（进项税额）”科目，贷记“应交税费——增值税留抵税额”科目。

7．一般纳税人应交增值税的会计处理

企业发生的有关增值税业务按照以上方法和步骤进行正确的会计核算后，各种有关增值税的数据都在“应交税费——应交增值税”的多栏式及三栏式明细账上得到反映。这时企业便可根据明细账上的相关余额按以下步骤做出有关处理。

（1）月末本期应纳增值税额的计算：

$$\text{本期应纳增值税额}=\text{本期销项税额发生额}+\text{本期出口退税发生额}+\text{本期进项税额转出发生额}-\text{期初进项税额余额}-\text{本期进项税额发生额}\pm\text{简易计税余额}$$

上述计算结果若为正数，即为企业当期应纳的增值税额；若为负数，即为企业当期尚未抵扣完的进项税额。不管本期有无应纳增值税额，企业均应于月份终了后15日内填制“增值税纳税申报表”及其他有关附表向主管税务机关申报。

（2）企业缴纳当月应缴的增值税，应填制“税收缴款书”缴纳增值税。根据完税凭证，借记“应交税费——应交增值税（已交税金）”科目，贷记“银行存款”科目；缴纳以前期间未交的增值税，借记“应交税费——未交增值税”科目，贷记“银行存款”科目。

（3）月度终了，企业应当将当月应缴未缴或多缴的增值税自“应交增值税”明细科目转入“未交增值税”明细科目。对于当月应缴未缴的增值税，借记“应交税费——应交增值税（转出未交增值税）”科目，贷记“应交税费——未交增值税”科目；对于当月多缴的增值税，借记“应交税费——未交增值税”科目，贷记“应交税费——应交增值税（转出多交增值税）”科目。

例 2-43 假如旭日公司8月份“应交税费——应交增值税”明细账显示：上月未抵扣的进项税额2 050元，本期销项税额发生额合计57 873.10元，本期出口退税发生额6 460元，本期进项税额转出发生额合计391元，本期进项税额发生额54 450元。根据明细账，旭日公司8月份应纳增值税额计算如下：

应纳增值税额=（57 873.10+6 460+391）-（2 050+54 450）

=8 224.10（元）

旭日公司8月18日填制“税收缴款书”，缴纳8月应纳增值税8 000元，收到完税凭证。应编制会计分录如下：

借：应交税费——应交增值税（已交税金） 8 000
　　贷：银行存款 8 000

旭日公司缴纳8 000元增值税后，月末尚有应纳增值税额224.10元未交，将此未交增值税额转出。应编制的会计分录如下：

借：应交税费——应交增值税（转出未交增值税） 224.10
　　贷：应交税费——未交增值税 224.10

假设9月8日缴纳时，编制会计分录如下：

借：应交税费——未交增值税 224.10
　　贷：银行存款 224.10

二、增值税小规模纳税人的会计科目设置及会计处理

小规模纳税人只要核算增值税的应交数、已交数及欠交或多交数即可，因此小规模纳税人只需在“应交税费”科目下设置“应交增值税”明细科目，不需要设置专栏及除“转让金融商品应交增值税”“代扣代交增值税”外的明细科目。可采用“借、贷、余”三栏式账页记账。该明细账户的借方记录已缴纳的增值税，贷方记录应缴纳的增值税。月末如有借方余额，即为多交的增值税；如为贷方余额，即为欠交的增值税。

1．小规模纳税人采购等业务的会计处理

（1）小规模纳税人购买物资、服务、无形资产或不动产，取得增值税专用发票上注明的增值税应计入相关成本费用或资产，不通过“应交税费——应交增值税”科目核算。按发票所列价款和税款合计数直接借记“原材料”等相关科目，贷记“应付账款”等相关科目。

例2-44 强盛公司为小规模纳税人，10月份购进一批原材料，增值税专用发票上注明价款为12 000元，增值税额为2 040元。材料已验收入库，款项已支付。会计处理如下：

借：原材料 14 040
　　贷：银行存款 14 040

（2）按现行增值税制度规定，小规模纳税人初次购买增值税税控系统专用设备支付的费用以及缴纳的技术维护费允许在增值税应纳税额中全额抵减的，按规定抵减的增值税应纳税额，借记“应交税费——应交增值税”科目，贷记“管理费用”等科目。

2．小规模纳税人销售货物及提供应税劳务的会计处理

小规模纳税人销售货物及提供应税劳务，能认真履行纳税义务的，经县（市）税务局批准，可由税务所代开增值税专用发票，不认真履行纳税义务的，不能代开增值税专用发票，只能开普通发票。能代开增值税专用发票的，根据专用发票上注明的价款和税额合计借记“应收账款”等相关科目；根据专用发票注明的价款贷记“主营业务收入”等相关科目；根据专用发票上注明的税款贷记“应交税费——应交增值税”科目。开具普通发票的，由于是价税合并定价的，因此应当将发票上注明的总金额（含税价）依据小规模纳税人适用的征收率分

解成税款和价款，按发票总金额借记“应收账款”等相关科目；按分解的不含税价款贷记“主营业务收入”等相关科目；按计算出的增值税额贷记“应交税费——应交增值税”科目。

例 2-45 强盛公司为工业企业，10 月份销售甲产品一批，由税务机关代开的增值税专用发票上注明的价款为 21 000 元，增值税额为 630 元。产品已发出，款项已收妥存入银行。该批产品成本 15 000 元。会计处理如下：

（1）根据开具的专用发票：

借：银行存款　　21 630
　　贷：主营业务收入　　21 000
　　　　应交税费——应交增值税　　630

（2）结转销售成本：

借：主营业务成本　　15 000
　　贷：库存商品　　15 000

（3）月末，按照应交的增值税提取税金附加：

应纳城市维护建设税=630 ×7%=44.10（元）

应纳教育费附加=630×3%=18.90（元）

借：主营业务税金及附加　　63
　　贷：应交税费——应交城建税　　44.10
　　　　其他应交款——教育费附加　　18.90

例 2-46 强盛公司 10 月份销售甲产品给星星公司（小规模纳税人），开具普通发票一张，金额 4 558 元。产品已售出，货款尚欠。会计处理如下：

主营业务收入的入账金额=4 558/（1+3%）=4 425.24（元）

应纳增值税额=4 425.24×3%=132.76（元）元

借：应收账款——星星公司　　4 558
　　贷：主营业务收入　　4 425.24
　　　　应交税费——应交增值税　　132.76

小规模纳税人将货物用于非应税项目、对外投资、捐赠、分配给投资者、用于集体福利或个人消费等项目，与一般纳税人一样，应当视同销售，按适用的征收率计征增值税。

3．小规模纳税人销售货物发生退回及折让的账务处理

小规模纳税人销售货物发生退回及折让的业务其会计处理方法与一般纳税人办理的手续相同。

例 2-47 强盛公司销售给星星公司甲产品，有部分因质量原因退货 318 元，同时收到对方税务机关开具的“企业进货退出及索取折让证明单”一张。

强盛公司根据税务机关证明单开具红字发票一张，金额 318 元。编制会计分录如下：

不含税的价款=318/（1+3%）=308.74（元）

应纳增值税额=308.74×3%=9.26（元）

借：应收账款——星星公司　　[318]
　　贷：主营业务收入　　[308.74]
　　　　应交税费——应交增值税　　[9.26]

4．小规模纳税人当期应纳增值税的会计处理

小规模纳税人企业于月末计算和缴纳增值税的会计核算可按以下步骤处理：

（1）根据以下公式计算本期应纳增值税额：

本期应纳增值税额＝“应交增值税”明细账本期贷方发生额合计＋（－）“应交增值税”明细账期初贷（借）方余额

以上计算结果若为正数即为本月应缴的增值税，若为负数即为上月多缴的增值税本月仍未能以应缴税费抵回。不管当月是否有应缴增值税，企业应于月末后15天内填制“增值税纳税申报表”及其他有关附表向主管税务机关申报。

（2）月末经计算若有应纳增值税，企业应填制“税收缴款书”，缴纳增值税。企业缴纳增值税后，应根据完税凭证，借记“应交税费——应交增值税”科目，贷记“银行存款”科目。

例 2-48 强盛公司8月份“应交税费——应交增值税”明细账所示贷方余额为1 872元，月初贷方余额33.22元。则强盛公司8月份应纳增值税为：

1 872+33.22=1 905.22（元）

强盛公司9月份填制“税收缴款书”，以银行存款缴纳增值税1 905.22元，收到完税凭证，应编制的会计分录如下：

借：应交税费——应交增值税　　1 905.22

　　贷：银行存款　　1 905.22

三、增值税审核调整

增值税一般纳税人在自行对其增值税纳税情况进行审核时，凡涉及增值税涉税账务调整的，应通过“应交税费——应交增值税（进项税额转出）”账户处理。

例 2-49 宏愿企业7月9日，购进材料一批，尚未取得增值税专用发票，按照供货企业自制出库单据上注明价款150 000元，计算出增值税税额25 500元，货款未付，材料尚未入库。宏愿企业的会计处理为：

借：在途物资　　150 000

　　应交税费——应交增值税（进项税额）　　25 500

　　贷：应付账款　　175 500

此笔业务企业的会计处理存在的问题：工业企业购进货物必须在取得合法扣税凭证后，才能申报抵扣进项税额，该批材料尚未取得合法扣税凭证，企业却将其纳入当月申报抵扣进项税额范畴，因此，多抵扣进项税额25 500元。当期调账分录：

借：其他应收款——待抵扣进项税　　25 500

　　贷：应交税费——应交增值税（进项税额转出）　　25 500

例 2-50 宏愿企业7月30日月末盘库发生原材料盘亏，盘亏原材料成本20 000元。企业的会计处理为：

借：待处理财产损溢　　20 000

　　贷：原材料　　20 000

此笔业务企业的会计处理存在的问题：非正常损失的购进货物的进项税额不允许抵扣，而该企业发生材料盘亏，其进项税额未转出，多计进项税额=20 000×17%=3 400（元）。当期调账分录如下：

借：待处理财产损溢　　3 400

　　贷：应交税费——应交增值税（进项税额转出）　　3 400

根据上述两笔调账分录，月末调整本月应补缴增值税28 900元（25 500+3 400）。

借：应交税费——应交增值税（进项税额转出）　　28 900

　　贷：应交税费——未交增值税　　28 900

四、购买方作为扣缴义务人的账务处理

按照现行增值税制度规定，境外单位或个人在境内发生应税行为，在境内未设有经营机构的，以购买方为增值税扣缴义务人。境内一般纳税人购进服务、无形资产或不动产，按应计入相关成本费用或资产的金额，借记“生产成本”“无形资产”“固定资产”“管理费用”等科目，按可抵扣的增值税额，借记“应交税费——进项税额”科目（小规模纳税人应借记相关成本费用或资产科目），按应付或实际支付的金额，贷记“应付账款”等科目，按应代扣代缴的增值税额，贷记“应交税费——代扣代交增值税”科目。实际缴纳代扣代缴增值税时，按代扣代缴的增值税额，借记“应交税费——代扣代交增值税”科目，贷记“银行存款”科目。

五、关于小微企业免征增值税的会计处理

小微企业在取得销售收入时，应当按照税法的规定计算应交增值税，并确认为应交税费，在达到增值税制度规定的免征增值税条件时，将有关应交增值税转入当期损益。

实现收入时，借记“银行存款”科目，贷记“主营业务收入”和“应交税费——应交增值税”科目。月底确认免征增值税时，借记“应交税费——应交增值税”科目，贷记“营业外收入——补贴收入”科目。

六、财务报表相关项目列示

“应交税费”科目下的“应交增值税”“未交增值税”“待抵扣进项税额”“待认证进项税额”“增值税留抵税额”等明细科目期末借方余额应根据情况，在资产负债表中的“其他流动资产”或“其他非流动资产”项目列示；“应交税费——待转销项税额”等科目期末贷方余额应根据情况，在资产负债表中的“其他流动负债”或“其他非流动负债”项目列示；“应交税费”科目下的“未交增值税”“简易计税”“转让金融商品应交增值税”“代扣代交增值税”等科目期末贷方余额应在资产负债表中的“应交税费”项目列示。

第四节 增值税纳税申报及专用发票的管理

一、纳税义务、扣缴义务发生时间

《增值税暂行条例》和“营改增”有关规定明确规定了增值税纳税义务、扣缴义务发生时间。纳税义务发生时间，是纳税人发生应税行为应当承担纳税义务的起始时间。

（1）纳税人销售货物或者发生应税行为的纳税义务发生时间

纳税人销售货物或者发生应税行为，其纳税义务发生时间为收讫销售款项或者取得索取销售款项凭据的当天；先开具发票的，为开具发票的当天。其中，收讫销售款项或者取得索取销售款项凭据的当天按销售结算方式的不同，具体确定为：

1）采取直接收款方式销售货物，不论货物是否发出，均为收到销售额或取得索取销售额的凭据，并将提货单交给买方的当天。

2）采取托收承付和委托银行收款方式销售货物，为发出货物并办妥托收手续的当天。

3）采取赊销和分期收款方式销售货物，为按合同约定的收款日期的当天。

4）采取预收货款方式销售货物，为货物发出的当天，纳税人提供建筑服务、租赁服务采取预收款方式的，其纳税义务发生时间为收到预收款的当天。

5）委托其他纳税人代销货物，为收到代销单位销售的代销清单的当天。未收到代销清单及货款的，为发出代销货物满 180 天的当天。

6）发生应税行为收讫销售款项，是指纳税人销售服务、无形资产、不动产过程中或者完成后收到款项。

发生应税行为取得索取销售款项凭据的当天，是指书面合同确定的付款日期；未签订书面合同或者书面合同未确定付款日期的，为服务、无形资产转让完成的当天或者不动产权属变更的当天。

7）纳税人发生视同销售货物行为，为货物移送的当天。纳税人发生视同销售服务、无形资产或者不动产情形的，其纳税义务发生时间为服务、无形资产转让完成的当天或者不动产权属变更的当天。

8）纳税人从事金融商品转让的，为金融商品所有权转移的当天。

9）纳税人提供建筑服务、租赁服务采取预收款方式的，其纳税义务发生时间为收到预收款的当天。

（2）纳税人进口货物，为报关进口的当天。

（3）增值税扣缴义务发生时间为纳税人增值税纳税义务发生的当天。

上述销售货物或发生应税行为纳税义务发生时间的确定，明确了企业在计算应纳税额时，对“当期销项税额”时间限定，是增值税计税和征收管理中重要的规定。

二、纳税期限

在明确了增值税纳税义务发生时间后，还需要掌握具体纳税期限，以保证按期缴纳税款。根据条例规定，增值税的纳税期限分别为1日、3日、5日、10日、15日、1个月或者1个季度。纳税人的具体纳税期限，由主管税务机关根据纳税人应纳税额的大小分别核定；以1个季度为纳税期限的规定适用于小规模纳税人、银行、财务公司、信托投资公司、信用社，以及财政部和国家税务总局规定的其他纳税人。不能按固定期限纳税的，可以按次纳税。

纳税人以1个月或者1个季度为一期纳税的，自期满之日起15日内申报纳税；以1日、3日、5日、10日或者15日为一期纳税的，自期满之日起5日内预缴税款，于次月1日起15日内申报纳税并结清上月应纳税款。

纳税人进口货物的，应当自海关填发税款缴纳书之日起15日内缴纳税款。

扣缴义务人解缴税款的期限，按照以上规定执行。

三、纳税地点

为了保证纳税人按期申报纳税，根据企业跨地区经营和商品流通的特点及不同情况，税法还具体规定了增值税的纳税地点：

（1）固定业户应当向其机构所在地主管税务机关申报纳税。总机构和分支机构不在同一县（市）的，应当分别向各自所在地主管税务机关申报纳税；经国家税务总局或其授权的税务机关的批准，可以由总机构汇总向总机构所在地主管税务机关申报纳税。

（2）固定业户到外县（市）销售货物或者发生应税行为的，应当向其机构所在地主管税务机关申请开具外出经营活动税收管理证明，向其机构所在地主管税务机关申报纳税。未持有其机构所在地主管税务机关核发的外出经营活动税收管理证明，到外县（市）销售货物或者发生应税行为的，应当向销售地或者应税行为发生地主管税务机关申报纳税；未向销售地或者应税行为发生地主管税务机关申报纳税的，由其机构所在地主管税务机关补征税款。

（3）其他个人提供建筑服务，销售或者租赁不动产，转让自然资源使用权，应向建筑服务发生地、不动产所在地、自然资源所在地主管税务机关申报纳税。

（4）进口货物，应当由进口人或其代理人向报关地海关申报纳税。

（5）扣缴义务人应当向其机构所在地或者居住地主管税务机关申报缴纳扣缴的税款。

营业税改征的增值税，由国家税务局负责征收。纳税人销售取得的不动产和其他个人出租不动产的增值税，国家税务局暂委托地方税务局代为征收。

四、增值税纳税申报与缴纳

增值税一般纳税人申报缴纳增值税时，应填写增值税纳税申报表及其附表。适用于一般纳税人的增值税纳税申报表的具体格式见表2-2。小规模纳税人无论有无计税销售额，均应按主管税务机关核定的纳税期限填列增值税纳税申报表，并于次月1日至15日内办理纳税申报，结清上月应纳税款。适用于小规模纳税人的增值税纳税申报表的具体格式见表2-3。

表 2-2 增值税纳税申报表

（一般纳税人适用）

根据国家税收法律法规及增值税相关规定制定本表。纳税人不论有无销售额，均应按税务机关核定的纳税期限填写本表，并向当地税务机关申报。

税款所属时间：自 年 月 日至 年 月 日 填表日期： 年 月 日 金额单位：元至角分

纳税人识别号						所属行业：	
纳税人名称	（公章）	法定代表人姓名		注册地址		生产经营地址	
开户银行及账号		登记注册类型				电话号码	

	项　目	栏　次	一般项目		即征即退项目	
			本月数	本年累计	本月数	本年累计
销售额	（一）按适用税率计税销售额	1				
	其中：应税货物销售额	2				
	应税劳务销售额	3				
	纳税检查调整的销售额	4				
	（二）按简易办法计税销售额	5				
	其中：纳税检查调整的销售额	6				
	（三）免、抵、退办法出口销售额	7				
	（四）免税销售额	8				
	其中：免税货物销售额	9				
	免税劳务销售额	10				
税款计算	销项税额	11				
	进项税额	12				
	上期留抵税额	13				
	进项税额转出	14				
	免、抵、退应退税额	15				
	按适用税率计算的纳税检查应补缴税额	16				
	应抵扣税额合计	17=12+13−14−15+16				
	实际抵扣税额	18（如 17<11，则为 17，否则为 11）				
税款计算	应纳税额	19=11−18				
	期末留抵税额	20=17−18				
	简易计税办法计算的应纳税额	21				
	按简易计税办法计算的纳税检查应补缴税额	22				
	应纳税额减征额	23				
	应纳税额合计	24=19+21−23				
税款缴纳	期初未缴税额（多缴为负数）	25				
	实收出口开具专用缴款书退税额	26				
	本期已缴税额	27=28+29+30+31				
	① 分次预缴税额	28				
	② 出口开具专用缴款书预缴税额	29				
	③ 本期缴纳上期应纳税额	30				
	④ 本期缴纳欠缴税额	31				

（续）

项目		栏次	一般项目		即征即退项目	
			本月数	本年累计	本月数	本年累计
税款缴纳	期末未缴税额（多缴为负数）	32=24+25+26−27				
	其中：欠缴税额（≥0）	33=25+26−27				
	本期应补（退）税额	34=24−28−29				
	即征即退实际退税额	35				
	期初未缴查补税额	36				
	本期入库查补税额	37				
	期末未缴查补税额	38=16+22+36−37				
授权声明	如果你已委托代理人申报，请填写下列资料：为代理一切税务事宜，现授权　　　（地址）　　　为本纳税人的代理申报人，任何与本申报表有关的往来文件，都可寄予此人。 授权人签字：	申报人声明	本纳税申报表是根据国家税收法律法规及相关规定填报的，我确定它是真实的、可靠的、完整的。 声明人签字：			

主管税务机关：　　　　接收人：　　　　接收日期：

表2-3　增值税纳税申报表

（小规模纳税人适用）

纳税人识别号：□□□□□□□□□□□□□□□□□□□□

纳税人名称（公章）：　　　　金额单位：元（列至角分）

税款所属期：　年　月　日至　年　月　日　　填表日期：　年　月　日

	项目	栏次	本月数		本年累计	
			货物及劳务	服务、不动产和无形资产	货物及劳务	服务、不动产和无形资产
一、计税依据	（一）应征增值税不含税销售额	1				
	税务机关代开的增值税专用发票不含税销售额	2				
	税控器具开具的普通发票不含税销售额	3				
	（二）销售、出租不动产不含税销售额	4				
	税务机关代开的增值税专用发票不含税销售额	5				
	税控器具开具的普通发票不含税销售额	6				
	（三）销售使用过的固定资产不含税销售额	7（7≥8）				
	其中：税控器具开具的普通发票不含税销售额	8				
	（四）免税销售额	9=10+11+12				
	其中：小微企业免税销售额	10				
	未达起征点销售额	11				
	其他免税销售额	12				
	（五）出口免税销售额	13（13≥14）				
	其中：税控器具开具的普通发票销售额	14				
二、税款计算	本期应纳税额	15				
	本期应纳税额减征额	16				
	本期免税额	17				
	其中：小微企业免税额	18				
	未达起征点免税额	19				
	应纳税额合计	20=15−16				
	本期预缴税额	21				
	本期应补（退）税额	22=20−21				

（续）

<table>
<tr><td>纳税人或代理人声明：</td><td colspan="2">如纳税人填报，由纳税人填写以下各栏：</td></tr>
<tr><td rowspan="3">本纳税申报表是根据国家税收法律的规定填报的，我确定它是真实的、可靠的、完整的。</td><td>办税人员：
法定代表人：</td><td>财务负责人：
联系电话：</td></tr>
<tr><td colspan="2">如委托代理人填报，由代理人填写以下各栏：</td></tr>
<tr><td>代理人名称（公章）：</td><td>经办人：
联系电话：</td></tr>
</table>

主管税务机关： 接收人： 接收日期：

本表为A3竖式一式三份，一份纳税人留存，一份主管税务机关留存、一份征收部门留存。

五、增值税专用发票的使用及管理

增值税实行凭国家印发的增值税专用发票注明的税款进行抵扣制度。专用发票不仅是纳税人经济活动中的重要商业凭证，而且是兼记销货方销项税额和购货方进项税额进行税款抵扣的凭证，对增值税的计算和管理起着决定性作用，因此，正确使用增值税专用发票是十分重要的。针对增值税专用发票使用过程中出现的诸多问题，如不按规定开具专用发票，代开、虚开专用发票，盗窃、丢失、伪造、买卖专用发票等严重违法现象，国家加强了对增值税专用发票的管理，颁发了一些法规，对在增值税专用发票上出现的各种违法行为给予严厉惩处。因此，纳税人必须认真掌握有关增值税专用发票的各项规定，杜绝违法行为的发生。

（一）专用发票领购使用范围

增值税专用发票（简称专用发票）只限于增值税的一般纳税人领购使用，增值税的小规模纳税人和非增值税纳税人不得领购使用。

一般纳税人有下列情形之一者，不得领购使用专用发票：

（1）会计核算不健全，即不能按会计制度和税务机关的要求准确核算增值税的销项税额、进项税额和应纳税额者。

（2）不能向税务机关准确提供增值税的销项税额、进项税额和应纳税额数据及其他有关增值税税务资料者。

（3）有以下行为，经税务机关责令限期改正而仍未改正者：

私自印制专用发票；向个人或税务机关以外的单位买取专用发票；借用他人专用发票；向他人提供专用发票；未按规定开具专用发票；未按规定保管专用发票；未按规定申报专用发票的购、用、存情况；未按规定接受税务机关检查。

（4）销售货物全部属于免税项目者。

有上列情形的一般纳税人如已领购使用专用发票，税务机关应收缴其结存的专用发票。

另外，国家税务总局还规定，纳税人当月购买专用发票而未申报纳税的，税务机关不得向其发售专用发票。

（二）专用发票开具范围

一般纳税人销售货物（包括视同销售货物在内）、发生应税行为，应当向索取增值税专用发票的购买方开具增值税专用发票，并在增值税专用发票上分别注明销售额和销项税额。

属于下列情形之一的，不得开具增值税专用发票：

（1）向消费者个人销售货物或者销售服务、无形资产或者不动产的；

（2）销售货物或者发生应税行为适用免税规定的；

（3）小规模纳税人销售货物或者发生应税行为的。

小规模纳税人销售货物或者发生应税行为，购买方索取增值税专用发票的，可以向主管税务机关申请代开。

（4）商业企业一般纳税人零售的烟、酒、食品、服装、鞋帽（不包括劳保专用部分）、化妆品等消费品，不得开具增值税专用发票。

（三）专用发票开具要求

专用发票必须按下列要求开具：

（1）字迹清楚。

（2）不得涂改。

（3）项目填写齐全。

（4）票、物相符，票面金额与实际收取的金额相符。

（5）各项目内容正确无误。

（6）全部联次一次填写，上、下联的内容与金额一致。

（7）发票联和抵扣联加盖财务专用章或发票章。

（8）按照规定的时限开具专用发票。

（9）不得开具伪造的专用发票。

（10）不得拆本使用专用发票。

（11）不得开具票样与国家税务总局统一制定的票样不相符的专用发票。

开具的专用发票有不符合上列要求者，不得作为扣税凭证，购买方有权拒收。

（四）专用发票开具时限

专用发票开具时限规定如下：

（1）用预收货款、托收承付、委托银行收款结算方式的，为货物发出的当天。

（2）用赊销、分期收款结算方式的，为合同约定的收款日期的当天。

（3）采用交款提货结算方式的，为收到货款的当天。

（4）将货物交付他人代销，为收到受托人送交的代销清单的当天。

（5）设有两个以上机构并实行同一核算的纳税人，将货物从一个机构移送其他机构用于销售，按规定应当征收增值税的，为货物移送的当天。

（6）将货物作为投资提供给其他单位或个体经营者，为货物移送的当天。

（7）将货物分配给股东，为货物移送的当天。

一般纳税人必须按规定时限开具专用发票，不得提前或滞后。对已开具专用发票的销售货物，要及时、足额计入当期销售额计税。凡开具了专用发票，其销售额未按规定计入销售账户核算的，一律按偷税论处。

（五）专用发票联次

专用发票由基本联次或者基本联次附加其他联次构成，基本联次为三联，各联次按以下规定用途使用。

（1）第一联为记账联，销售方作为核算销售收入和销项税额的记账凭证。

（2）第二联为税款抵扣联，购买方作为报送主管税务机关认证和留存备查的凭证。

（3）第三联为发票联，购买方作为核算采购成本和增值税进项税额的记账凭证。

其他联次用途由一般纳税人自行确定。

（六）专用发票其他的管理要求

为了加强增值税专用发票的管理，国家对开具专用发票后发生退货或销售折让规定了处理办法；对电子计算机开具专用发票有一定的要求；关于被盗、丢失、代开、虚开增值税专用发票，关于纳税人善意取得虚开的增值税专用发票的处理，国家均有一定的规定；防伪税控系统增值税专用发票的开具，国家也有管理。增值税专用发票及增值税电子普通发票的具体样式如图 2-1、图 2-2 所示。

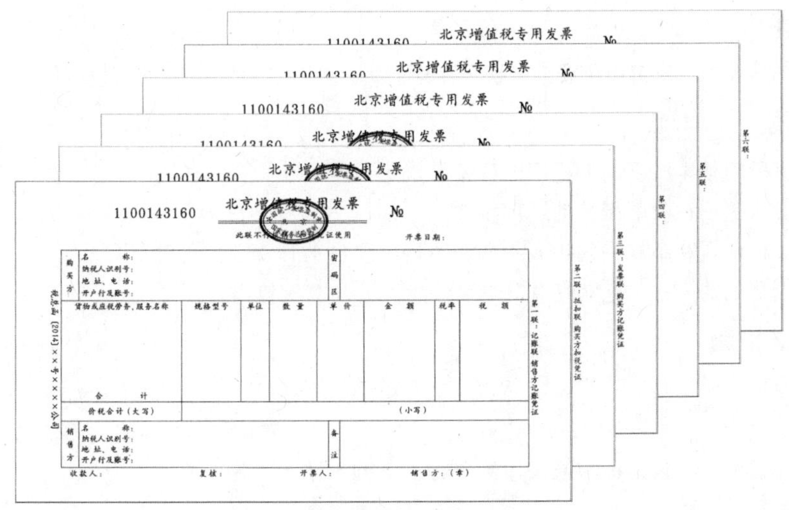

图 2-1 增值税专用发票样式

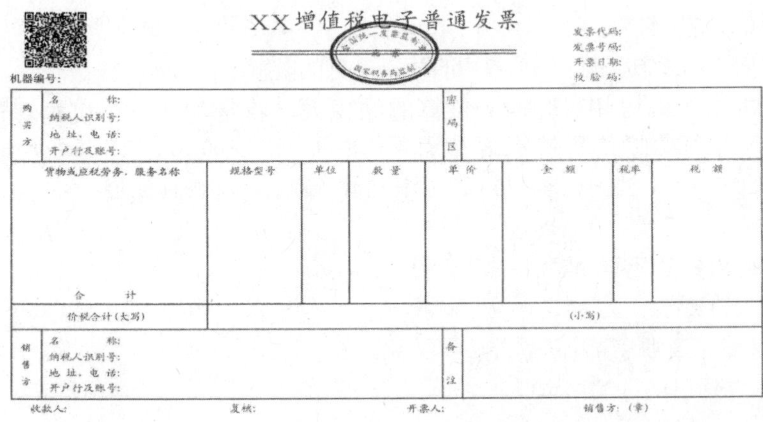

图 2-2 增值税电子普通发票样式

本 章 小 结

增值税是以商品生产、流通及提供劳务的各个环节的增值额为征收对象，按一定比例税率计征的一种流转税，是我国现行税法体系中较为重要的税种，由于其税额的计算方法较为麻烦，因此，分为一般纳税人增值税额的计算和小规模纳税人增值税额的计算，其会计上的账务处理亦较为烦琐。本章的重点为核算增值税须设置的会计科目、增值税业务发生时的会计处理及有关增值税业务错账的调整。

基础知识与技能训练题

一、名词解释

增值税　进项税额　销项税额　混合销售行为　一般纳税人　小规模纳税人　现代服务业

二、简答题

1. 简述增值税的基本税率、低税率的税率及确定范围。
2. 列举不得从销项税额中抵扣的进项税额。
3. 写出一般纳税人和小规模纳税人本期应纳增值税额的计算公式与计算方法。
4. 写出“应交税费——应交增值税”明细账的项目及其核算内容。

三、单项选择题

1. 增值税的基本税率是（　　）。

A. 17%　B. 3%　C. 5%　D. 11%

2. 增值税的征税范围包括销售或进口的货物，下列不属于货物的是（　　）。

A. 贵金属　B. 电力　C. 热力　D. 商标

3. 一般纳税人认定的审批权限在（　　）。

A. 国家税务总局　B. 财政部

C. 县级以上税务机关　D. 省级以上税务机关

4. 纳税人销售下列货物适用17%的税率的是（　　）。

A. 自来水　B. 报纸　C. 农膜　D. 电视机

5. 某个体商店（一般纳税人）销售某种商品，含税价合计1 500元，该商品进货时取得的增值税专用发票载明了价款1 000元，进项税额170元，则该个体户商店应交纳的增值税为（　　）。

A. 84.91　B. 85　C. 47.95　D. 90

6. 下列经营行为属于视同销售货物的行为为（　　）。

A. 销售代销货物

B. 某电视机厂除收取彩电货款外还收取运输费

C. 销售古旧图书

D. 某化工厂销售产品，购货方尚未支付货款

7. 下列哪些价外费用不应并入销售额计算应纳增值税额？（　　）

A．向购买方收取的销项税额　　B．向购买方收取的手续费
C．向购买方收取的运输装卸费　　D．向购买方收取的违约金

8．下列说法正确的是（　　）。
A．纳税人购进货物或者接受应税劳务所支付或者负担的增值税额为进项税额
B．进项税额可以随意抵扣
C．纳税人购进货物所支付的进项税额均可以从销项税额中抵扣
D．计算应纳税额时，当期进项税额不足抵扣的部分不可以结转下期抵扣

9．下列说法不正确的是（　　）。
A．一般纳税人因销售退回或折让而退还给购买方的增值税额，应从发生销售退回或折让当期的销项税额中扣减
B．一般纳税人因进货退出或折让而收回的增值税额，应从发生进货退出或折让当期的进项税额中扣减
C．境内的单位和个人提供适用增值税零税率的服务或者无形资产，如果属于适用简易计税方法的，实行“免、抵、退”税办法
D．按照国家有关规定应取得相关资质的国际运输服务项目，纳税人取得相关资质的，适用增值税零税率政策

10．下列说法正确的是（　　）。
A．计算增值税时，销售额是指纳税人销售货物或者提供应税劳务、应税行为向购买方收取的全部价款和价外费用
B．折扣销售税法规定按折扣后的余额为销售额
C．销售折扣税法规定按折扣后的余额为销售额
D．采取以旧换新销售时以扣减旧货后的余额为销售额

11．增值税一般纳税人的下列行为中，涉及的进项税额不得从销项税额中抵扣的是（　　）。
A．将外购的货物对外投资　　B．将外购的货物用于交际应酬
C．将外购的货物无偿赠送给外单位　　D．将外购的货物用于抵偿债务

12．增值税一般纳税人支付的下列运费中（可取得增值税专用发票），不允许抵扣进项税额的是（　　）。
A．外购生产用包装物支付的运输费用
B．销售生产设备支付的运输费用
C．外购装修职工浴室使用的建筑材料支付的运输费用
D．向小规模纳税人购买农业产品支付的运输费用

13．某广告公司（小规模纳税人）8 月发生销售额（不含税，下同）80 万元，另因发生服务中止而退还给服务接受方销售额 33 万元，则该广告公司 8 月应纳增值税（　　）。
A．1.41 万元　　B．1.38 万元　　C．2.35 万元　　D．1.86 万元

14．依据现行增值税的有关规定，下列属于增值税混业经营的是（　　）。
A．企业转让专利权和土地使用权
B．饭店提供现场消费的餐饮服务和非现场消费的外卖服务
C．企业转让商标权和销售货物
D．销售自产货物并同时提供建筑业劳务的行为

15．以下属于“营改增”物流辅助服务的是（　　）。

A．会计鉴证服务　　B．会议展览服务

C．打捞救助服务　　D．航空运输的湿租业务

四、多项选择题

1．下列行为中属“视同销售”征收增值税的有（　　）。

A．将外购货物用于集体福利

B．将自产货物用于非应税项目

C．将委托加工收回的货物用于连续生产货物

D．将自产、委托加工、外购的货物用于对外投资

E．将自产、委托加工、外购的货物用于捐赠

2．下列销售行为中，属于混合销售行为的是（　　）。

A．某运输公司销售货物并负责运输所售的货物

B．某饭店既经营餐饮又经营娱乐业

C．歌舞厅收取的门票费、烟酒和点歌费

D．建筑公司采取包工包料的方式承包工程作业

3．增值税一般纳税人将购买的货物用于下列项目时，不得抵扣进项税额的有（　　）。

A．无偿赠送　　B．免税项目　　C．劳动保护　　D．个人消费

4．增值税专用发票的基本联次为三联，各联次应按以下规定使用（　　）。

A．第一联为存根联，由销货方留存备查

B．第一联为记账联，销售方作为核算销售收入和销项税额的记账凭证

C．第二联为税款抵扣联，购买方作为报送主管税务机关认证和留存备查的凭证

D．第三联为发票联，购买方作为核算采购成本和增值税进项税额的记账凭证

5．下列不属于小规模纳税人增值税征收率的为（　　）。

A．5%　　B．6%　　C．3%　　D．7%

6．增值税纳税义务人按生产规模和会计制度健全与否可划分为（　　）。

A．一般纳税人　　B．特殊纳税人　　C．小规模纳税人　　D．工业企业

7．开具增值税专用发票，下列符合要求的是（　　）。

A．字迹清楚

B．不得涂改

C．项目填写齐全

D．发票联和抵扣联加盖财务专用章或发票专用章

8．一般纳税人有以下（　　）情形之一的，不得领购使用增值税专用发票。

A．会计核算不健全的

B．不能向税务机关准确提供税务资料的

C．多次借用他人专用发票

D．销售的货物全部属于免税项目者

9．境内的单位和个人销售的下列服务和无形资产，适用增值税零税率的有（　　）。

A．国际运输服务

B．工程项目在境外的服务

C．航天运输服务

D．规定向境外单位提供的完全在境外消费的服务

10．下列说法正确的是（　　）。

A．代开、虚开增值税专用发票的行为都是违法行为

B．纳税人在运用防伪税控系统开具专用发票时，应认真检查系统中的电子发票代码、号码和纸质发票是否一致

C．企业未按规定保管专用发票，则不得抵扣进项税额

D．使用电子计算机开具专用发票必须报经主管税务机关批准并使用由税务机关监制的机外发票

11．某生产企业（增值税一般纳税人）的下列进项税额不得从销项税额中扣除的有（　　）。

A．购买涂料装修职工食堂发生的进项税额

B．购买用于生产应税货物的设备所发生的进项税额

C．购买办公复印纸发生的进项税额

D．购买原材料用于生产免税产品所发生的进项税额

12．一般纳税人所从事的下列应税服务，可选择简易计税方法计算缴纳增值税的有（　　）。

A．电影放映服务　B．仓储服务　C．航空地面服务　D．装卸搬运服务

13．下列行为免征增值税的有（　　）。

A．纳税人提供技术转让、技术开发和与之相关的技术咨询、技术服务

B．会计师事务所提供管理咨询服务

C．个人转让著作权

D．残疾人个人提供代理记账服务

14．根据“营改增”的相关规定，下列各项属于交通运输业的有（　　）。

A．航空运输服务　B．水路运输服务　C．装卸搬运服务　D．收派服务

五、业务题

（一）增值税核算

根据下列资料，编制正确会计分录，并计算5月份该企业销项税额、进项税额、本期应纳税额。

某中外合资生产企业于20×6年8月成立，为增值税一般纳税人，生产各种日用家电产品。其存货采用实际价格核算，流转税纳税期限为一个月。20×7年5月企业发生主要经济业务如下：

1．5月1日，购进甲材料一批，金额50 000元，税额8 500元，取得增值税专用发票5张已通过认证，材料验收入库，货款未支付。

2．5月3日，售出产品一批，该中外合资企业开具的专用发票上注明不含税价款10 000元，税金1 700元；用已收到的全部款项11 700元购入某煤炭公司煤炭，取得合法增值税专用发票1张已通过认证，该批煤炭已验收入库。

3．5月5日，从中国境内某国有机械制造厂购入工业锅炉某设备一套，该厂开具给合资企业增值税专用发票1张，注明价款200 000元，税额34 000元，款项已付，发票已通过认证。供货方免费安装、调试完毕，已于4月25日交付使用。

4．5月8日，修理本单位机床，取得增值税专用发票1张，注明修理费1 250元，税额212.5元，发票已通过认证。款项已用银行存款支付。

5．5月9日，收到某公司退货一批，该批货物系20×6年2月份售出，因不符合购货方要求，双方协商未果，本月予以退回，货物已验收入库，根据收到的符合税法规定的“进货退出及索取折让证明单”，开具红字增值税专用发票1份，全部款项17 550元已退。

6．5月11日，该企业将自产产品销售给出口企业，开具的“出口货物专用缴款书”上注明价款100 000元，发票已通过认证。企业已经在本月预缴相应税款6 800元。

7．5月16日，经主管国税局检查，发现上月购进的甲材料用于单位基建工程，企业仅以账面金额5 000元（不含税价格）结转至“在建工程”科目核算。另有2 500元的乙材料购入业务取得的增值税专用发票不符合规定，相应税金425元已于上月抵扣。税务机关要求该合资企业在本月调账并于5月25日前补缴税款入库。

8．5月26日，销售产品一批，开具增值税专用发票15张，累计注明不含税价款400 000元，开具增值税普通发票8份，累计注明金额35 100元，发票已通过认证。货款全部收讫。

9．5月28日，购进乙材料一批，取得增值税专用发票3张，累计注明价款25 000元，税额4 250元，未验收入库，发票已通过认证。货款已由银行支付，经查，至月末，乙材料仍未到达企业。

10．5月初“应交税费——未交增值税”贷方余额1 000元。

（二）“营改增”后有关增值税核算

1．甲企业3月份出售一幢房屋，房屋原价800万元，已提折旧200万元，双方协议按不含税价820万元成交，相关款项已存入银行，另支付契税等不动产交易税费40万元。要求计算应纳增值税并做出相关会计分录。

2．甲公路工程公司5月份承包一项高速公路建筑工程，总造价1.6亿元。本期结算工程价款4 000万元，实际收到3 000万元，本期外购工程用水泥砂石等取得的增值税专用发票上注明增值税额400万元。发票已通过认证。要求计算应纳增值税并做出相关会计分录。

3．某市某经营西南民间美食的大型餐饮连锁企业有20家分店，由于各供应链公司均为增值税一般纳税人，除免税产品外，所有门店均可取得增值税专用发票。20×7年8月，企业实现含税销售额2 582万元，进货332万元，取得增值税专用发票注明进项税额30.2万元，发票已通过认证。计算企业当月应纳增值税并做相关会计处理。

4．某船运输公司为增值税一般纳税人并具有国际运输经营资质，20×6年8月取得的含税收入包括货物保管收入28.2万元、装卸搬运收入68.26万元、国际运输收入248.64万元、国内运输收入528.36万元。本月因购汽油、柴油等取得增值税专用发票注明购货价款合计147万元，进项税额25万元，发票已通过认证。要求计算应纳增值税并做相应会计处理。

5．某旅行社组团去秦皇岛旅游，全团旅游费价税合计收入100 000元，支付房费、餐费等70 000元，要求计算应纳增值税并做相关会计处理。

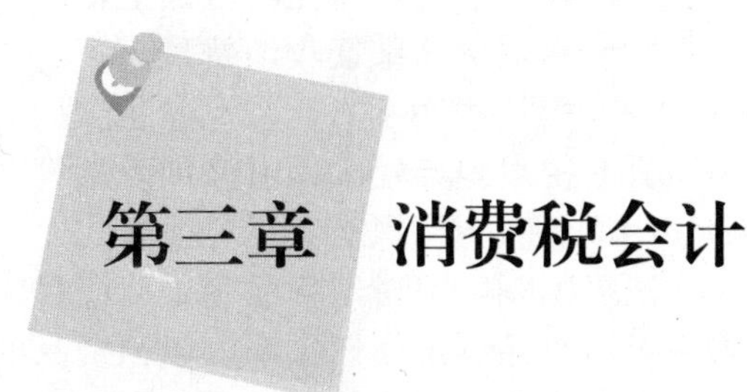

第三章　消费税会计

【学习目的】通过学习，了解消费税的政策规定，掌握消费税应纳税额的计算及会计处理。

【技能要求】学会消费税应纳税额的计算，能够进行消费税纳税申报和会计处理操作。

引　　言

丽华商场欲从 A 国进口一批金银首饰（因为价格比较便宜），于是召开高层管理人员会议进行讨论，会上有人提出，进口金银首饰要多交一道消费税，会影响商场的利润，因为进口环节由海关代征一道消费税，本商场零售时，还须再交一道零售环节消费税。会计主管告诉大家，金银首饰改在零售环节征税后，进口环节不再对金银首饰征消费税，只在零售环节征一道消费税。最后，会议决定从 A 国进口金银首饰。

那么什么是消费税？消费税在什么环节征收？是多环节征收还是单环节征收？消费税应纳税额如何计算？如何对消费税进行纳税申报和会计处理？本章将对这些问题进行阐述。

第一节　消费税概述

一、消费税的概念及特点

（一）消费税的概念

消费税是是指对消费品和特定的消费行为按流转额征收的一种商品税。

（二）我国现行消费税的特点

（1）征税环节具有单一性。

消费税只在生产（进口）、流通的某一环节一次性征收，即通常所说的一次课征制。

（2）征收范围具有选择性。

目前我国消费税在征收范围上根据产业政策与消费政策只选择了15类消费品征税，而不是对所有消费品都征收消费税。

（3）平均税率水平比较高且税负差异大。消费税的平均税率水平比较高，并且不同征税项目的税负差异较大；对诸如香烟等对需要限制或控制消费的消费品通常税负较重。

（4）计税方法具有灵活性。

消费税既采用对消费品确定单位税额，以消费品的数量实行从量定额的计税方法，也采用对消费品制定比例税率，以消费品的价格实行从价定率的计税方法。对卷烟、白酒实行复合征收制，即从价定率与从量定额征收相结合。

二、消费税的纳税人

消费税的纳税人为：在中华人民共和国境内生产、委托加工和进口应税消费品的单位和个人，以及国务院确定的销售《中华人民共和国消费税暂行条例》规定的消费品的其他单位和个人。所称在中华人民共和国境内，是指生产、委托加工和进口属于应当缴纳消费税的消费品的起运地或者所在地在境内。“单位”是指企业、行政单位、事业单位、军事单位、社会团体及其他单位。“个人”是指个体经营者及其他个人。

具体来说，消费税纳税人包括：生产应税消费品的单位和个人；进口应税消费品的单位和个人；委托加工应税消费品的单位和个人。其中，委托加工的应税消费品由受托方于委托方提货时代扣代缴（受托方为个体经营者除外）；自产自用的应税消费品，由自产自用单位和个人在移送使用时缴纳消费税。

三、消费税的征税对象

消费税的征税对象是《中华人民共和国消费税暂行条例》中规定的应税消费品，具体包括15项消费品，分为以下五大类：

第一类：特殊消费品。这类消费品过度消费对人体健康、社会秩序、生态环境等方面造成危害，如烟、酒、鞭炮、焰火等。

第二类：奢侈品、非生活必需品，如贵重首饰及珠宝玉石、高档化妆品等。

第三类：高能耗及高档消费品，如小汽车、摩托车等。

第四类：不可再生和替代的石油类消费品，如汽油、柴油等。

第五类：具有一定财政意义的消费品，如电池、涂料等。

四、消费税的税目和税率

（一）税目

《中华人民共和国消费税暂行条例》采用了列举法和概括法，共设置了15个税目，包括烟、酒、高档化妆品、贵重首饰及珠宝玉石、鞭炮焰火、成品油、摩托车、小汽车、高尔夫球及球具、游艇、高档手表、木制一次性筷子、实木地板、电池、涂料。在烟、酒、成品油和小汽车四个税目中还进一步划分了若干子目。

（二）税率

现行消费税按从价征税和从量征税实行比例税率和定额税率两种形式。对于从价征税的应税消费品，实行产品差别比例税率，目前税率由1%～56%共有15档；对于从量征税的应税消费品，实行定额税率，目前单位税额由0.003～250元共有八档。消费税税目、税率（税额）表如表3-1所示。

表3-1 消费税税目、税率（税额）表

税 目	征收环节（范围）	计税单位	税率（税额）
一、烟			
1．卷烟			
工业：			
定额税率	生产（进口）环节	每支	0.003元
比例税率	生产（进口）环节	（1）甲类卷烟：每标准条（200支）对外调拨价格在70元以上的（含70元，不含增值税） （2）乙类卷烟：每标准条对外调拨价格在70元以下的	56% 36%
商业批发：			
定额税率	批发环节	每支	0.005元
比例税率	批发环节		11%
2．雪茄烟	生产（进口）环节		36%
3．烟丝	生产（进口）环节		30%
二、酒			
1．白酒			
定额税率		每斤（500克或500毫升）	0 .5元
比例税率			20%
2．黄酒		每吨	240元
3．啤酒 （1）甲类啤酒 （2）乙类啤酒		 每吨 每吨	 250元 220元
4．其他酒			10%
三、高档化妆品	含成套化妆品		15%
四、贵重首饰及珠宝玉石			
1．金银首饰、铂金首饰和钻石及钻石饰品	零售环节		5%
2．其他贵重首饰和珠宝玉石	生产（进口）环节		10%
五、鞭炮、焰火			15%
六、成品油			
汽油、石脑油、溶剂油、润滑油		每升	1.52元
航空煤油、燃料油、柴油（暂缓征收）		每升	1.2元
七、摩托车			
排量250毫升的			3%
排量250毫升以上的			10%

（续）

税　　目	征收环节（范围）	计 税 单 位	税率（税额）
八、小汽车			
1．乘用车	生产环节或进口环节		
（1）气缸容量（排气量，下同）在1 000毫升（含）以下的			1%
（2）气缸容量在1 000毫升以上至1 500毫升（含）的			3%
（3）气缸容量在1 500毫升以上至2 000毫升（含）的			5%
（4）气缸容量在2 000毫升以上至2 500毫升（含）的			9%
（5）气缸容量在2 500毫升以上至3 000毫升（含）的			12%
（6）气缸容量在3 000毫升以上至4 000毫升（含）的			25%
（7）气缸容量在4 000毫升以上的			40%
2．中轻型商用客车			5%
3．超豪华小汽车（零售价格为不含增值税130万元及以上）	生产（进口）环节，按子税目1和子税目2的规定征收		1%～40%
	零售环节加征		10%
九、木制一次性筷子			5%
十、实木地板			5%
十一、高档手表			20%
十二、高尔夫球及球具			10%
十三、游艇			10%
十四、电池			4%
十五、涂料			4%

备注：纳税人兼营不同税目、税率应税消费品，应当分别核算不同税目、税率应税消费品的销售额或销售数量。未分别核算销售额、销售数量，或者将不同税率的应税消费品组成成套消费品销售的，从高确定适用税率。

五、纳税环节

消费税纳税环节分为以下几种情况：

（一）生产环节

纳税人生产的应税消费品，由生产者于销售时纳税。其中，生产者自产自用的应税消费品，用于本企业连续生产应税消费品的不征税；用于其他方面的，于移送使用时纳税。

（二）委托加工环节

委托加工的应税消费品，由受托方在向委托方交货时代收代缴税款。

（三）进口环节

进口的应税消费品，由进口报关者于报关进口时纳税。

（四）零售环节

纳税人零售的金银首饰（含以旧换新），于销售时纳税；用于馈赠、赞助、广告、样品、职工福利、奖励等方面的金银首饰，于移送使用时纳税；带料加工、翻新改制的金银首饰，于受托方交货时纳税。

金银首饰改变征税环节后，经营单位进口金银首饰消费品，由进口环节征收改为在零售环节征收；出口金银首饰由出口退税改为出口不退消费税。

（五）批发环节

纳税人从事卷烟批发业务的，批发销售的所有牌号规格的卷烟，都要按批发卷烟的销售额（不含增值税）乘以11%的税率和0.005元/支的定额税率在批发环节缴纳消费税。

第二节　消费税应纳税额的计算

消费税实行从价定率、从量定额，或者从价定率和从量定额复合计税（以下简称复合计税）的办法计算应纳税额。应纳税额计算公式如下：

实行从价定率办法计算的应纳税额=应税消费品的销售额×比例税率

实行从量定额办法计算的应纳税额=应税消费品的销售数量×定额税率

实行复合计税办法计算的应纳税额=应税消费品的销售额×比例税率+应税消费品的销售数量×定额税率

纳税人销售的应税消费品，以人民币计算销售额。纳税人以人民币以外的货币结算销售额的，应当折合成人民币计算。

一、消费税的计税依据

（一）从价定率计征办法的计税依据

1．生产销售的应税消费品

生产销售的应税消费品的计税依据是应税消费品的销售额，销售额包括销售应税消费品从购买方收取的全部价款和价外费用。销售，是指有偿转让应税消费品的所有权；有偿，是指从购买方取得货币、货物或者其他经济利益；“价外费用”是指：价外向购买方收取的基金、集资款、返还利润、奖励费、补贴、违约金、滞纳金、赔偿金、延期付款利息和手续费、包装费、包装物租金、储备费、优质费、运输装卸费、品牌使用费、代收款项、代垫款项以及其他各种性质的价外费用。但下列项目不包括在内：

1）同时符合以下条件的代垫运输费用：

① 承运部门开具给购货方的运费发票；②纳税人将该发票转交给购货方的。

2）同时符合以下条件代为收取的政府性基金或者行政事业性收费：

① 由国务院或者财政部批准设立的政府性基金，由国务院或者省级人民政府及其财

政、价格主管部门批准设立的行政事业性收费；

② 收取时开具省级以上财政部门印制的财政票据；

③ 所收款项全额上缴财政。

其他价外费用，无论是否属于纳税人的收入，均应并入销售额计算纳税。

“销售额”不包括应向购买方收取的增值税税额。如果纳税人应税消费品的销售额中含有增值税税额，在计算消费税时，应换算为不含增值税的销售额，其换算公式为

应税消费品的销售额=含增值税的销售额/（1+增值税税率或征收率）

应税消费品连同包装物销售的，无论包装物是否单独计价，也不论在财务上如何核算，均应并入应税消费品的销售额中计算纳税。如果包装物不作价随同产品销售，而是收取押金，此项押金则不并入销售额计税。但对逾期未收回的包装物不再退还的和已收取一年以上的押金，应并入应税消费品的销售额，按照应税消费品的适用税率征收消费税。

对既作价随同应税消费品销售，又另外收取押金的包装物押金，凡纳税人在规定的期限内不予退还的，均应并入应税消费品的销售额，按照应税消费品的适用税率计算征收消费税。

纳税人销售的应税消费品，以外汇结算销售额的，其销售额的人民币折合率可以选择结算的当天或当月一日的国家外汇牌价（原则上是中间价），纳税人应在事先确定采用何种折合率，确定后一年不得变更。

2．自产自用的应税消费品

纳税人自产自用的应税消费品，用于连续生产应税消费品的不纳税，用于其他方面的在移送使用时纳税。“用于其他方面”是指纳税人用于生产非应税消费品和在建工程、管理部门、非生产机构、提供劳务及用于馈赠、赞助、集资、广告、样品、职工福利、奖励等方面的应税消费品。其计税依据是：有同类消费品销售价格的，按同类消费品的销售价格计税，无同类消费品销售价格的，按组成计税价格计税。

（1）同类消费品的销售价格。同类消费品的销售价格是指纳税人当月销售的同类消费品的销售价格，如果当月同类消费品的各期销售价格高低不同，应按销售数量加权平均计算。但销售的应税消费品有下列情况之一的，不得列入加权平均计算：

1）销售价格明显偏低又无正当理由；

2）无销售价格的。

如果当月无销售或当月未完结，应按照同类消费品上月或最近月份的销售价格计算纳税。

（2）组成计税价格。其计算公式为

组成计税价格=（成本+利润）/（1−比例税率）=成本×（1+成本利润率）/（1−比例税率）

实行复合计税办法计算纳税的组成计税价格计算公式为

组成计税价格=（成本+利润+自产自用数量×定额税率）÷（1−比例税率）

“成本”是指应税消费品的产品生产成本。

“利润”是指根据应税消费品的全国平均成本利润率计算的利润。应税消费品的全国平均利润率由国家税务总局确定。1993 年 12 月 28 日，国家税务总局颁发的《消费税若干具体问题的规定》及 2004 年 4 月 1 日起执行的《财政部、国家税务总局关于调整完善消费税政策的通知》，确定应税消费品全国平均成本利润率为：高档手表 20%；高尔夫球及球具、游艇、甲类卷烟、粮食白酒 10%；乘用车 8%；贵重首饰及珠宝玉石、摩托车 6%；乙类卷烟、雪茄烟、烟丝、薯类白酒、其他酒、高档化妆品、鞭炮焰火、中轻型商用客车、

木制一次性筷子、实木地板5%。

3．委托加工的应税消费品

委托加工的应税消费品，是指由委托方提供原材料和主要材料，受托方只收取加工费和代垫部分辅助材料加工的应税消费品。对于由受托方提供原材料生产的应税消费品，或者受托方先将原材料卖给委托方，然后再接受加工的应税消费品，以及由受托方以委托方的名义购进原材料生产的应税消费品，不论纳税人在财务上是否做销售处理，都不得作为委托加工应税消费品，而应当按照自制应税消费品缴纳消费税。

委托加工的应税消费品，按照受托方同类消费品的销售价格计算纳税，没有同类消费品销售价格的，按照组成计税价格计算纳税。

组成计税价格=（材料成本+加工费）/（1-比例税率）

实行复合计税办法计算纳税的组成计税价格计算公式：

组成计税价格=（材料成本+加工费+委托加工数量×定额税率）÷（1-比例税率）

“材料成本”是指委托方所提供材料的实际成本。

“加工费”是指受托方加工应税消费品向委托方收取的全部费用，包括代垫辅助材料的实际成本，不包括增值税税金。

4．进口的应税消费品

（1）进口的应税消费品，实行从价定率办法计算应纳税额的，按照组成计税价格计算纳税。其计算公式为

组成计税价格=（关税完税价格+关税）/（1-消费税比例税率）

（2）如果进口的应税消费品属于适用从价与从量相结合计征产品，在公式的分子中还应加上“消费税定额税”，消费税定额税是进口数量与消费税定额税率的乘积。

例如，依据确定的进口卷烟消费税适用比例税率，计算进口卷烟消费税组成计税价格和应纳消费税税额。

① 进口卷烟消费税组成计税价格=（关税完税价格+关税+消费税定额税）/（1-进口卷烟消费税适用比例税率）

② 应纳消费税税额=进口卷烟消费税组成计税价格×进口卷烟消费税比例税率+消费税定额税。

其中消费税定额税=海关核定的进口卷烟数量×消费税定额税率

5．金银首饰

改在零售环节征收消费税的金银首饰包括：金、银和金基、银基合金首饰，以及金基、银基的镶嵌首饰、铂金首饰、钻石。

（1）纳税人销售金银首饰，其计税依据为不含增值税销售额。如果纳税人销售金银首饰的销售额中未扣除增值税税额，在计算消费税时，应按以下公式换算为不含增值税税额的销售额：

金银首饰的销售额=含增值税的销售额/（1+增值税税率或征收率）

（2）金银首饰连同包装物销售的，无论包装物是否单独计价，也无论会计上如何核算，均应并入金银首饰的销售额计征消费税。

（3）带料加工的金银首饰，应按照受托方销售同类金银首饰的销售价格确定计税依据征收消费税，没有同类金银首饰销售价格的，按照组成计税价格计算纳税。组成计税价格的计算公式为

组成计税价格=（材料成本+加工费）/（1−金银首饰消费税税率）

（4）纳税人采用以旧换新方式（含翻新改制）销售的金银首饰，应按实际收取的不含增值税全部价款确定计税依据征收消费税。

（5）生产、批发、零售单位用于馈赠、赞助、集资、广告、样品、职工福利、奖励等方面的金银首饰，应按照纳税人销售同类金银首饰的销售价格计征消费税；没有同类金银首饰销售价格的，按照组成计税价格计算纳税。组成计税价格的计算公式为

组成计税价格=购进原价×（1+利润率）/（1−金银首饰消费税税率）

纳税人为生产企业时，公式中的“购进原价”为生产成本，公式中的“利润率”一律定为6%。

（二）从量定额计征办法的计税依据

从量定额通常按每单位应税消费品规定固定税额，这种固定税额即为定额税率。我国消费税对卷烟、白酒、黄酒、啤酒、汽油、柴油等实行定额税率，采取从量定额的办法征税，其计税依据为销售应税消费品的数量。在实际销售过程中，一些纳税人往往将吨或升这两个计量单位混用，为了规范不同产品的计量单位，消费税暂行条例及实施细则中具体规定了吨与升两个计量单位的换算标准：

啤酒	1吨=988升	黄酒	1吨=962升
汽油	1吨=1 388升	润滑油	1吨=1 126升
柴油	1吨=1 176升	燃料油	1吨=1 015升
石脑油	1吨=1 385升	航空煤油	1吨=1 246升
溶剂油	1吨=1 282升		

（三）计税依据的若干特殊规定

（1）纳税人通过自设非独立核算门市部销售的自产应税消费品，应当按照门市部对外销售额或者销售数量计算征收消费税。

（2）纳税人自产的应税消费品用于换取生产资料和消费资料、投资入股和抵偿债务等方面，应当按纳税人同类应税消费品的最高销售价格作为计税依据。

（3）酒类关联企业间关联交易消费税问题处理。

白酒生产企业向商业销售单位收取的“品牌使用费”是随应税白酒销售而向购货方收取的，属于应税白酒销售价款的组成部分，因此，不论企业采取何种方式或以何种名义收取价款，均应并入白酒的销售额中缴纳消费税。

（4）兼营不同税率应税消费品的税务处理。

兼营是指纳税人经营的是适用多种不同税率的产品。按消费税暂行条例规定，纳税人兼营不同税率的应税消费品，应当分别核算不同税率应税消费品的销售额、销售数量分别纳税。未分别核算销售额、销售数量，或者将不同税率的应税消费品组成成套消费品销售的，从高适用税率。

二、消费税应纳税额的计算

（一）生产销售的应税消费品应纳税额的计算

1．一般情况

从价计征时，应纳消费税额=应税消费品销售额×比例税率

从量计征时，应纳消费税额＝应税消费品销售数量×定额税率

从价从量复合计征时，应纳消费税额＝应税消费品销售数量×定额税率+应税消费品销售额×比例税率

2．准予扣除外购已税消费品已纳消费税的计算

为避免重复征税，外购应税消费品和委托加工收回的应税消费品继续生产应税消费品销售的，可以将外购应税消费品和委托加工收回应税消费品已缴纳的消费税给予扣除。准予扣除外购已税消费品已纳消费税的规定如下：

1）外购已税烟丝生产的卷烟。

2）外购已税高档化妆品生产的高档化妆品。

3）外购已税珠宝玉石生产的贵重首饰及珠宝玉石。

4）外购已税鞭炮焰火生产的鞭炮、焰火。

5）外购已税摩托车连续生产应税摩托车（如用外购两轮摩托车改装三轮摩托车）。

6）以外购或委托加工收回的已税杆头、杆身和握把为原料生产的高尔夫球杆。

7）以外购或委托加工收回的已税木制一次性筷子为原料生产的木制一次性筷子。

8）以外购或委托加工收回的已税实木地板为原料生产的实木地板。

9）以外购或委托加工收回的已税汽油、柴油、燃料油、润滑油、石脑油用于连续生产应税成品油。

计算公式为

当期准予扣除应税消费品已纳税款=当期准予扣除外购应税消费品买价×外购应税消费品的适用税率

当期准予扣除外购应税消费品买价=期初库存外购应税消费品买价+当期购进的应税消费品买价−期末库存应税消费品买价

当期应纳消费税额=当期销售额×消费税税率−当期准予扣除外购应税消费品已纳税款

例 3-1　某日化厂 3 月份外购一批散装高档化妆品，购进金额 50 000 元，上月库存散装高档化妆品 10 000 元，3 月份月末库存 5 000 元，本月销售成套化妆品销售收入 80 000 元，计算该日化厂应纳消费税。（消费税税率 30%）

计算过程如下：

① 当期准予扣除的外购应税消费品买价=（10 000+50 000−5 000）=55 000（元）

② 当期准予扣除的外购应税消费品的已纳税款=55 000×15%=8 250（元）

③ 3 月份应纳消费税额=80 000×15%−8 250=3 750（元）

（二）自产自用的应税消费品应纳税额的计算

实行从价定率办法计征消费税的，其计算公式为

应纳消费税额=同类消费品的销售价格或组成计税价格×比例税率

实行复合计税办法计征消费税的，其计算公式为

应纳消费税额=组成计税价格×比例税率+自产自用数量×定额税率

例 3-2 某企业将自产的高档化妆品在“三八”妇女节作为福利发给职工，无同类产品销售价格，其生产成本为25 000元，成本利润率为5%，高档化妆品适用税率15%，则应纳消费税计算如下：

① 组成计税价格=25 000×（1+5%）/（1−15%）=30 882.35（元）

② 应纳消费税额=30 882.35×15%=4 632.35（元）

（三）委托加工的应税消费品应纳税额的计算

1．一般情况

实行从价定率办法计征消费税的，其计算公式为

应纳消费税额=同类消费品的销售价格或组成计税价格×比例税率

实行复合计税办法计征消费税的，其计算公式为

应纳消费税额=组成计税价格×比例税率+委托加工数量×定额税率

2．用委托加工收回的应税消费品连续生产应税消费品应纳税额的计算

对委托加工收回消费品已纳的消费税，可按当期生产领用数量从当期应纳消费税税额中扣除。按照税法规定，下列委托加工收回用于连续生产的应税消费品准予从应纳消费税税额中扣除已纳消费税税额。

1）以委托加工收回的已税烟丝为原料生产的卷烟。

2）以委托加工收回的已税高档化妆品为原料生产的高档化妆品。

3）以委托加工收回的已税珠宝玉石为原料生产的贵重首饰及珠宝玉石。

4）以委托加工收回的已税鞭炮、焰火为原料生产的鞭炮焰火。

5）以委托加工收回的已税摩托车连续生产的摩托车。

6）以委托加工收回的已税杆头、杆身和握把连续生产的高尔夫球杆。

7）以委托加工收回的已税木制一次性筷子连续生产的木制一次性筷子。

8）以委托加工收回的已税实木地板连续生产的实木地板。

9）以委托加工收回的已税汽油、柴油、燃料油、润滑油、石脑油连续生产的应税成品油。

计算公式为

$$\text{当期准予扣除委托加工应税消费品已纳税款} = \text{期初库存委托加工的应税消费品已纳税款} + \text{当期收回的委托加工应税消费品已纳税款} - \text{期末库存委托加工应税消费品已纳税款}$$

值得注意的是，纳税人用委托加工收回的已税珠宝玉石生产的改在零售环节征收消费

税的金银、钻石首饰，在计税时，一律不得扣除委托加工收回的珠宝玉石已纳消费税税款。

（四）进口的应税消费品应纳税额的计算

1. 实行从价定率办法计税的

应纳消费税额=组成计税价格×消费税比例税率

2. 实行从量定额办法计税的

应纳消费税额=应税消费品进口数量×消费税定额税率

3. 进口的应税消费品实行从价与从量相结合计征办法的

应纳消费税额=组成计税价格×消费税比例税率+应税消费品进口数量×消费税定额税率

（五）金银首饰应纳消费税的计算

应纳消费税额=销售额或组成计税价格×金银首饰消费税税率

第三节　消费税的会计处理

一、会计科目的设置

为了准确反映企业消费税应缴、已缴、欠缴等情况，需要缴纳消费税的企业，应在“应交税费”科目下设置“应交消费税”明细科目进行核算。“应交消费税”明细科目的借方发生额反映企业实际缴纳的消费税和待抵扣的消费税；贷方发生额反映按规定应缴纳的消费税；期末贷方余额反映尚未缴纳的消费税；期末借方余额反映多缴或待抵扣的消费税。

缴纳消费税的企业，除设置“应交税费——应交消费税”科目外，还应设置“税金及附加”科目，本科目核算应由销售产品、提供劳务等负担的销售税金及其附加，包括消费税、城市维护建设税、资源税、土地增值税和教育费附加等。

二、会计处理

（一）生产销售应税消费品的会计处理

1. 一般销售业务的会计处理

纳税人销售应税消费品，其纳税义务发生的时间为收讫销售额或取得索取销售额凭据的当天。在销售确认时，按取得的销售收入和增值税额，借记“银行存款”“应收账款”等科目，贷记“主营业务收入”“应交税费——应交增值税（销项税额）”科目；同时，计算提取消费税税金并结转成本，借记“税金及附加”科目，贷记“应交税费——应交消费税”科目；借记“主营业务成本”，科目，贷记“库存商品”科目；按规定期限上缴税金时，借记“应交税费——应交消费税”，贷记“银行存款”科目；月末结转销售税金时，借记“本年利润”科目，贷记“税金及附加”科目。发生销货退回或退税时，做相反的会计分录。

例 3-3 某石化公司6月份销售汽油60吨,柴油70吨。假定汽油的不含税销售价格为7 600元/吨，实际成本为5200元/吨；柴油的不含税销售价格为5600元/吨，实际成本为 3830 元/吨。款项已收到并存入银行。则该公司会计处理如下：（汽油税额为1.52元/升，柴油税额为1.20元/升）

汽油应纳税额=（60×1 388）×1.52 =126 585.60（元）

柴油应纳税额=（70×1 176）×1.20 =98 784（元）

该公司当月应纳消费税总额=126 585.60+98 784=225 369.60（元）

（1）销售实现确认收入时：

借：银行存款　　992 160

　　贷：主营业务收入　　848 000

　　　　应交税费——应交增值税（销项税额）　　144 160

（2）计提消费税时：

借：税金及附加　　225 369.60

　　贷：应交税费——应交消费税　　225 369.60

（3）结转成本时：

借：主营业务成本　　580 100

　　贷：库存商品　　580 100

（4）上缴税款时：

借：应交税费——应交消费税　　225 369.60

　　贷：银行存款　　225 369.60

2．纳税人采取赊销和分期收款结算方式销售应税消费品的会计处理

纳税人采取赊销和分期收款结算方式的，其纳税义务发生时间为销售合同规定收款日期的当天。因此，纳税人在发出商品时，按发出商品成本借记“主营业务成本”科目，贷记“库存商品”科目；同时按应收的合同或协议价格确认收入，借记“应收账款”科目，贷记“主营业务收入”。在合同约定的收款日期，按合同约定的收款数计算提取消费税，借记“税金及附加”科目，贷记“应交税费——应交消费税”科目。

例 3-4 石桥化妆品公司于201×年1月1日采取分期收款结算方式发出高档化妆品一批，实际成本为90 000元，不含税销售价格为150 000元；合同约定对方应分别于4月1日、6月1日、8月1日、10月1日四次等额付款。则石桥化妆品公司会计处理如下：

（1）1月1日发出化妆品时：

借：主营业务成本　　90 000

　　贷：库存商品　　90 000

借：应收账款　　150 000

　　贷：主营业务收入　　150 000

（2）4月1日收到货款时：

150 000/4=37 500（元）

借：银行存款　　43 875

贷：应收账款　　37 500
　　应交税费——应交增值税（销项税额）　　6 375

（3）计提消费税时：

应纳消费税=37 500×15%=5 625（元）

借：税金及附加　　5 625
　　贷：应交税费——应交消费税　　5 625

（4）上缴税金（略）。

（5）6月1日、8月1日、10月1日会计处理同上。

如果延期收取的货款具有融资性质(指超过正常信用条件延期收款，通常为超过3年)，企业应当在销售成立日按照应收的合同或协议价值的公允价值确定收入金额。应收的合同或协议价值的公允价值，通常应按照其未来现金流量现值或商品现销价格计算确定。应收的合同或协议价款与其公允价值之间的差额，应当在合同或协议期间内，按照应收款项的摊余成本和实际利率计算确定的金额进行摊销。其应交消费税则按纳税义务发生时间（销售合同规定收款日期）分别计算处理。

3. 纳税人采取预收账款结算方式销售应税消费品的会计处理

纳税人采取预收账款结算方式销售应税消费品的，其纳税义务发生的时间为发出应税消费品的当天。因此，纳税人在收到预收款项时，借记“银行存款”科目，贷记“预收账款”科目；在发出产品时，确认收入和补收货款，借记“预收账款”“银行存款”等科目，贷记“主营业务收入”“应交税费—— 应交增值税（销项税额）”科目；同时结转成本并计算提取消费税金。其会计处理同一般销售业务。

例3-5 某市国有酒厂4月1日收到预收账款234 000元（含税），该酒厂按合同规定于5月1日发出白酒200箱（1 200斤），每箱含税价1 170元，实际成本每箱900元，总成本180 000元。则该酒厂会计处理如下：

（1）4月1日收到预收账款时：

借：银行存款　　234 000
　　贷：预收账款　　234 000

（2）5月1日发货时：

借：预收账款　　234 000
　　贷：主营业务收入　　200 000
　　　　应交税费——应交增值税（销项税额）　　34 000

（3）计提消费税时：

应纳消费税=200 000×20%+1 200×0.5=40 600（元）

借：税金及附加　　40 600
　　贷：应交税费——应交消费税　　40 600

（4）结转成本及上缴税金（略）

（二）自产自用的应税消费品的会计处理

纳税人自产自用的应税消费品，用于连续生产应税消费品的，不纳消费税；用于其他方面的，应于移送使用时纳税。计算纳税时，按同类消费品的销售价格计算；没有同类消费品销售价格的，按组成计税价格计算。

1．用于连续生产应税消费品的会计处理

纳税人自产自用的应税消费品用于连续生产应税消费品的，不纳消费税，只进行实际成本的核算。

例 3-6 石门酒厂领用库存自产白酒5吨，用于连续生产配制酒，白酒的实际总成本为9 000元。则领用时该酒厂会计处理如下：

借：生产成本——材料　　9 000

　贷：生产成本——自制半成品　　9 000

2．用于连续生产非应税消费品的会计处理

纳税人自产自用的应税消费品用于连续生产非应税消费品的，由于最终产品不属于应税消费品，所以，应在移送使用环节纳税。如糖酒厂领用白酒连续生产酒心糖、企业生产涂料直接用于加工其他非应税消费品等。在领用时借记“生产成本——材料”科目，贷记“生产成本——自制半成品”“应交税费——应交消费税”等科目。

例 3-7 某化妆品生产厂领用库存自产香水精0.5吨，用于连续生产高档护肤霜。香水精的实际成本为16 000元，无同类应税消费品的销售价格，但已知其成本利润率为5%，消费税税率为15%。则领用时该厂会计处理如下：

应纳消费税=16 000×（1+5%）/（1−15%）×15% =2 964.71（元）

借：生产成本——材料　　18 964.71

　贷：生产成本——自制半成品　　16 000

　　　应交税费——应交消费税　　2 964.71

3．用于其他方面的会计处理

纳税人用于其他方面的，是指纳税人用于在建工程、管理部门、非生产机构、提供劳务以及用于馈赠、赞助、集资、广告、样品、集体福利、奖励等方面的应税消费品。用于其他方面的应税消费品应视同销售，在按成本转账的同时按同类消费品的销售价格或组成计税价格和适用税率（增值税税率和消费税税率）计算增值税销项税额和消费税，借记“在建工程”“销售费用”“应付职工薪酬”“营业外支出”“固定资产”等科目，贷记“库存商品”“应交税费——应交增值税（销项税额）”“应交税费——应交消费税”科目。

例 3-8 某化妆品厂为了开拓市场，将一批高档化妆品赠送给有关客户。该高档化妆品无同类产品销售价格，已知该高档化妆品的实际成本为5 000元。则赠送时该厂会计处理如下：

组成计税价格=5 000×（1+5%）/（1−15%）=6 176.47（元）

应纳增值税=6 176.47×17%=1 050（元）

应纳消费税=6 176.47×15%=926.47（元）

借：营业外支出　　6 976.47

　贷：库存商品　　5 000

　　　应交税费——应交增值税（销项税额）　　1 050

　　　应交税费——应交消费税　　926.47

（三）包装物缴纳消费税的会计处理

实行从价定率办法计算应纳税额的应税消费品连同包装物销售的，无论包装物是否单独计价，均应并入应税消费品的销售额中缴纳消费税。对于出租出借包装物收取的押金和包装物既作价随同应税消费品销售，又另外收取的押金，因逾期未收回而没收的部分，也应并入应税消费品的销售额中缴纳消费税。根据以上规定，现行会计制度对包装物的有关会计处理方法做了如下规定：

1．随同产品销售且不单独计价的包装物

随同产品销售且不单独计价的包装物，其收入随同所销售的产品一起计入“主营业务收入”。因此，因包装物销售应交的消费税应一同记入“税金及附加”科目或其他有关税金科目。

2．随同产品销售但单独计价的包装物

随同产品销售但单独计价的包装物，其收入记入“其他业务收入”科目。应缴纳的消费税应记入“税金及附加”科目。

3．出租、出借的包装物

出租、出借的包装物收取的押金，借记“银行存款”科目，贷记“其他应付款”科目；待包装物按期返还而退回包装物押金时，做相反的会计处理；包装物逾期收不回来而将押金没收时，借记“其他应付款”科目，贷记“其他业务收入”“应交税费——应交增值税（销项税额）”科目；这部分押金收入应缴纳的消费税应相应记入“税金及附加”科目。

例 3-9 某烟厂 7 月份销售雪茄烟一批，取得销售收入 400 000 元（不含税），另收取包装物押金 52 650 元，包装物的回收期限为 1 个月。则该卷烟厂会计处理如下：

（1）销售雪茄烟应纳的增值税和消费税：

增值税销项税额=400 000×17%=68 000（元）

应纳消费税额=400 000×36%=144 000（元）

销售雪茄烟而收取的包装物押金不征税。

科目	借方	贷方
借：银行存款	520 650	
贷：主营业务收入		400 000
其他应付款		52 650
应交税费——应交增值税（销项税额）		68 000
借：税金及附加	144 000	
贷：应交税费——应交消费税		144 000

（2）逾期未收回包装物而没收押金时，将押金作为销售额计缴消费税和增值税：

增值税销项税额=52 650/（1+17%）×17%=7 650（元）

应纳消费税额=52 650/（1+17%）×36%=16 200（元）

科目	借方	贷方
借：其他应付款	52 650	
贷：其他业务收入		45 000
应交税费——应交增值税（销项税额）		7 650
借：税金及附加	16 200	
贷：应交税费——应交消费税		16 200

4．随同产品销售但另收取押金的包装物

包装物已作价随同产品销售，但为促使购货人将包装物退回而另外收取的押金，借记“银行存款”科目，贷记“其他应付款”科目；包装物逾期未收回，押金没收，没收的押金应缴纳的消费税，首先自“其他应付款”科目中冲抵，即借记“其他应付款”科目，贷记“应交税费——应交消费税”科目；冲抵后“其他应付款”科目的余额转入“营业外收入”科目。

例 3-10 某公司4月份销售电池，不含税销售价格为300 000元，随同产品销售并单独计价的包装物200套，不含税单价300元/套，为促使包装物能收回，另外每套包装物收取押金23.4元，上述款项均以银行存款收讫。则该公司会计处理如下：

（1）销售应税消费品及包装物，确认收入时：

借：银行存款　　425 880
　贷：主营业务收入　　300 000
　　其他业务收入　　60 000
　　应交税费——应交增值税（销项税额）　　61 200
　　其他应付款　　4 680

（2）计算该消费品应纳的消费税（消费税税率为4%）时：

应纳消费税额=（300 000+60 000）×4%=14 400（元）

借：税金及附加　　14 400
　贷：应交税费——应交消费税　　14 400

（3）假定包装物的回收期限为3个月，当年7月份未收回包装物而没收押金时：

该押金应纳的增值税销项税额=4 680/（1+17%）×17%=680（元）

该押金应纳的消费税额=4 680/（1+17%）×4%=160（元）

借：其他应付款　　4 680
　贷：应交税费——应交增值税（销项税额）　　680
　　应交税费——应交消费税　　160
　　营业外收入　　3 840

5．生产企业酒类产品的包装物

对酒类产品生产企业销售除啤酒、黄酒以外的其他酒类产品而收取的包装物押金，无论押金是否返还以及会计上如何核算，均应并入酒类产品的销售额中，依酒类产品适用税率征收消费税。收取押金时记入“其他应付款”科目，包装物所缴纳的增值税和消费税则应分别记入“销售费用”和“税金及附加”科目，即借记“销售费用”和“税金及附加”科目，贷记“应交税费——应交消费税”“应交税费——应交增值税”科目。

例 3-11 红星酒业有限公司9月份销售白酒9吨，实现销售收入110 000元，收取增值税销项税额18 700元，同时收取包装物押金5 100元。则收取包装物押金的会计处理如下：

（1）收取押金时：

借：银行存款　　5 100
　贷：其他应付款　　5 100

（2）计算提取增值税和消费税时：

应纳增值税=5 100/（1+17%）×17%=741.03（元）

应纳消费税=5 100/（1+17%）×20%=871.79（元）

借：销售费用 741.03

税金及附加 871.79

贷：应交税费——应交增值税（销项税额） 741.03

应交税费——应交消费税 871.79

（四）委托加工应税消费品的会计处理

委托加工的应税消费品，于委托方提货时，由受托方代收代缴消费税。委托加工收回的应税消费品直接用于销售的，在销售时不再缴纳消费税；用于连续生产应税消费品的，已纳税款按规定准予抵扣。

委托方在委托加工时因发出的货物不同而在不同的科目中核算。如发出的是材料，应通过“委托加工物资”科目核算；如发出的是自制半成品，应在“生产成本”科目下增设“委托外部加工自制半成品”明细科目核算；如发出的是在产品，则应在“生产成本”科目下增设“委托加工产品”明细科目核算。因此缴纳的消费税也依据不同情况计入上述科目。

1. 委托方收回后直接用于销售的应税消费品的会计处理

如果委托方将委托加工应税消费品收回后直接用于销售，应将受托方代收代缴的消费税和支付的加工费一并计入委托加工应税消费品的成本，借记“委托加工物资”“生产成本——委托外部加工自制半成品”“生产成本——委托加工产品”等科目，贷记“应付账款”“银行存款”等科目。

例 3-12 雅美亚化妆品有限公司3月份委托清芳化妆品厂加工高档化妆品一批，发出材料成本50 000元，该公司支付加工费15 000元，增值税2 550元，收回时支付运费1 000元。该化妆品厂无同类高档化妆品的销售价格，该批高档化妆品收回后直接用于对外销售。则该公司的会计处理如下：

（1）发出材料时：

借：委托加工物资 50 000

贷：原材料 50 000

（2）支付加工费、消费税和增值税时：

组成计税价格=（50 000+15 000）/（1−15%）=76 470.59（元）

应支付消费税=76 470.59×15%=11 470.59（元）

应支付增值税=15 000×17%=2 550（元）

委托加工化妆品的加工成本=15 000+11 470.59=26 470.59（元）

借：委托加工物资 26 470.59

应交税费——应交增值税（进项税额） 2 550

贷：银行存款 29 020.59

（3）支付运费时：

借：委托加工物资 1 000

应交税费——应交增值税（进项税额） 170

贷：银行存款 1 170

2．委托方收回后用于连续生产应税消费品的会计处理

如果委托方将委托加工的应税消费品收回后用于连续生产应税消费品，则应将受托方代收代缴的消费税计入“应交税费——应交消费税”科目的借方，在最终应税消费品计算缴纳消费税时予以抵扣，而不是计入委托加工应税消费品的成本中。委托方在提货时，按应支付的加工费等借记“委托加工物资”等科目，按受托方代收代缴的消费税，借记“应交税费——应交消费税”科目，按支付加工费应负担的增值税税额借记“应交税费——应交增值税（进项税额）”科目，按加工费与增值税、消费税之和贷记“银行存款”等科目；待加工成最终应税消费品销售时，按最终应税消费品应缴纳的消费税，借记“税金及附加”科目，贷记“应交税费——应交消费税”科目；“应交税费——应交消费税”科目中这两笔借贷方发生额的差额为实际应缴的消费税，缴纳时，借记“应交税费——应交消费税”科目，贷记“银行存款”科目。

例3-13 承上例，若该批高档化妆品收回后将用于连续生产其他高档化妆品，并全部实现对外销售，不含税销售收入为130 000元，其他条件相同，则雅美亚公司的会计处理如下：

（1）发出材料时会计处理同上。

（2）支付加工费、消费税和增值税时：

借：委托加工物资　15 000
　　应交税费——应交增值税（进项税额）　2 550
　　应交税费——应交消费税　11 470.59
　　贷：银行存款　29 020.59

（3）支付运费时会计处理同上。

（4）最终化妆品实现销售时确认收入，计算消费税时：

最终化妆品应纳消费税=130 000×15%=19 500（元）

借：银行存款　152 100
　　贷：主营业务收入　130 000
　　　　应交税费——应交增值税（销项税额）　22 100
借：税金及附加　19 500
　　贷：应交税费——应交消费税　19 500

（5）计算缴纳当期实际应纳的消费税时：

当期实际应纳消费税=19 500−11 470.59=8 029.41（元）

借：应交税费——应交消费税　8 029.41
　　贷：银行存款　8 029.41

3．受托方代收代缴消费税的会计处理

受托方在委托方提货时代收消费税，按应收取的加工费和增值税销项税额，借记“银行存款”等科目，贷记“主营业务收入”或“其他业务收入”“应交税费——应交增值税（销项税额）”等科目；按应代收的消费税，借记“银行存款”等科目，贷记“应交税费——应交消费税”科目；上缴代收的消费税时，借记“应交税费——应交消费税”科目，贷记“银行存款”科目。

例 3-14 承例 3-12 资料，清芳化妆品厂（受托方）取得加工费收入并代收代缴消费税时会计处理如下：

（1）确认收入时：

借：银行存款　　17 550

　　贷：其他业务收入　　15 000

　　　　应交税费——应交增值税（销项税额）　　2 550

（2）代收消费税时：

借：银行存款　　11 470.59

　　贷：应交税费——应交消费税　　11 470.59

（3）代缴消费税时：

借：应交税费——应交消费税　　11 470.59

　　贷：银行存款　　11 470.59

（五）进口应税消费品的会计处理

进口的应税消费品，应在进口时，由进口者缴纳消费税，缴纳的消费税应计入进口应税消费品的成本。

根据有关规定，企业进口应税消费品，应当自海关填发税款缴款书的次日起 7 日内缴纳，企业不交税不得提货。因此，缴纳消费税与进口货物入账基本上没有时间差。为简化核算手续，进口应税消费品缴纳的消费税不通过“应交税费——应交消费税”科目核算，在将消费税计入进口应税消费品成本时，直接贷记“银行存款”科目。在特殊情况下，如出现先提货、后缴纳消费税的，也可以通过“应交税费——应交消费税”科目核算应缴消费税额。

企业进口的应税消费品可能是固定资产、原材料等。因此，在进口时，按应税消费品的到岸价格加关税连同消费税及不允许抵扣的增值税，借记“固定资产”“材料采购”等科目，按支付的允许抵扣的增值税，借记“应交税费—— 应交增值税（进项税额）”科目，按其合计数，贷记“银行存款”等科目。

例 3-15 某企业 5 月份进口小汽车 4 辆，小汽车的到岸价格折合人民币 800 000 元，应纳关税 400 000 元，适用消费税税率 5%。该企业进口小汽车的会计处理如下：

（1）进口小汽车的组成计税价格=（800 000+400 000）/（1−5%）=1 263 157.90（元）

（2）进口小汽车应纳消费税=1 263 157.90×5%=63 157.90（元）

（3）进口小汽车应纳增值税=1 263 157.90×17%=214 736.84（元）

借：固定资产　　1 477 894.74

　　贷：银行存款　　1 477 894.74

（六）金银首饰消费税的会计核算方法

金银首饰消费税由生产环节改为零售环节征收后，需要缴纳金银首饰消费税的企业（主要是商品流通企业），应在“应交税费”科目下增设“应交消费税”明细科目，核算金银首饰应纳的消费税。

1. 自购自销金银首饰应纳消费税的会计处理

消费税是价内税，含在商品的销售收入中，故金银首饰应纳的消费税计入销售税金。商品流通企业销售金银首饰的收入计入“主营业务收入”科目，其应纳的消费税相应计入“税金及附加”科目。

企业采用以旧换新方式销售金银首饰的，在销售实现时按旧首饰的作价借记“材料采购”科目；按加收的差价和收取的增值税部分，借记“库存现金”等科目；按旧首饰的作价与加收的差价贷记“主营业务收入”科目，按收取的增值税贷记“应交税费—— 应交增值税（销项税额）”科目；同时按税法规定计算应缴纳的消费税税金，借记“税金及附加”科目，贷记“应交税费—— 应交消费税”科目。

2. 受托代销金银首饰应纳消费税的会计处理

企业受托代销金银首饰的，以受托方为消费税的纳税人。受托代销有不同的方式，一种是收取手续费方式，即根据所代销的金银首饰量向委托方收取手续费。在这种情况下，收取的手续费计入代购代销收入，根据销售价格计算缴纳的消费税，相应冲减代购代销收入，销售实现时，借记“代购代销收入”科目，贷记“应交税费——应交消费税”科目。

不采用收取手续费方式代销的，通常由委托方与受托方签订一个协议价，委托方按协议价收取所代销的货款，实际销售的货款与协议价之间的差额归受托方所有。在这种情况下，受托方缴纳消费税的会计处理与自购自销相同。

3. 金银首饰包装物应纳消费税的会计处理

根据有关规定，金银首饰连同包装物销售的，无论包装物是否单独计价，均应并入金银首饰的销售额，计征消费税。为此，现行会计制度规定，金银首饰连同包装物销售的，应分别按情况进行会计处理：

（1）随同金银首饰销售不单独计价的包装物，其收入随同销售的商品一并计入商品销售收入。因此包装物应交的消费税与金银首饰本身销售应交的消费税应一并计入销售税金。

（2）随同金银首饰销售单独计价的包装物，其收入计入“其他业务收入”科目。因此包装物应交的消费税应计入“税金及附加”科目。

4. 自购自用金银首饰应纳消费税的会计处理

从事批发、零售商品业务的企业将金银首饰用于馈赠、赞助、集资、广告、样品、集体福利、奖励等方面的，应按规定征收消费税。在会计核算上，对自购自用的金银首饰，应按成本结转，按规定计算缴纳的消费税也应随同成本一起转入同一科目，借记“营业外支出”“销售费用”“应付职工薪酬”等科目，贷记“库存商品”和“应交税费—— 应交增值税（进项税额转出）”“应交税费—— 应交消费税”等科目。采用售价核算库存商品的企业，还应及时分摊相应的商品进销差价。

例 3-16 某商场为增值税一般纳税人，某月在本商场内部职工举办卡拉 OK 大奖赛，并将本企业经营的金银首饰一批作为奖品发给获奖者，该批金银首饰的成本为 25 000 元，当月同类金银首饰的零售价为 40 950 元。则该企业消费税的计算和会计处理如下：

应纳消费税=40 950/（1+17%）×5%=1 750（元）

应转出增值税=25 000×17%=4 250（元）

借：应付职工薪酬　　31 000
　　贷：库存商品　　25 000
　　　　应交税费——应交增值税（进项税额转出）　　4 250
　　　　应交税费——应交消费税　　1 750

第四节 消费税的纳税申报

一、消费税纳税义务发生的时间

（1）纳税人销售的应税消费品，其纳税义务发生的时间为：

1）纳税人采取赊销和分期收款结算方式的，其纳税义务发生的时间，为书面合同约定的收款日期的当天，书面合同没有约定收款日期或者无书面合同的，为发出应税消费品的当天。

2）纳税人采取预收货款结算方式的，其纳税义务发生的时间，为发出应税消费品的当天。

3）纳税人采取托收承付结算方式，其纳税义务发生的时间，为发出应税消费品并办妥托收手续的当天。

4）纳税人采取其他结算方式的，其纳税义务发生的时间，为收讫销售款或者取得索取销售款凭据的当天。

（2）纳税人自产自用的应税消费品，其纳税义务发生的时间，为移送使用的当天。

（3）纳税人委托加工的应税消费品，其纳税义务发生的时间，为纳税人提货的当天。

（4）纳税人进口的应税消费品，其纳税义务发生的时间，为报关进口的当天。

二、消费税纳税期限

消费税的纳税期限分别为 1 日、3 日、5 日、10 日、15 日、1 个月或者 1 个季度。纳税人具体的纳税期限，由主管税务机关根据纳税人应纳税额的大小分别核定；不能按固定期限纳税的，可以按次纳税。

纳税人以一个月或者 1 个季度为一期的，自期满之日起 15 日内申报纳税；以 1 日、3 日、5 日、10 日或者 15 日为一期纳税的，自期满之日起 5 日内预缴税款，于次月 1 日起 15 日内申报纳税并结清上月应纳税款。

纳税人进口应税消费品，应当自海关填发海关进口消费税专用缴款书之日起 15 日内缴纳税款。

三、消费税纳税地点

（1）纳税人销售的应税消费品及自产自用的应税消费品，除国家另有规定外，应向纳税人机构所在地或者居住地的主管税务机关申报纳税。纳税人总机构与分支机构不在同一县（市）的，应当分别向各自机构所在地的主管税务机关申报纳税。经财政部、国家税务总局或者其授权的财政、税务机关批准，可以由总机构汇总，向总机构所在地主管税务机关申报纳税。

（2）纳税人到外县（市）销售或委托外县（市）代销自产应税消费品的，于应税消费品销售后，向机构所在地或者居住地主管税务机关申报纳税。

（3）委托加工的应税消费品，除受托方为个人外，由受托方向机构所在地或者居住地的主管税务机关解缴消费税税款，委托个人加工的应税消费品，由委托方向其机构所在地或者居住地主管税务机关申报纳税。

（4）进口的应税消费品，由进口人或其代理人向报关地海关申报纳税。此外，个人携带或者邮寄进境的应税消费品，连同关税，由海关一并计征。

四、消费税纳税申报

纳税人报缴税款的方法，由所在地税务机关视不同情况，从下列方法中确定一种：

（1）纳税人按期向税务机关填报纳税申报表，并填写纳税缴款书，向其所在地代理金库的银行缴纳税款。

（2）纳税人按期向税务机关填报纳税申报表，由税务机关审核后填发缴款书，按期缴纳。

（3）对会计核算不健全的小型业户，税务机关可根据其产销情况，按季或按年核定应纳税额，分月缴纳。

消费税的纳税人无论有无发生消费税的纳税义务，均应按规定期限填制消费税纳税申报表向主管税务机关办理消费税的纳税申报。消费税纳税申报表由国家税务总局统一制定，包括烟类应税消费品消费税纳税申报表、酒类消费税纳税申报表、成品油消费税纳税申报表、小汽车消费税纳税申报表、其他应税消费品消费税纳税申报表5种。限于篇幅，消费税纳税申报表具体格式本章仅列举其中两种，见表3-2、表3-3。

表3-2 烟类应税消费品消费税纳税申报表

税款所属期： 年 月 日至 年 月 日

纳税人名称（公章）： 纳税人识别号：

填表日期： 年 月 日 单位：卷烟万支、雪茄烟支、烟丝千克；金额单位：元（列至角分）

项目 应税消费品名称	适用税率		销售数量	销售额	应纳税额
	定额税率	比例税率			
卷烟	30元/万支	56%			
卷烟	30元/万支	36%			
雪茄烟	—	36%			
烟丝	—	30%			
合　计	—	—	—	—	

	声明
本期准予扣除税额： 本期减（免）税额： 期初未缴税额：	此纳税申报表是根据国家税收法律的规定填报的，我确定它是真实的、可靠的、完整的。 经办人（签章）： 财务负责人（签章）： 联系电话：
本期缴纳前期应纳税额： 本期预缴税额： 本期应补（退）税额： 期末未缴税额：	（如果你已委托代理人申报，请填写） 授权声明 为代理一切税务事宜，现授权____________ __________（地址）__________为本纳税人的代理申报人，任何与本申报表有关的往来文件，都可寄予此人。 授权人签章：

以下由税务机关填写

受理人（签章）： 受理日期： 年 月 日 受理税务机关（章）：

表 3-3 其他应税消费品消费税纳税申报表

税款所属期： 年 月 日至 年 月 日

纳税人名称（公章）： 纳税人识别号：□□□□□□□□□□□□□□□□□□□□

填表日期： 年 月 日 金额单位：元（列至角分）

项目 应税消费品名称	适用税率	销售数量	销售额	应纳税额
合计	—	—	—	

<table>
<tr><td></td><td rowspan="5">声明
此纳税申报表是根据国家税收法律的规定填报的，我确定它是真实的、可靠的、完整的。
经办人（签章）：
财务负责人（签章）：
联系电话：</td></tr>
<tr><td>本期准予抵减税额：</td></tr>
<tr><td>本期减（免）税额：</td></tr>
<tr><td>期初未缴税额：</td></tr>
<tr><td></td></tr>
<tr><td>本期缴纳前期应纳税额：</td><td rowspan="5">（如果你已委托代理人申报，请填写）
授权声明
为代理一切税务事宜，现授权________________（地址）__________________为本纳税人的代理申报人，任何与本申报表有关的往来文件，都可寄予此人。
授权人签章：</td></tr>
<tr><td>本期预缴税额：</td></tr>
<tr><td>本期应补（退）税额：</td></tr>
<tr><td>期末未缴税额：</td></tr>
<tr><td></td></tr>
</table>

以下由税务机关填写

受理人（签章）： 受理日期： 年 月 日 受理税务机关（章）：

本章小结

本章讲述了消费税的基本内容、消费税应纳税额的计算、消费税的会计处理及纳税申报。只有掌握了消费税的基本内容及政策规定，才能正确计算消费税的应纳税额，只有计算出了消费税的应纳税额，企业才能进行会计处理和纳税申报，各环节缺一不可。

基础知识与技能训练题

一、名词解释

消费税　消费税纳税义务人　销售额　委托加工应税消费品　同类消费品的销售价格

二、简答题

1. 简要说明消费税的征税项目。

2．简要说明消费税纳税义务发生的时间。

3．比较委托加工应税消费品收回后直接用于销售与收回后连续生产应税消费品会计处理的差异。

4．简述金银首饰包装物消费税纳税会计处理。

5．简述消费税的纳税环节。

三、单项选择题

1．下列属于征收消费税的消费品是（　　）。

A．木制一次性筷子　　B．货车

C．洗衣机　　D．洗涤用品

2．进口环节应纳消费税的组成计税价格是（　　）。

A．到岸价格　　B．到岸价格+关税

C．关税完税价格+关税　　D．（关税完税价格+关税）/（1−消费税税率）

3．我国消费税采用的计征办法是（　　）。

A．从价定率与从量定额征收相结合　　B．全额累进税率

C．超额累进税率　　D．采用累进税率计征

4．《消费税暂行条例》规定，纳税人自产自用应税消费品，用于连续生产应税消费税品的，（　　）。

A．视同销售纳税　　B．于移送使用时纳税

C．按组成计税价格　　D．不纳税

5．应税消费品的全国平均成本利润率由（　　）决定。

A．国家税务总局　　B．国务院

C．财政部　　D．省、自治区、直辖市税务局

6．某外贸进出口公司当月从日本进口 140 辆小轿车，每辆车的关税完税价格为 8 万元，小轿车的关税税率为 110%，消费税为 5%。进口这些轿车应缴纳（　　）万元消费税。

A．61.6　　B．123.79　　C．56　　D．80

7．按照国家有关规定，纳税人委托个体经营者加工应税消费品，一律（　　）消费税。

A．由受托人代收代缴　　B．由委托方收回后在委托方所在地缴纳

C．由委托方收回后在受托方所在地缴纳　　D．不缴纳

8．进口的应税消费品，实行从价定率办法计算应纳税额，按照（　　）计算纳税。

A．完税价格　　B．消费品价格

C．组成计税价格　　D．同类商品价格

9．下列应税消费品应纳消费税的有（　　）。

A．委托加工的应税消费品（受托方已代收代缴消费税），委托方收回后用于直接销售的

B．自产自用的应税消费品，用于连续生产应税消费品的

C．委托非个体经营者加工的应税消费品（受托方已代收代缴消费税）委托方收回后用于连续加工生产应税消费品的

D．自产自用消费品，用于在建工程的

10．某生产企业将本厂生产的高档化妆品，作为福利发给本厂职工。该类产品，没有同类消费品销售价格，生产成本为 10 000 元，成本利润率为 5%，化妆品适用消费税率为 15%，则确定的组成计税价格为（　　）。

A．13 068 元　　B．14 096.20 元　　C．11 700 元　　D．12 352.94 元

四、多项选择题

1．我国消费税改在零售环节征税的是（　　）。

A．金基、银基镶嵌饰品　　B．铂金

C．钻石　　D．镀金首饰

2．消费税是对我国境内从事生产、委托加工应税消费品的单位和个人，就其（　　）在特定环节征收的一种税。

A．销售额　　B．所得额　　C．生产额　　D．销售数量

3．消费税具有（　　）特点。

A．征税环节具有单一性　　B．征税项目具有选择性

C．转嫁性　　D．征收方法具有多样性

4．下列货物征收消费税的有（　　）。

A．金银首饰　　B．涂料　　C．保健食品　　D．啤酒

5．下列哪种情况属于自制应税消费品（　　）。

A．由受托方提供原材料生产的应税消费品

B．受托方先将原材料卖给委托方，然后再接受加工的应税消费品

C．由委托方提供原材料和主要材料，受托方只收取加工费和代垫部分辅助材料加工的应税消费品

D．由受托方以委托方名义购进原材料生产的应税消费品

6．消费税纳税人发生下列行为，其具体纳税地点是（　　）。

A．纳税人到外县（市）销售应税消费品的，应向销售地税务机关申报缴纳消费税

B．纳税人直接销售应税消费品的，应向销售地税务机关申报缴纳消费税

C．委托非个体经营者加工应税消费品的，由受托方向其所在地主管税务机关申报纳税

D．进口应税消费品，由进口人或其代理人向报关地海关申报纳税

7．某日化厂生产的化妆品，用于下列（　　）用途时应征收消费税。

A．产品促销期间样品　　B．节日奖品

C．赠送给关系户的高档化妆品　　D．出厂前抽检品

8．实行从量定额与从价定率相结合征税办法的产品有（　　）。

A．卷烟　　B．啤酒　　C．白酒　　D．电池

9．纳税人自产自用的下列应税消费品，需要在移送使用时纳税的有（　　）。

A．酒厂将外购粮食酿制的原酒用于勾兑低度瓶装白酒

B．高档化妆品用于出厂前化验

C．小客车用于本企业的班车

D．高档手表用于赠送

10．按消费税暂行条例的规定，下列情形的应税消费品，以纳税人同类应税消费品的最高销售价格作为计税依据计算消费税的有（　　）。

A．用于抵债的自产应税消费品　　B．用于对外投资入股的外购应税消费品

C．用于换取生产资料的自产应税消费品　　D．用于换取消费资料的外购应税消费品

五、业务题

1．8 月份某日化厂将自制的高档化妆品 10 箱作为福利发给职工，同类高档化妆品的销售价格每箱 500 元（含税），共 5 000 元，该高档化妆品的成本 3 000 元，适用消费税税率 15%，增值税税率 17%，要

求计算消费税、增值税应纳税额并进行相关会计处理。

2．某原油加工厂7月份领用库存自产汽油10吨，用于连续生产调和制成溶剂汽油，该溶剂汽油属于非应税消费品。同时对外直接销售汽油10吨取得不含税销售收入50 000元，要求计算消费税应纳税额并做相关会计处理。消费税定额税率1.52/升。

3．某化妆品有限公司4月份委托芬芳化妆品厂加工高档化妆品一批，发出材料成本30 000元，支付加工费13 000元，增值税2 210元，收回时支付运费1 000元，无同类高档化妆品的销售价格，该批高档化妆品收回后直接对外销售，要求计算消费税应纳税额并进行相关会计处理。

4．甲酒厂欠乙酒厂款项100 000元，双方协议决定，甲酒厂以白酒10吨抵偿乙酒厂债务，白酒每吨售价8 500元（不含增值税），每吨成本5 000元，增值税税率17%，消费税税率20%，消费税定额税率为0.5元/斤，不再向乙厂收取增值税。要求计算甲酒厂应纳增值税、消费税，并做相关会计分录。

5．某汽车制造厂以生产的两辆小汽车对外投资，小汽车不含税售价234 000元，每辆成本150 000元，增值税税率17%，消费税税率5%。计算应纳增值税、消费税，并做相关会计分录。

第四章　出口货物、劳务及跨境应税行为退（免）税会计

【学习目的】通过本章学习，应了解出口货物、劳务及跨境应税行为退（免）税的概念、出口货物、劳务及跨境应税行为退（免）税的政策、适用的税种、适用的纳税人，掌握出口货物、劳务及跨境应税行为退（免）税的计算、会计处理。

【技能要求】能准确计算出口货物、劳务及跨境应税行为退（免）税，对企业发生出口货物、劳务及跨境应税行为退（免）税业务的会计处理能熟练操作。

引　言

新新电子公司是有进出口自营权的生产企业，某日公司出口一批货物，销售额折合人民币 300 万元，产品销售成本 180 万元。某校在公司财务处实习的学生小王据此做了一笔结转分录：

借：主营业务成本　　180 万元

　　贷：库存商品　　180 万元

会计看了后说分录没错，但还缺少出口货物退税部分的会计处理。那么什么是出口货物退（免）税，退、免的是什么税种？出口货物退（免）税政策是否适用任何出口货物的企业？退税如何计算？企业如何对出口货物退（免）税做会计处理？这就是本章所述的主要内容。

第一节　出口货物、劳务及跨境应税行为退（免）税概述

世界各国为了鼓励本国货物出口，在遵循 WTO 基本规则的前提下，一般都采用优惠的税收政策。有的国家采用对该货物出口前所包含的税金在出口后予以退还的政策（即出口退税），有的国家采用对出口的货物在出口前即予以免税政策。我国则根据本国实际，采

取出口退税与免税相结合的政策。

一、出口货物、劳务及服务退（免）税的概念

出口货物、劳务及跨境应税行为退（免）税是国际贸易中通常采用的并为世界各国普遍接受的、目的在于鼓励各国出口货物、劳务及跨境应税行为公平竞争的一种退还或免征间接税的税收措施。由于这项制度比较公平合理，因此它已成为国际社会通行的惯例。

我国《增值税暂行条例》规定："纳税人出口货物，税率为零；但是，国务院另有规定的除外"。税率为零不是简单地等同于免税。出口货物、劳务及跨境应税行为免税仅指在出口环节不征收增值税，而零税率是指对出口货物、劳务及跨境应税行为不仅在出口环节不征增值税，而且还要对该产品、劳务及跨境应税行为在出口前已经缴纳的增值税进行退税，使该产品、劳务及跨境应税行为在出口时完全不含增值税款，从而以无税产品和劳务及跨境应税行为进入国际市场。这也就是所谓"出口退税"。我国目前并非对全部出口产品、劳务及跨境应税行为都完全实行零税率。

财政部和国家税务总局在2016年3月23日发布的"营改增"办法中，制定了"跨境应税行为适用增值税零税率和免税政策的规定"，明确了跨境应税行为退（免）税办法。

二、出口货物、劳务及跨境应税行为退（免）税基本政策

目前，我国的出口货物、劳务及跨境应税行为税收政策分为以下三种形式：

1．出口免税并退税

出口免税是指对货物、劳务及跨境应税行为在出口销售环节不征收增值税、消费税，出口退税是指对货物、劳务及跨境应税行为在出口前实际承担的税收负担，按规定的退税率计算后予以退税。该政策适用于出口货物、劳务及跨境应税行为以往环节缴纳过增值税、消费税而需要退税的情况。

2．出口免税不退税

出口免税与上述第1项含义相同。出口不退税是指适用这个政策的出口货物、劳务及跨境应税行为因在前一道生产、销售环节或进口环节是免增值税、消费税的，因此，出口时该货物、劳务及跨境应税行为的价格中本身就不含增值税、消费税，也无须退税。

3．出口不免税也不退税

出口不免税是指对国家限制或禁止出口的某些货物的出口环节视同内销环节，照常征增值税、消费税；出口不退税是指对这些货物出口不退还出口前其所负担的增值税、消费税税款。

三、出口货物、劳务及跨境应税行为增值税退（免）税的政策

（一）适用增值税退（免）税政策的范围

对下列出口货物和劳务及服务，除适用《财政部、国家税务总局〈关于出口货物劳务增值税和消费税政策的通知〉》（以下简称《通知》）第六条和第七条规定的外，实行免征和退

还增值税政策：

1．出口企业出口货物

《通知》所称出口企业，是指依法办理工商登记、税务登记、对外贸易经营者备案登记，自营或委托出口货物的单位或个体工商户，以及依法办理工商登记、税务登记但未办理对外贸易经营者备案登记，委托出口货物的生产企业。

《通知》所称出口货物，是指向海关报关后实际离境并销售给境外单位或个人的货物，分为自营出口货物和委托出口货物两类。

根据《关于企业出口集装箱有关退（免）税问题的公告》（国家税务总局公告 2014 年第 59 号），企业出口给外商的新造集装箱，交付到境内指定堆场，并取得出口货物报关单（出口退税专用），同时符合其他出口退（免）税规定的，准予办理出口退（免）税。

自 2017 年 1 月 1 日起，生产企业销售自产的海洋工程结构物，或者融资租赁企业及其设立的项目子公司、金融租赁公司及其设立的项目子公司购买并以融资租赁方式出租的国内生产企业生产的海洋工程结构物，应按规定缴纳增值税，不再适用增值税出口退税政策。但购买方或者承租方为按实物征收增值税的中外合作油（气）田开采企业的除外。

2．出口企业或其他单位视同出口货物

出口企业或其他单位视同出口货物具体是指：

（1）出口企业对外援助、对外承包、境外投资的出口货物。

（2）出口企业经海关报关进入国家批准的出口加工区、保税物流园区、保税港区、综合保税区等特殊区域，并销售给特殊区域内单位或境外单位、个人的货物。

（3）免税品经营企业销售的货物（国家规定不允许经营和限制出口的货物、卷烟和超出免税品经营企业的企业法人营业执照规定经营范围的货物除外）。

（4）出口企业或其他单位销售给用于国际金融组织或外国政府贷款国际招标建设项目的中标机电产品，包括外国企业中标再分包给出口企业或其他单位的机电产品。

（5）出口企业或其他单位销售给国际运输企业用于国际运输工具上的货物。上述规定暂仅适用于外轮供应公司、远洋运输供应公司销售给外轮、远洋国轮的货物，国内航空供应公司生产销售给国内和国外航空公司国际航班的航空食品。

（6）出口企业或其他单位销售给特殊区域内生产企业生产耗用且不向海关报关而输入特殊区域的水（包括蒸汽）、电力、燃气（以下称输入特殊区域的水电气）。

除《通知》及财政部和国家税务总局另有规定外，视同出口货物适用出口货物的各项规定。

3．出口企业对外提供加工修理修配劳务

对外提供加工修理修配劳务，是指对进境复出口货物或从事国际运输的运输工具进行的加工修理修配。

4．融资租赁货物出口退税

根据《关于在全国开展融资租赁货物出口退税政策试点的通知》的规定，对融资租赁出口货物试行退税政策。对融资租赁企业、金融租赁公司及其设立的项目子公司（以下统称融资租赁出租方），以融资租赁方式租赁给境外承租人且租赁期限在 5 年（含）以上，并向海关报关后实际离境的货物，试行增值税、消费税出口退税政策。

融资租赁出口货物的范围，包括飞机、飞机发动机、铁道机车、铁道客车车厢、船舶及其他货物，具体应符合《中华人民共和国增值税暂行条例实施细则》（财政部国家税务总局令第50号）第二十一条“固定资产”的相关规定。

上述融资租赁企业，仅包括金融租赁公司、经商务部批准设立的外商投资融资租赁公司、经商务部和国家税务总局共同批准开展融资业务试点的内资融资租赁企业、经商务部授权的省级商务主管部门和国家经济技术开发区批准的融资租赁公司。

上述金融租赁公司，仅包括经中国银行业监督管理委员会批准设立的金融租赁公司。

5．境内的单位和个人提供适用增值税零税率的跨境应税行为

（1）跨境应税行为适用增值税零税率的规定。

根据“营改增”的规定，境内的单位和个人的下列跨境应税行为，适用增值税零税率：

1）国际运输服务。

国际运输服务，是指：①在境内载运旅客或者货物出境；②在境外载运旅客或者货物入境；③在境外载运旅客或者货物。

2）航天运输服务。

3）向境外单位提供的完全在境外消费的下列服务：

① 研发服务。

② 合同能源管理服务。

③ 设计服务。

④ 广播影视节目（作品）的制作和发行服务。

⑤ 软件服务。

⑥ 电路设计及测试服务。

⑦ 信息系统服务。

⑧ 业务流程管理服务。

⑨ 离岸服务外包业务。

离岸服务外包业务，包括信息技术外包服务（ITO）、技术性业务流程外包服务（BPO）、技术性知识流程外包服务（KPO），其所涉及的具体业务活动，按照《销售服务、无形资产、不动产注释》相对应的业务活动执行。

⑩ 转让技术。

4）财政部和国家税务总局规定的其他服务。

（2）跨境应税行为适用增值税零税率的相关规定。

1）按照国家有关规定应取得相关资质的国际运输服务项目，纳税人取得相关资质的，适用增值税零税率政策，未取得的，适用增值税免税政策。

2）境内的单位或个人提供程租服务，如果租赁的交通工具用于国际运输服务和港澳台运输服务，由出租方按规定申请适用增值税零税率。

3）境内的单位和个人向境内单位或个人提供期租、湿租服务，如果承租方利用租赁的交通工具向其他单位或个人提供国际运输服务和港澳台运输服务，由承租方适用增值税零税率。境内的单位或个人向境外单位或个人提供期租、湿租服务，由出租方适用增值税零税率。

4）境内单位和个人以无运输工具承运方式提供的国际运输服务，由境内实际承运人适用增值税零税率；无运输工具承运业务的经营者适用增值税免税政策。

（3）境内单位和个人发生的与香港、澳门、台湾有关的应税行为，除另有规定外，参照上述规定执行。

（4）2016 年 4 月 30 日前签订的合同，符合《财政部、国家税务总局关于将铁路运输和邮政业纳入营业税改征增值税试点的通知》（财税〔2013〕106 号）附件 4 和《财政部、国家税务总局关于影视等出口服务适用增值税零税率政策的通知》（财税〔2015〕118 号）规定的零税率或者免税政策条件的，在合同到期前可以继续享受零税率或者免税政策。

境内的单位和个人销售适用增值税零税率的服务或无形资产，按月向主管退税的税务机关申报办理增值税退（免）税手续。

（二）增值税退（免）税办法

适用增值税退（免）税政策的出口货物、劳务及服务，按照下列规定实行增值税“免、抵、退”税或免退税办法。

1.“免、抵、退”税办法

“免、抵、退”税是指货物出口环节免征增值税，准予抵扣的部分在内销货物的应纳税额中抵扣，不足抵扣的退税。生产企业出口自产货物和视同自产货物及对外提供加工修理修配劳务，以及列名的 74 家生产企业出口非自产货物，免征增值税，相应的进项税额抵减应纳增值税额（不包括适用增值税即征即退、先征后退政策的应纳增值税额），未抵减完的部分予以退还。

境内的单位和个人提供适用增值税零税率的服务或者无形资产，如果属于适用增值税一般计税方法的，生产企业实行“免、抵、退” 税办法。

外贸企业直接将服务或自行研发的无形资产出口，视同生产企业连同其出口货物统一实行“免、抵、退”税办法。

2.“免、退”税办法

不具有生产能力的出口企业（以下称外贸企业）或其他单位出口货物劳务，免征增值税，相应的进项税额予以退还。

境内的单位和个人提供适用增值税零税率的服务或者无形资产，适用简易计税方法的，实行免征增值税办法。适用增值税一般计税方法的，外贸企业外购服务或者无形资产出口实行“免、退”税办法。

外贸企业外购研发服务和设计服务免征增值税，其对应的外购应税服务的进项税额予以退还。

（三）增值税出口退税率

（1）出口货物的退税率，是出口货物的实际退税额与退税计税依据的比例。除财政部和国家税务总局根据国务院决定而明确的增值税出口退税率（以下称退税率）外，出口货物的增值税退税率为其适用税率。

出口应税服务和无形资产的退税率为其按照《营业税改征增值税试点实施办法》（以下简称《试点实施办法》）规定适用的增值税税率。

（2）退税率的特殊规定：

1）外贸企业购进按简易办法征税的出口货物、从小规模纳税人购进的出口货物，其退税率分别为简易办法实际执行的征收率、小规模纳税人征收率。上述出口货物取得增值税专用发票的，退税率按照增值税专用发票上的税率和出口货物退税率孰低的原则确定。

2）出口企业委托加工修理修配货物，其加工修理修配费用的退税率，为出口货物的退税率。

3）中标机电产品、出口企业向海关报关进入特殊区域销售给特殊区域内生产企业生产耗用的列名原材料，输入特殊区域的水电气，其退税率为适用税率。如果国家调整列名原材料的退税率，列名原材料应当自调整之日起按调整后的退税率执行。

（3）适用不同退税率的货物、劳务及应税服务，应分开报关、核算并申报退（免）税，未分开报关、核算或划分不清的，从低适用退税率。

（四）增值税退（免）税的计税依据

出口货物、劳务及应税服务的增值税退（免）税的计税依据，按出口货物、劳务及应税服务的出口发票（外销发票）、其他普通发票，或购进出口货物、劳务及和税服务的增值税专用发票，以及海关进口增值税专用缴款书确定。

（1）生产企业出口货物、劳务及应税服务（进料加工复出口货物除外）增值税退（免）税的计税依据，为出口货物、劳务及应税服务的实际离岸价（FOB）。实际离岸价应以出口发票上的离岸价为准，但如果出口发票不能反映实际离岸价，主管税务机关有权予以核定。

（2）进料加工复出口货物，企业应按出口货物人民币离岸价（FOB）扣除出口货物耗用的保税进口料件金额的余额为增值税退（免）税的计税依据。

（3）生产企业国内购进无进项税额且不计提进项税额的免税原材料加工后出口的货物的计税依据，按出口货物的离岸价（FOB）扣除出口货物所含的国内购进免税原材料的金额后确定。

（4）外贸企业出口货物（委托加工修理修配货物除外）增值税退（免）税的计税依据，为购进出口货物的增值税专用发票注明的金额或海关进口增值税专用缴款书注明的完税价格。

（5）外贸企业出口委托加工修理修配货物增值税退（免）税的计税依据，为加工修理修配费用增值税专用发票注明的金额。外贸企业应将加工修理修配使用的原材料（进料加工海关保税进口料件除外）作价销售给受托加工修理修配的生产企业，受托加工修理修配的生产企业应将原材料成本并入加工修理修配费用开具发票。

（6）出口进项税额未计算抵扣的已使用过的设备增值税退（免）税的计税依据，按下列公式确定：

退（免）税计税依据=增值税专用发票上的金额或海关进口增值税专用缴款书注明的完税价格×已使用过的设备固定资产净值÷已使用过的设备原值

（7）免税品经营企业销售的货物增值税退（免）税的计税依据，为购进货物的增值税专用发票注明的金额或海关进口增值税专用缴款书注明的完税价格。

（8）中标机电产品增值税退（免）税的计税依据，生产企业为销售机电产品的普通发票注明的金额，外贸企业为购进货物的增值税专用发票注明的金额或海关进口增值税专用缴款书注明的完税价格。

（9）输入特殊区域的水电气增值税退（免）税的计税依据，为作为购买方的特殊区域内生产企业购进水（包括蒸汽）、电力、燃气的增值税专用发票注明的金额。

（10）跨境应税行为的退（免）税计税依据。

实行“免、抵、退”税办法的退（免）税计税依据为购进应税行为的增值税专用发票或解缴税款的中华人民共和国税收缴款凭证上注明的金额。具体为：

1）以铁路运输方式载运旅客的，为按照铁路合作组织清算规则清算后的实际运输收入。

2）以铁路运输方式载运货物的，为按照铁路运输进款清算办法，对“发站”或“到站（局）”名称包含“境”字的货票上注明的运输费用以及直接相关的国际联运杂费清算后的实际运输收入。

3）以航空运输方式载运货物或旅客的，如果国际运输或港澳台运输各航段由多个承运人承运的，为中国航空结算有限责任公司清算后的实际收入；如果国际运输或港澳台运输各航段由一个承运人承运的，为提供航空运输服务取得的收入。

4）其他实行“免、抵、退”税办法的增值税零税率应税行为，为提供增值税零税率应税行为取得的收入。

实行退（免）税办法的服务和无形资产，如果主管税务机关认定出口价格偏高的，有权按照核定的出口价格计算退（免）税，核定的出口价格低于外贸企业购进价格的，低于部分对应的进项税额不予退税，转入成本。

四、出口货物、劳务及应税行为增值税免税政策

对符合下列条件的出口货物和劳务及应税行为，除适用《通知》第七条规定外，按下列规定实行免征增值税（以下称增值税免税）政策：

适用增值税免税政策的出口货物劳务及服务，是指：

（1）出口企业或其他单位出口规定的货物，具体是指：

1）增值税小规模纳税人出口的货物。

2）避孕药品和用具，古旧图书。

3）软件产品。其具体范围是指海关税则号前四位为“9803”的货物。

4）含黄金、铂金成分的货物，钻石及其饰品。

5）国家计划内出口的卷烟。

6）非出口企业委托出口的货物。

7）非列名生产企业出口的非视同自产货物。

8）农业生产者自产农产品[农产品的具体范围按照《农业产品征税范围注释》（财税〔1995〕52号）的规定执行]。

9）油、花生果仁、黑大豆等财政部和国家税务总局规定的出口免税的货物。

10）外贸企业取得普通发票、废旧物资收购凭证、农产品收购发票、政府非税收入票据的货物。

11）来料加工复出口的货物。

12）特殊区域内的企业出口的特殊区域内的货物。

13）以人民币现金作为结算方式的边境地区出口企业从财税〔2010〕6号文件规定的所在省（自治区）的边境口岸出口到接壤国家的一般贸易和边境小额贸易出口货物。

14）以旅游购物贸易方式报关出口的货物。

（2）出口企业或其他单位视同出口的下列货物劳务：

1）国家批准设立的免税店销售的免税货物[包括进口免税货物和已实现退（免）税的货物]。

2）特殊区域内的企业为境外的单位或个人提供加工修理修配劳务。

3）同一特殊区域、不同特殊区域内的企业之间销售特殊区域内的货物。

（3）出口企业或其他单位未按规定申报或未补齐增值税退（免）税凭证的出口货物劳务。

具体是指：

1）未在国家税务总局规定的期限内申报增值税退（免）税的出口货物劳务。

2）未在规定期限内申报开具代理出口货物证明的出口货物劳务。

3）已申报增值税退（免）税，却未在国家税务总局规定的期限内向税务机关补齐增值税退（免）税凭证的出口货物劳务。

对于适用增值税免税政策的出口货物劳务，出口企业或其他单位可以依照现行增值税有关规定放弃免税，并依照《通知》第七条的规定缴纳增值税。

（4）市场经营户自营或委托市场采购贸易经营者以市场采购贸易方式出口的货物免征增值税。

（5）境内的单位和个人销售的下列服务和无形资产免征增值税，但财政部和国家税务总局规定适用增值税零税率的除外：

1）销售下列服务：

① 工程项目在境外的建筑服务。

② 工程项目在境外的工程监理服务。

③ 工程、矿产资源在境外的工程勘察勘探服务。

④ 会议展览地点在境外的会议展览服务。

⑤ 存储地点在境外的仓储服务。

⑥ 标的物在境外使用的有形动产租赁服务。

⑦ 在境外提供的广播影视节目（作品）的播映服务。

⑧ 在境外提供的文化体育服务、教育医疗服务、旅游服务。

2）为出口货物提供的邮政服务、收派服务、保险服务。

为出口货物提供的保险服务，包括出口货物保险和出口信用保险。

3）向境外单位提供的完全在境外消费的下列服务和无形资产：电信服务，知识产权服务，物流辅助服务（仓储服务、收派服务除外），鉴证咨询服务，专业技术服务，商务辅助服务，广告投放地在境外的广告服务，无形资产。

上述完全在境外消费是指：

① 服务的实际接受方在境外，且与境内的货物和不动产无关。

② 无形资产完全在境外使用，且与境内的货物和不动产无关。

③ 财政部和国家税务总局规定的其他情形。

4）为境外单位之间的货币资金融通及其他金融业务提供的直接收费金融服务，且该服务与境内的货物、无形资产和不动产无关。

5）境内的单位和个人提供适用增值税零税率的服务或者无形资产，如果属于适用简易计税方法的，实行免征增值税办法。

6）财政部和国家税务总局规定的其他服务。

五、出口应税消费品退（免）税政策

适用《通知》第一条、第六条或第七条规定的出口货物，如果属于消费税应税消费品，实行下列消费税政策：

（1）出口企业出口或视同出口适用增值税退（免）税的货物，免征消费税，如果属于购进出口的货物，退还前一环节对其已征的消费税。

（2）出口企业出口或视同出口适用增值税免税政策的货物，免征消费税，但不退还其以前环节已征的消费税，且不允许在内销应税消费品应纳消费税款中抵扣。

（3）出口企业出口或视同出口适用增值税征税政策的货物，应按规定缴纳消费税，不退还其以前环节已征的消费税，且不允许在内销应税消费品应纳消费税款中抵扣。

六、消费税出口退税率

计算出口应税消费品应退消费税的税率或单位税额，依据《消费税暂行条例》所附“消费税税目税率（税额）表”执行。这是退（免）消费税与退（免）增值税的一个重要区别。当出口的货物是应税消费品时，其退还增值税有的要按规定的退税率计算；其退还消费税则按该应税消费品所适用的消费税税率计算。企业应将不同消费税税率的出口应税消费品分开核算和申报，凡划分不清适用税率的，一律从低适用税率计算应退消费税税额。

第二节　出口货物、劳务及跨境应税行为退（免）税额的计算

一、增值税“免、抵、退”税的计算

（一）“免、抵、退”税的计算方法

“免”税——是指对生产企业出口的自产货物，免征本企业生产销售环节增值税；

“抵”税——是指生产企业出口的自产货物所耗用的原材料、零部件、燃料、动力等所含应予退还的进项税额，抵顶内销货物的应纳税额；

“退”税——是指生产企业出口的自产货物在当月内应抵顶的进项税额大于应纳税额时，对未抵顶完的部分予以退税。

生产企业出口货物、劳务、服务和无形资产的增值税“免、抵、退”税的计算公式如下：

1．当期应纳税额的计算

当期应纳税额=当期销项税额-（当期进项税额-当期不得免征和抵扣税额）

其中：

当期不得免征和抵扣税额=当期出口货物离岸价×外汇人民币折合率×（出口货物适用税率-出口货物退税率）-当期不得免征和抵扣税额抵减额

当期不得免征和抵扣税额抵减额=当期免税购进原材料价格×
（出口货物适用税率−出口货物退税率）

如果当期没有免税购进原材料价格，前述公式中的当期不得免征和抵扣税额抵减额，以及下面公式中的“免、抵、退”税额抵减额，就不用计算。

出口货物离岸价（FOB）以出口发票计算的离岸价为准。如果出口发票不能反映实际离岸价，主管税务机关有权予以核定。

2．当期“免、抵、退”税额的计算

当期“免、抵、退”税额=当期出口货物离岸价×外汇人民币折合率×
出口货物退税率−当期“免、抵、退”税额抵减额

其中：　当期“免、抵、退”税额抵减额=当期免税购进原材料价格×出口货物退税率

3．当期应退税额和免、抵税额的计算

（1）如当期期末留抵税额≤当期“免、抵、退”税额，则

当期应退税额=当期期末留抵税额

当期免、抵税额=当期“免、抵、退”税额−当期应退税额

（2）如当期期末留抵税额>当期“免、抵、退”税额，则

当期应退税额=当期“免、抵、退”税额

当期免、抵税额=0

当期期末留抵税额根据当期增值税纳税申报表中“期末留抵税额”确定。

4．企业“免、抵、退”税计算实例

例 4-1 某自营出口的生产企业为增值税一般纳税人，出口货物的征税税率为17%，退税率为13%。8月份的有关业务为：从国内购进原材料一批，取得增值税专用发票注明的价款200万元，外购货物准予抵扣的进项税额34万元通过认证。上月末留抵税款5万元；本月内销货物不含税销售额100万元，收款117万元；本月出口货物的销售额折合人民币200万元，款已收到，存入银行。试计算该企业当期的应退及应免、抵税额。

（1）当期“免、抵、退”税不得免征和抵扣税额=200×（17%−13%）=8（万元）

（2）当期应纳税额=100×17%−（34−8）−5 =−14（万元）

（3）当期出口货物“免、抵、退”税额=200 ×13%=26（万元）

（4）按规定，如当期期末留抵税额≤当期“免、抵、退”税额时：

当期应退税额=当期期末留抵税额

该企业当期应退税额=14（万元）

（5）当期免、抵税额=当期“免、抵、退”税额−当期应退税额

当期免、抵税额=26−14=12（万元）

例 4-2 某自营出口的生产企业为增值税一般纳税人，出口货物的征税税率为17%，退税率为13%。6月份的有关业务为：购原材料一批，取得的增值税专用发票注明的

价款 400 万元，外购货物准予抵扣的进项税额 68 万元通过认证。上期末留抵税款 3 万元；本月内销货物不含税销售额 100 万元；收款 117 万元；本月出口货物的销售额折合人民币 200 万元，款已收，并送存银行。试计算该企业当期的“免、抵、退”税额。

（1）当期“免、抵、退”税不得免征和抵扣税额=200×（17%–13%）=8（万元）

（2）当期应纳税额=100×17%–（68–8）–3=–46（万元）

（3）当期出口货物“免、抵、退”税额=200 ×13%=26（万元）

（4）按规定，如当期期末留抵税额>当期“免、抵、退”税额时：

当期应退税额=当期“免、抵、退”税额

该企业当期应退税额=26（万元）

（5）当期免、抵税额=当期“免、抵、退”税额–当期应退税额

当期免、抵税额=26–26=0（万元）

（6）6 月期末留抵结转下期继续抵扣税额=46–26=20（万元）

例 4-3 某自营出口的生产企业为增值税一般纳税人，出口货物的征税税率为 17%，退税率为 13%。8 月份的有关业务为：购原材料一批，取得的增值税专用发票注明的价款 200 万元，外购货物准予抵扣的进项税额 34 万元通过认证。当月进料加工出口货物耗用的保税进口料件金额 100 万元。上期末留抵税款 8 万元；本月内销货物不含税销售额 100 万元；已收款 117 万元，存入银行；本月出口货物的销售额折合人民币 200 万元，款已收，存入银行。试计算该企业当期的“免、抵、退”税额。

（1）当期不得免征和抵扣税额抵减额

=当期免税购进原材料价格×（出口货物适用税率–出口货物退税率）

=100×（17%–13%）=4（万元）

（2）当期不得免征和抵扣税额=当期出口货物离岸价×外汇人民币折合率×（出口货物适用税率–出口货物退税率）–当期不得免征和抵扣税额抵减额

=200×（17%–13%）–4=4（万元）

（3）当期应纳税额=100 ×17%–（34–4）–8=–21（万元）

（4）“免、抵、退”税额抵减额=免税购进原材料×材料出口货物退税率

=100×13%=13（万元）

（5）当期出口货物“免、抵、退”税额=200×13%–13=13（万元）

（6）按规定，如当期期末留抵税额>当期“免、抵、退”税额时：

当期应退税额=当期“免、抵、退”税额

该企业当期应退税额=13（万元）

（7）当期免、抵税额=当期“免、抵、退”税额–当期应退税额

当期该企业免、抵税额=13–13=0（万元）

（8）8 月期末留抵结转下期继续抵扣税额=21–13=8（万元）

5. 零税率应税服务增值税退（免）税计算

根据“营改增”有关规定，应税服务出口的退税率等于征税率，因而在计算出口退税时，没有因征税率与退税率之差所产生的“不得免征和抵扣税额”计算步骤，只按照免、

抵、退三个环节依下列公式计算：

（1）零税率应税服务当期“免、抵、退”税额的计算：

当期零税率应税服务“免、抵、退”税额＝当期零税率应税服务“免、抵、退”税计税依据×外汇人民币折合率×零税率应税服务增值税退税率

（2）当期应退税额和当期免、抵税额的计算：

当期期末留抵税额≤当期“免、抵、退”税额时：

当期应退税额＝当期期末留抵税额

当期免、抵税额＝当期“免、抵、退”税额－当期应退税额

当期期末留抵税额>当期“免、抵、退”税额时：

当期应退税额＝当期“免、抵、退”税额

当期免、抵税额＝0

“当期期末留抵税额”为当期增值税纳税申报表的“期末留抵税额”。

例4-4 某国际运输公司为一般纳税人，该企业实行“免、抵、退”税管理办法。该企业20×7年7月实际发生业务为：当月承接了3个国际运输业务，取得确认的收入80万元人民币。企业增值税纳税申报时，期末留抵税额为25万元人民币。试计算该企业当月的退税额。

（1）当期零税率应税服务“免、抵、退”税额=当期零税率应税服务“免、抵、退”税计税依据×外汇人民币折合率×零税率应税服务增值税退税率=80×11%=8.8（万元）

（2）按规定，当期期末留抵税额25万元>当期免、抵、退税额8.8万元。

则：当期应退税额=当期免、抵、退税额=8.8（万元）

（3）7月期末留抵结转下期继续抵扣税额=25−8.8=16.2（万元）。

（二）增值税免退税的计算

1．外贸企业出口货物劳务增值税免退税的计算

（1）外贸企业以及实行外贸企业财务制度的工贸企业收购货物出口，其出口销售环节的增值税免征；其收购货物的成本部分，因外贸企业在支付收购货款的同时也支付了生产经营该类商品的企业已纳的增值税款，因此，在货物出口后按收购成本与退税率计算退税退还给外贸企业，征、退之差计入企业成本。

外贸企业出口货物增值税的计算应依据购进出口货物增值税专用发票上所注明的进项金额和退税率计算。

应退税额=外贸收购不含增值税购进金额×退税率

（2）外贸企业收购小规模纳税人出口货物增值税的退税规定。

1）凡从小规模纳税人购进持普通发票特准退税的抽纱、工艺品等12类出口货物，同样实行销售出口货物的收入免税，并退还出口货物进项税额的办法。由于小规模纳税人使用的是普通发票，其销售额和应纳税额没有单独计价，小规模纳税人应纳的增值税也是价外计征的，这样，必须将合并定价的销售额先换算成不含税价格，然后据以计算出口货物退税。其计算公式为

应退税额=[普通发票所列（含增值税）销售金额]/（1+征收率）×3%

2）凡从小规模纳税人购进税务机关代开的增值税专用发票的出口货物，按以下公式计算退税：

应退税额=增值税专用发票注明的金额×3%

（3）外贸企业委托生产企业加工出口货物的退税规定。

外贸企业委托生产企业加工收回后报关出口的货物，按购进国内原辅材料的增值税专用发票上注明的进项金额，依原辅材料的退税率计算原辅材料应退税额。支付的加工费，凭受托方开具货物的退税率，计算加工费的应退税额。

（4）外贸企业兼营的零税率应税服务增值税免退税的计算

外贸企业兼营的零税率应税服务应退税额=外贸企业兼营的零税率应税服务免退税计税依据×零税率应税服务增值税退税率

2. 外贸企业免退税计算实例

例 4-5 某进出口公司3月份出口英国平纹布5 000米，进货增值税专用发票列明单价20元/平方米，计税金额100 000元，增值税17 000元。退税率13%，则

应退税额=（5 000×20）×13%=13 000（元）

例 4-6 某进出口公司9月份购进某小规模纳税人抽纱工艺品500套全部出口，普通发票注明金额6 000元；购进另一小规模纳税人西服200套全部出口，取得税务机关代开的增值税专用发票，发票注明金额5 000元，该企业的应退税额为

6 000/（1+3%）×3%+5 000×3%=324.76（元）

例 4-7 某进出口公司10月份购进牛仔布委托加工成服装出口，取得牛仔布增值税专用发票一张，注明计税金额20 000元；取得服装加工费计税金额2 000元，加工受托方将牛仔布成本并入加工费用并开具了增值税专用发票。假设增值税出口退税率为17%，该企业的应退税额：

（20 000+2 000）×17%=3 740（元）

3. 融资租赁出口货物退税的计算

融资租赁出租方将融资租赁出口货物租赁给境外承租方、将融资租赁海洋工程结构物租赁给海上石油天然气开采企业，向融资租赁出租方退还其购进租赁货物所含增值税，计算公式为

增值税应退税额=购进融资租赁货物的增值税专用发票注明的金额或海关（进口增值税）专用缴款书注明的完税价格×融资租赁货物适用的增值税退税率

例 4-8 某融资租赁公司根据合同规定将一设备以融资租赁方式出租给境外的甲企业使用。融资租赁公司购进该设备的增值税发票上注明的金额为200万元人民币。假设增值税出口退税率为17%，则

该融资租赁公司应退增值税税额=2 00×17%=34（万元）

融资租赁出口货物适用的增值税退税率，按照统一的出口货物适用退税率执行。从增值税一般纳税人购进的按简易办法征税的融资租赁货物和从小规模纳税人购进的融资租赁货物，其适用的增值税退税率，按照购进货物适用的征收率和退税率孰低的原则确定。

融资租赁企业，仅包括金融租赁公司、经商务部批准设立的外商投资融资租赁公司、经商务部和国家税务总局共同批准开展融资业务试点的内资融资租赁企业、经商务部授权的省级商务主管部门和国家经济技术开发区批准的融资租赁公司。

4．其他

（1）退税率低于适用税率的，相应计算出的差额部分的税款计入出口货物劳务成本。

（2）出口企业既有适用增值税“免、抵、退”项目，也有增值税即征即退、先征后退项目的，增值税即征即退和先征后退项目不参与出口项目“免、抵、退”税计算。出口企业应分别核算增值税“免、抵、退”项目和增值税即征即退、先征后退项目，并分别申请享受增值税即征即退、先征后退和“免、抵、退”税政策。

用于增值税即征即退或者先征后退项目的进项税额无法划分的，按照下列公式计算：

无法划分进项税额中用于增值税即征即退或者先征后退项目的部分=当月无法划分的全部进项税额×当月增值税即征即退或者先征后退项目销售额÷当月全部销售额、营业额合计

（3）实行“免、抵、退”税办法的零税率应税服务提供者如同时有货物、劳务（劳务指对外加工修理修配劳务）出口的，可结合现行出口货物“免、抵、退”计算公式一并计算。税务机关在审批时，按照出口货物劳务、零税率应税服务“免、抵、退”税额比例划分出口货物劳务、零税率应税服务的退税额和免、抵税额。

二、消费税出口退（免）税的计算

（一）出口货物消费税退税的计税依据

出口货物的消费税应退税额的计税依据，按购进出口货物的消费税专用缴款书和海关进口消费税专用缴款书确定。

属于从价定率计征消费税的，为已征且未在内销应税消费品应纳税额中抵扣的购进出口货物金额；属于从量定额计征消费税的，为已征且未在内销应税消费品应纳税额中抵扣的购进出口货物数量；属于复合计征消费税的，按从价定率和从量定额的计税依据分别确定。

（二）消费税退税的计算

（1）属于从价定率计征消费税的应税消费品，其公式为

消费税应退税款=从价定率计征消费税的退税计税依据×比例税率

上述公式中“从价定率计征消费税的退税计税依据”不包含增值税。对含增值税的价格应换算为不含增值税的销售额。

（2）属于从量定额计征消费税的应税消费品，其公式为

消费税应退税款=从量定额计征消费税的退税计税依据×定额税率

（3）属于复合计征消费税的应税消费品，其公式为

消费税应退税额＝从价定率计征消费税的退税计税依据×比例税率+
从量定额计征消费税的退税计税依据×定额税率

融资租赁出口货物属于消费税应税消费品的，向融资租赁出租方退还前一环节已征的消费税。

消费税应退税额＝购进融资租赁货物税收（出口货物专用）缴款书上或海关进口消费税专用缴款书上注明的消费税税额。

（三）出口应税消费品办理退（免）税后的管理

出口的应税消费品办理退税后，发生退关或者国外退货，进口时予以免税的，报关出口者必须及时向其所在地主管税务机关申报补缴已退的消费税税款。

纳税人直接出口的应税消费品办理免税后发生退关或国外退货，进口时予以免税的，经所在地主管税务机关批准，可暂不办理补税，待其转为国内销售时，再向其主管税务机关申报补缴消费税。

第三节　出口货物、劳务及跨境应税行为退（免）税的会计处理

一、出口货物、劳务及服务增值税退（免）税会计处理

（一）会计科目的设置

为了反映和监督企业出口货物、劳务及服务增值税的“免、抵、退”税情况，会计上应在“应交税费—— 应交增值税”科目下，专设 “出口退税”贷方专栏、“进项税额转出”贷方专栏、“出口抵减内销产品应纳税额”借方专栏，以及“应收出口退税款”等科目核算。

（1）“出口抵减内销产品应纳税额”借方专栏，反映出口企业销售出口货物后，向税务机关办理“免、抵、退”税申报，按规定计算的应免、抵税额，借记本科目，贷记“应交税费——应交增值税（出口退税）”科目。应免、抵税额的计算确定有两种方法：

第一种是在取得国家税务机关“生产企业出口货物‘免、抵、退’税审批通知单”后进行免、抵和退税的会计处理，即按批准数进行会计处理。按“生产企业出口货物免抵退税审批通知单”批准的免、抵税额，借记本科目，贷记“应交税费——应交增值税（出口退税）”科目。

第二种是出口企业进行退税申报时，按退税申报数进行会计处理。根据当期“生产企业出口货物；‘免、抵、退’税汇总申报表”的免、抵税额借记本科目，贷记“应交税费—— 应交增值税（出口退税）”科目。

（2）“出口退税”贷方专栏，核算企业出口货物按税法确定的当期“免、抵、退”税额，包括企业出口适用零税率的货物和应税服务，向海关办理报关出口手续后，凭出口报关单等

有关凭证，向税务机关申报办理出口退税而收到退回的税款。出口货物或应税服务退回的增值税额，用蓝字登记；出口货物或者应税服务办理退税后发生退货或者退关而补缴已退的税款，用红字登记。出口企业当期按规定确定应退税额和应免、抵税额后，借记“应收出口退税款”科目、“应交税费——应交增值税（出口抵减内销产品应纳税）”科目，贷记本科目。

（3）“进项税额转出”贷方专栏，核算当期“免、抵、退”税不得免征和抵扣税额。

（4）为核算纳税人出口货物应收取的出口退税款，设置“应收出口退税款”科目，该科目借方反映销售出口货物按规定向税务机关申报应退回的增值税，贷方反映实际收到的出口货物应退回的增值税。期末借方余额，反映尚未收到的应退税额。

（二）会计处理

1．购进货物的会计核算

（1）采购国内原材料。价款和运杂费记入采购成本，增值税专用发票上注明的增值税额记入进项税额，根据供货方的有关票据，编制如下会计分录：

借：材料采购
　　应交税费——应交增值税（进项税额）
　　贷：银行存款（应付账款等）

对可抵扣的运费金额按7%计算进项税额，编制如下会计分录：

借：应交税费——应交增值税（进项税额）
　　贷：材料采购

原材料验收入库：

借：原材料
　　贷：材料采购

（2）进口原材料。

1）报关进口。企业应根据进口合约规定，凭全套进口单证，编制如下会计分录：

借：材料采购——进料加工——××材料名称
　　贷：应付账款（或银行存款）

支付上述进口原辅料件的各项目内直接费用，编制如下会计分录：

借：材料采购——进料加工——××材料名称
　　贷：银行存款

2）按税法规定需缴纳进口关税、消费税、增值税的企业，在货到口岸时：

① 计算应纳进口关税或消费税，编制如下会计分录：

借：材料采购——进料加工——××材料名称
　　贷：应交税费——应交进口关税
　　　　　　　　——应交进口消费税

② 缴纳进口料件的税金。企业应根据海关出具的完税凭证，编制如下会计分录：

借：应交税费——应交进口关税
　　　　　　——应交进口消费税
　　　　　　——应交增值税（进项税额）
　　贷：银行存款

不需缴纳进口关税、消费税、增值税的企业，不编制应缴税金的上述会计分录。

3）原材料验收入库：

借：原材料

　　贷：材料采购

（3）外购出口配套的扩散、协作产品，委托加工产品。

现行政策规定，生产企业出口的自产货物包括：外购的与本企业所生产的产品名称、性能相同，且使用本企业注册商标的产品；外购的与本企业所生产的产品配套出口的产品；收购经主管出口退税的税务机关认可的集团公司（或总厂）成员企业（或分厂）产品；委托加工收回的产品。

购入扩散、协作产品后，凭有关合同及有关凭证，编制如下会计分录：

借：材料采购

　　应交税费——应交增值税（进项税额）

　　贷：银行存款

验收入库后，凭入库单编制如下会计分录：

借：库存商品

　　贷：材料采购

2．销售业务的会计核算

（1）内销货物的处理

借：银行存款（应收账款）

　　贷：主营业务收入

　　　　应交税费——应交增值税金（销项税额）

同时：

借：主营业务成本

　　贷：库存商品

（2）自营出口销售

销售收入以及不得抵扣税额均以外销发票为依据。当期支付的国外费用在冲减销售收入后，在当期可暂不计算不得抵扣税额冲减数，而在年末进行统一结算补税；也可在当期同步计算不得抵扣税额冲减数。

1）一般贸易的核算

① 销售收入。财会部门收到储运或业务部门交来已出运全套出口单证，依开具的外销出口发票上注明的出口额折换成人民币后做如下会计分录：

借：应收账款

　　贷：主营业务收入——一般贸易出口销售

同时：

借：主营业务成本

　　贷：库存商品

收到外汇时，财会部门根据结汇水单等，做如下会计分录：

借：财务费用——汇兑损益

　　银行存款

　　贷；应收账款——客户名称（美元，人民币）

（汇兑收益大于汇兑损失时其差额贷记：财务费用——汇兑损益）

② 根据当期“免、抵、退”税不得免征和抵扣税额做如下会计分录：

借：主营业务成本——一般贸易出口

　　贷：应交税费——应交增值税（进项税额转出）

③ 运保佣冲减。运保佣的冲减有两个处理方法，以下就两种方法分别进行会计核算。

第一种方法是暂不计算不得抵扣税额的，根据运保佣金额做如下会计分录：

借：主营业务收入——一般贸易出口

　　贷：银行存款

第二种方法是在冲减的同时，按冲减金额同步计算不得抵扣税额的，做如下会计分录：

借：主营业务收入——一般贸易出口

　　贷：银行存款

同时：

借：主营业务成本——一般贸易出口（红字）

　　贷：应交税费——应交增值税（进项税额转出）（红字）

2）进料加工贸易的核算

企业在记载销售账时原则上要将进料加工贸易与一般贸易通过二级科目分开进行明细核算。进料加工贸易核算与一般贸易相同，只不过是对进口料件要按每期进料加工贸易复出口销售额和计划分配率计算“免税核销进口料件组成计税价格”，向主管国税机关申请开具生产企业进料加工贸易免税证明，在进口货物海关核销后申请开具生产企业进料加工贸易免税核销证明，确定进料加工“不得抵扣税额抵减额”。

① 出口企业收到主管国税机关生产企业进料加工贸易免税证明后，依据注明的“不得抵扣税额抵减额”做如下会计分录：

借：主营业务成本——进料加工贸易出口（红字）

　　贷：应交税费——应交增值税（进项税额转出）（红字）

② 收到主管国税机关生产企业进料加工贸易免税核销证明后，对补开部分依据注明的“不得抵扣税额抵减额”做如下会计分录：

借：主营业务成本——进料加工贸易出口（红字）

　　贷：应交税费——应交增值税（进项税额转出）（红字）

对多开的部分，通过核销冲回，以蓝字登记以上会计分录。

（3）委托代理出口

收到受托方（外贸企业）送交的“代理出口结算单”时，做如下会计分录：

借：应收账款等

　　销售费用（代理手续费）

　　贷：主营业务收入

支付的运保佣与自营出口一样，要冲减外销收入。

3．应纳税额的会计核算

根据现行政策规定，“免、抵、退”税企业出口应税消费品免征消费税，增值税的计算公式为

$$当期应纳税额=\begin{matrix}当期内销货物\\的销项税额\end{matrix}-\left(\begin{matrix}当期全部\\进项税额\end{matrix}-\begin{matrix}当期不得\\抵扣税额\end{matrix}\right)-上期末抵扣完的进项税额$$

（1）如当期应纳税额大于零，月末编制如下会计分录：

借：应交税费——应交增值税（转出未交增值税）

贷：应交税费——未交增值税

（2）如当期应纳税额小于零，月末编制如下会计分录：

借：应交税费——未交增值税

贷：应交税费——应交增值税（转出多交增值税）

4．免、抵、退税的会计核算

实行“免、抵、退”办法的一般纳税人出口货物，在货物出口销售后结转产品销售成本时，按规定计算的退税额低于购进时取得的增值税专用发票上的增值税额的差额，借记“主营业务成本”科目，贷记“应交税费——应交增值税（进项税额转出）”科目；按规定计算的当期出口货物的进项税抵减内销产品的应纳税额，借记“应交税费——应交增值税（出口抵减内销产品应纳税额）”科目，贷记“应交税费——应交增值税（出口退税）”科目。在规定期限内，内销产品的应纳税额不足以抵减出口货物的进项税额，不足部分按有关税法规定给予退税的，应在实际收到退税款时，借记“银行存款”科目，贷记“应交税费——应交增值税（出口退税）”科目。

具体业务的出口“免、抵、退”税核算：

例 4-9 承前例 4-1：

（1）出口销售时：

借：银行存款　　2 000 000

贷：主营业务收入　　2 000 000

（2）国内销售时：

借：银行存款　　1 170 000

贷：主营业务收入　　1 000 000

应交税费——应交增值税（销项税额）　　170 000

（3）国内购进原材料时：

借：材料采购　　2 000 000

应交税费——应交增值税（进项税额）　　340 000

贷：银行存款　　2 340 000

借：原材料　　2 000 000

贷：材料采购　　2 000 000

（4）将按规定计算的退税额低于购进时取得的增值税专用发票上的增值税额的差额（不得免征和抵扣税额）结转计入出口物资成本时：

借：主营业务成本　　80 000

贷：应交税费——应交增值税（进项税额转出）　　80 000

（5）结转当期出口货物的进项税抵减内销产品的应纳税额（免、抵税额）时

借：应交税费——应交增值税

（出口抵减内销产品应纳税额）　　120 000

贷：应交税费——应交增值税（出口退税）　　120 000

（6）按有关税法规定给予退税的，在实际收到退回的税款时：

借：银行存款　　140 000

贷：应交税费——应交增值税（出口退税）　　140 000

例 4-10 承前例4-2：

（1）出口销售时：

借：银行存款　2 000 000

　　贷：主营业务收入　2 000 000

（2）国内销售时：

借：银行存款　1 170 000

　　贷：主营业务收入　1 000 000

　　　　应交税费——应交增值税（销项税额）　170 000

（3）国内购进原材料时：

借：材料采购　4 000 000

　　应交税费——应交增值税（进项税额）　680 000

　　贷：银行存款　4 680 000

借：原材料　4 000 000

　　贷：材料采购　4 000 000

（4）结转不得免征和抵扣税额时：

借：主营业务成本　80 000

　　贷：应交税费——应交增值税（进项税额转出）　80 000

（5）当期无免抵税额不做相关账务处理，实际收到当期退回税额时：

借：银行存款　260 000

　　贷：应交税费——应交增值税（出口退税）　260 000

例 4-11 承前例4-3：

（1）出口销售时：

借：银行存款　2 000 000

　　贷：主营业务收入　2 000 000

（2）国内销售时：

借：银行存款（应收账款）　1 170 000

　　贷：主营业务收入　1 000 000

　　　　应交税费——应交增值税（销项税额）　170 000

（3）进口加工免税进口料件时：

借：材料采购　1 000 000

　　贷：银行存款　1 000 000

借：原材料　1 000 000

　　贷：材料采购　1 000 000

（4）国内购进原材料时：

借：材料采购　2 000 000

　　应交税费——应交增值税（进项税额）　340 000

　　贷：银行存款　2 340 000

借：原材料　2 000 000

　　贷：材料采购　2 000 000

（5）根据进口料件和出口货物两个环节的“不得免征和抵扣税额”结转计入成本：

借：主营业务成本　　80 000

　　贷：应交税费——应交增值税（进项税额转出）　　80 000

根据“不得免征和抵扣税额抵减额”：

借：主营业务成本　　40 000

　　贷：应交税费——应交增值税（进项税额转出）　　40 000

（6）实际收到当期退回税额时：

借：银行存款　　130 000

　　贷：应交税费——应交增值税（出口退税）　　130 000

例 4-12 承前例 4-4：

（1）取得国际运输业务收入时：

借：银行存款　　800 000

　　贷：主营业务收入　　800 000

（2）当期免、抵税额为零，不做相关账务处理，实际收到当期出口退税款时：

借：银行存款　　88 000

　　贷：应交税费——应交增值税（出口退税）　　88 000

5．免、退税会计核算

未实行“免、抵、退”办法的一般纳税人出口货物按规定退税的，按规定计算的应收出口退税额，借记“应收出口退税款”科目，贷记“应交税费——应交增值税（出口退税）”科目，收到出口退税时，借记“银行存款”科目，贷记“应收出口退税款”科目；退税额低于购进时取得的增值税专用发票上的增值税额的差额，借记“主营业务成本”科目，贷记“应交税费——应交增值税（进项税额转出）”科目。

例 4-13 承例 4-5，某进出口公司该批产品的退税额低于进货增值税专用发票列明的增值税金额 4 000 元（17 000–13 000）。

（1）根据不能退税的差额：

借：主营业务成本　　4 000

　　贷：应交税费——应交增值税（进项税额转出）　　4 000

（2）根据计算的应退税额：

借：应收出口退税款　　13 000

　　贷：应交税费——应交增值税（出口退税）　　13 000

（3）收到出口退税款时：

借：银行存款　　13 000

　　贷：应收出口退税款　　13 000

例 4-14 承前例 4-6：

根据当期应退税额：

借：应收出口退税款　　324.76

　　贷：应交税费——应交增值税（出口退税）　　324.76

例 4-15 承前例 4-7：

根据当期应退税额：

借：应收出口退税款 3 740

  贷：应交税费——应交增值税（出口退税） 3 740

例 4-16 承前例 4-8：

根据当期应退税额：

借：应收出口退税款 340 000

  贷：应交税费——应交增值税（出口退税） 340 000

二、出口货物消费税退（免）税会计处理

（一）会计科目设置

为核算纳税人出口货物应收取的出口消费税退税款，设置“应收出口退税款”科目，该科目借方反映销售出口货物按规定向税务机关申报应退回的消费税等，贷方反映实际收到的出口货物应退回的消费税等。期末借方余额，反映尚未收到的应退税额。

（二）会计处理

纳税人出口应税消费品，应分别情况进行会计处理：

（1）生产企业直接出口应税消费品或通过外贸企业出口应税消费品，按规定直接予以免税的，可不计算应缴消费税，因此，也就不需要进行消费税的账务处理。

（2）通过外贸企业出口应税消费品时，如按规定实行先征后退方法的，应按通过外贸企业出口的不同方式进行不同的账务处理。

1）生产企业委托外贸企业代理出口。生产企业委托外贸企业代理出口应税消费品，应由生产企业先计算缴纳消费税，待外贸企业办理报关出口后再向税务机关申请退税，所退税款应由外贸企业退还给生产企业。

委托外贸企业代理出口应税消费品的生产企业，应在将应税消费品移交外贸企业时，计算消费税，按应缴消费税税额借记“应收出口退税款”科目，贷记“应交税费—— 应交消费税”科目；实际向税务机关缴纳消费税时，借记“应交税费—— 应交消费税”科目，贷记“银行存款”科目。应税消费品出口后收到外贸企业退回的消费税金时，借记“银行存款”，贷记“应收出口退税款”科目。已出口的应税消费品发生退关、退货而补缴已退的消费税时，应借记“应收出口退税款”，贷记“银行存款”科目。

代理出口应税消费品的外贸企业将应税消费品出口后，收到税务机关退回生产企业已缴纳的消费税时，借记“银行存款”，贷记“应付账款”科目；将此项税款退回生产企业时，借记“应付账款”，贷记“银行存款”科目。已出口的应税消费品发生退关、退货而补缴已退的消费税时，借记“应收账款——应收生产企业消费税”，贷记“银行存款”科目；收到企业退还的税款时，做相反分录。

2）生产企业将应税消费品销售给外贸企业，由外贸企业自行出口的，生产企业应缴纳的消费税，按在国内销售应税消费品的规定进行账务处理。

3）自营出口应税消费品的外贸企业，应在应税消费品报关出口后申请出口退税时，按所应退的消费税税额，借记“应收出口退税款”，贷记“主营业务成本”科目；实际收到税务机关退回的消费税时，借记“银行存款”，贷记“应收出口退税款”。已出口的应税消费品发生退关、退货而补缴已退的消费税时，做相反的会计分录，借记“应收出口退税款”，贷记“银行存款”，同时借记“主营业务成本”，贷记“应收出口退税款”科目。

例 4-17　某企业通过外贸企业出口一批产品，该批产品的售价 50 万元，消费税税率为 10%。产品出口后，收到外贸企业退回的消费税 5 万元并收到货款，存入银行。

企业应做如下会计分录：

借：应收账款　500 000

　贷：主营业务收入　500 000

借：应收出口退税款　50 000

　贷：应交税费——应交消费税　50 000

借：银行存款　550 000

　贷：应收账款　500 000

　　应收出口退税款　50 000

第四节　出口货物、劳务及跨境应税行为退（免）税管理

（一）认定和申报

为减少出口退（免）税申报的差错率和疑点，进一步提高申报和审批效率，加快出口退税进度，税务总局决定调整出口退（免）税申报办法，内容如下：

（1）企业出口货物、劳务及适用增值税零税率的应税服务（以下简称出口货物劳务及服务），在正式申报出口退（免）税之前，应按现行申报办法向主管税务机关进行预申报，在主管税务机关确认申报凭证的内容与对应的管理部门电子信息无误后，方可提供规定的申报退（免）税凭证、资料及正式申报电子数据，向主管税务机关进行正式申报。

（2）税务机关受理企业出口退（免）税预申报后，应及时审核并向企业反馈审核结果。如果审核发现申报退（免）税的凭证没有对应的管理部门电子信息或凭证的内容与电子信息不符的，企业应按下列方法处理：

1）属于凭证信息录入错误的，应更正后再次进行预申报；

2）属于未在“中国电子口岸出口退税子系统”中进行出口货物报关单确认操作或未按规定进行增值税专用发票认证操作的，应进行上述操作后，再次进行预申报；

3）除上述原因外，可填写出口企业信息查询申请表，将缺失对应凭证管理部门电子信息或凭证的内容与电子信息不符的数据和原始凭证报送至主管税务机关，由主管税务机关协助查找相关信息。

输入特殊区域的水电气，由作为购买方的特殊区域内生产企业申报退税。

但是，输入特殊区域的水电气，区内生产企业用于出租、出让厂房的，不得申报退税，进项税额转入成本。

（3）在退（免）税申报期截止之日前，如果企业出口的货物劳务及服务申报退（免）税的凭证仍没有对应管理部门电子信息或凭证的内容与电子信息比对不符，无法完成预申报的，企业应在退（免）税申报期截止之日前，向主管税务机关报送以下资料：

1）出口退（免）税凭证无相关电子信息申报表及其电子数据；

2）退（免）税申报凭证及资料。

经主管税务机关核实，企业报送的退（免）税凭证资料齐全，且出口退（免）税凭证无相关电子信息申报表及其电子数据与凭证内容一致的，企业退（免）税正式申报时间不受退（免）税申报期截止之日限制。未按上述规定在退（免）税申报期截止之日前向主管税务机关报送退（免）税凭证资料的，企业在退（免）税申报期限截止之日后不得进行退（免）税申报，应按规定进行免税申报或纳税申报。

（4）符合《财政部、国家税务总局关于出口货物劳务增值税和消费税政策的通知》（财税〔2012〕39号）第九条第（四）项规定的生产企业，不适用以上规定，其免抵退税申报仍按原办法执行。

（5）企业在申报铁路运输服务免抵退税时，属于客运的，应当提供“国际客运（含香港直通车）旅客、行李包裹运输清算函件明细表”；属于货运的，应当提供“中国铁路总公司国际货物运输明细表”，或者提供列明本企业清算后的国际联运运输收入的“清算资金通知清单”。

申报铁路运输服务免抵退税的企业，应当将有关原始凭证留存企业备查。主管国税机关对留存企业备查的原始凭证应当定期进行抽查。

（6）出口企业从事来料加工委托加工业务的，应当在海关办结核销手续的次年5月15日前，办理来料加工出口货物免税核销手续；未按规定办理来料加工出口货物免税核销手续或者不符合办理免税核销规定的，委托方应按规定补缴增值税、消费税。

（7）以双委托方式（生产企业进口料件、出口成品均委托出口企业办理）从事的进料加工出口业务，委托方在申报免抵退税前，应按代理进口、出口协议及进料加工贸易手册载明的计划进口总值和计划出口总值，向主管国税机关报送“进料加工企业计划分配率备案表”及其电子数据。

（8）出口企业不再填报“出口企业预计出口情况报告表”。

（9）境内的单位和个人提供适用增值税零税率的应税服务，按月向主管退税的税务机关申报办理增值税免抵退税或免税手续。具体管理办法由国家税务总局商财政部另行制定。

（二）若干征、退（免）税规定

（1）出口企业或其他单位退（免）税认定之前的出口货物劳务，在办理退（免）税认定后，可按规定适用增值税退（免）税或免税及消费税退（免）税政策。

（2）出口企业或其他单位出口货物劳务适用免税政策的，除特殊区域内企业出口的特殊区域内货物、出口企业或其他单位视同出口的免征增值税的货物劳务外，如果未按规定申报免税，应视同内销货物和加工修理修配劳务征收增值税、消费税。

（3）开展进料加工业务的出口企业若发生未经海关批准将海关保税进口料件作价销售给其他企业加工的，应按规定征收增值税、消费税。

（4）卷烟出口企业经主管税务机关批准按国家批准的免税出口卷烟计划购进的卷烟免

征增值税、消费税。

（5）发生增值税、消费税不应退税或免税但已实际退税或免税的，出口企业和其他单位应当补缴已退或已免税款。

（6）出口企业和其他单位出口的货物[不包括《关于出口货物劳务增值税和消费税政策的通知》（以下简称《通知》，下同）附件 7 所列货物]，如果原材料成本 80%以上为《通知》附件 9 所列原料的，应执行该原料的增值税、消费税政策，上述出口货物的增值税退税率为《通知》附件 9 所列该原料海关税则号在出口货物劳务退税率文库中对应的退税率。

（7）国家批准的免税品经营企业销售给免税店的进口免税货物免征增值税。

（8）融资租赁出租方应当按照主管税务机关的要求办理退税认定和申报增值税、消费税退税。用于融资租赁货物退税的增值税专用发票或海关进口增值税专用缴款书，不得用于抵扣内销货物应纳税额。对承租期未满而发生退租的融资租赁货物，融资租赁出租方应及时主动向税务机关报告，并按照规定补缴已退税款，对融资租赁出口货物，再复进口时融资租赁出租方应按照规定向海关办理复运进境手续并提供主管税务机关出具的货物已补税或未退税证明，海关不征收进口关税和进口环节税。

（三）外贸企业核算要求

外贸企业应单独设账核算出口货物的购进金额和进项税额，若购进货物时不能确定是用于出口的，先记入出口库存账，用于其他用途时应从出口库存账转出。

（四）符合条件的生产企业的有关规定

符合条件的生产企业已签订出口合同的交通运输工具和机器设备，在其退税凭证尚未收集齐全的情况下，可凭出口合同、销售明细账等，向主管税务机关申报免抵退税。在货物向海关报关出口后，应按规定申报退（免）税，并办理已退（免）税的核销手续。多退（免）的税款，应予追回。生产企业申请时应同时满足以下条件：

（1）已取得增值税一般纳税人资格。

（2）已持续经营 2 年及 2 年以上。

（3）生产的交通运输工具和机器设备生产周期在 1 年及 1 年以上。

（4）上一年度净资产大于同期出口货物增值税、消费税退税额之和的 3 倍。

（5）持续经营以来从未发生逃税、骗取出口退税、虚开增值税专用发票或农产品收购发票、接受虚开增值税专用发票（善意取得虚开增值税专用发票除外）行为。

（五）出口货物退（免）税日常管理

根据国家税务总局最新修订发布的《出口退（免）税企业分类管理办法》（简称“新办法”），自 2016 年 9 月 1 日起，将出口退（免）税企业分为四类，对符合条件的一类出口企业，将在 5 个工作日内办结出口退（免）税手续；将二类、三类企业申报退税的审核办理时限，由原办法的 20 个工作日分别缩短至 10 个工作日、15 个工作日，从而有针对性地实施差别化管理和服务措施，提高管理效率、加快退税进度。

新办法规定，对于一类出口企业，税务机关提供绿色办税通道（特约服务区），优先办理出口退税，并建立重点联系制度，及时解决企业有关出口退（免）税问题。对一类出口企业中纳税信用级别为A级的纳税人，按照《关于对纳税信用A级纳税人实施联合激励措施的合作备忘录》的规定，实施联合激励措施。对纳税信用级别低的四类出口企业申报的出口退（免）税，需按规定完成审核，并排除所有审核疑点后，自受理企业申报之日起，20个工作日内办结出口退（免）税手续。

新办法还规定，出口企业管理类别评定工作每年进行一次，应于企业纳税信用级别评价结果确定后一个月内完成。负责评定出口企业管理类别的国税机关，应在评定工作完成后的15个工作日内将评定结果告知出口企业，并主动公开一类、四类的出口企业名单。

（六）违章处理

（1）出口企业和其他单位有下列行为之一的，主管税务机关应按照《中华人民共和国税收征收管理法》第六十条规定予以处罚：

1）未按规定设置、使用和保管有关出口货物退（免）税账簿、凭证、资料的；

2）未按规定装订、存放和保管备案单证的。

（2）出口企业和其他单位拒绝税务机关检查或拒绝提供有关出口货物退（免）税账簿、凭证、资料的，税务机关应按照《中华人民共和国税收征收管理法》第七十条规定予以处罚。

（3）出口企业提供虚假备案单证的，主管税务机关应按照《中华人民共和国税收征收管理法》第七十条的规定处罚。

（4）从事进料加工业务的生产企业，未按规定期限办理进料加工登记、申报、核销手续的，主管税务机关在按照《中华人民共和国税收征收管理法》第六十二条有关规定进行处理后再办理相关手续。

（5）出口企业和其他单位有违反发票管理规定行为的，主管税务机关应按照《中华人民共和国发票管理办法》有关规定予以处罚。

（6）出口企业和其他单位以假报出口或者其他欺骗手段，骗取国家出口退税款，由主管税务机关追缴其骗取的退税款，并处骗取税款一倍以上五倍以下的罚款；构成犯罪的，依法追究刑事责任。

对骗取国家出口退税款的，由省级以上（含本级）税务机关批准，按下列规定停止其出口退（免）税资格：

1）骗取国家出口退税款不满5万元的，可以停止为其办理出口退税半年以上一年以下。

2）骗取国家出口退税款5万元以上不满50万元的，可以停止为其办理出口退税一年以上一年半以下。

3）骗取国家出口退税款50万元以上不满250万元，或因骗取出口退税行为受过行政处罚、两年内又骗取国家出口退税款数额在30万元以上不满150万元的，停止为其办理出口退税一年半以上两年以下。

4）骗取国家出口退税款250万元以上，或因骗取出口退税行为受过行政处罚、两年内又骗取国家出口退税款数额在150万元以上的，停止为其办理出口退税两年以上三年以下。

5）停止办理出口退税的时间以省级以上（含本级）税务机关批准后做出的《税务行政处罚决定书》的决定之日为起始日。

出口企业向税务机关主管出口退税的部门申报出口货物退（免）税时，需提供出口货物“免、抵、退”税申报表（见表4-1、表4-2）及相关资料，同时附送相关纸质凭证。

表 4-1　生产企业出口货物免抵退税申报汇总表

（适用于增值税一般纳税人）

纳税人识别号：　　　　　　　　　　　　纳税人名称（公章）：

海关代码：　　　　　　　　　　　　　　税款所属期：　　年　月至　　年　月

申报日期：　　年　月　　　　　　　　　金额单位：元（列至角分）

项　目	栏　次	当期	本年累计	与增值税纳税申报表差额
		（a）	（b）	（c）
免抵退出口货物销售额（美元）	1			—
免抵退出口货物销售额	2=3+4			
其中：单证不齐销售额	3			—
单证齐全销售额	4			—
前期出口货物当期收齐单证销售额	5		—	—
单证齐全出口货物销售额	6=4+5			—
不予免抵退出口货物销售额	7			—
出口销售额乘征税率之差	8			—
上期结转免抵退税不得免征和抵扣税额抵减额	9		—	—
免抵退税不得免征和抵扣税额抵减额	10			—
免抵退税不得免征和抵扣税额	11（如 8>9+10 则为 8-9-10，否则为 0）			
结转下期免抵退税不得免征和抵扣税额抵减额	12（如 9+10>8 则为 9+10-8，否则为 0）		—	—
出口销售额乘退税率	13			—
上期结转免抵退税额抵减额	14		—	—
免抵退税额抵减额	15			—
免抵退税额	16（如 13>14+15 则为 13-14-15，否则为 0）			—
结转下期免抵退税额抵减额	17（如 14+15>13 则为 14+15-13，否则为 0）		—	—
增值税纳税申报表期末留抵税额	18		—	—
计算退税的期末留抵税额	19=18-11c		—	—
当期应退税额	20（如 16>19 则为 19，否则为 16）			—
当期免抵税额	21=16-20			—

出口企业申明：		退税部门：	
此表各栏目填报内容是真实、合法的，与实际出口货物情况相符。此次申报的出口业务不属于“四自三不见”等违背正常出口经营程序的出口业务。否则，本企业愿意承担由此产生的相关责任。			
经办人：		经办人：	
财务负责人：	（公章）	复核人：	（章）
企业负责人：	年　月　日	负责人：	年　月　日

受理人：　　　　　　　受理日期：　　年　月　日　　　　　受理税务机关（签章）

注：1. 本表一式四联，退税部门审核签章后返给企业二联，其中一联作为下期增值税纳税申报表附表，退税部门留存一联，报上级退税机关一联；

2. 第（c）列“与增值税纳税申报表差额”为退税部门审核确认的第（b）列“累计”申报数减增值税纳税申报表对应项目的累计数的差额，企业应做相应账务调整并在下期增值税纳税申报时对增值税纳税申报表进行调整。

表4-2 外贸企业出口货物退税汇总申报表

（适用于增值税一般纳税人）

申报年月： 年 月 申报批次：

纳税人识别号： 海关代码：

纳税人名称（公章）： 申报日期： 年 月 日 金额单位：元至角分、美元

出口企业申报			主管退税机关审核	
出口退税出口明细申报表	份，记录	条	审单情况	机审情况
出口发票	张，出口额	美元		本次机审通过退增值税额 元
出口报关单	张，			其中：上期结转疑点退增值税 元
代理出口货物证明	张，			本期申报数据退增值税 元
收汇核销单	张，收汇额	美元		
远期收汇证明	张，其他凭证	张		本次机审通过退消费税额 元
出口退税进货明细申报表	份，记录	条		其中：上期结转疑点退消费税 元
增值税专用发票	张，其中非税控专用发票	张		本期申报数据退消费税 元
普通发票	张，专用税票	张		本次机审通过退消费税额 元
其他凭证	张，总进货金额	元		结余疑点数据退增值税 元
总进货税额	元，			结余疑点数据退消费税 元
其中：增值税	元，消费税	元		
本月申报退税额	元，			
其中：增值税	元，消费税	元		
进料应抵扣税额	元，			
申请开具单证				授权人申明
代理出口货物证明	份，记录	条		（如果你已委托代理申报人，请填写下列资料）
代理进口货物证明	份，记录	条		
进料加工免税证明	份，记录	条		为代理出口货物退税申报事宜，现授权 为本纳税人的代理申报人，任何与本申报表有关的往来文件都可寄予此人。
来料加工免税证明	份，记录	条		
出口货物转内销证明	份，记录	条		
补办报关单证明	份，记录	条		
补办收汇核销单证明	份，记录	条		
补办代理出口证明	份，记录	条		授权人签字 （盖章）
内销抵扣专用发票	张，其他非退税专用发票	张	审单人：	审核人： 年 月 日
申报人申明				
此表各栏目填报内容是真实、合法的，与实际出口货物情况相符。此次申报的出口业务不属于“四自三不见”等违背正常出口经营程序的出口业务。否则，本企业愿承担由此产生的相关责任。 企业填表人： 财务负责人： （公章） 企业负责人： 年 月 日			签批人： （公章） 年 月 日	

受理人： 受理日期： 年 月 日 受理税务机关（签章）

本 章 小 结

本章知识点是“免、抵、退”税的含义，出口货物和劳务及应税服务增值税退（免）税的政策、消费税免税政策，出口货物退（免）税的计算及相应的会计处理。政策规定较难理解，因此，增加了学习难度。

基础知识与技能训练题

一、名词解释

出口货物退（免）税　　出口退税　　其他应收款——应收补贴款

二、简答题

1. 请简述出口货物退（免）税的适用范围。
2. 请简述出口货物退（免）税基本政策。
3. 请简述出口货物退税率。
4. 请简述出口货物增值税“免、抵、退”税的计算方法。
5. 简述出口货物增值税“免、抵、退”税核算所设置的会计科目。

三、单项选择题

1. 某外贸公司（增值税一般纳税人）8 月份购进电风扇 600 台，单价 145 元/台，已取得增值税专用发票。当月将外购的电风扇 600 台报关出口，离岸单价 20 美元/台，该笔出口已收汇并做销售处理。（美元与人民币比价为 1∶6.1，退税率为 15%）。该笔出口业务应退增值税（　　）。

　A．15 750 元　　B．14 790 元　　C．13 050 元　　D．10 980 元

2. 确定一项货物是否属于进口货物，必须首先看（　　）。

　A．是国外产制还是我国已出口而转销国内的货物
　B．是进口者自行采购还是国外捐赠的货物
　C．是否有报关进口手续
　D．是进口者自用还是作为贸易货物

3. 消费税纳税人出口按规定不予退税或免税的应税消费品，税务处理的办法是（　　）。

　A．可不计算应缴消费税　　B．不予办理退（免）税
　C．视同出口非应税消费品　　D．视同国内销售处理

4. 下列说法正确的是（　　）。

　A．出口货物退（免）税适用任何出口企业
　B．出口货物退（免）的税是指增值税和消费税
　C．出口货物退税率是 17%
　D．出口货物即退税

5．下列说法正确的是（　　）。

A．出口货物退（免）税是指在国际贸易业务中，对我国报关出口的货物退还或免征其在国内各生产和流转环节按税法规定缴纳的增值税和消费税

B．出口货物退（免）税没有适用范围

C．“免、抵、退”税的计算适用任何企业

D．外贸企业直接购进国家规定的免税货物出口的，免税并退税

四、多项选择题

1．生产企业出口货物“免、抵、退”税额视具体情况可依据（　　）及出口货物的退税率计算。

A．出口货物离岸价

B．税务机关依据有关规定核定的离岸价

C．出口货物的到岸价扣除按会计制度允许冲减出口销售收入的运费、保险费、佣金等

D．出口货物的到岸价

2．根据出口企业的不同形式和出口货物的不同种类，我国的出口货物税收政策分为（　　）三种形式。

A．出口免税并退税　　B．出口免税不退税

C．出口退税不免税　　D．出口不免税也不退税

3．适用增值税退（免）税政策的范围包括（　　）。

A．出口企业出口货物

B．出口企业对外提供加工修理修配劳务

C．境内的单位和个人向境外提供适用增值税零税率的服务和无形资产

D．增值税小规模纳税人出口的货物

4．目前我国出口货物退税的计算方法有（　　）。

A．“免、抵、退”税的计算方法　　B．免退税计算方法

C．“即征即退”方法　　D．交多少退多少的办法

5．出口货物退（免）税适用的税种（　　）。

A．增值税　　B．资源税　　C．关税　　D．消费税

6．（　　）出口货物，免税但不予退税。

A．来料加工复出口的货物

B．古旧图书

C．有出口卷烟权的企业出口国家出口卷烟计划内的卷烟

D．军品

7．下列表述正确的是（　　）。

A．出口免税是指对货物在出口销售环节不征增值税、消费税

B．“免、抵、退”税的计算方法适用出口自产货物和视同自产货物及对外提供劳务的生产企业

C．“免退税”目前主要用于收购货物出口的外贸企业

D．增值税一般纳税人提供零税率应税服务适用“免、抵、退”税政策

8．下列跨境销售服务和无形资产适用增值税零税率的有（　　）。

A．在境内载运旅客或者货物出境　　B．在境外载运旅客或者货物入境

C．在境外载运旅客或者货物　　D．信息系统服务

9．境内的单位和个人销售的下列服务和无形资产免征增值税（　　）。

A．会议展览地点在境外的会议展览服务　　B．存储地点在境外的仓储服务

C．广播影视节目（作品）的制作和发行服务　　D．标的物在境外使用的有形动产租赁服务

10．为了反映和监督企业增值税的“免、抵、退”税情况，会计上应在“应交税费——应交增值税”科目下，专设（　　）等科目核算。

A．“出口退税”贷方专栏　　B．“进项税额转出”贷方专栏

C．“减免税款”借方专栏　　D．“出口抵减内销产品应纳税额”借方专栏

五、业务题

1．基本情况：甲有限责任公司为增值税一般纳税人，主要从事某工业产品的生产、内销及出口贸易业务，出口货物增值税实行“免、抵、退”税管理办法，已实行增值税防伪税控系统管理。销售货物适用增值税税率 17%，退税率 15%。

2．计税资料：该企业 8 月份发生以下业务：

（1）14 日，外购一批原材料，取得增值税专用发票注明的价款 1 160 万元，增值税款 197.2 万元，货款已通过银行支付，增值税专用发票已于当月办理了认证手续。

（2）19 日，进料加工免税进口料件，作价人民币 200 万元，货款已通过银行支付。

（3）21 日，自营进料加工复出口货物一批，该批货物离岸价折合人民币 1 200 万元。

（4）24 日，内销货物一批，销售额为 1 000 万元，货款尚未收到。

（5）29 日，接供电局电费通知单：本月共耗用 40 000 度电，其中生产部门耗用 38 000 度，职工食堂 2 000 度，应支付本月电费，增值税专用发票注明的价款 8 万元。增值税款 1.36 万元，税款已通过银行支付，增值税专用发票已于当月办理了认证手续。

（6）31 日，接自来水公司水费通知单：本月共耗用 40 000 吨，其中：生产用水 36 000 吨，职工食堂用水 4 000 度，支付水费，增值税专用发票注明的价款 80 万元。增值税款 4.8 万元，税款已通过银行支付，增值税专用发票已于当月办理了认证手续。

（7）上期末留抵税款 2 万元。

要求：1．简述增值税“免、抵、退”的含义。

2．计算该公司当月增值税“免、抵、退”税额。

3．做出相关业务正确的会计处理。

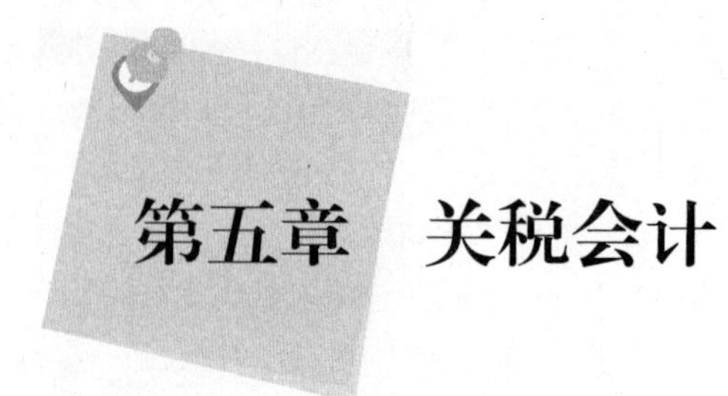

第五章　关税会计

【学习目的】通过学习，了解关税的征收制度；掌握关税的计税依据、应纳税额的计算及会计处理。

【技能要求】学会关税计税依据及应纳税额的计算，能够进行关税申报和会计处理操作。

引　言

长源公司欲将产品打入国际市场，在与境外某企业谈判过程中，该企业要求提供一批货样。公司决策层会议上有人担心货样一出国境需交关税，从而增加交易成本。会计主管则非常肯定地告诉大家：关税税则规定，货样是免征关税的。公司最终向境外某企业提供了货样。由于免征关税，货样的出口并没有增加公司的关税成本，而且公司货物优良的品质受到了外商的青睐，公司与境外某企业签订了长期的购销合同，从而为公司带来了良好的经济效益。

那么什么是关税？什么情况下必须缴纳关税以及如何计缴？什么情况下免征关税？作为会计人员，如何对关税进行账务处理？本章将对这些问题进行阐述。

第一节　关税概述

一、关税的概念和分类

（一）关税的概念

关税是由海关根据国家制定的有关法律，以进出关境的货物和物品为征税对象而征收的一种商品税。具体分析如下：

（1）关税的征税对象是货物和物品。货物是指贸易性商品；物品指入境旅客随身携带的行李物品、个人邮递物品、各种运输工具上的服务人员携带进口的自用物品、馈赠物品以及其他方式进境的个人物品。

（2）关税只对进出关境的货物和物品征税。关境是指海关法完全实施的领域。一般情况下，一国的关境和国境是一致的；但当一个国家在境内设立自由港或自由贸易区时，国境大于关境；当几个国家结成关税同盟，组成统一关境，实施统一的关税法令和统一的对外税则，只对来自或运往其他国家的货物进出共同关境时征收关税，国境小于关境，如欧洲联盟。

（3）关税是单一环节的价外税。关税的完税价格中不包括关税，即在征收关税时，计税依据中不包括关税在内。海关代为征收增值税和消费税时，关税包括在计税依据中。

（二）关税的分类

（1）按征税对象进行分类，将关税分为进口税、出口税和过境税。

1）进口税是海关对进口货物和物品征收的关税。

2）出口税是海关对出口货物和物品征收的关税。

3）过境税是海关对境外起运，通过境内继续运往境外的货物征收的关税。

（2）按征税标准进行分类，将关税分为从价税、从量税、复合税、选择税和滑准税。

1）从价税是以货物的价格作为征税标准而征收的税。

2）从量税是以货物的计量单位（重量、长度、面积、容积等）作为征税标准，以每一计量单位应纳的关税金额作为税率而征收的税。

3）复合税是在税则的同一税目中，同时制定从价和从量两种税率，征税时既从价又从量征收。

4）选择税是在税则的同一税目中，制定有从价和从量两种税率，征税时由海关选择其一种计征。

5）滑准税是在税则中预先按产品的价格高低分档制定若干不同的税率，然后根据进出口商品价格的变动而增减进出口税率的一种关税。当商品价格上涨时，采用较低税率，而当商品价格下跌时，则采用较高税率，其目的是使该种商品的国内市场价格保持稳定，免受或少受国际市场价格波动的影响。

（3）按征税性质进行分类，将关税分为普通关税、优惠关税和特别关税三种，它们主要适用于进口关税。

1）普通关税又称一般关税，是对与本国没有签署贸易或经济互惠等友好协定的国家原产的货物征收的非优惠性关税。

2）优惠关税一般是互惠关税，即优惠协定的双方互相给对方优惠关税待遇，但也有单向优惠关税，即只对受惠国给予优惠待遇，而没有反向优惠。优惠关税一般有特定优惠关税、普遍优惠关税和最惠国待遇三种：

① 特定优惠关税是指某一国家对另一国家（地区）或某些国家对另外一些国家（地区）的某些方面给予的特定优惠待遇，而其他国家不得享受的一种关税制度。

② 普遍优惠关税是指发达国家对从发展中国家或地区输入的产品，特别是制成品和半制成品普遍给予优惠关税待遇的一种关税制度。

③ 最惠国待遇是国际贸易协定中的一项重要内容，它规定缔约国双方相互间现在和将来所给予任何第三国的优惠待遇，同样适用于对方。

3）特别关税实际上是保护主义政策的产物，是保护一国产业所采取的特别手段。一般意义上的特别关税主要分为保障性关税、反补贴税、报复性关税、反倾销关税等。

二、关税的纳税人

进口货物的收货人、出口货物的发货人和进出境物品的所有人是关税的纳税义务人。

进出口货物的收发货人，是依法取得对外贸易经营权并进口或者出口货物的法人或者其他社会团体。进出境物品的所有人包括该物品的所有人或推定为所有人的人。

三、关税税则及税率

（一）进出口关税税则

进出口关税税则是一国政府根据国家关税政策和经济政策，通过一定的立法程序制定公布实施的进出口货物和物品应税的关税税率表。进出口关税税则以税率表为主体，通常还包括实施税则的法令、使用税则的有关说明和附录等。《中华人民共和国海关进出口税则》是我国海关凭以征收关税的法律依据，也是我国关税政策的具体体现。

（二）税率

税率表作为税则主体，包括税则商品分类目录和税率栏两大部分。税则商品分类目录是把种类繁多的商品加以综合，按照其不同特点分门别类地简化成数量有限的商品类目，分别编号按序排列，称为税则号列，并逐号列出该号中应列入的商品名称。税率栏是按商品分类目录逐项订出的税率栏目。我国现行进口税则为四栏税率，出口税则为一栏税率。

我国加入 WTO 后，为履行加入 WTO 关税减让谈判中承诺的有关义务，享有 WTO 成员应有的权利，根据《中华人民共和国进出口关税条例》（以下简称《进出口关税条例》），自 2002 年 1 月 1 日起，我国进口税则设有最惠国税率、协定税率、特惠税率、普通税率、关税配额税率等税率。对进口货物在一定期限内可以实行暂定税率；最惠国税率适用原产于与我国共同适用最惠国待遇条款的世界贸易组织成员国或地区的进口货物，或原产于与我国签订有相互给予最惠国待遇条款的双边贸易协定的国家或地区的进口货物，以及原产于中华人民共和国境内的进口货物；协定税率适用原产于与我国订有含关税优惠条款的区域性贸易协定的有关缔约方的进口货物；特惠税率适用原产于与我国签订有特殊优惠关税协定的国家或地区的进口货物；普通税率适用原产于上述国家或地区以外的国家和地区的进口货物，或者原产地不明的国家或者地区的进口货物。按照普通税率征税的进口货物，经国务院关税税则委员会特别批准，可以适用最惠国税率。

我国出口税则为一栏税率，即出口税率。国家仅对少数资源性产品及易于竞相杀价、盲目进口、需要规范出口秩序的半制成品征收出口关税。现行税则对包含鳗鱼苗、部分有色金属矿砂及其精矿等在内的 100 余种商品计征出口关税。但对上述范围内的部分商品实行 0～25%的暂定税率，此外，根据需要对其他 200 多种商品征收暂定税，与进口暂定税率一样，出口暂定税率优先适用于出口税则中规定的出口税率。

四、关税的优惠政策

（一）法定减免

下列进出口货物、物品免征关税：

1）关税税额在人民币 50 元以下的一票货物；

2）无商业价格的广告品和货样；

3）外国政府、国际组织无偿赠送的物资；

4）进出境运输工具装载途中必需的燃料、物料和饮食用品；

5）在海关放行前损失的货物，可免征关税；

6）在海关放行前遭受损坏的货物，可以根据海关认定的受损程度减征关税；

7）我国缔结或者参加国际公约规定减征、免征关税的货物、物品，按照规定予以减免关税；

8）法律规定减征、免征关税的其他货物、物品。

（二）特定减免

特定减免是指在关税基本法规规定的法定减免外，由国务院授权的机关颁布法规、规章特别规定的减免。例如，对进口科教用品和残疾人专用品，慈善性捐赠物资以及对加工贸易产品、边境贸易进口物资等的减免关税规定。

（三）临时减免

临时减免是指在以上法定和特定减免以外的其他减免税，即由国务院根据《中华人民共和国海关法》（以下简称《海关法》）对某个单位、某类商品、某个项目或某批进出口货物的特殊情况，给予特别照顾，一案一批，专文下达的减免税。

第二节　进出口货物关税完税价格的确定及关税税额的计算

一、关税完税价格的确定

《海关法》规定，进出口货物的完税价格，由海关以该货物的成交价格为基础审查确定。成交价格不能确定时，完税价格由海关依法估定。

（一）一般进口货物完税价格的确定

根据《海关法》规定，进口货物的完税价格包括货物的货价，加上货物运抵中华人民共和国海关境内输入地点起卸前的运输及其相关费用、保险费。进口货物完税价格的确定方法以划分为两类，一类是以进口货物的成交价格为基础进行调整，从而确定进口货物完税价格的估价方法（以下称“成交价格估价方法”），另一类则是在进口货物的成交价格不符合规定条件，或者成交价格不能确定的情况下，海关用以审查确定进口货物完税价格的估价方法（以下称“海关估价方法”）。

1．成交价格估价方法

进口货物的成交价格，是指卖方向我国境内销售该货物时买方为进口该货物向卖方实付或应付的，并按《中华人民共和国海关审定进出口货物完税价格办法》（以下简称《完税价格办法》）有关规定调整后的价款总额，包括直接支付的价款和间接支付的价款。

（1）应计入完税价格的调整项目。以成交价格为基础审查确定进口货物的完税价格时，该货物实付或应付价格中未包含下列费用或价值的，应一并计入完税价格：

1）由买方负担的除购货佣金以外的佣金和经纪费；

2）进口方为在境内制造、使用、出版、发行或播映目的而向境外卖方支付的与该进口货物有关的专利、商标、著作权、专有技术、分销权或者销售权的许可或者转让等特许权使用费用。

3）由买方负担的包装劳务和包装材料费、与货物视为一体的容器的费用。

4）与进口货物的生产和向中华人民共和国境内销售有关的，由买方以免费或者以低于成本的方式提供，并且可以按适当比例分摊的材料、部件、零件、工具、模具、消耗的材料和类似货物的价款，以及在境外进行的为生产进口货物所需的工程设计、技术研发、工艺及制图等相关服务的费用。

5）卖方直接或者间接从买方对该货物进口后销售、处置或者使用所得中获得的收益。

以上所述费用或价值，应当由进口货物的收货人向海关提供客观量化数据资料。如果没有客观量化的数据资料，由海关按照《完税价格办法》规定的方法审查确定完税价格。

（2）不计入完税价格的调整项目。如果进口货物成交价格中已包括下列费用，且能够单独分列的，可以从完税价格中扣除：

1）厂房、机械或者设备等货物进口后发生的建设、安装、装配、维修或者技术援助费用，但是保修费用除外；

2）进口货物运抵中华人民共和国境内输入地点起卸后发生的运输及其相关费用、保险费；

3）进口关税、进口环节海关代征税及其他国内税收；

4）为在境内复制进口货物而支付的费用；

5）境内外技术培训及境外考察费用。

6）同时符合下列条件的利息费用不计入完税价格：利息费用是买方为购买进口货物而融资所产生的；有书面的融资协议的；利息费用单独列明的；纳税义务人可以证明有关利率不高于在融资当时当地此类交易通常应当具有的利率水平，且没有融资安排的相同或者类似进口货物的价格与进口货物的实付、应付价格非常接近的。

2．进口货物海关估价方法

进口货物的成交价格不符合成交价格条件或者成交价格不能确定的，海关应当依次以相同货物成交价格估价方法、类似货物成交价格估价方法、倒扣价格估价方法、计算价格估价方法及其他合理方法确定的价格为基础，估定完税价格。如果进口货物的收货人提出要求，并提供有关资料，经海关同意，可以选择倒扣价格估价方法和计算价格估价方法的适用次序。

（二）出口货物完税价格的确定

1. 以成交价格为基础的完税价格

出口货物的完税价格由海关以该货物的成交价格为基础审查确定，并且应当包括货物运至中华人民共和国境内输出地点装载前的运输及其相关费用、保险费。但其中包含的出口关税税额以及在货物价款中单独列明的货物运至我国境内输出地点装载后的运输及其相关费用、保险费应当扣除。

出口货物的成交价格，是指该货物出口销售到我国境外时买方向卖方实付或应付的价款总额。

2. 出口货物海关估价方法

出口货物的成交价格不能确定时，海关经了解有关情况，并且与纳税义务人进行价格磋商后，依次以下列价格审查确定该货物的完税价格：

（1）同时或者大约同时向同一国家或地区出口的相同货物的成交价格；

（2）同时或者大约同时向同一国家或地区出口的类似货物的成交价格；

（3）根据境内生产相同或者类似货物的成本、利润和一般费用（包括直接费用和间接费用）、境内发生的运输及其相关费用、保险费计算所得的价格；

（4）按照合理方法估定的价格。

二、关税税额的计算

（一）从价税应纳税额的计算

关税税额=应税进（出）口货物数量×单位完税价格×税率

进口货物的成交价格，因有不同的成交条件而有不同的价格形式，常用的价格条款有 FOB（离岸价格=货价+出口税及离岸前相关费用）、CFR（离岸价+运费）、CIF（到岸价格=离岸价格+途中运输费、保险费、离岸后到岸前相关费用）。

（1）CIF（到岸价格）成交的进口货物，如果申报价格符合规定的“成交价格”条件的，则可直接计算出税款。

例 5-1 某公司从日本进口铁盘条 10 万吨，其成交价格为 CIF 上海新港 130 000 美元，当时外汇牌价为 1 美元=6.33 人民币元，关税税率为 15%，计算应纳关税如下：

完税价格=130 000 ×6.33=822 900（元）

应纳关税税额=82 900 ×15%=123 435（元）

（2）FOB 和 CFR 成交的进口货物，在计算税款时应先把进口货物的申报价格折算成 CIF 价，然后再按上述程序计算税款。

例 5-2 我国从国外进口一批钢板共计100 000公斤，成交价格为FOB伦敦2.5英镑/公斤，已知单位运费为0.5英镑，保险费率为0.25%，当时外汇牌价为：1英镑=10.08人民币元，关税税率为10%，计算应纳关税如下：

单位完税价格=（FOB价+运费）/（1−保险费率）

=（2.5+0.5）/（1−0.25%）×10.08=30.32（元/公斤）

该批货物应纳进口关税税额=30.32×100 000×10%

=303 200（元）

（二）从量税应纳税额的计算

关税税额=应税进（出）口货物数量×单位货物税额

（三）复合税应纳税额的计算

关税税额=应税进（出）口货物数量×单位货物税额+应税进（出）口货物数量×单位完税价格×税率

例 5-3 某公司进口2台美国产摄像机，每台价格为CIF 14 000美元，当时外汇牌价为1美元=6.35人民币元，从量税为每台13 280元，从价税为3%，计算应纳进口关税如下：

应纳关税税额=2×13 280+（14 000×6.35）×3%×2=31 894（元）

例 5-4 某商场进口一批高档化妆品，该批货物在国外的买价96万元，货物运抵我国入关前发生的运输费、保险费和其他费用分别为8万元、5万元、3万元。货物报关后，该商城按规定缴纳了进口环节的增值税和消费税并取得了海关开具的缴款书。从海关将化妆品运往商场所在地取得增值税专用发票，注明运费4万元，增值税进项税额0.44万元，该批化妆品当月在国内全部销售，取得不含税销售额416万元（假定化妆品进口关税税率20%，增值税税率17%，消费税税率15%）。

要求：计算该批化妆品进口环节应缴纳的关税、增值税、消费税和国内销售环节应缴纳的增值税。

（1）关税的组成计税价格=96+8+5+3=112（万元）

（2）应缴纳进口关税=112×20%=22.4（万元）

（3）进口环节应缴纳增值税组成计税价格=（112+22.4）÷（1−30%）=192（万元）

（4）进口环节应缴纳增值税=192×17%=32.64（万元）

（5）进口环节应缴纳消费税=192×15%=28.8（万元）

（6）国内销售环节应缴纳增值税=416×17%−0.44−32.64=37.64（万元）

（四）滑准税应纳税额的计算

关税税额=应税进（出）口货物数量×单位完税价格×滑准税税率

三、跨境电子商务零售进口税收政策

自2016年4月8日起，跨境电子商务零售进口商品按照货物征收关税和进口环节增值税、消费税，购买跨境电子商务零售进口商品的个人作为纳税义务人，实际交易价格（包括货物零售价格、运费和保险费）作为完税价格，电子商务企业、电子商务交易平台企业或物流企业可作为代收代缴义务人。

（一）适用范围

跨境电子商务零售进口税收政策适用于从其他国家或地区进口的、《跨境电子商务零售进口商品清单》范围内的以下商品：

（1）所有通过与海关联网的电子商务交易平台交易，能够实现交易、支付、物流电子信息“三单”比对的跨境电子商务零售进口商品；

（2）未通过与海关联网的电子商务交易平台交易，但快递、邮政企业能够统一提供交易、支付、物流等电子信息，并承诺承担相应法律责任进境的跨境电子商务零售进口商品。

不属于跨境电子商务零售进口的个人物品以及无法提供交易、支付、物流等电子信息的跨境电子商务零售进口商品，按现行规定执行。

（二）计征限额

跨境电子商务零售进口商品的单次交易限值为人民币2 000元，个人年度交易限值为人民币20 000元。在限值以内进口的跨境电子商务零售进口商品，关税税率暂设为0%；进口环节增值税、消费税取消免征税额，暂按法定应纳税额的70%征收。超过单次限值、累加后超过个人年度限值的单次交易，以及完税价格超过2 000元限值的单个不可分割商品，均按照一般贸易方式全额征税。

（三）计征规定

跨境电子商务零售进口商品自海关放行之日起30日内退货的，可申请退税，并相应调整个人年度交易总额。

跨境电子商务零售进口商品购买人（订购人）的身份信息应进行认证；未进行认证的，购买人（订购人）身份信息应与付款人一致。

《跨境电子商务零售进口商品清单》将由财政部商有关部门另行公布。

第三节　关税的会计处理

一、进口关税的会计处理

（一）自营进口关税的核算

为了完整地核算进出口企业进口商品的成本，进口关税应直接在“材料采购”科目中进行核算，而不通过税金科目核算，即企业进口商品计算应纳税额时，借记“材料采购”

等有关科目，贷记“应交税费——应交关税”科目；按规定时间缴纳税款时，借记“应交税费——应交关税”科目，贷记“银行存款”科目。

例 5-5 某外贸进出口公司从国外自营进口商品一批，该商品的到岸价格为人民币 400 000 元，进口关税税率为 50%，则关税计算及会计处理如下：

（1）计算应纳税商品采购成本：

应纳关税税额=400 000×50%=200 000（元）

商品采购成本=400 000+200 000 元=600 000（元）

（2）购进商品并计算应纳关税时：

借：材料采购　　600 000
　　贷：银行存款　　400 000
　　　　应交税费——应交关税　　200 000

（3）实际缴纳关税时：

借：应交税费——应交关税　　200 000
　　贷：银行存款　　200 000

（4）商品验收入库时：

借：库存商品　　600 000
　　贷：材料采购　　600 000

（二）代理进口关税的核算

代理进口业务的进口关税，由进口单位原数向委托单位收取，在计算应缴纳关税时，借记“应收账款”科目，贷记“应交税费——应交关税”科目；代交进口关税时，借记“应交税费——应交关税”科目，贷记“银行存款”科目；收到委托单位的税款时，借记“银行存款”科目，贷记“应收账款”科目。

例 5-6 山西省某矿业公司委托山西省某外贸公司进口钢材一批，国外离岸价格为 10 000 美元，另支付运费 600 美元，包装费 200 美元，保险费 300 美元，支付给卖方佣金 600 美元，当时外汇牌价为 1 美元=6.30 人民币元，进口关税税率为 15%，以上款项均以银行存款支付，钢材已验收入库，则关税计算及会计处理如下：

（1）关税税额的计算：

关税完税价格=（10 000+600+200+300+600）×6.30=73 710（元）

应纳关税税额=73 710×15%=11 056.5（元）

钢材采购成本=73 710+11 056.5=84 766.5（元）

（2）矿业公司会计处理如下：

借：材料采购　　84 766.5
　　贷：银行存款　　84 766.5
借：原材料　　84 766.5
　　贷：材料采购　　84 766.5

（3）外贸公司会计处理如下：

借：应收账款　　11 056.5

贷：应交税费——应交关税 11 056.5

借：应交税费——应交关税 11 056.5

贷：银行存款 11 056.5

借：银行存款 11 056.5

贷：应收账款 11 056.5

二、出口关税的会计处理

（一）自营出口关税的会计处理

企业自营出口应缴纳的关税，应在税金账户下进行核算。当企业计算出应纳税额时，借记税金等有关科目，贷记“应交税费——应交关税”科目；实际缴纳关税时，借记“应交税费——应交关税”科目，贷记“银行存款”科目。

例 5-7 某进出口公司出口商品一批，该商品离岸价格为300 000元，出口关税税率为20%，应纳关税税额及会计处理如下：

（1）应纳关税税额的计算：

关税完税价格=300 000/（1+20%）=250 000（元）

应纳关税=250 000×20%=50 000（元）

（2）会计处理：

借：税金及附加 50 000

贷：应交税费——应交关税 50 000

借：应交税费——应交关税 50 000

贷：银行存款 50 000

（二）代理出口关税的核算

代理出口业务其缴纳的关税由委托单位负担，通过“国内账款结算”或“应收账款”科目核算。计算出应纳出口关税时，借记“国内账款结算”或“应收账款”科目，贷记“应交税费——应交关税”科目；上缴关税时，借记“应交税费——应交关税”科目，贷记“银行存款”科目，收到委托单位支付的款项时，借记“银行存款”科目，贷记“国内账款结算”或“应收账款”科目。

例 5-8 某进出口公司代理某企业出口商品一批，该商品离岸价格为 450 000 元，出口关税税率为 20%，手续费为 14 000 元，则应纳关税税额及会计处理如下：

（1）计算应纳关税：

应纳关税=450 000/（1+20%）×20%=75 000（元）

（2）会计处理：

计算出应纳关税时：

借：应收账款 75 000

贷：应交税费——应交关税 75 000

上缴关税时：

借：应交税费——应交关税 75 000

贷：银行存款 75 000

计算应收手续费时：

借：应收账款 14 000

贷：其他业务收入 14 000

收到委托单位支付的税款及手续费时：

借：银行存款 89 000

贷：应收账款 89 000

第四节 关税的纳税申报

进口货物自运输工具申报进境之日起14日内，出口货物在货物运抵海关监管区后装货的24小时以前，应由进出口货物的纳税义务人填写关税专用缴款书和中华人民共和国海关进口货物报关单、中华人民共和国海关出口货物报关单（具体格式见表5-1、表5-2），向货物进出口境地海关申报。海关根据税则归类和完税价格计算应缴纳的关税和进口环节代征税，并填发税款缴款书。纳税义务人应当自海关填发税款缴款书之日起15日内向指定银行缴纳税款。如缴纳税款期限的最后一日是周末或法定节假日，则缴纳期限顺延至周末或法定节假日过后的第1个工作日。为方便纳税义务人，经申请且海关同意，进（出）口货物的纳税义务人可以在设有海关的指运地（启运地）办理海关申报、纳税手续。纳税义务人因不可抗力或者在国家税收政策调整的情形下，不能按期缴纳税款的，经海关总署批准，可以延期缴纳税款，但最长不得超过6个月。

表5-1 中华人民共和国海关进口货物报关单

预录入编号： 海关编号：

进口口岸	备案号	进口日期		申报日期
经营单位	运输方式	运输工具名称		提运单号
收货单位	贸易方式	征免性质		征税比例
许可证号	起运国（地区）	装运港		境内目的地
批准文号	成交方式	运费	保费	杂费
合同协议号	件数	包装种类	毛重（千克）	净重（千克）
集装箱号	随附单据			用途
标记唛码及备注				

项目	商口编号	商品名称、规格型号	数量及单位	原产国（地区）	单价	总价	币制	征免

税费征收情况		
录入员 录入单位	兹声明以上申报无讹并承担法律责任	海关审批注及放行日期（签章） 审单 审价
报关员 单位地址 邮编电话	申报单位（签章） 填制日期	征税 统计 查验 放行

表 5-2 中华人民共和国海关进口货物报关单

预录入编号： 海关编号：

进口口岸	备案号		出口日期		申报日期
经营单位	运输方式		运输工具名称		提运单号
收货单位	贸易方式		征免性质		结汇方式
许可证号	运抵国（地区）		指运港		境内货源地
批准文号	成交方式		运费	保费	杂费
合同协议号	件数	包装种类	毛重（千克）		净重（千克）
集装箱号	随附单据				生产厂家

标记唛码及备注

项目	商口编号	商品名称、规格型号	数量及单位	原产国（地区）	单价	总价	币制	征免

税费征收情况

录入员 录入单位	兹声明以上申报无讹并承担法律责任	海关审批注及放行日期（签章） 审单 审价
报关员 单位地址 邮编电话	申报单位（签章） 填制日期	征税 统计 查验 放行

本 章 小 结

本章讲述了关税的征收制度、关税的计税依据、应纳税额的计算及其会计处理。只有掌握了关税的征收制度和计税依据，才能正确计算关税的应纳税额，进而进行会计处理。可见各环节衔接密切，因此要求熟练掌握每一节的内容，从而达到融会贯通的目的。

基础知识与技能训练题

一、名词解释

关税 滑准税 选择税 最惠国待遇 复合税

二、简答题

1. 关税按征税对象如何进行分类？

2. 关税按征税标准如何进行分类？

3. 关税按征税性质如何进行分类？

4. 进口货物的完税价格如何确定？

5. 出口的货物的完税价格如何确定？

三、单项选择题

1. 在税则的同一税目中，订有从价和从量两种税率，征税时既采用从量又采用从价两种办法计征税款的，被称为（　　）。

A. 滑准税　　B. 复合税　　C. 选择税　　D. 附加税

2. 关税的征税对象是指（　　）。

A. 仅指准许进出境的货物　　B. 仅指准许进出境的物品

C. 准许进出境的货物和物品　　D. 有形动产

3. 下列不属于关税按征税对象划分的是（　　）。

A. 进口税　　B. 出口税　　C. 过境税　　D. 附加税

4. 适用原产于与我国共同适用最惠国待遇条款的WTO成员国或地区的进口货物，或原产于与我国签订有相互给予最惠国待遇条款的双边贸易协定的国家或地区进口的货物，以及原产于我国境内的进口货物，对其采用的税率被称为（　　）。

A. 最惠国税率　　B. 协定税率

C. 特惠税率　　D. 普通税率

5. 某企业进口一批生产用原材料，其交纳的关税应（　　）。

A. 计入进口货物的成本

B. 计入“税金及附加”账户的借方

C. 计入“应交税费”账户的借方，代加工完成时再行抵扣

D. 计入“管理费用”账户的借方

6. 自营出口关税核算中，企业自营出口应缴纳的关税，应在（　　）科目下进行核算。

A. 税金及附加　　B. 材料采购

C. 主营业务成本　　D. 其他业务支出

7. 进口货物完税价格是指（　　）。

A.“FOB”　　B.“CFR”　　C.“CIF”　　D.“COF”

8. 代理进口关税的核算中，代理进口业务的进口关税，由进口单位原数向委托单位收取，在计算应缴纳关税时，借记（　　）科目，贷记“应交税费——应交关税”科目。

A. 税金及附加　　B. 材料采购

C. 主营业务成本　　D. 应收账款

9. 纳税义务人因不可抗力或者在国家税收政策调整的情形下，不能按期缴纳关税税款的，经海关总署批准，可以延期缴纳税款，但最长不得超过（　　）。

A. 3个月　　B. 6个月　　C. 9个月　　D. 12个月

10. 下列货物中免征关税的有（　　）。

A. 海关放行后损失的货物

B．外国政府、国际组织无偿赠送的物资

C．进口的摩托车

D．关税税额在人民币 500 元以下的一票货物

四、多项选择题

1．下列进口货物中，海关可以酌情减免关税的有（　　）。

A．在境外运输途中或起卸前，遭受损坏或损失的货物

B．起卸后海关放行前，因不可抗力遭受损坏或损失的

C．海关查验时已经破漏，经证明是因为保管不善造成的

D．海关查验时，已经损坏或腐烂，经证明不是保管不善造成的

2．关于进口货物关税的完税价格或到岸价格表述正确的是（　　）。

A．进口货物是以由海关审定的成交价格作为基础的到岸价格作为完税价格

B．到岸价格包括货价，加上货物运抵我国海关境内输入地点起卸前的包装费、运输费、保险费和其他劳务费等

C．到岸价格以运抵我国境内口岸的货价加运费成交的，应另加保险费

D．完税价格=离岸价格÷（1+出口税率）

3．关税按征税标准划分可分为（　　）。

A．从量税　　B．从价税

C．复合税　　D．选择税

4．关税的特点有（　　）。

A．关税征收的对象是进出境的货物和物品

B．关税是单一环节的价外税

C．关税有较强的涉外性

D．关税税率形式单一，仅采用比例税率

5．特别严重关税主要分为（　　）。

A．保障性关税　　B．反补贴关税

C．报复性关税　　D．反倾销关税

6．关税的纳税义务人有（　　）。

A．进口货物的收货人　　B．出口货物的发货人

C．进出境物品的所有人　　D．进口货物的发货人

7．根据《中华人民共和国进出口关税条例》，自 2002 年 1 月 1 日起，我国进口税则设有（　　）。

A．最惠国税率　　B．协定税率

C．特惠税率　　D．普通税率

E．关税配额税率

8．对于进口货物的成交价格不符合规定条件的，或者成交价格不能确定的，在客观上无法采用货物的实际成交价格的，海关经了解有关情况，经与纳税义务人进行价格磋商后，可以依次以下列价格估定该货物的完税价格（　　）。

A．相同货物的成交价格估定　　B．采用类似货物的成交价格估定

C．倒扣价格方法　　D．计算价格方法

E．其他合理方法

9．下列费用未包括在进口货物的实付或者应付价格中，应当计入完税价格的有（　　）。

A．由买方负担的除购货佣金以外的佣金和经纪费

B．由买方负担的在审查确定完税价格时与该货物视为一体的容器费用

C．由买方负担的包装材料和包装劳务费用

D．卖方直接或间接从买方对该货物进口后转售、处置或使用所得中获得的收益

10．进口货物交纳关税，可能借记的账户有（　　）。

A．固定资产　　B．原材料

C．税金及附加　　D．应交税费

五、业务题

1．某企业进口一台机器设备，海关审定的关税完税价格为人民币 200 万元，关税税率为 50%，计算应纳关税并进行相关会计处理。

2．某公司进口 1 台日本产刻录机，价格为 CIF 2 000 美元，当时外汇牌价为 1 美元=6.20 人民币元，从量税为每台 1 500 元，从价税为 3%，计算应纳进口关税税额并作相关会计处理。

3．常宏进出口公司代理某企业出口商品一批，该商品离岸价格为 1 000 000 元， 出口关税税率为 30%， 手续费为 50 000 元，计算应纳关税税额及会计处理。

4．长河进出口公司从美国进口一批货物，货物以离岸价格成交，成交价折合人民币为 1 400 万元（包括单独计价并经海关审查属实的向境外采购代理人支付的买方佣金 10 万元，但不包括因使用该货物而向境外支付的软件费 50 万元），另支付货物运抵我国上海港的运费和保险费 35 万元，该批货物关税税率为 20%，要求计算应纳关税并作进货时相关会计处理。

5．某企业出口产品一批，按离岸价格成交，离岸价格共计人民币 220 万元，该产品出口关税税率为 10%，计算该企业应交的出口关税及进行有关会计处理。

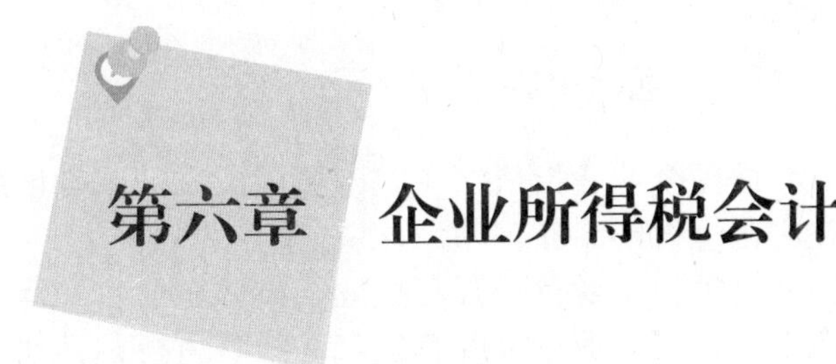

第六章　企业所得税会计

【学习目的】通过本章的学习，了解企业所得税的概念、内容，掌握企业应纳税所得额的确定方法及应纳所得税的计算，理解永久性差异和时间性差异的含义，掌握企业所得税的会计处理及申报程序。

【技能要求】能够正确计算企业应交所得税额，熟练运用应付税款法或纳税影响会计法处理企业所得税业务，能进行企业所得税纳税申报业务操作。

引　　言

201×年长河电器公司为了促销，向客户承诺“一年之内电器出现任何问题均包退包换。”公司的会计主管算了一笔账，她估计这项承诺费用要占到每个会计年度总收入的3%，根据会计准则，她可以将这笔费用在每个会计年度按月份预提计入成本，但她也明白，税法只允许公司在费用实际发生时方可以在申报所得税时扣减费用，这预示着公司期末进行应纳税所得额调整又增加了一项新内容。

那么，什么是企业所得税，什么情况下该缴纳企业所得税，如何计算企业所得税及进行会计核算等，则是本章所要介绍的内容。

第一节　企业所得税概述

一、企业所得税概念

企业所得税是对中华人民共和国境内的企业和其他取得收入的组织在一定时期内的生产、经营所得及其他所得征收的一种税。

二、企业所得税的纳税义务人

企业所得税的纳税义务人是指在中华人民共和国境内的企业和其他取得收入的组织

（以下统称企业）。

企业所得税的纳税人分为居民企业和非居民企业。

（一）居民企业

居民企业是指依法在中国境内成立，或者依照外国（地区）法律成立但实际管理机构在中国境内的企业。

这里的企业包括国有企业、集体企业、私营企业、联营企业、股份制企业、外商投资企业、外国企业，以及有生产、经营所得和其他所得的其他组织。其中，有生产、经营所得和其他所得的其他组织，是指经国家有关部门批准，依法注册、登记的事业单位、社会团体等组织。由于我国的一些事业单位、社会团体组织在完成国家事业计划的过程中，开展多种经营和有偿服务活动，取得除财政部门各项拨款、财政部和国家价格主管部门批准的各项规费收入以外的经营收入，具有了经营的特点，应当视同企业纳入征税范围。其中，实际管理机构是指对企业的生产经营、人员、账务、财产等实施实质性全面管理和控制的机构。

（二）非居民企业

非居民企业是指依照外国（地区）法律成立且实际管理机构不在中国境内，但在中国境内设立机构、场所的，或者在中国境内未设立机构、场所，但有来源于中国境内所得的企业。

所称机构、场所，是指在中国境内从事生产经营活动的机构、场所，包括：

（1）管理机构、营业机构、办事机构；

（2）工厂、农场、开采自然资源的场所；

（3）提供劳务的场所；

（4）从事建筑、安装、装配、修理、勘探等工程作业的场所；

（5）其他从事生产经营活动的机构、场所。

非居民企业委托营业代理人在中国境内从事生产经营活动的，包括委托单位和个人经常代其签订合同，或者储存、交付货物等，该营业代理人视为非居民企业在中国境内设立的机构、场所。

依照中国法律、行政法规成立的个人独资企业、合伙企业不缴纳企业所得税，其生产经营所得比照个体工商户的生产、经营所得征收个人所得税。

三、征税对象

企业所得税的征税对象是指企业的生产经营所得、其他所得和清算所得。

（一）居民企业的征税对象

居民企业应就来源于中国境内、境外的所得缴纳所得税。所得包括销售货物所得，提供劳务所得，转让财产所得，股息、红利等权益性投资所得，利息所得，租金所得，特许权使用费所得，接受捐赠所得和其他所得。

（二）非居民企业的征税对象

非居民企业在中国境内设立机构、场所的，应当就其所设机构、场所取得的来源于中国境内的所得，以及发生在中国境外但与其所设机构、场所有实际联系的所得，缴纳企业所得税。非居民企业没有在中国境内设立机构、场所，或者虽设立机构、场所但是取得的所得与其所设机构、场所没有实际联系的，应就其来源于中国境内的所得缴纳企业所得税。

上述所称实际联系，是指非居民企业在中国境内设立的机构、场所所拥有的据以取得所得的股权、债权，以及拥有、管理、控制据以取得所得的财产。

（三）所得来源的确定

上述所称来源于中国境内、境外的所得，按照以下原则确定：

（1）销售货物所得，按照交易活动发生地确定；

（2）提供劳务所得，按照劳务发生地确定；

（3）转让财产所得：不动产转让所得按照不动产所在地确定，动产转让所得按照转让动产的企业或者机构、场所所在地确定，权益性投资资产转让所得按照被投资企业所在地确定；

（4）股息、红利等权益性投资所得，按照分配所得的企业所在地确定；

（5）利息所得、租金所得、特许权使用费所得，按照负担、支付所得的企业或者机构、场所所在地确定，或者按照负担、支付所得的个人的住所地确定；

（6）其他所得，由国务院财政、税务主管部门确定。

四、企业所得税税率

企业所得税的税率是指对企业应纳税所得额征税的比率。我国企业所得税实行比例税率。现行规定是：

（1）基本税率为 25%。适用于居民企业和在中国境内设有机构、场所且所得与机构、场所有关联的非居民企业。

（2）低税率为 20%。适用于在中国境内未设立机构、场所的，或者虽设立机构、场所但取得的所得与其所设机构、场所没有实际联系的非居民企业。但实际征税时适用 10%的税率。

根据现行税收优惠政策规定，符合条件的小型微利企业，减按 20%的税率征收企业所得税。

国家需要重点扶持的高新技术企业，减按 15%的税率征收企业所得税。

上述所称符合条件的小型微利企业，是指从事国家非限制和禁止行业，并符合下列条件的企业：

（1）工业企业，年度应纳税所得额不超过 30 万元，从业人数不超过 100 人，资产总额不超过 3 000 万元；

（2）其他企业，年度应纳税所得额不超过 30 万元，从业人数不超过 80 人，资产总额不超过1 000万元。

上述所称国家需要重点扶持的高新技术企业，是指拥有核心自主知识产权，并同时符合下列条件的企业：

（1）产品（服务）属于《国家重点支持的高新技术领域》规定的范围；

（2）研究开发费用占销售收入的比例不低于规定比例；

（3）高新技术产品（服务）收入占企业总收入的比例不低于60%以上；

（4）科技人员占企业职工总数的比例不低于规定比例；

（5）高新技术企业认定管理办法规定的其他条件。

五、企业所得税税收优惠政策

（1）免征与减征优惠

企业的下列所得，可以免征、减征企业所得税：

1）从事农、林、牧、渔业项目的所得。

2）从事国家重点扶持的公共基础设施项目投资经营的所得。

3）从事符合条件的环境保护、节能节水项目的所得。

4）符合条件的技术转让所得。

（2）高新技术企业优惠。

（3）小型微利企业优惠。自2017年1月1日至2019年12月31日，对年应纳税所得额在50万元（含）以下的小型微利企业，其所得减按50%计入应纳税所得额，按20%的税率缴纳企业所得税。

（4）加计扣除优惠。主要包括研究开发费用加计扣除和企业安置残疾人员所支付的工资的加计扣除两项。

（5）创投企业优惠。

（6）加速折旧优惠。

（7）减计收入优惠。企业综合利用资源，生产符合国家产业政策规定的产品所取得的收入，可以在计算应纳税所得额时减按90%计入收入总额。

（8）税额抵免优惠。是指企业购置并实际使用《环境保护专用设备企业所得税优惠目录》、《节能节水专用设备企业所得税优惠目录》和《安全生产专用设备企业所得税优惠目录》规定的环境保护、节能节水、安全生产等专用设备的，该专用设备的投资额的10%可以从企业当年的应纳税额中抵免；当年不足抵免的，可以在以后 5 个纳税年度结转抵免。

（9）民族自治地方的优惠。

（10）非居民企业优惠。非居民企业减按10%的税率征收企业所得税。

（11）特殊行业优惠。主要有鼓励软件产业和集成电路产业发展的优惠政策、关于鼓励证券投资基金发展的优惠政策、关于促进节能服务产业发展的税收优惠、电网企业电网新建项目享受所得税的优惠政策等。

（12）其他优惠。主要包括西部大开发的税收优惠和其他事项。

具体内容参见《中华人民共和国企业所得税法实施条例》（以下简称《企业所得税法实施条例》）和国务院《关于实施企业所得税过渡优惠政策的通知》。

第二节 企业所得税应纳税额的计算

企业所得税应纳税额计算的基本公式为

应纳所得税税额=应纳税所得额×适用税率−减免税额−抵免税额

由计算公式可看出，应纳税额的多少，取决于应纳税所得额和适用税率两个因素。在适用税率已定的情况下，正确计算应纳税额的关键在于应纳税所得额的确定。

一、企业应纳税所得额的确定

企业应纳税所得额的计算，以权责发生制为原则，它是所得税应纳税额的计税依据，是纳税人每一纳税年度的收入总额减除不征税收入、免税收入、各项扣除以及允许弥补的以前年度亏损后的余额。基本公式为

应纳税所得额=收入总额−不征税收入−免税收入−各项扣除金额
−允许弥补的以前年度亏损

纳税人计算应纳税所得额，必须按照税法统一规范确定的应税收入和税前扣除项目的范围、标准计算。

（一）企业的收入总额确定

企业在计算应纳税所得额时所称的收入总额指企业以货币形式和非货币形式从各种来源取得的收入。

上述所称企业取得收入的货币形式，包括现金、存款、应收账款、应收票据、准备持有至到期的债券投资以及债务的豁免等。

企业取得收入的非货币形式，包括固定资产、生物资产、无形资产、股权投资、存货、不准备持有至到期的债券投资、劳务以及有关权益等。

以非货币形式取得的收入，应当按照公允价值确定收入额。

1．一般收入的确认

企业的收入总额具体为：

（1）销售货物收入，指企业销售商品、产品、原材料、包装物、低值易耗品以及其他存货取得的收入。

（2）提供劳务收入，指企业从事建筑安装、修理修配、交通运输、仓储租赁、金融保险、邮电通信、咨询经纪、文化体育、科学研究、技术服务、教育培训、餐饮住宿、中介代理、卫生保健、社区服务、旅游、娱乐、加工以及其他劳务服务活动取得的收入。

（3）转让财产收入，指企业转让固定资产、生物资产、无形资产、股权、债权等财产取得的收入。

（4）股息、红利等权益性投资收益，指企业因权益性投资从被投资方取得的收入。

（5）利息收入，指企业将资金提供他人使用但不构成权益性投资，或者因他人占用本企业资金取得的收入，包括存款利息、贷款利息、债券利息、欠款利息等收入。

（6）租金收入，指企业提供固定资产、包装物或者其他有形资产的使用权取得的收入。

（7）特许权使用费收入，指企业提供专利权、非专利技术、商标权、著作权以及其他特许权的使用权取得的收入。

（8）接受捐赠收入，指企业接受的来自其他企业、组织或者个人无偿给予的货币性资产、非货币性资产。

（9）其他收入，指企业取得的除上述第 1 项至第 8 项收入外的其他收入，包括企业资产溢余收入、逾期未退包装物押金收入、确实无法偿付的应付款项、已作坏账损失处理后又收回的应收款项、债务重组收入、补贴收入、违约金收入、汇兑收益等。

2．特殊收入的确认

企业的下列生产经营业务可以分期确认收入的实现：

（1）以分期收款方式销售货物的，按照合同约定的收款日期确认收入的实现。

（2）企业受托加工制造大型机械设备、船舶、飞机，以及从事建筑、安装、装配工程业务或者提供其他劳务等，持续时间超过 12 个月的，按照纳税年度内完工进度或者完成的工作量确认收入的实现。

（3）采取产品分成方式取得收入的，按照企业分得产品的日期确认收入的实现，其收入额按照产品的公允价值确定。

（4）企业发生非货币性资产交换，以及将货物、财产、劳务用于捐赠、偿债、赞助、集资、广告、样品、职工福利或者利润分配等用途的，应当视同销售货物、转让财产或者提供劳务，但国务院财政、税务主管部门另有规定的除外。

3．处置资产收入的确认

（1）企业发生下列情形的处置资产，除将资产转移至境外以外，由于资产所有权属在形式和实质上均不发生改变，可作为内部处置资产，不视同销售确认收入，相关资产的计税基础延续计算：

1）将资产用于生产、制造、加工另一产品；

2）改变资产形状、结构或性能；

3）改变资产用途（如自建商品房转为自用或经营）；

4）将资产在总机构及其分支机构之间转移；

5）上述两种或两种以上情形的混合；

6）其他不改变资产所有权属的用途。

（2）企业将资产移送他人的下列情形，因资产所有权属已发生改变而不属于内部处置资产，应按规定视同销售确认收入：

1）用于市场推广或销售；

2）用于交际应酬；

3）用于职工奖励或福利；

4）用于股息分配；

5）用于对外捐赠；

6）其他改变资产所有权属的用途。

（3）企业发生第（2）条规定情形时，属于企业自制的资产，应按企业同类资产同期对外销售价格确定销售收入；属于外购的资产，可按购入时的价格确定销售收入。

4. 非货币性资产投资企业所得税处理

非货币性资产，是指现金、银行存款、应收账款、应收票据以及准备持有至到期的债券投资等货币性资产以外的资产。

1）居民企业（以下简称企业）以非货币性资产对外投资确认的非货币性资产转让所得，可在不超过5年的期限内，分期均匀计入相应年度的应纳税所得额，按规定计算缴纳企业所得税。

2）企业以非货币性资产对外投资，应对非货币性资产进行评估并按评估后的公允价值扣除计税基础后的余额，计算确认非货币性资产转让所得。

企业以非货币性资产对外投资，应于投资协议生效并办理股权登记手续时，确认非货币性资产转让收入的实现。

3）企业以非货币性资产对外投资而取得被投资企业的股权，应以非货币性资产的原计税成本为计税基础，加上每年确认的非货币性资产转让所得，逐年进行调整。

被投资企业取得非货币性资产的计税基础，应按非货币性资产的公允价值确定。

4）企业在对外投资5年内转让上述股权或投资收回的，应停止执行递延纳税政策，并就递延期内尚未确认的非货币性资产转让所得，在转让股权或投资收回当年的企业所得税年度汇算清缴时，一次性计算缴纳企业所得税；企业在计算股权转让所得时，可按上述3）所述将股权的计税基础一次调整到位。

企业在对外投资5年内注销的，应停止执行递延纳税政策，并就递延期内尚未确认的非货币性资产转让所得，在注销当年的企业所得税年度汇算清缴时，一次性计算缴纳企业所得税。

5）上述所称非货币性资产投资，限于以非货币性资产出资设立新的居民企业，或将非货币性资产注入现存的居民企业。

6）企业发生非货币性资产投资，符合《财政部、国家税务总局关于企业重组业务企业所得税处理若干问题的通知》（财税〔2009〕59号）等文件规定的特殊性税务处理条件的，也可选择按特殊性税务处理规定执行。

5. 企业转让上市公司限售股有关所得税处理

根据国家税务总局公告2011年第39号规定，自2011年7月1日起，企业转让上市公司限售股有关所得税的处理按以下规定执行。

（1）纳税义务人的范围界定问题

根据《中华人民共和国企业所得税法》（以下简称《企业所得税法》）第一条及其《实施条例》第三条的规定，转让限售股取得收入的企业（包括事业单位、社会团体、民办非企业单位等），为企业所得税的纳税义务人。

（2）企业转让代个人持有的限售股征税问题

因股权分置改革造成原由个人出资而由企业代持有的限售股，企业在转让时按以下规定处理：

1）企业转让上述限售股取得的收入，应作为企业应税收入计算纳税。

上述限售股转让收入扣除限售股原值和合理税费后的余额为该限售股转让所得。企业未能提供完整、真实的限售股原值凭证，不能准确计算该限售股原值的，主管税务机关一律按该限售股转让收入的15%，核定该限售股原值和合理税费。

依照本条规定完成纳税义务后的限售股转让收入余额转付给实际所有人时不再纳税。

2）依法院判决、裁定等原因，通过证券登记结算公司，企业将其代持的个人限售股直接变更到实际所有人名下的，不视同转让限售股。

（3）企业在限售股解禁前转让限售股征税问题

企业在限售股解禁前将其持有的限售股转让给其他企业或个人（以下简称受让方），其企业所得税问题按以下规定处理：

1）企业应按减持在证券登记结算机构登记的限售股取得的全部收入，计入企业当年度应税收入计算纳税。

2）企业持有的限售股在解禁前已签订协议转让给受让方，但未变更股权登记、仍由企业持有的，企业实际减持该限售股取得的收入，依照上述第（2）条第1）项规定纳税后，其余额转付给受让方的，受让方不再纳税。

6. 企业接收政府和股东划入资产的企业所得税处理

（1）企业接收政府划入资产的企业所得税处理。

1）县级以上人民政府（包括政府有关部门，下同）将国有资产明确以股权投资方式投入企业，企业应作为国家资本金（包括资本公积）处理。该项资产如为非货币性资产，应按政府确定的接收价值确定计税基础。

2）县级以上人民政府将国有资产无偿划入企业，凡指定专门用途并按《财政部、国家税务总局关于专项用途财政性资金企业所得税处理问题的通知》（财税〔2011〕70号）规定进行管理的，企业可作为不征税收入进行企业所得税处理。其中，该项资产属于非货币性资产的，应按政府确定的接收价值计算不征税收入。

3）县级以上人民政府将国有资产无偿划入企业，属于上述1）、2）项以外情形的，应按政府确定的接收价值计入当期收入总额计算缴纳企业所得税。政府没有确定接收价值的，按资产的公允价值计算确定应税收入。

（2）企业接收股东划入资产的企业所得税处理。

1）企业接收股东划入资产（包括股东赠予资产、上市公司在股权分置改革过程中接收原非流通股股东和新非流通股股东赠予的资产、股东放弃本企业的股权，下同），凡合同、协议约定作为资本金（包括资本公积）且在会计上已做实际处理的，不计入企业的收入总额，企业应按公允价值确定该项资产的计税基础。

2）企业接收股东划入资产，凡作为收入处理的，应按公允价值计入收入总额，计算缴纳企业所得税，同时按公允价值确定该项资产的计税基础。

7. 相关收入实现的确认

除《企业所得税法》及《实施条例》前述收入的规定外，企业销售收入的确认，必须遵循权责发生制原则和实质重于形式原则。

（1）企业销售商品同时满足下列条件的，应确认收入的实现：

1）商品销售合同已签订，企业已将商品所有权相关的主要风险和报酬转移给购货方。

2）企业对已售出的商品既没有保留通常与所有权相联系的继续管理权，也没有实施有效控制。

3）收入的金额能够可靠地计量。

4）已发生或将发生的销售方的成本能够可靠地计算。

（2）符合上款收入确认条件，采取下列商品销售方式的，应按以下规定确认收入实现时间：

1）销售商品采用托收承付方式的，在办妥托收手续时确认收入。

2）销售商品采取预收款方式的，在发出商品时确认收入。

3）销售商品需要安装和检验的，在购买方接受商品以及安装和检验完毕时确认收入。如果安装程序比较简单，可在发出商品时确认收入。

4）销售商品采用支付手续费方式委托代销的，在收到代销清单时确认收入。

（3）采用售后回购方式销售商品的，销售的商品按售价确认收入，回购的商品作为购进商品处理。有证据表明不符合销售收入确认条件的，如以销售商品方式进行融资，收到的款项应确认为负债，回购价格大于原售价的，差额在回购期间确认利息费用。

（4）销售商品以旧换新的，销售商品按收入确认条件确认收入，回收的商品作为购进商品处理。

（5）企业为促进商品销售而在商品价格上给予的价格扣除属于商业折扣，商品销售涉及商业折扣的，应当按照扣除商业折扣后的金额确定销售商品收入金额。

债权人为鼓励债务人在规定的期限内付款而向债务人提供的债务扣除属于现金折扣，销售商品涉及现金折扣的，应当按扣除现金折扣前的金额确定销售商品收入金额，现金折扣在实际发生时作为财务费用扣除。

企业因售出商品的质量不合格等原因而在售价上给的减让属于销售折让；企业因售出商品质量、品种不符合要求等原因而发生的退货属于销售退回。企业已经确认销售收入的售出商品发生销售折让和销售退回，应当在发生当期冲减当期销售商品收入。

（6）企业在各个纳税期末，提供劳务交易的结果能够可靠估计的，应采用完工进度（完工百分比）法确认提供劳务收入。

1）提供劳务交易的结果能够可靠估计，是指同时满足下列条件：

① 收入的金额能够可靠地计量。

② 交易的完工进度能够可靠地确定。

③ 交易中已发生和将发生的成本能够可靠地核算。

2）企业提供劳务完工进度的确定，可选用下列方法：

① 已完工作的测量。

② 已提供劳务占劳务总量的比例。

③ 发生成本占总成本的比例。

3）企业应按照从接受劳务方已收或应收的合同或协议价款确定劳务收入总额，根据纳税期末提供劳务收入总额乘以完工进度，扣除以前纳税年度累计已确认提供劳务收入后的金额，确认为当期劳务收入；同时，按照提供劳务估计总成本乘以完工进度，扣除以前纳税期间累计已确认劳务成本后的金额，结转为当期劳务成本。

4）下列提供劳务满足收入确认条件的，应按规定确认收入：

① 安装费，应根据安装完工进度确认收入。安装工作是商品销售附带条件的，安装费在确认商品销售实现时确认收入。

② 宣传媒介的收费，应在相关的广告或商业行为出现于公众面前时确认收入。广告的制作费，应根据制作广告的完工进度确认收入。

③ 软件费。为特定客户开发软件的收费，应根据开发的完工进度确认收入。

④ 服务费。包含在商品售价内可区分的服务费，在提供服务的期间分期确认收入。

⑤ 艺术表演、招待宴会和其他特殊活动的收费，在相关活动发生时确认收入。收费涉及几项活动的，预收的款项应合理分配给每项活动，分别确认收入。

⑥ 会员费。申请入会或加入会员，只允许取得会籍，所有其他服务或商品都要另行收费的，在取得该会员费时确认收入。申请入会或加入会员后，会员在会员期内不再付费就可得到各种服务或商品，或者以低于非会员的价格销售商品或提供服务的，该会员费应在整个受益期内分期确认收入。

⑦ 特许权费。属于提供设备和其他有形资产的特许权费，在交付资产或转移资产所有权时确认收入；属于提供初始及后续服务的特许权费，在提供服务时确认收入。

⑧ 劳务费。长期为客户提供重复的劳务收取的劳务费，在相关劳务活动发生时确认收入。

（7）企业以买一赠一等方式组合销售本企业商品的，不属于捐赠，应将总的销售金额按各项商品的公允价值的比例来分摊确认各项的销售收入。

（8）企业取得财产（包括各类资产、股权、债权等）转让收入、债务重组收入、接受捐赠收入、无法偿付的应付款收入等，不论是以货币形式，还是非货币形式体现，除另有规定外，均应一次性计入确认收入的年度计算缴纳企业所得税。

8．收入总额中的不征税收入和免税收入

（1）收入总额中的下列收入为不征税收入：

1）财政拨款，指各级人民政府对纳入预算管理的事业单位、社会团体等组织拨付的财政资金，但国务院和国务院财政、税务主管部门另有规定的除外。

2）依法收取并纳入财政管理的行政事业性收费、政府性基金。行政事业性收费指依照法律法规等有关规定，按照国务院规定程序批准，在实施社会公共管理，以及在向公民、法人或者其他组织提供特定公共服务过程中，向特定对象收取并纳入财政管理的费用；政府性基金是指企业依据法律、行政法规等有关规定，代政府收取的具有专项用途的财政资金。

3）国务院规定的其他不征税收入，指企业取得的，由国务院财政、税务主管部门规定专项用途并经国务院批准的财政性资金。

4）专项用途财政性资金企业所得税处理的具体规定。根据财税〔2011〕70号通知规定，自2011年1月1日起，企业取得的专项用途财政性资金按如下规定进行企业所得税处理：

① 企业从县级以上各级人民政府财政部门及其他部门取得的应计入收入总额的财政性资金，凡同时符合以下条件的，可以作为不征税收入，在计算应纳税所得额时从收入总额中减除：企业能够提供规定资金专项用途的资金拨付文件；财政部门或其他拨付资金的政府部门对该资金有专门的资金管理办法或具体管理要求；企业对该资金以及以该资金发生的支出单独进行核算。

② 根据《企业所得税法实施条例》第二十八条的规定，上述不征税收入用于支出所形成的费用，不得在计算应纳税所得额时扣除；用于支出所形成的资产，其计算的折旧、摊销不得在计算应纳税所得额时扣除。

③ 企业将符合第①条规定条件的财政性资金做不征税收入处理后，在5年（60个月）内未发生支出且未缴回财政部门或其他拨付资金的政府部门的部分，应计入取得该资金第六年的应税收入总额；计入应税收入总额的财政性资金发生的支出，允许在计算应纳税所

得额时扣除。

（2）免税收入。根据国家的税收优惠政策，企业的下列收入为免税收入：

1）国债利息收入，指企业持有国务院财政部门发行的国债取得的利息收入。

2）符合条件的居民企业之间的股息、红利等权益性投资收益，指居民企业直接投资于其他居民企业取得的投资收益。

3）在中国境内设立机构、场所的非居民企业从居民企业取得与该机构、场所有实际联系的股息、红利等权益性投资收益。

上述所称股息、红利等权益性投资收益，不包括连续持有居民企业公开发行并上市流通的股票不足12个月取得的投资收益。

4）符合条件的非营利组织的收入。非营利组织的下列收入为免税收入：

① 接受其他单位或者个人捐赠的收入；

② 除《企业所得税法》第七条规定的财政拨款以外的其他政府补助收入，但不包括因政府购买服务取得的收入；

③ 按照省级以上民政、财政部门规定收取的会费；

④ 不征税收入和免税收入孳生的银行存款利息收入；

⑤ 财政部、国家税务总局规定的其他收入。

（二）准予扣除项目

企业实际发生的与取得收入直接相关的、合理的支出，包括成本、费用、税金、损失和其他支出，准予在计算应纳税所得额时扣除。所称合理的支出，是指符合生产经营活动常规，应当计入当期损益或者有关资产成本的必要和正常的支出。

收益性支出在发生当期直接扣除；资本性支出应当分期扣除或者计入有关资产成本，不得在发生当期直接扣除。

企业的不征税收入用于支出所形成的费用或者财产，不得扣除或者计算对应的折旧、摊销扣除。

除《企业所得税法》及其《实施条例》另有规定外，企业实际发生的成本、费用、税金、损失和其他支出，不得重复扣除。

1．准予扣除项目基本内容

（1）成本，是指企业在生产经营活动中发生的销售成本、销货成本、业务支出以及其他耗费，即企业销售商品（产品、材料、下脚料、废料、废旧物资等）、提供劳务、转让固定资产、无形资产（包括技术转让）的成本。

（2）费用，指企业每一个纳税年度在生产经营活动中发生的销售费用、管理费用和财务费用。已经计入成本的有关费用除外。

（3）税金，指企业发生的除企业所得税和允许抵扣的增值税以外的企业缴纳的各项税金及其附加。

（4）损失，指企业在生产经营活动中发生的固定资产和存货的盘亏、毁损、报废损失，转让财产损失，呆账损失，坏账损失，自然灾害等不可抗力因素造成的损失以及其他损失。

企业发生的损失，减除责任人赔偿和保险赔款后的余额，依照国务院财政、税务主管部门的规定扣除。

企业已经作为损失处理的资产，在以后纳税年度又全部收回或者部分收回时，应当计入当期收入。

（5）其他支出，是指除成本、费用、税金、损失外，企业在生产经营活动中发生的与生产经营活动有关的、合理的支出。

2．允许扣除项目的范围和标准

下列项目，按照规定的范围、标准扣除：

（1）工资、薪金。这是指企业每一纳税年度支付给在本企业任职或者受雇的员工的所有现金形式或者非现金形式的劳动报酬，包括基本工资、奖金、津贴、补贴、年终加薪、加班工资，以及与员工任职或者受雇有关的其他支出。企业发生的合理的工资薪金支出，准予据实扣除。合理的工资、薪金，是指企业按照股东大会、董事会、薪酬委员会或者相关管理机构制定的工资薪金制度规定实际发放给员工的工资薪金。

（2）职工福利费、工会经费、职工教育经费。企业发生的职工福利费、工会经费、职工教育经费按标准扣除，未超过标准的按实际数扣除，超过标准的只能按标准扣除。①企业发生的职工福利费支出，不超过工资薪金总额14%的部分。②企业拨缴的工会经费，不超过工资薪金总额 2%的部分，准予扣除。③除国务院财政、税务主管部门另有规定外，企业发生的职工教育经费支出，不超过工资薪金总额2.5%的部分，准予扣除；超过部分，准予在以后纳税年度结转扣除。

（3）社会保险费。

1）企业依照国务院有关主管部门或者省级人民政府规定的范围和标准为职工缴纳的基本养老保险费、基本医疗保险费、失业保险费、工伤保险费、生育保险费等基本社会保险费和住房公积金，准予扣除。

2）企业为投资者或者职工支付的补充养老保险费、补充医疗保险费，在国务院财政、税务主管部门规定的范围和标准内，准予扣除。

3）除企业依照国家有关规定为特殊工种职工支付的人身安全保险费和国务院财政、税务主管部门规定可以扣除的其他商业保险费外，企业为投资者或者职工支付的商业保险费，不得扣除。

（4）利息费用。企业在生产经营活动中发生的下列利息支出，准予扣除：

1）非金融企业向金融企业借款的利息支出、金融企业的各项存款利息支出和同业拆借利息支出、企业经批准发行债券的利息支出。

2）非金融企业向非金融企业借款的利息支出，不超过按照金融企业同期同类贷款利率计算的数额的部分。

3）关联企业利息费用的扣除。企业从其关联方接受的债权性投资与权益性投资的比例超过规定标准而发生的利息支出，不得在计算应纳税所得额时扣除。

① 在计算应纳税所得额时，企业实际支付给关联方的利息支出，不超过以下规定比例和税法及其实施条例有关规定计算的部分，准予扣除，超过的部分不得在发生当期和以后年度扣除。

企业实际支付给关联方的利息支出，符合下面第②条规定外，其接受关联方债权性投资与其权益性投资比例为：金融企业，为5:1；其他企业，为2:1。

② 企业如果能够按照税法及其实施条例的有关规定提供相关资料，并证明相关交易活

动符合独立交易原则的；或者该企业的实际税负不高于境内关联方的，其实际支付给境内关联方的利息支出，在计算应纳税所得额时准予扣除。

③ 企业同时从事金融业务和非金融业务，其实际支付给关联方的利息支出，应按照合理方法分开计算；没有按照合理方法分开计算的，一律按前述第①条有关其他企业的比例计算准予税前扣除的利息支出。

④ 企业自关联方取得的不符合规定的利息收入应按照有关规定缴纳企业所得税。

4）企业向自然人借款的利息支出在企业所得税税前的扣除。

① 企业向股东或其他与企业有关联关系的自然人借款的利息支出，如满足两个条件，可以在计算应纳税所得额时准予扣除：一是企业如果能够证明相关交易活动符合独立交易原则的，或者该企业的实际税负不高于境内关联方的，二是金融企业的关联方的债权性投资与其权益性投资比例不超过5:1，其他企业不超过2:1。

② 企业向除①规定以外的内部职工或其他人员借款的利息支出，其借款情况同时符合以下条件的，其利息支出不超过按照金融企业同期同类贷款利率计算的数额的部分，可以在计算企业所得税前扣除：企业与个人之间的借贷是真实、合法、有效的，不具有非法集资目的或其他违反法律、法规的行为；企业与个人之间签订了借款合同。

（5）借款费用。

1）企业在生产经营活动中发生的合理的不需要资本化的借款费用，准予扣除。

2）企业为购置、建造固定资产、无形资产和经过12个月以上的建造才能达到预定可销售状态的存货发生借款的，在有关资产购置、建造期间发生的合理的借款费用，应当作为资本性支出计入有关资产的成本；有关资产交付使用后发生的借款利息，可在发生当期扣除。

3）企业通过发行债券、取得贷款、吸收保户储金等方式融资而发生的合理的费用支出，符合资本化条件的，应计入相关资本成本；不符合资本化条件的，应作为财务费用，准予在企业所得税前据实扣除。

（6）汇兑损失。企业在货币交易中，以及纳税年度终了时将人民币以外的货币性资产、负债按照期末即期人民币汇率中间价折算为人民币时产生的汇兑损失，除已经计入有关资产成本以及与向所有者进行利润分配相关的部分外，准予扣除。

（7）业务招待费。企业发生的与生产经营活动有关的业务招待费支出，按照发生额的60%扣除，但最高不得超过当年销售（营业）收入的5‰。

对从事股权投资业务的企业（包括集团公司总部、创业投资企业等），其从被投资企业所分配的股息、红利以及股权转让收入，可以按规定的比例计算业务招待费扣除限额。

企业在筹建期间，发生的与筹办活动有关的业务招待费支出，可按实际发生额的60%计入企业筹办费，并按有关规定在税前扣除。

（8）广告费和业务宣传费。企业发生的符合条件的广告费和业务宣传费支出，除国务院财政、税务主管部门另有规定外，不超过当年销售（营业）收入15%的部分，准予扣除；超过部分，准予在以后纳税年度结转扣除。

企业在筹建期间，发生的广告费和业务宣传费，可按实际发生额计入企业筹办费，并按有关规定在税前扣除。

企业申报扣除的广告费支出应与赞助支出严格区分。企业申报扣除的广告费支出，必须符合下列条件：广告是通过工商部门批准的专门机构制作的；已实际支付费用，并已取得相应发票；通过一定的媒体传播。

（9）环境保护专项资金。企业依照法律、行政法规有关规定提取的用于环境保护、生态恢复等方面的专项资金，准予扣除。上述专项资金提取后改变用途的，不得扣除。

（10）保险费。企业参加财产保险，按照规定缴纳的保险费，准予扣除。

（11）租赁费。企业根据生产经营活动的需要租入固定资产支付的租赁费，按照以下方法扣除：

1）以经营租赁方式租入固定资产发生的租赁费支出，按照租赁期限均匀扣除；

2）以融资租赁方式租入固定资产发生的租赁费支出，按照规定构成融资租入固定资产价值的部分应当提取折旧费用，分期扣除。

（12）劳动保护费。企业发生的合理的劳动保护支出，准予扣除。自2011年7月1日起，企业根据其工作性质和特点，由企业统一制作并要求员工工作时统一着装所发生的工作服饰费用，根据《实施条例》第二十七条的规定，可以作为企业合理的支出给予税前扣除。

（13）公益性捐赠支出。企业当年发生及以前年度结转的公益性捐赠支出，不超过年度利润总额12%的部分，准予在计算应纳税所得额时扣除；超过年度利润总额12%的部分，准予结转以后三年内在计算应纳税所得额时扣除。

公益性捐赠，是指企业通过公益性社会团体或者县级以上人民政府及其部门，用于《中华人民共和国公益事业捐赠法》规定的公益事业的捐赠。

公益性社会团体，是指同时符合下列条件的基金会、慈善组织等社会团体：

1）依法登记，具有法人资格；

2）以发展公益事业为宗旨，且不以营利为目的；

3）全部资产及其增值为该法人所有；

4）收益和营运结余主要用于符合该法人设立目的的事业；

5）终止后的剩余财产不归属任何个人或者营利组织；

6）不经营与其设立目的无关的业务；

7）有健全的财务会计制度；

8）捐赠者不以任何形式参与社会团体财产的分配；

9）国务院财政、税务主管部门会同国务院民政部门等登记管理部门规定的其他条件。

（14）有关资产的费用。企业转让各类固定资产发生的费用，允许扣除。企业按规定计算的固定资产折旧费、无形资产和递延资产的摊销费，准予扣除。

（15）总机构分摊的费用。非居民企业在中国境内设立的机构、场所，就其中国境外总机构发生的与该机构、场所生产经营有关的费用，能够提供总机构出具的费用汇集范围、定额、分配依据和方法等证明文件，并合理分摊的，准予扣除。

（16）资产损失。企业当期发生的固定资产和流动资产盘亏、毁损净损失，由其提供清查盘存资料，经主管税务机关审核后，准予扣除；企业因存货盘亏、毁损、报废等原因不得从销项税金中抵扣的进项税金，应视同企业财产损失，准予与存货损失一起在所得税前按规定扣除。

（17）依照有关法律法规和国家有关税法规定准予扣除的其他项目，如会员费、合理的会议费、差旅费、诉讼费、违约金等。

（18）手续费及佣金支出。

1）企业发生的与生产经营有关的手续费及佣金支出，不超过以下规定计算限额以内的部分，准予扣除；超过部分，不得扣除。

财产保险企业按当年全部保费收入扣除退保金等后余额的15%（含本数，下同）计算限额；人身保险企业按当年全部保费收入扣除退保金等后余额的10%计算限额；其他企业按与具有合法经营资格中介服务机构或个人（不含交易双方及其雇员、代理人和代表人等）所签订服务协议或合同确认的收入金额的5%计算限额。

2）企业应与具有合法经营资格的中介服务机构或个人签订代办协议或合同，并按国家有关规定支付手续以佣金。除委托个人代理外，企业以现金等非转账方式支付的手续费及佣金不得在税前扣除。企业为发行权益性证券支付给有关证券承销机构的手续费及佣金不得在税前扣除。

3）企业不得将手续费及佣金支出变换名目计入回扣、业务提成、返利、进场费等费用；不得直接冲减服务协议或合同金额。

4）企业已计入固定资产、无形资产等相关资产的手续费及佣金支出，应当通过折旧、摊销等方式分期扣除，不得在发生当期直接扣除。

5）企业支付的手续费及佣金不得直接冲减服务协议或合同金额，应如实入账。

6）企业应当如实向当地主管税务机关提供当年手续费及佣金计算分配表和其他相关资料，并依法取得合法真实凭证。

7）电信企业在发展客户、拓展业务等过程中（如委托销售电话入网卡、电话充值卡等），需向经纪人、代办商支付手续费及佣金的，其实际发生的相关手续费及佣金支出，不超过企业当年收入总额5%的部分，准予在企业所得税前据实扣除。

8）从事代理服务，主营业务收入为手续费、佣金的企业，其为取得该类收入而实际发生的营业成本（包括手续费及佣金支出），准予在企业所得税前据实扣除。

（19）根据《企业所得税法》第二十一条规定，对企业依据财务会计制度规定，并实际在财务会计处理上已确认的支出，凡没有超过《企业所得税法》和有关税收法规规定的税前扣除范围和标准的，可按企业实际会计处理确认的支出，在企业所得税前扣除，计算其应纳税所得额。

（20）企业维简费支出。

企业实际发生的维简费支出，属于收益性支出的，可作为当期费用税前扣除；属于资本性支出的，应计入有关资本成本，并按《企业所得税法》规定计提折旧或摊销费用在税前扣除。

（21）企业参与政府统一组织的工矿（含中央下放煤矿）棚户区改造、林区棚户区改造、垦区危房改造并同时符合一定条件的棚户区改造支出，准予在企业所得税前扣除。

同时符合一定条件的棚户区改造支出，是指同时满足以下条件的棚户区改造支出：

1）棚户区位于远离城镇、交通不便，市政公用、教育医疗等社会公共服务缺乏城镇依托的独立矿区、林区或垦区；

2）该独立矿区、林区或垦区不具备商业性房地产开发条件；

3）棚户区市政排水、给水、供电、供暖、供气、垃圾处理、绿化、消防等市政服务或公共配套设施不齐全；

4）棚户区房屋集中连片户数不低于50户，其中，实际在该棚户区居住且在本地区无其他住房的职工（含离退休职工）户数占总户数的比例不低于75%；

5）棚户区房屋按照《房屋完损等级评定标准》和《危险房屋鉴定标准》评定属于危险房屋、严重损坏房屋的套内面积不低于该片棚户区建筑面积的25%；

6）棚户区改造已纳入地方政府保障性安居工程建设规划和年度计划，并由地方政府牵头按照保障性住房标准组织实施；异地建设的，原棚户区土地由地方政府统一规划使用或者按规定实行土地复垦、生态恢复。

在企业所得税年度纳税申报时，企业应向主管税务机关提供其棚户区改造支出同时符合上述规定条件的书面说明材料。

（22）金融企业涉农贷款和中小企业贷款损失准备金税前扣除。

自2014年1月1日起至2018年12月31日，金融企业涉农贷款和中小企业贷款损失准备金企业所得税税前扣除按以下规定处理。

1）金融企业根据《贷款风险分类指引》（银监发〔2007〕54号），对其涉农贷款和中小企业贷款进行风险分类后，按照以下比例计提的贷款损失准备金，准予在计算应纳税所得额时扣除：

① 关注类贷款，计提比例为2%；

② 次级类贷款，计提比例为25%；

③ 可疑类贷款，计提比例为50%；

④ 损失类贷款，计提比例为100%

2）中小企业贷款，是指金融企业对年销售额和资产总额均不超过2亿元的企业的贷款。

3）金融企业发生的符合条件的涉农贷款和中小企业贷款损失，应先冲减已在税前扣除的贷款损失准备金，不足冲减部分可据实在计算应纳税所得额时扣除。

（23）金融企业贷款损失准备金企业所得税税前扣除有关政策。

自2014年1月1日起至2018年12月31日，金融企业贷款（涉农贷款和中小企业贷款除外）损失准备金企业所得税税前扣除按以下规定处理。

1）准予税前提取贷款损失准备金的贷款资产范围包括：

① 贷款（含抵押、质押、担保等贷款）；

② 银行卡透支、贴现、信用垫款（含银行承兑汇票垫款、信用证垫款、担保垫款等）、进出口押汇、同业拆出、应收融资租赁款等各项具有贷款特征的风险资产；

③ 由金融企业转贷并承担对外还款责任的国外贷款，包括国际金融组织贷款、外国买方信贷、外国政府贷款、日本国际协力银行不附条件贷款和外国政府混合贷款等资产。

2）金融企业准予当年税前扣除的贷款损失准备金计算公式如下：

准予当年税前扣除的贷款损失准备金=本年末准予提取贷款损失准备金的贷款资产余额×1%−截至上年末已在税前扣除的贷款损失准备金的余额

金融企业按上述公式计算的数额如为负数，应当相应调增当年应纳税所得额。

3）金融企业的委托贷款、代理贷款、国债投资、应收股利、上交央行准备金以及金融企业剥离的债权和股权、应收财政贴息、央行款项等不承担风险和损失的资产，不得提取贷款损失准备金在税前扣除。

4）金融企业发生的符合条件的贷款损失，应先冲减已在税前扣除的贷款损失准备金，不足冲减部分可据实在计算当年应纳税所得额时扣除。

（三）不得扣除的项目

按照企业所得税法及有关规定，在计算应纳税所得额时，下列支出不得从收入总额中扣除：

（1）向投资者支付的股息、红利等权益性投资收益款项。

（2）企业所得税税款。

（3）税收滞纳金，指纳税人因违反税收法规而被处以的滞纳金。

（4）罚金、罚款和被没收财物的损失，指纳税人在生产经营过程中因违反国家法律、法规和规章，被有关部门处以的罚款，以及被没收财物的损失。

（5）非公益性捐赠或者虽是公益性捐赠但企业不通过公益性社会团体或者县级以上人民政府及其部门而直接捐赠以及超过年度利润总额12%以上部分结转以后三年内继续在税前扣除后的余额的捐赠支出。

（6）赞助支出，指企业发生的与生产经营活动无关的各种非广告性质支出。

（7）未经核定的准备金支出，指不符合国务院财政、税务主管部门规定的各项资产减值准备、风险准备等准备金支出。

（8）企业之间支付的管理费、企业内营业机构之间支付的租金和特许权使用费，以及非银行企业内营业机构之间支付的利息，不得扣除。

（9）与取得收入无关的其他支出。

（四）资产的税务处理

资产是由于资本投资而形成的财产，对于资本性支出以及无形资产受让、开办、开发费用，不允许作为成本、费用从纳税人的收入总额中一次性扣除，只能采取分次计提折旧或分次摊销的方式予以扣除。税法规定，纳入税务处理范围的资产形式主要有固定资产、生物资产、无形资产、长期待摊费用、投资资产、存货等，均以历史成本为计税基础。

所称历史成本，是指企业取得该项资产时实际发生的支出。

企业持有各项资产期间资产增值或者减值，除国务院财政、税务主管部门规定可以确认损益外，不得调整该资产的计税基础。

1．固定资产的税务处理

固定资产是指企业为生产产品、提供劳务、出租或者经营管理而持有的、使用时间超过 12 个月的非货币性资产，包括房屋、建筑物、机器、机械、运输工具以及其他与生产经营活动有关的设备、器具、工具等。

（1）固定资产的计税基础。固定资产按照以下方法确定计税基础：

1）外购的固定资产，以购买价款和支付的相关税费以及直接归属于使该资产达到预定用途发生的其他支出为计税基础；

2）自行建造的固定资产，以竣工结算前发生的支出为计税基础；

3）融资租入的固定资产，以租赁合同约定的付款总额和承租人在签订租赁合同过程中发生的相关费用为计税基础，租赁合同未约定付款总额的，以该资产的公允价值和承租人在签订租赁合同过程中发生的相关费用为计税基础；

4）盘盈的固定资产，以同类固定资产的重置完全价值为计税基础；

5）通过捐赠、投资、非货币性资产交换、债务重组等方式取得的固定资产，以该资产的公允价值和支付的相关税费为计税基础；

6）改建的固定资产，除已足额提取折旧的固定资产的改建和租入固定资产的改建支出外，以改建过程中发生的改建支出增加计税基础。

（2）固定资产折旧。固定资产按照直线法计算的折旧，准予从收入总额中扣除。

企业自固定资产投入使用月份的次月起计算折旧；停止使用的固定资产自停止使用月份的次月起停止计算折旧。

企业应当根据固定资产的性质和使用情况，合理确定固定资产的预计残值，固定资产的预计残值一经确定，不得变更。

除国务院财政、税务主管部门另有规定外，固定资产计算折旧的最低年限如下：

① 房屋、建筑物，为20年；

② 飞机、火车、轮船、机器、机械和其他生产设备，为10年；

③ 与生产经营活动有关的器具、工具、家具等，为5年；

④ 飞机、火车、轮船以外的运输工具，为4年；

⑤ 电子设备，为3年。

国务院财政、税务主管部门另有规定的除外。

下列固定资产不得计算折旧扣除：

① 房屋、建筑物以外未投入使用的固定资产；

② 以经营租赁方式租入的固定资产；

③ 以融资租赁方式租出的固定资产；

④ 已足额提取折旧仍继续使用的固定资产；

⑤ 与经营活动无关的固定资产；

⑥ 单独估价作为固定资产入账的土地；

⑦ 其他不得计算折旧扣除的固定资产。

（3）固定资产折旧的企业所得税处理

1）企业固定资产会计折旧年限如果短于税法规定的最低折旧年限，其按会计折旧年限计提的折旧高于按税法规定的最低折旧年限计提的部分，应当调增当期应纳税所得额；企业固定资产会计折旧年限已期满且会计折旧已提足，但税法规定的最低折旧年限尚未到期且税收折旧尚未足额扣除，其未足额扣除的部分准予在剩余的税收折旧年限继续按规定扣除。

2）企业固定资产会计折旧年限如果长于按税法规定的最低折旧年限，其折旧应按会计折旧年限计算扣除，税法另有规定除外。

3）企业按会计规定提取的固定资产减值准备，不得税前扣除，其折旧仍按税法确定的固定资产计税基础计算扣除。

4）企业按税法规定实行加速折旧的，其按加速折旧办法计算的折旧额可全额在税前扣除。

5）石油天然气开采企业在计提油气资产折耗（折旧）时，由于会计与税法规定计算方法不同导致的折耗（折旧）差异，应按税法规定进行纳税调整。

（4）固定资产改扩建的税务处理。

自2011年7月1日起，企业对房屋建筑物固定资产在未足额提取折旧前进行改扩建的，如属推倒重置的，该资产原值减除提取折旧后的净值，应并入重置的固定资产计税成本，并重新按照税法规定的折旧年限，一并计提折旧；如属提升功能、增加面积的，该固定资产改建支出并入该固定资产的计税基础，并从改扩建完工投入使用的次月起，重新按税法规定的该固定资产折旧年限计提折旧；如果该改扩建后的固定资产尚可使用的年限低于税法规定的最低折旧年限，可按尚可使用年限计提折旧。

2．生产性生物资产的税务处理

生物资产是指有生命的动物和植物，分为消耗性生物资产、生产性生物资产和公益性生物资产。生产性生物资产，是指企业为生产农产品、提供劳务或者出租等而持有的生物资产，包括经济林、薪炭林、产畜和役畜等。

（1）生产性生物资产的计税基础。生产性生物资产按照以下方法确定计税基础：

1）外购的生产性生物资产，以购买价款和支付的相关税费为计税基础；

2）通过捐赠、投资、非货币性资产交换、债务重组等方式取得的生产性生物资产，以该资产的公允价值和支付的相关税费为计税基础。

（2）生产性生物资产折旧。生产性生物资产按照直线法计算的折旧，准予扣除。

企业自生产性生物资产投入使用月份的次月起计算折旧；停止使用的生产性生物资产自停止使用月份的次月起停止计算折旧。

企业应当根据生产性生物资产的性质和使用情况，合理确定生产性生物资产的预计残值，生产性生物资产的预计残值一经确定，不得变更。

生产性生物资产计算折旧的最低年限如下：

1）林木类生产性生物资产，为 10 年；

2）畜类生产性生物资产，为 3 年。

3．无形资产的税务处理

无形资产是指企业为生产产品、提供劳务、出租或者经营管理而持有的、没有实物形态的非货币性长期资产，包括专利权、商标权、著作权、土地使用权、非专利技术、商誉等。

（1）无形资产的计税基础。无形资产按照以下方法确定计税基础：

1）外购的无形资产，以购买价款和支付的相关税费以及直接归属于使该资产达到预定用途发生的其他支出为计税基础；

2）自行开发的无形资产，以开发过程中该资产符合资本化条件后至达到预定用途前发生的支出为计税基础；

3）通过捐赠、投资、非货币性资产交换、债务重组等方式取得的无形资产，以该资产的公允价值和支付的相关税费为计税基础。

（2）无形资产摊销。在计算应纳税所得额时，企业按照规定计算的无形资产摊销费用，准予扣除。无形资产摊销按照直线法计算，摊销年限不得低于 10 年。

作为投资或者受让的无形资产，有关法律规定或者合同约定了使用年限的，可以按照规定或者约定的使用年限分期摊销。

外购商誉的支出，在企业整体转让或者清算时，准予扣除。

下列无形资产不得计算摊销费用扣除：

① 自行开发的支出已在计算应纳税所得额时扣除的无形资产；

② 自创商誉；

③ 与经营活动无关的无形资产；

④ 其他不得计算摊销费用扣除的无形资产。

4．长期待摊费用的税务处理

长期待摊费用是指企业发生的应在一个年度以上或几个年度进行摊销的费用。在计算应纳税所得额时，企业发生的下列支出作为长期待摊费用，按照规定摊销的，准予扣除：

（1）已足额提取折旧的固定资产的改建支出，按照固定资产预计尚可使用年限分期摊销；

（2）租入固定资产的改建支出，按照合同约定的剩余租赁期限分期摊销；

改建的固定资产延长使用年限的，除了已足额提取折旧的固定资产和以经营租赁方式租入的固定资产外，应当适当延长折旧年限。

固定资产的改建支出，是指改变房屋或者建筑物结构、延长使用年限等发生的支出。

（3）固定资产的大修理支出，指同时符合下列条件的支出：

1）修理支出达到取得固定资产时的计税基础 50%以上；

2）修理后固定资产的使用年限延长 2 年以上。

固定资产的大修理支出按照固定资产尚可使用年限分期摊销。

（4）其他应当作为长期待摊费用的支出，自支出发生月份的次月起，分期摊销，摊销年限不得低于 3 年。

企业的固定资产的修理支出可在发生当期直接扣除。企业的固定资产的改建（良）支出，如果有关固定资产尚未提足折旧的，可增加固定资产价值；如有关固定资产已提足折旧，可作为长期待摊费用，在规定的期间内平均摊销。

5. 投资资产的税务处理

投资资产是指企业对外进行权益性投资和债权性投资形成的资产。

（1）投资资产成本的扣除方法。

企业对外投资期间，投资资产的成本在计算应纳税所得额时不得扣除。企业在转让或者处置投资资产时，投资资产的成本，准予扣除。

（2）投资资产的成本。

投资资产按照以下方法确定成本：

1）通过支付现金方式取得的投资资产，以购买价款为成本；

2）通过支付现金以外的方式取得的投资资产，以该资产的公允价值和支付的相关税费为成本。

（3）投资企业撤回或减少投资的税务处理。

自 2011 年 7 月 1 日起，投资企业从被投资企业撤回或减少投资，其取得的资产中，相当于初始出资的部分，应确认为投资收回；相当于被投资企业累计未分配利润和累计盈余公积按减少实收资本比例计算的部分，应确认为股息所得；其余部分确认为投资资产转让所得。

被投资企业发生的经营亏损，由被投资企业按规定结转弥补；投资企业不得调整减低其投资成本，也不得将其确认为投资损失。

（4）非货币性资产投资企业所得税处理。

非货币性资产，是指现金、银行存款、应收账款、应收票据以及准备持有至到期的债券投资等货币性资产以外的资产。

1）居民企业（以下简称企业）以非货币性资产对外投资确认的非货币性资产转让所得，可在不超过 5 年期限内，分期均匀计入相应年度的应纳税所得额，按规定计算缴纳企业所得税。

2）企业以非货币性资产对外投资，应对非货币性资产进行评估并按评估后的公允价值扣除计税基础后的余额，计算确认非货币性资产转让所得。企业以非货币性资产对外投资，应于投资协议生效并办理股权登记手续时，确认非货币性资产转让收入的实现。

3）企业以非货币性资产对外投资而取得被投资企业的股权，应以非货币性资产的原计税成本为计税基础，加上每年确认的非货币性资产转让所得，逐年进行调整。

被投资企业取得非货币性资产的计税基础，应按非货币性资产的公允价值确定。

4）企业在对外投资 5 年内转让上述股权或投资收回的，应停止执行递延纳税政策，并就递延期内尚未确认的非货币性资产转让所得，在转让股权或投资收回当年的企业所得税年度汇算清缴时，一次性计算缴纳企业所得税；企业在计算股权转让所得时，可按《财政部、国家税务总局关于非货币性资产投资企业所得税政策问题的通知》（财税〔2014〕116 号）第三条第一款规定将股权的计税基础一次调整到位。

企业在对外投资 5 年内注销的，应停止执行递延纳税政策，并就递延期内尚未确认的非货币性资产转让所得，在注销当年的企业所得税年度汇算清缴时，一次性计算缴纳企业所得税。

5）非货币性资产投资，限于以非货币性资产出资设立新的居民企业，或将非货币性资产注入现存的居民企业。

6）企业发生非货币性资产投资，符合《财政部、国家税务总局关于企业重组业务企业所得税处理若干问题的通知》（财税〔2009〕59 号）等文件规定的特殊性税务处理条件的，也可选择按特殊性税务处理规定执行。

6. 存货的税务处理

存货指企业持有以备出售的产品或者商品、处在生产过程中的在产品、在生产或者提供劳务过程中耗用的材料和物料等。

企业使用或者销售存货，按照规定计算的存货成本，准予在计算应纳税所得额时扣除。

存货按照以下方法确定成本：

（1）通过支付现金方式取得的存货，以购买价款和支付的相关税费为成本；

（2）通过支付现金以外的方式取得的存货，以该存货的公允价值和支付的相关税费为成本；

（3）生产性生物资产收获的农产品，以产出或者采收过程中发生的材料费、人工费和分摊的间接费用等必要支出为成本。

企业使用或者销售的存货的成本计算方法，可以在先进先出法、加权平均法、个别计价法中选用一种。计价方法一经选用，不得随意变更。

企业转让资产，准予在计算应纳税所得额时按该项资产的净值扣除。其中，资产净值或财产净值是指有关资产、财产的计税基础减除已经按照规定扣除的折旧、折耗、摊销、准备金等后的余额。

企业在重组过程中，应当在交易发生时确认有关资产的转让所得或者损失，相关资产应当按照交易价格重新确定计税基础。国务院财政、税务主管部门另有规定的除外。

7. 税法规定与会计规定差异的处理

税法规定与会计规定差异的处理是指企业在财务会计核算中的有关处理与税法规定不一致的，应当依照税法规定予以调整。即企业在平时进行会计核算时，可以按会计制度的有关规定进行账务处理，但在申报纳税时，对税法规定和会计制度有差异的，要按税法规定进行纳税调整。

1）企业不能提供完整、准确的收入及成本、费用凭证，不能正确计算应纳税所得额的，由税务机关核定其应纳税所得额。

2）企业依法清算时，以其清算终了后的清算所得为应纳税所得额，按规定缴纳企业所得税。所谓清算所得，是指企业全部资产可变现价值或交易价格减除资产净值、清算费用以及相关税费后的余额。

投资方企业从清算企业分得的剩余资产，其中相当于从被清算企业累计未分配利润和累计盈余公积中应当分得的部分，应当确认为股息所得；剩余的资产减除上述股息所得后的余额，超过或者低于投资成本的部分，应当确认为投资资产转让所得或损失。

3）企业应纳税所得额是根据税收法规计算出来的，它在数额上与依据财务会计制度计算的利润总额往往不一致。因此，税法规定：对企业按照有关财务会计规定计算的利润总额，要按税法规定进行必要调整后，才能作为应纳税所得额计算缴纳所得税。

4）自 2011 年 7 月 1 日起，企业当年度实际发生的相关成本、费用，因各种原因未能及时取得该成本、费用有效凭证，企业在季度预缴时可按账面发生额核算；但在年度汇算清缴时，应补充提供该成本、费用的有效凭证。

（五）资产损失税前扣除的所得税处理

资产损失，是指企业在生产经营活动中实际发生的、与取得应税收入有关的资产损失，包括现金损失，存款损失，坏账损失，贷款损失，股权投资损失，固定资产和存货的盘亏、毁损、报废、被盗损失，自然灾害等不可抗力因素造成的损失以及其他损失。

资产是指企业拥有或者控制的、用于经营管理活动相关的资产，包括现金、银行存款、应收及预付款项（包括应收票据、各类垫款、企业之间往来款项）等货币性资产，存货、固定资产、无形资产、在建工程、生产性生物资产等非货币性资产，以及债权性投资和股权（权益）性投资。

1．资产损失扣除政策

1）企业清查出的现金短缺减除责任人赔偿后的余额，作为现金损失在计算应纳税所得额时扣除。

2）企业将货币性资金存入法定具有吸收存款职能的机构，因该机构依法破产、清算，或者政府责令停业、关闭等原因，确实不能收回的部分，作为存款损失在计算应纳税所得额时扣除。

3）企业除贷款类债权外的应收、预付账款符合下列条件之一的，减除可收回金额后确认的无法收回的应收、预付款项，可以作为坏账损失在计算应纳税所得额时扣除：

① 债务人依法宣告破产、关闭、解散、被撤销，或者被依法注销、吊销营业执照，其清算财产不足清偿的；

② 债务人死亡，或者依法被宣告失踪、死亡，其财产或者遗产不足清偿的；

③ 债务人逾期 3 年以上未清偿，且有确凿证据证明已无力清偿债务的；

④ 与债务人达成债务重组协议或法院批准破产重整计划后，无法追偿的；

⑤ 因自然灾害、战争等不可抗力导致无法收回的；

⑥ 国务院财政、税务主管部门规定的其他条件。

4）企业经采取所有可能的措施和实施必要的程序之后，符合下列条件之一的贷款类债权，可以作为贷款损失在计算应纳税所得额时扣除：

① 借款人和担保人依法宣告破产、关闭、解散、被撤销，并终止法人资格，或者已完全停止经营活动，被依法注销、吊销营业执照，对借款人和担保人进行追偿后，未能收回的债权；

② 借款人死亡，或者依法被宣告失踪、死亡，依法对其财产或者遗产进行清偿，并对担保人进行追偿后，未能收回的债权；

③ 借款人遭受重大自然灾害或者意外事故，损失巨大且不能获得保险补偿，或者以保险赔偿后，确实无力偿还部分或者全部债务，对借款人财产进行清偿和对担保人进行追偿后，未能收回的债权；

④ 借款人触犯刑律，依法受到制裁，其财产不足归还所借债务，又无其他债务承担者，经追偿后确实无法收回的债权；

⑤ 由于借款人和担保人不能偿还到期债务，企业诉诸法律，经法院对借款人和担保人强制执行，借款人和担保人均无财产可执行，法院裁定执行程序终结或终止（中止）后，仍无法收回的债权；

⑥ 由于借款人和担保人不能偿还到期债务，企业诉诸法律后，经法院调解或经债权人会议通过，与借款人和担保人达成和解协议或重整协议，在借款人和担保人履行完还款义务后，无法追偿的剩余债权；

⑦ 由于上述①～⑥项原因借款人不能偿还到期债务，企业依法取得抵债资产，抵债金额小于贷款本息的差额，经追偿后仍无法收回的债权；

⑧ 开立信用证、办理承兑汇票、开具保函等发生垫款时，凡开证申请人和保证人由于上述①～⑦项原因，无法偿还垫款，金融企业经追偿后仍无法收回的垫款；

⑨ 银行卡持卡人和担保人由于上述①～⑦项原因，未能还清透支款项，金融企业经追偿后仍无法收回的透支款项；

⑩ 助学贷款逾期后，在金融企业确定的有效追索期限内，依法处置助学贷款抵押物（质押物），并向担保人追索连带责任后，仍无法收回的贷款；

⑪ 经国务院专案批准核销的贷款类债权；

⑫ 国务院财政、税务主管部门规定的其他条件。

5）企业的股权投资符合下列条件之一的，减除可收回金额后确认的无法收回的股权投资，可以作为股权投资损失在计算应纳税所得额时扣除：

① 被投资方依法宣告破产、关闭、解散、被撤销，或者被依法注销、吊销营业执照的；

② 被投资方财务状况严重恶化，累计发生巨额亏损，已连续停止经营 3 年以上，且无重新恢复经营改组计划的；

③ 对被投资方不具有控制权，投资期限届满或者投资期限已超过 10 年，且被投资单位因连续 3 年经营亏损导致资不抵债的；

④ 被投资方财务状况严重恶化，累计发生巨额亏损，已完成清算或清算期超过 3 年以上的；

⑤ 国务院财政、税务主管部门规定的其他条件。

6）对企业盘亏的固定资产或存货，以该固定资产的账面净值或存货的成本减除责任人赔偿后的余额，作为固定资产或存货盘亏损失在计算应纳税所得额时扣除。

7）对企业毁损、报废的固定资产或存货，以该固定资产的账面净值或存货的成本减除残值、保险赔款和责任人赔偿后的余额，作为固定资产或存货毁损、报废损失在计算应纳税所得额时扣除。

8）对企业被盗的固定资产或存货，以该固定资产的账面净值或存货的成本减除保险赔款和责任人赔偿后的余额，作为固定资产或存货被盗损失在计算应纳税所得额时扣除。

9）企业因存货盘亏、毁损、报废、被盗等原因不得从增值税销项税额中抵扣的进项税额，可以与存货损失一起在计算应纳税所得额时扣除。

10）企业在计算应纳税所得额时已经扣除的资产损失，在以后纳税年度全部或者部分收回时，其收回部分应当作为收入计入收回当期的应纳税所得额。

11）企业境内、境外营业机构发生的资产损失应分开核算，对境外营业机构由于发生资产损失而产生的亏损，不得在计算境内应纳税所得额时扣除。

12）企业对其扣除的各项资产损失，应当提供能够证明资产损失确属已实际发生的合法证据，包括具有法律效力的外部证据、具有法定资质的中介机构的经济鉴证证明、具有法定资质的专业机构的技术鉴定证明等。

2．资产损失税前扣除管理

根据国家税务总局发布《企业资产损失所得税税前扣除管理办法》（2011年第25号公告），规定自2011年1月1日起，企业资产损失税前扣除管理的基本原则是：

1）准予在企业所得税税前扣除的资产损失，是指企业在实际处置、转让上述资产过程中发生的合理损失（以下简称实际资产损失），以及企业虽未实际处置、转让上述资产，但符合《财政部、国家税务总局关于企业资产损失税前扣除政策的通知》（财税〔2009〕57号）和本办法规定条件计算确认的损失（以下简称法定资产损失）。

2）企业实际资产损失，应当在其实际发生且会计上已作损失处理的年度申报扣除；法定资产损失，应当在企业向主管税务机关提供证据资料证明该项资产已符合法定资产损失确认条件，且会计上已做损失处理的年度申报扣除。

3）企业发生的资产损失，应按规定的程序和要求向主管税务机关申报后方能在税前扣除。未经申报的损失，不得在税前扣除。

4）企业以前年度发生的资产损失未能在当年税前扣除的，可以按照本办法的规定，向税务机关说明并进行专项申报扣除。其中，属于实际资产损失，准予追补至该项损失发生年度扣除，其追补确认期限一般不得超过五年，但因计划经济体制转轨过程中遗留的资产损失、企业重组上市过程中因权属不清出现争议而未能及时扣除的资产损失、因承担国家政策性任务而形成的资产损失以及政策定性不明确而形成资产损失等特殊原因形成的资产损失，其追补确认期限经国家税务总局批准后可适当延长。属于法定资产损失，应在申报年度扣除。

企业因以前年度实际资产损失未在税前扣除而多缴的企业所得税税款，可在追补确认年度企业所得税应纳税款中予以抵扣，不足抵扣的，向以后年度递延抵扣。

企业实际资产损失发生年度扣除追补确认的损失后出现亏损的，应先调整资产损失发生年度的亏损额，再按弥补亏损的原则计算以后年度多缴的企业所得税税款，并按前款办法进行税务处理。

公告同时对申报管理、资产损失的确认证据、货币资产损失、非货币资产损失投资损失的确认等做出了规定。

（六）企业重组的所得税处理

企业重组，是指企业在日常经营活动以外发生的法律结构或经济结构重大改变的交易，包括企业法律形式改变、债务重组、股权收购、资产收购、合并、分立等。

根据《中华人民共和国企业所得税法》及其实施条例、《中华人民共和国税收征收管理法》及其实施细则、《财政部、国家税务总局关于企业重组业务企业所得税处理若干问题的通知》（财税〔2009〕59 号）和《财政部、国家税务总局关于促进企业重组有关企业所得税处理问题的通知》（财税〔2014〕109 号）等有关规定，自 2008 年 1 月 1 日起，企业发生重组事项的，按照企业重组的一般性税务处理方法、企业重组的特殊性税务处理方法中的相关规定进行所得税处理。

（七）亏损弥补

（1）一般企业发生年度亏损，可以用下一纳税年度的所得弥补；下一纳税年度所得不足弥补的，可以逐年延续弥补，但延续弥补期最长不得超过五年。五年内不论纳税人是盈利还是亏损，都应连续计算弥补的年限。先亏先补，按顺序连续计算弥补期。企业在汇总计算缴纳企业所得税时，其境外营业机构的亏损不得抵减境内营业机构的盈利。

（2）企业筹办期间不计算为亏损年度，企业自开始生产经营的年度，为开始计算企业损益的年度。企业从事生产经营之前进行筹办活动期间发生筹办费用支出，不得计算为当期的亏损，企业可以在开始经营之日的当年一次性扣除，也可以按照新税法有关长期待摊费用的处理规定处理，但一经选定，不得改变。

（3）税务机关对企业以前年度纳税情况进行检查时调增的应纳税所得额，凡企业以前年度发生亏损且该亏损属于企业所得税法规定允许弥补的，应允许调增的应纳税所得额弥补该亏损。弥补该亏损后仍有余额的，按照企业所得税法规定计算缴纳企业所得税。对检查调增的应纳税所得额应根据其情节，依照《税收征收管理法》有关规定进行处理或处罚。

（4）对企业发现以前年度实际发生的、按照税收规定应在企业所得税前扣除而未扣除或者少扣除的支出，企业做出专项申报及说明后，准予追补至该项目发生年度计算扣除，但追补确认期限不得超过五年。

企业由于上述原因多缴的企业所得税税款，可以在追补确认年度企业所得税应纳税款中抵扣；不足抵扣的，可以向以后年度递延抵扣或申请退税。

亏损企业追补确认以前年度未在企业所得税前扣除的支出，或盈利企业经过追补确认后出现亏损的，应首先调整该项支出所属年度的亏损额，然后再按弥补亏损的原则计算以后年度多缴的企业所得税税款，并按前款办法进行税务处理。

（八）清算所得

清算所得是指企业清算时的全部资产或财产减除各项清算费用以及相关税费、损失、负债、企业未分配利润、公益金和公积金后的余额，超过实缴资本的部分。纳税人依法清算时，以其清算终了后的清算所得为应纳税所得额，按规定缴纳企业所得税。

（九）应纳税所得额的计算

企业应纳税所得额是根据税收法规计算出来的，它在数额上与依据财务会计制度计算的利润总额往往不一致。因此，税法规定：对企业按照有关财务会计规定计算的利润总额，要按照税法的规定进行必要调整后，才能作为应纳税所得额计算缴纳所得税。

1．居民企业应纳税所得额的计算

居民企业应纳税所得额的计算一般有两种方法。

（1）直接计算法。在直接计算法下，居民企业每一纳税年度的收入总额减除不征税收入、免税收入、各项扣除以及允许弥补的以前年度亏损后的余额为应纳税所得额。计算公式与前述相同，即

应纳税所得额=收入总额–不征税收入–免税收入–各项扣除金额–弥补亏损

（2）间接计算法。在间接计算法下，应纳税所得额是在利润总额的基础上，按税法规定加以调整确定的，计算公式为

应纳税所得额=会计利润总额±税收调整项目金额

税收调整项目金额包括两方面的内容：一是企业的财务会计处理和税收规定不一致的应予调整的金额；二是企业按税法规定准予扣除的税收金额。

例 6-1 假定某工业企业为居民企业，20×6 年实现主营业务收入 2 400 万元，主营业务成本 1 800 万元，税金及附加 65 万元，其他业务收入 465 万元，其他业务成本 330 万元，期间费用 350 万元，营业外收支净额 22 万元，投资收益 110 万元。经查核实，企业本年度发生下列经济业务：

① 本年度共支付广告费 120 万元。

② 本年度共列支业务招待费 43 万元。

③ 年终存货盘点，计提存货跌价准备金 50 万元。

④ 本年度企业取得国库券利息收入 6 万元。

⑤ 通过市民政部门向贫困地区捐款 60 万元，向某院校校庆赞助支出 5 万元。

根据上述资料计算该企业 20×6 年全年应纳税所得额。

该企业纳税调整前的利润总额=（2 400–1 800–65）+（465–330）–350+22+110

=452（万元）

纳税调整：

① 广告费：税前允许扣除额=（2 400+465）×15%=429.75（万元）

实际支付 120 万元，未超过标准不需调整。

② 业务招待费：

税前允许扣除额=（2 400+465）×5‰=14.325（万元）

调增应纳税所得额=43–14.325=28.675（万元）

③ 存货：跌价准备金税前不允许扣除。

调增应纳税所得额=50 万元

④ 国库券利息收入：调减应纳税所得额=6 万元

⑤ 捐赠支出：当年税前允许扣除额=452×12%=54.24（万元）

调增应纳税所得额=60–54.24=5.76（万元）

⑥ 直接赞助支出 5 万元不得扣除。

企业本年度应纳税所得额=452+28.675+50+5.76+5–6=535.435（万元）

2．非居民企业应纳税所得额的计算

对于在中国境内未设立机构、场所的，或者虽设立机构、场所但是取得的所得与其所设机构、场所没有实际联系的非居民企业的所得，按照下列方法计算应纳税所得额，缴纳企业所得税：

（1）股息、红利等权益性投资收益和利息、租金、特许权使用费所得，以收入全额为应纳税所得额。

营业税改征增值税试点中的非居民企业，应以不含增值税的收入全额作为应纳税所得额。

（2）转让财产所得，以收入全额减除财产净值后的余额为应纳税所得额。

（3）其他所得，参照前两项规定的方法计算应纳税所得额。

财产净值是指财产的计税基础减除已经按规定扣除的折旧、折耗、摊销、准备金等后的余额。

二、企业应纳所得税税额的计算

（一）居民企业应纳所得税的计算

企业所得税的应纳税额确定后，以其为基数乘以规定的税率计算所得税额，即

应纳所得税税额=应纳税所得额×适用税率–减免税额–抵免税额

例 6-2 某企业为居民企业，20×6 年发生经营业务如下：

① 品销售收入 3 200 万元。

② 产品销售成本 2 080 万元。

③ 销售费用 616 万元（其中广告费 520 万元）；管理费用 384 万元（其中业务招待费 20 万元）；财务费用 48 万元。

④ 销售税金 128 万元（含增值税 96 万元）。

⑤ 营业外收入 64 万元，营业外支出 40 万元（含通过公益性社会团体向贫困地区捐款 24 万元，支付税收滞纳金 4.8 万元）。

⑥ 计入成本、费用中的实发工资总额 160 万元，拨缴职工工会经费 4 万元，发生职工福利费 24.8 万元，职工教育经费 5.6 万元。

该企业适用的所得税税率为 25%。

要求：计算该企业 20×6 年实际应纳的企业所得税。

（1）计算利润总额：

会计利润总额=3 200+64–2 080–616–384–48–（128–96）–40=64（万元）

（2）计算调整项目：

1）广告费调增所得额=520–3 200×15%=520–480=40（万元）

2）业务招待费按销售收入计算允许扣除限额为 3 200×5‰=16（万元）；按发生额计算可以扣除金额=20×60%=12（万元）。16>12，则按规定税前扣除金额为 12 万元。

业务招待费应调增所得额=20–20×60%=20–12=8（万元）

3）公益性捐赠应调增所得额=24–64×12%=16.32（万元）

4）税收滞纳金不能税前扣除，应调增所得额 4.8 万元

5）工会经费应调增所得额=4−160×2%=0.8（万元）

6）职工福利费应调增所得额=24.8−160×14%=2.4（万元）

7）职工教育经费应调增所得额=5.6−160×2.5%=1.6（万元）

（3）计算应纳税所得额=64+40+8+16.32+4.8+0.8+2.4+1.6=137.92（万元）

（4）计算该企业 20×6 年度应纳企业所得税=137.92×25%=34.48（万元）

（二）预缴及汇算清缴所得税的计算

税法规定企业所得税采取“按年计算，分月或者分季预缴，年终汇算清缴，多退少补”的计算方法，下面分别按预缴和汇算清缴等不同情况说明其计算方法。

1. 按月（季）预缴所得税的计算方法

纳税人预缴所得税时，应当按纳税所得期限的实际数预缴，按实际数预缴有困难的，可以按上一年度应纳税所得额的 1/12 或 1/4 或者经当地税务机关认可的其他方法分期预缴所得税，预缴方法一经确定，不得随意改变。对境外投资所得可在年终汇算清缴。企业所得税的分月或者分季预缴，由主管税务机关根据纳税人应纳税额的大小，具体核定。

企业预缴所得税应纳税额的计算公式为

应纳所得税额=月份、季度实际应纳税所得额或上一年度应纳税所得额的 1/12 或 1/4×适用税率

例 6-3 某企业 20××年第一季度实现利润 50 万元，按税法调整后应纳税所得额 55 万元，应预缴企业所得税计算如下：

应纳税额=55×25%=13.75（万元）

2. 年终汇算清缴的所得税的计算方法

年终汇算清缴应补（退）所得税额=全年应纳税所得额×适用税率−本年累计预缴所得税税额

例 6-4 根据例 6-1 资料计算企业全年应纳所得税税额，税率为 25%，并假设该企业 1～11 月份已缴纳所得税 110 万元，则年终汇算清缴应补所得税额计算如下：

该企业 20×6 年全年应纳所得税税额=535.435×25%=133.858 75（万元）

年终汇算清缴应补交所得税额=133.858 75−110=23.858 75（万元）

（三）境外所得已纳税款抵免的计算

根据我国税法规定，纳税人来源于中国境外的所得，已在境外缴纳的所得税税款，准予在汇总纳税时，从其应纳税额中扣除；但是扣除抵免限额不得超过其境外所得依照我国企业所得税规定计算的应纳税额。

1. 可抵免的外国税收范围

企业取得的下列所得已在境外缴纳的所得税税额，可以从其当期应纳税额中抵免。

（1）居民企业来源于中国境外的应税所得；

（2）非居民企业在中国境内设立机构、场所，取得发生在中国境外但与该机构、场所有实际联系的应税所得。

2. 税收抵免限额计算

税收抵免限额，是指企业来源于中国境外的所得，依照企业所得税法和本条例的规定计算的应纳税额。除国务院财政、税务主管部门另有规定外，该抵免限额应当分国（地区）不分项计算，计算公式为

抵免限额=中国境内、境外所得依照企业所得税法和条例的规定计算的应纳税总额×来源于某国（地区）的应纳税所得额÷中国境内、境外应纳税所得总额

该公式可以简化成

抵免限额=来源于某国（地区）的应纳税所得额（税前）×我国税率

如果分回的是税后所得，可以按下式还原成税前所得：

税前所得=分回的税后所得÷（1−境外所得税税率）

3. 抵免不足部分处理

纳税人来源于境外所得在境外实际缴纳的税款，低于依照上述规定和计算公式计算的抵免限额，可以从应纳税额中按实扣除；超过抵免限额的部分，可以在以后五个年度内，用每年度抵免限额抵免当年应抵税额后的余额进行抵补：所称五个年度，是指从企业取得的来源于中国境外的所得，已经在中国境外缴纳的企业所得税性质的税额超过抵免限额的当年的次年起连续五个纳税年度。

例 6-5 我国某公司 20×6 年其境内应纳税所得额为 400 万元，该公司适用 25%的所得税税率，其在甲国分支机构取得的应纳税所得额为 160 万元，甲国所得税税率为 20%，公司分支机构已在甲国缴纳 32 万元税款；在乙国分支机构取得的应纳税所得额为 64 万元，乙国所得税税率为 40%，公司分支机构已在乙国缴纳 25.6 万元税款。其向我国税务机关缴纳的税款计算如下：

① 按我国税法计算境内、境外所得应缴纳的税款：

应纳税额=（境内所得+境外所得）×境内税率=（400+160+64）×25%=156（万元）

② 计算甲、乙两国扣除限额：

甲国扣除限额=境内、境外所得按税法计算的应纳税总额×来源于甲国的所得额÷境内、境外所得总额=（400+160+64）×25%×160÷624=40（万元）

乙国扣除限额=（400+160+64）×25%×64÷624=16（万元）

甲国分支机构实际缴纳的 32 万元所得税税款，低于 40 万元的甲国扣除限额，可以如数抵免。

乙国分支机构实际缴纳 25.6 万元所得税税款，高于 16 万元的乙国扣除限额，只能抵免 16 万元。

③ 计算该公司实际向我国税务机关缴纳的税款：

实际应纳税额=156−32−16=108（万元）

（四）清算期应纳所得税额的计算

纳税人依法进行清算时，要对其清算终了后的清算所得，依法缴纳企业所得税。所得税计算公式为

清算所得应纳税额=清算所得×适用税率

例 6-6 某公司属小型微利企业，因经营管理不善严重亏损，于 20×6 年 6 月底宣布破产。经过清算，该企业资产盘盈 120 万元，存货变现收益 100 万元，无法偿还的应付账款 60 万元，应付未付职工工资 90 万元，发生清理费用 20 万元，企业拖欠的税款 12 万元，企业注册资本金 150 万元。试计算企业清算时应缴纳的企业所得税。

① 清算所得=120+100+60−90−20−12−150=8（万元）

② 企业适用税率为 20%：

应缴纳所得税税额=8×20%=1.60（万元）

第三节 企业所得税的会计处理

根据《企业会计准则第 18 号—— 所得税》，我国所得税会计采用资产负债表债务法。资产负债表债务法是从资产负债表出发，通过比较资产负债表上列示的资产、负债按照会计准则规定确定的账面价值与按照税法规定确定的计税基础，对于两者之间的差额分别应纳税暂时性差异和可抵扣暂时性差异，确认相关的递延所得税负债和递延所得税资产，并在此基础上确定每一会计期间利润表中的所得税费用。

一、资产负债表债务法的理论基础

资产负债表债务法从资产负债角度考虑，资产的账面价值代表的是某项资产在持续持有及最终处置的一定期间为企业带来未来经济利益的总额，而其计税基础代表的是该期间内按照税法规定就该项资产可以税前扣除的总额。资产的账面价值小于其计税基础的，表明该项资产于未来期间产生的经济利益流入低于按照税法规定允许税前扣除的金额，产生可抵减未来期间应纳税所得额的因素，减少未来期间以应交所得税的方式流出企业的经济利益，应确认为递延所得税资产。反之，一项资产的账面价值大于其计税基础的，两者之间的差额会增加企业于未来期间的应纳税所得额，对企业形成经济利益流出的义务，应确认为递延所得税负债。

二、资产、负债的计税基础

在确定资产、负债的计税基础时，应严格遵循税收法规中对于资产的税务处理以及可税前扣除的费用等规定。

（一）资产的计税基础

资产的计税基础是指企业收回资产账面价值过程中，计算应纳税所得额时按照税法规定可以自应税经济利益中抵扣的金额，即该项资产在未来期间计税时按照税法规定可以税前扣除的金额。资产在初始确认时，其计税基础一般为取得成本。在资产持续持有的过程中，其计税基础是指资产的取得成本减去以前期间按照税法规定已经税前扣除的金额后的余额。如固定资产、无形资产等长期资产在某一资产负债表日的计税基础是指该资产的实际成本扣减按照税法规定已在以前期间税前扣除的累计折旧额或累计摊销额后的金额。即通常情况下，资产取得时其入账价值与计税基础是相同的，后续计量因会计准则规定与税法规定不同，可能造成账面价值与计税基础的差异。资产账面价值与计税基础可能存在差异的主要有：固定资产、无形资产、交易性金融资产、可供出售金融资产、长期股权投资、其他计提减值准备的资产等。

1．固定资产

固定资产会计与税收处理的差异主要来自于折旧方法、折旧年限的不同以及固定资产减值准备的提取。

例 6-7 企业于20×5年12月10日取得某项固定资产原价200 000元，预计可使用5年，无残值。按税法规定采用平均年限法，每年计提折旧40 000元，企业会计核算采用双倍余额递减法，每年以40%的折旧率计提折旧。20×6年12月31日企业估计该项固定资产的可收回金额为110 000元。

分析：20×6年12月31日，该项固定资产的账面余额=200 000−200 000×40%=120 000（元），该账面余额大于可收回金额110 000元，两者之间的差额应计提10 000元的固定资产减值准备。

20×6年12月31日，该项固定资产的账面价值=200 000−200 000×40%−10 000
=110 000（元）

该项固定资产的计税基础=200 000−40 000=160 000（元）

该项固定资产的账面价值11万元与其计税基础16万元之间产生的差额5万元，因其在未来期间会减少企业的应纳税所得额和应交所得税，为可抵扣暂时性差异，应确认与其相关的递延所得税资产。

例 6-8 某股份有限公司20×5年12月15日购入某项设备原价为308万元，预计净残值为8万元，税法规定的折旧年限为5年，公司会计核算按6年计提折旧，会计与税收均采用直线法计提折旧。假定本例中固定资产未发生减值，确定该项固定资产在20×6年12月31日的账面价值及计税基础。

该项固定资产在20×6年12月31日的账面价值=308−8−（308−8）÷6=250（万元）

该项固定资产在20×6年12月31日的计税基础=308−8−（308−8）÷5=240（万元）

该项固定资产的账面价值250万元与其计税基础240万元之间产生的差额10万元，意味着企业将于未来期间增加应纳税所得额和应交所得税，属于应纳税暂时性差异，应确认相应的递延所得税负债。

2．无形资产

除内部研究开发形成的无形资产以外，其他方式取得的无形资产，初始确认时按照会计准则规定确定的入账价值与按税法规定确定的计税成本之间一般不存在差异。无形资产的差异主要产生于内部研究开发形成的无形资产以及使用寿命不确定的无形资产。

3．以公允价值计量且其变动计入当期损益的金融资产

按照会计准则的规定，对于以公允价值计量且其变动计入当期损益的金融资产，其于某一会计期末的账面价值为公允价值，如果税法规定按照企业会计准则确认的公允价值变动损益在计税时不予考虑，即有关金融资产在某一会计期末的计税基础为其取得成本，会

造成该类金融资产账面价值与其计税基础之间的差异。

4. 其他资产

因企业会计准则规定与税法规定不同，企业持有的其他资产，可能造成其账面价值与计税基础之间存在差异，如投资性房地产、其他计提了资产减值准备的各项资产。

例 6-9 A公司年末存货账面余额150万元，已提存货跌价准备60万元。按照企业会计准则规定，存货账面价值为90万元，如果按照税法规定，存货在持有期间公允价值变动不计入应纳税所得额。所以，存货的计税基础仍为150万元。

（二）负债的计税基础

负债的计税基础是指负债的账面价值减去未来期间计算应纳税所得额时按照税法规定可予抵扣的金额。一般而言，短期借款、应付票据、应付账款、其他应交款等负债的确认和偿还，不会对当期损益和应纳税所得额产生影响，其计税基础即为账面价值。

某些情况下，负债的确认可能会涉及损益，进而影响不同期间的应纳税所得额，使得其计税基础与账面价值之间产生差额，如按照会计规定确认的某些预计负债。

例 6-10 A企业因某或有事项在当期确认了50万元的预计负债，计入当期损益。按照税法规定，与预计负债相关的费用在实际发生时税前扣除，该负债的计税基础为0，形成会计上的账面价值与计税基础之间的暂时性差异50万元。

三、暂时性差异

暂时性差异是指资产、负债的账面价值与其计税基础不同产生的差额。

暂时性差异包括两种情况：

（1）一项资产或负债的账面价值与其计税基础之间的差额。

例 6-11 A企业支付100万元取得一项交易性金融资产，当期期末市价为115万元。在会计上，交易性金融资产期末按公允价值计量，公允价值变动计入当期损益；而税法规定只能按成本计量。因此，交易性金融资产账面价值为115万元，而计税基础为100万元，产生了应纳税暂时性差异15万元。

（2）未作为资产和负债确认的项目，按照税法规定可以确定其计税基础的，该计税基础与其账面价值之间的差额，也属于暂时性差异。

例 6-12 A企业自行开发并依法申请取得一项专利权。会计上将专利权取得确认前的研发费用20万元直接进入当期损益，仅按申报费等共计0.5万元计入无形资产。但按税法的规定该项专利权要按开发过程中的实际支出计价，将来再逐期摊销，即税务部门允许在未来期间作为抵扣项目的20.5万元，与会计上专利权这项资产的账面金额0.5万元之间的差额20万元形成可抵扣暂时性差异。

暂时性差异包括旧制度中所称的时间性差异和永久性差异中的能转回的差异，如果永久性差异只影响利润表项目而未对资产负债表造成影响，则暂时性差异为 0，大部分的永久性差异均如此。

暂时性差异根据其对未来期间应纳税所得额的影响，可分为应纳税暂时性差异和可抵扣暂时性差异。

应纳税暂时性差异是指在确定未来收回资产或清偿负债期间的应纳税所得额时，将会导致产生应税金额的暂时性差异，即期末如果资产的账面价值比其计税基础高或负债的账面价值比其计税基础低，而产生应纳税暂时性差异。例如固定资产折旧，如果固定资产原价为 18 万元，使用寿命估计为 5 年，假定无残值，会计上按直线法折旧，税法规定可以按加速折旧法（假定采用年数总和法）。则在利润表上反映为税法和会计制度确认折旧费用的时间不同，在第 1 年年末，计算应纳税所得额时税法允许扣减的折旧费为 6 万元，而计算会计利润时折旧费用为 3.6 万元，从而产生了费用确认不同导致的时间性差异 2.4 万元；在资产负债表上反映为计税基础 12 万元（18 万元–6 万元）和会计账面价值 14.4 万元（18 万元–3.6 万元），存在差异 2.4 万元（14.4 万元–12 万元），产生了应纳税暂时性差异 2.4 万元。

可抵扣暂时性差异是指在确定未来收回资产或清偿负债期间的应纳税所得额时，将会导致产生可抵扣金额的暂时性差异，即期末如果资产的账面价值比其计税基础低或负债的账面价值比其计税基础高，而产生可抵扣暂时性差异。

四、递延所得税资产和递延所得税负债

企业应当将当期和以前期间应交未交的所得税确认为负债，将已支付的所得税超过应支付的部分确认为资产。

企业应于资产负债表日，分析、比较资产、负债的账面价值与其计税基础，两者之间存在应纳税暂时性差异的，根据应纳税暂时性差异与适用所得税税率计算的结果确认递延所得税负债；两者之间存在可抵扣暂时性差异的，根据可抵扣暂时性差异与适用所得税税率计算的结果确认递延所得税资产。然后确认相应的递延所得税费用（或收益）。

例 6-13 沿用上述例 6-11 和例 6-12 资料，假定 A 企业适用所得税率均为 25%，递延所得税资产和递延所得税负债不存在期初余额，对于 A 企业交易性金融资产产生的 15 万元应纳税暂时性差异，应确认 3.75 万元（15×25%）递延所得税负债；对于 A 企业自行开发并依法申请取得一项专利权形成的 20 万元可抵扣暂时性差异，应确认 5 万元（20×25%）递延所得税资产。

确认由可抵扣暂时性差异产生的递延所得税资产，应当以未来期间很可能取得用以抵扣可抵扣暂时性差异的应纳税所得额为限。

五、所得税费用的确认和计量

企业在计算确定当期应交所得税以及递延所得税费用（或收益）的基础上，应将两者之和（或差）确认为利润表的所得税费用（或收益），但不包括直接计入所有者权益的交易或事项的所得税影响，即

所得税费用（或收益）=当期应交所得税+递延所得税费用（–递延所得税收益）

例 6-14 仍沿用上述举例，A 企业 12 月 31 日资产负债表中有关项目账面价值及其计税基础见表 6-1。

表 6-1 A 企业资产负债表有关项目计算表 （单位：万元）

	项　目	账面价值	计税基础	暂时性差异	
				应纳税暂时性差异	可抵扣暂时性差异
1	交易性金融资产	115	100	15	
2	专利权	0.5	20.5		20
	合　计			15	20

假定除上述项目外，A 企业其他资产、负债的账面价值与其计税基础不存在差异，也不存在可抵扣亏损和税款抵减；A 企业当期按照税法规定计算确定的应交所得税为 200 万元；企业预计在未来期间能够产生足够的应纳税所得额用以抵扣可抵扣暂时性差异。

根据以上资料计算如下：

递延所得税负债=15×25%=3.75（万元）

递延所得税资产=20×25%=5（万元）

递延所得税收益=5−3.75=1.25（万元）

当期应交所得税=200 万元

所得税费用=200−1.25=198.75（万元）

六、会计科目设置及会计处理

（一）会计科目设置

1.“所得税费用”科目

“所得税费用”科目属于损益类科目，核算企业从本期损益中扣除的所得税费用。借方登记本期应交的所得税额，贷方登记期末时将本期的所得税额转入“本年利润”科目的数额。经过结转后，账户无余额。

2.“递延所得税资产”科目

（1）“递延所得税资产”科目核算企业确认的可抵扣暂时性差异产生的递延所得税资产。根据税法规定可用以后年度税前利润弥补的亏损及税款抵减产生的所得税资产，也在本科目核算。本科目期末借方余额，反映企业确认的递延所得税资产。

本科目应按可抵扣暂时性差异等项目进行明细核算。

（2）递延所得税资产的账务处理。资产负债表日，企业确认的递延所得税资产，借记本科目，贷记“所得税费用——递延所得税费用”科目。资产负债表日递延所得税资产的应有余额大于其账面余额的，应按其差额确认，借记本科目，贷记“所得税费用——递延所得税费用”等科目；资产负债表日递延所得税资产的应有余额小于其账面余额的差额做相反的会计分录。

企业合并中取得资产、负债的入账价值与其计税基础不同形成可抵扣暂时性差异的，应于购买日确认递延所得税资产，借记本科目，贷记“商誉”等科目。

与直接计入所有者权益的交易或事项相关的递延所得税资产，借记本科目，贷记“资本公积——其他资本公积”科目。

资产负债表日，预计未来期间很可能无法获得足够的应纳税所得额用以抵扣可抵扣暂时性差异的，按原已确认的递延所得税资产中应减记的金额，借记“所得税费用——递延所得税费用”“资本公积——其他资本公积”等科目，贷记本科目。

3.“递延所得税负债”科目

（1）“递延所得税负债”科目核算企业确认的应纳税暂时性差异产生的所得税负债。本科目期末贷方余额，反映企业已确认的递延所得税负债。本科目按应纳税暂时性差异的项目进行明细核算。

（2）递延所得税负债的主要账务处理。资产负债表日，企业确认的递延所得税负债，借记“所得税费用——递延所得税费用”科目，贷记本科目。资产负债表日递延所得税负债应有余额大于其账面余额的，应按其差额确认，借记“所得税费用——递延所得税费用”科目，贷记本科目；资产负债表日递延所得税负债的应有余额小于其账面余额的差额做相反的会计分录。

与直接计入所有者权益的交易或事项相关的递延所得税负债，借记“资本公积——其他资本公积”科目，贷记本科目。

企业合并中取得资产、负债的入账价值与其计税基础不同形成应纳纳税暂时性差异的，应于购买日确认递延所得税负债，同时调整商誉，借记“商誉”等科目，贷记本科目。

4.“应交税费”科目

企业按照税法规定计算应交的所得税，借记“所得税费用”等科目，贷记本科目（应交所得税）。缴纳的所得税，借记本科目，贷记“银行存款”等科目。

（二）会计处理方法

根据《企业会计准则第 18 号——所得税》，所得税的会计处理采用资产负债表债务法。具体来讲，准则要求所得税进行跨会计期间核算，在资产负债表日的实际操作中分三步走：一是按照税法规定对税前会计利润进行调整，根据调整后的应纳税所得额计缴所得税：二是依据资产或负债的账面价值与税法计税基础确定累计暂时性差异，据此计算递延所得税资产或递延所得税负债的账面余额，其期末、期初余额之差是本期发生和转回的递延所得税资产和递延所得税负债的净额；三是运用倒轧的方法推算所得税费用。具体计算公式为

当期所得税费用=当期应纳税所得额×税率+（期末递延所得税负债−期初递延所得税负债）−（期末递延所得税资产−期初递延所得税资产）

例 6-15 某企业 201×年年度会计报表上列示的利润总额为 200 万元。经审核企业实际发放的工资总额中有不合理的工资额 10 万元，职工福利费、职工教育经费和工会经费也因此多提（企业根据上年实际发生的职工福利费情况确定当年的职工福利费预提比例为职工工资总额的 14%，实际发生金额与预计金额相等。职工教育经费和工会经费分别按职工工资总额的 2.5%和 2%计提）。捐赠支出超标 8 万元，国库券利息收入 6 万元，违法经营罚款 3.15 万元，支付内部营业机构特许权使

用费 7 万元。企业所得税率 25%。201×年年初递延所得税资产、递延所得税负债均无余额。其他资料见表 6-2。

表 6-2　201×年年末资产负债表有关项目及相关计税计算表　（单位：万元）

项目 科目	账面价值	计税基础	暂时性差异		递延所得税资产及负债	
			应纳税暂时性差异	可抵扣暂时性差异	递延所得税资产余额	递延所得税负债余额
存货	90	150		60	60×25%=15	
固定资产	20−8=12	20−4=16		4	4×25%=1	
长期股权投资	115	100	15			15×25%=3.75
预计负债	50	0		50	50×25%=12.5	
合　计			15	114	28.5	3.75

说明：

（1）存货成本 150 万元，计提跌价准备 60 万元。

（2）上年 12 月 30 日购入固定资产成本 20 万元，折旧年限 5 年。201×年会计折旧采用双倍余额递减法折旧 8 万元，税法规定采用平均年限法，年折旧 4 万元。

（3）201×年初股权投资成本 100 万元，年末市场价值 115 万元。

（4）201×年末确认产品售后服务承诺费 50 万元，税法规定该项费用在实际发生时才准予抵扣。

该企业的所得税计算及业务处理如下：

（1）计算 201×年应纳税所得额：

应纳税所得额=本年利润总额 200 万元+不合理的工资额 10 万元+三费超标 10 万元×（14%+2.5%+2%）+捐赠超标 8 万元+违法经营罚款 3.15 万元+支付内部营业机构特许权使用费 7 万元−国库券利息收入 6 万元+计提存货跌价准备 60 万元+固定资产多提折旧 4 万元+计提预提负债 50 万元−长期股权投资公允价值增值 15 万元=323 万元。

（2）计算 201×年末递延所得税资产和递延所得税负债余额：

1）存货项目的递延所得税资产年末余额=60×25%=15（万元）

2）固定资产项目的递延所得税资产年末余额=4×25%=1（万元）

3）预计负债项目的递延所得税资产年末余额=50×25%=12.5（万元）

201×年递延所得税资产年末余额=15+1+12.5=28.5（万元）

4）长期股权投资项目的递延所得税负债年末余额=15×25%=3.75（万元）

201×年递延所得税负债年末余额=3.75 万元

（3）计算 201×年所得税费用：

201×年所得税费用=当期应纳税所得额×税率+（期末递延所得税负债−期初递延所得税负债）−（期末递延所得税资产−期初递延所得税资产）

=323×25%+（3.75−0）−（28.5−0）

=80.75+3.75−28.5=56（万元）

（4）会计分录：

借：递延所得税资产　　285 000

　贷：所得税费用——递延所得税费用　　285 000

借：所得税费用——递延所得税费用　　37 500
　　贷：递延所得税负债　　37 500
借：所得税费用——递延所得税费用　　807 500
　　贷：应交税费——应交所得税　　807 500
实缴时：
借：应交税费——应交所得税　　807 500
　　贷：银行存款　　807 500
年末结转：
借：本年利润　　560 000
　　贷：所得税费用　　560 000

例 6-16 某项固定资产原价 200 000 元，预计可使用 5 年，无残值。按税法规定采用平均年限法，每年计提折旧 40 000 元，但企业会计核算采用双倍余额递减法，每年以 40%的折旧率计提折旧。企业每年收入均为 320 000 元，销售付现成本为 170 000 元，销售毛利（未扣减折旧）150 000 元。假设该企业当年无其他税前调整项目，所得税率 25%，则该企业 5 年间的暂时性差异对所得税影响按以下步骤计算。

（1）计算每年按税法计提折旧额：20÷5=4（万元）
（2）计算每年会计计提折旧：
第 1 年 200 000×40% =80 000（元）
第 2 年（200 000–80 000）×40% =48 000（元）
第 3 年（200 000–80 000–48 000）×40% =28 800（元）
第 4 年（200 000–80 000–48 000–28 800）÷2 =21 600（元）
第 5 年（200 000–80 000–48 000–28 800）÷2 =21 600（元）
（3）计算按税法每年计提折旧及设备计税基础明细表（表 6-3）。

表 6-3　按税法计提折旧及设备计税基础明细表　（单位：元）

项　目	第 1 年	第 2 年	第 3 年	第 4 年	第 5 年
设备原值	200 000				
年折旧	40 000	40 000	40 000	40 000	40 000
累计折旧	40 000	80 000	120 000	160 000	200 000
设备计税基础	160 000	120 000	80 000	40 000	0

（4）计算会计上每年计提折旧及设备账面净值明细表（表 6-4）。

表 6-4　会计计提折旧及设备账面净值明细表　（单位：元）

项　目	第 1 年	第 2 年	第 3 年	第 4 年	第 5 年
设备原值	200 000				
年折旧	80 000	48 000	28 800	21 600	21 600
累计折旧	80 000	128 000	156 800	178 400	200 000
设备账面净值	120 000	72 000	43 200	21 600	0

（5）根据以上资料计算累计暂时性差异表（表6-5）。

表6-5 累计暂时性差异表 （单位：元）

项 目	第1年	第2年	第3年	第4年	第5年
设备账面净值	120 000	72 000	43 200	21 600	0
设备计税基础	160 000	120 000	80 000	40 000	0
累计暂时性差异	−40 000	−48 000	−36 800	−18 400	0

（6）根据上表采用资产负债表债务法计算每年确认、转回的递延所得税资产、应纳所得税及所得税费用：

第1年：应纳所得税=（销售毛利150 000−折旧40 000）×25%=27 500（元）

应确认递延所得税资产=累计暂时性差异×所得税率

=−40 000×25%=−10 000（元）

所得税费用=27 500−10 000=17 500（元）

会计分录：

借：所得税费用 17 500

递延所得税资产 10 000

贷：应交税费——应交所得税 27 500

第2年：应纳所得税=（销售毛利150 000−折旧40 000）×25%=27 500（元）

累计应确认的递延所得税资产=累计暂时性差异×所得税率

=−48 000×25%=−12 000（元）

因为年初递延所得税资产余额为10 000元，所以：

本期再确认递延所得税资产=−12 000+10 000=−2 000（元）

所得税费用=27 500−2 000=25 500（元）

会计分录：

借：所得税费用 25 500

递延所得税资产 2 000

贷：应交税费——应交所得税 27 500

第3年：应纳所得税=（销售毛利150 000−折旧40 000）×25%=27 500（元）

累计应确认的递延所得税资产=累计暂时性差异×所得税率

=−36 800×25%=−9 200（元）

因为年初递延所得税资产余额为12 000元，所以

本期应转回递延所得税资产=−9 200+12 000=2 800（元）

所得税费用=27 500+2 800=30 300（元）

会计分录：

借：所得税费用 30 300

贷：应交税费——应交所得税 27 500

递延所得税资产 2 800

第4年：应纳所得税=（销售毛利150 000−折旧40 000）×25%=27 500（元）

累计应确认的递延所得税资产=累计暂时性差异×所得税率

=−18 400×25%=−4600（元）

因为年初递延所得税资产余额为 9 200 元，所以

本期应转回递延所得税资产=−4 600+9 200=4 600（元）

所得税费用=27 500+4 600=32 100（元）

会计分录：

借：所得税费用　　32 100

　　贷：应交税费——应交所得税　　27 500

　　　　递延所得税资产　　4 600

第 5 年：应缴所得税=（销售毛利 150 000−折旧 40 000）×25%=27 500（元）

累计应确认的递延所得税资产：累计暂时性差异×所得税率=0×25%=0（元）

因为年初递延所得税资产余额为 4 600 元，所以

本期应转回递延所得税资产=0+4 600=4 600（元）

所得税费用=27 500+4 600=32 100（元）

会计分录：

借：所得税费用　　32 100

　　贷：应交税费——应交所得税　　27 500

　　　　递延所得税资产　　4 600

第四节　企业所得税的申报和缴纳

一、企业所得税缴纳方法

企业所得税实行按年计算，分月或者分季预缴，年终汇算清缴，多退少补的征纳办法。具体按月或按季预缴，由当地主管税务机关根据纳税人应纳税额的大小予以核定。预缴方法一经确定，不得随意改变。

二、纳税期限

纳税人应于月份或者季度终了后 15 日内，向其所在地主管税务机关报送会计报表和预缴所得税申报表，并在规定的纳税期限内预缴所得税。对于纳税的境外投资所得，可以在年终汇算时清缴。纳税人在纳税年度内，无论是盈利或亏损，均应按规定的期限办理纳税申报。

企业所得税的年终汇算清缴，在年度终了之日起五个月内进行。纳税人应向其所在地主管国税机关报送会计决算报表和所得税申报表，办理年终汇算清缴，结清应缴应退税款。汇总纳税企业年终汇算清缴申报期为年度终了后五个月内。

企业在年度中间终止经营活动的，应当自实际经营终止之日起 60 日内，向税务机关办理当期企业所得税汇算清缴。

纳税人依法进行清算时，其清算终了后的清算所得，应在办理工商注销登记前，向主管国税机关办理所得税申报，并依照规定缴纳企业所得税。

三、企业所得税纳税义务发生时间

即企业所得税的纳税年度，是指自公历1月1日起至12月31日止的日历年度；企业在一个纳税年度的中间开业，或者由于合并、关闭等原因，使该纳税年度的实际经营期不足12个月的，应当以其实际经营期为一个纳税年度。企业清算时，应当以清算期间作为一个纳税年度。

四、纳税地点

（1）除税收法律、行政法规另有规定外，居民企业以企业登记注册地为纳税地点；但登记注册地在境外的，以实际管理机构所在地为纳税地点。企业登记注册地，是指企业依照国家有关规定登记注册的住所地。

（2）居民企业在中国境内设立不具有法人资格的营业机构时，应当汇总计算缴纳企业所得税。

（3）非居民企业在中国境内设立机构场所的，应当就其机构场所所取得的来源中国境内的所得，以及发生在中国境外但与其机构场所有实际联系的所得，以机构场所所在地为纳税地点。

（4）非居民企业在中国境内设立两个或者两个以上机构场所的，经税务机关审核批准，可以选择由其主要机构场所汇总缴纳企业所得税。

（5）非居民企业未设立机构场所的，或者虽设立机构场所，但取得是所得与其机构场所没有实际练习的，以扣缴义务人所在地为纳税地点。

（6）除国务院另有规定除外，企业之间不得合并缴纳企业所得税。

五、纳税申报

（一）申报方式

企业所得税纳税申报采用自核自缴方式，于每月（季）按规定的期限办理预缴纳税申报。年终企业所得税清缴，由纳税人自行计算年度应纳税所得额和应缴所得税额，根据预缴税款情况，计算全年应缴纳税额，并填写纳税申报表，在税法规定的纳税申报期内向税务机关进行年度纳税申报，经税务机关审核后，办理结清手续。

（二）申报资料

纳税人在办理纳税申报时，应按照国税机关的有关规定，如实填写企业所得税年度纳税申报表，并提供下列有关资料或证件：

1）财务会计报表及其说明资料。

2）与纳税有关的合同、协议书及有关证明文件。

3）所得税纳税申报表3个附表，即企业所得税纳税调整项目表，企业减免项目表，联营企业分利、股息收入纳税表。

4）国家税务机关规定应当报送的其他有关证件资料。

企业所得税年度纳税申报表的格式见表 6-6（附表略）。

表 6-6　中华人民共和国企业所得税年度纳税申报表（A 类）

税款所属期间：　　年　月　日至　　年　月　日

纳税人名称：

纳税人识别号：□□□□□□□□□□□□□□□□□□□□　　金额单位：元（列至角分）

类别	行次	项目	金额
利润总额计算	1	一、营业收入（填附表一）	
	2	减：营业成本（填附表二）	
	3	税金及附加	
	4	销售费用（填附表二）	
	5	管理费用（填附表二）	
	6	财务费用（填附表二）	
	7	资产减值损失	
	8	加：公允价值变动收益	
	9	投资收益	
	10	二、营业利润	
	11	加：营业外收入（填附表一）	
	12	减：营业外支出（填附表二）	
	13	三、利润总额（10+11-12）	
应纳税所得额计算	14	加：纳税调整增加额（填附表三）	
	15	减：纳税调整减少额（填附表三）	
	16	其中：不征税收入	
	17	免税收入	
	18	减计收入	
	19	减、免税项目所得	
	20	加计扣除	
	21	抵扣应纳税所得额	
	22	加：境外应税所得弥补境内亏损	
	23	纳税调整后所得（13+14-15+22）	
	24	减：弥补以前年度亏损（填附表四）	
	25	应纳税所得额（23-24）	
应纳税额计算	26	税率（25%）	
	27	应纳所得税额（25×26）	
	28	减：减免所得税额（填附表五）	
	29	减：抵免所得税额（填附表五）	
	30	应纳税额（27-28-29）	
	31	加：境外所得应纳所得税额（填附表六）	
	32	减：境外所得抵免所得税额（填附表六）	
	33	实际应纳所得税额（30+31-32）	
	34	减:本年累计实际已预缴的所得税额	

（续）

类 别	行 次	项 目	金 额
应纳税额计算	35	其中：汇总纳税的总机构分摊预缴的税额	
	36	汇总纳税的总机构财政调库预缴的税额	
	37	汇总纳税的总机构所属分支机构分摊的预缴税额	
	38	合并纳税（母子体制）成员企业就地预缴比例	
	39	合并纳税企业就地预缴的所得税额	
	40	本年应补（退）的所得税额（33–34）	
附列资料	41	以前年度多缴的所得税额在本年抵减额	
	42	以前年度应缴未缴在本年入库所得税额	
纳税人公章：		代理申报中介机构公章：	主管税务机关受理专用章：
经办人：		经办人及执业证件号码：	受理人：
申报日期： 年 月 日		代理申报日期： 年 月 日	受理日期：年 月 日

本 章 小 结

本章阐述了企业所得税纳税人、征税对象、税率等基本内容，明确企业所得税的计税依据——应纳税所得额的确认方法。要正确计算企业所得税应纳税额，必须准确确认应纳税所得额，只有正确计算应纳所得税税额，才能保证所得税会计处理的正确。所得税会计处理的方法为资产负债表债务法。本章应重点掌握企业应纳税所得额的确定、应纳所得税税额计算及所得税会计处理方法。

基础知识与技能训练题

一、名词解释

企业所得税　　应纳税所得额　　暂时性差异　　资产负债表债务法

资产的计税基础　　负债的计税基础

二、简答题

1. 简述企业所得税纳税人概念及企业分类。
2. 简述企业所得税征税对象的具体内容。
3. 简述企业所得税税率。
4. 简述企业所得税准予扣除项目的基本内容。
5. 在资产负债表债务法下，企业发生的暂时性差异用什么账户核算？这些账户的结构如何？

三、单项选择题

1. 某小型微利企业本年度应纳税所得额30万元，其适用税率为（　　），其应纳所得税额为（　　）。

A. 15%，4.5万元　　B. 20%，3万元

C．20%，6 万元　　D．25%，7.5 万元

2．下列不计入企业应纳税所得额的项目是（　　）。

A．劳务服务收入　　B．转让固定资产收入

C．购买国债的利息收入　　D．出租包装物的收入

3．下列项目中计算应纳税所得额允许扣除的是（　　）。

A．纳税人因违反行政法规而被处以的罚款　　B．向投资者支付的股息

C．非广告性质的赞助支出　　D．按工资薪金总额的 14%计提的职工福利费

4．某公司年销售收入净额为 2 000 万元，其应纳税所得额允许列支的业务招待费限额为（　　）。

A．9 万元　　B．3 万元　　C．10 万元　　D．6 万元

5．某企业本年度在境内发生年度亏损 200 万元，但同期从境外某国分支机构取得税后收益 112 万元，在境外按 20%的税率缴纳了所得税，该企业境内适用税率 25%，该企业本年度在境内的应纳所得税为（　　）。（提示：从境外分支机构取得税后收益已列入企业本年度投资收益。）

A．0　　B．28 万元　　C．5.6 万元　　D．7 万元

6．某公司当年销售收入 2 000 万元，广告费支出 350 万元，则计算当年应税所得时，广告费纳税调整应为（　　）。

A．调增 40 万元　　B．调增 50 万元　　C．调增 100 万元　　D．不用调增

7．某企业上年盈利 100 万元，当年亏损 150 万元，次年盈利 152 万元，则该企业次年应纳所得税额为（　　）。

A．12.5 万元　　B．0.66 万元　　C．0.4 万元　　D．0.5 万元

8．期末资产的账面价值大于其计税基础的差异，称为（　　）。

A．时间性差异　　B．永久性差异

C．应纳税暂时性差异　　D．可抵扣暂时性差异

9．某公司固定资产原值 50 万元，本期发生会计折旧 16 万元，按税法规定采用年数总和法，折旧额应为 19.2 万元，所得税税率 25%，产生的暂时性差异影响的所得税金额为 0.8 万元，应将其确认为（　　）。

A．应交税金　　B．所得税

C．递延所得税资产　　D．递延所得税负债

10．企业所得税按月和按季预缴的期限为月份或季度终了后（　　）。

A．7 日　　B．10 日　　C．15 日　　D．45 日

四、多项选择题

1．企业所得税纳税义务人所指企业包括（　　）。

A．居民企业　　B．非居民企业

C．个人独资企业　　D．合伙企业

E．在中国境内设立机构的外国企业

2．下列项目中属企业所得税征税对象的是（　　）。

A．企业从事物资生产取得的合法经营所得　　B．出租固定资产所得

C．因债权人原因确实无法支付的应付款项　　D．清算所得

E．国债利息

3．小型工业微利企业的界定标准为（　　）。

A．年度应纳税所得额不超过 30 万元　　B．从业人数不超过 100 人

C．资产总额不超过 3 000 万元　　D．从业人数不超过 80 人

E．资产总额不超过 1 000 万元

4．计算应纳税所得额时，准予企业从收入中扣除的税金有（　　）。

A．资源税　　B．消费税　　C．关税　　D．增值税

5．下列关于捐赠扣除说法中正确的是（　　）。

A．一般公益性捐赠扣除限额是按企业年度利润总额的 12%计算，超过年度利润总额 12%的部分，准予结转以后三年内在计算应纳税所得额时扣除

B．通过公益性社会团体或者县级以上人民政府及其部门

C．用于《中华人民共和国公益事业捐赠法》规定的公益事业的捐赠

D．纳税人直接向受赠人的各项捐赠，只要不超过限额，可以在企业所得税前扣除

E．公益性社会团体必须是符合税法规定条件的基金会、慈善组织等社会团体

6．在下列项目中，在会计利润总额基础上调增应税所得的项目有（　　）。

A．违法经营交纳的罚款

B．业务招待费超标支出

C．广告费超标支出

D．当企业所得税率小于或等于被投资企业所得税率时，从被投资企业分回的利润

E．实发工资薪金总额中不合理部分

7．下列属于暂时性差异的有（　　）。

A．固定资产折旧差异

B．无形资产摊销差异

C．存货跌价准备

D．工会经费按实发工资不合理部分计提的部分

E．企业向非金融机构借款的利息支出高于按金融机构同类、同期贷款利率计算数额以外的部分

8．暂时性差异可分为（　　）。

A．时间性差异　　B．可抵扣暂时性差异

C．应纳税暂时性差异　　D．永久性差异

E．价格差异

9．下列属于我国企业所得税税率的是（　　）。

A．25%　　B．20%　　C．18%　　D．12%

10．计算所得税时下列关于业务招待费支出扣除说法正确的是（　　）。

A．按照发生额的 60%扣除　　B．最高不得超过当年销售（营业）收入的 5‰

C．必须与生产经营活动有关　　D．最高不得超过当年销售（营业）收入的 3‰

E．按照发生额的 50%扣除

五、业务题

1．某企业某年度实现会计利润 960 万元，其当年全年业务收入额为 3 200 万元，全年实际列支与生产经营有关的业务招待费 500 万元。支付税收滞纳金 1 万元，直接向某敬老院捐款 5 万元，因某或有事项在当期确认了 50 万元的预计负债，计入当期损益。对外投资于某高新技术企业取得股息收入 100 万元。经核实收入及其他各项成本、费用的列支均符合税法规定，其中，从某高新技术企业取得股息收入 100 万元符合免税收入条件。请计算该企业当年应纳企业所得税额。

2．某企业本年度在国外的分公司取得税后收益 38 万元，在境外按 24%的税率缴纳了所得税。该企业境内适用的企业所得税税率为 25%，请计算该企业从国外的分公司取得税后收益应补交的企业所得税税额。

3．某企业某年实现税前会计利润 24 万元。其“营业外支出”账户中列支税收滞纳金 0.5 万元，通过公益性社会团体向贫困地区捐赠 3 万元，向某院校校庆赞助支出 1 万元。“管理费用”账户中列中与生产经营有关的业务招待费 50 万元。经核定企业全年业务收入额 300 万元。年末存货成本 200 万元，计提跌价准备 50 万元。

固定资产年初账面价值 100 万元，会计折旧采用双倍余额递减法折旧 5 万元，税法规定采用平均年限法年折旧 4 万元。年初证券投资成本 100 万元，年末市场价值 140 万元。年初递延所得税资产、递延所得税负债均无余额。

请计算该企业当年应纳所得税额，并用资产负债表债务法进行账务处理。

4．某公司购入一项设备 10 万元，预计可使用 4 年，无残值。该设备按税法规定采用平均年限法，会计核算采用年数合计法计算折旧。使用该设备每年可为公司带来销售收入 18 万元，销售付现成本 10 万元，销售毛利 8 万元。假设该企业所得税率 25%，请用资产负债表债务法做相应的账务处理。

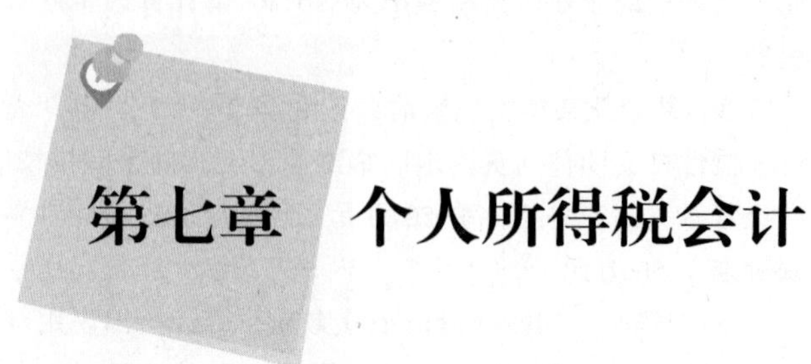

第七章 个人所得税会计

【学习目的】通过本章的学习，应明确个人所得税征税对象；居民纳税人与非居民纳税人的划分标准及纳税义务；掌握个人所得税的计算与征收方法；提高缴纳个人所得税的自觉性。

【技能要求】学会个人所得税应税所得额及应纳税额的计算，能够进行个人所得税代扣代缴及个人所得税的申报和会计处理的操作。

引　言

王先生是一家 IT 企业的工程师，他很满意能在这家专业性很强的企业里从事自己喜欢的工作，况且公司每月给的薪水不低，还经常有一些福利。某年元月王先生拿到和上年 12 月一样的薪金，可是发现所扣的个人所得税却比上年 12 月多了。问过公司会计才知道，原来是因为元月份公司给获得“某年度最佳业绩奖”的职工发放了价值 8 000 元的笔记本电脑，而王先生正是其中一位。根据我国个人所得税税法规定，个人因任职或受雇而从单位取得的实物所得，如住房、电脑、汽车等，属于工资、薪金所得，应按照购买住房、电脑、汽车的实际支出金额计算缴纳个人所得税。王先生这才恍然大悟，原来实物所得也要缴纳个人所得税。

那么，什么是个人所得税？为什么要征收个人所得税？它有哪些内容？我们应该怎么对个人所得税的缴纳进行会计处理呢？通过本章学习将会得到明确答案。

第一节　个人所得税概述

个人所得税法是指国家制定的用以调整个人所得税征收与缴纳之间权利及义务关系的法律规范。

一、个人所得税概念

个人所得税是以自然人取得的各项应税所得为征税对象所征收的一种所得税。它最早于1799年在英国创立，目前世界上已有140多个国家开征了这一税种。

我国于1980年第五届全国人民代表大会第三次会议审议通过了《中华人民共和国个人所得税法》（以下简称《个人所得税法》），同年12月14日，经国务院批准，财政部公布了个人所得税法实施细则。1993年10月3日第八届全国人民代表大会常务委员会第四次会议重新修订了《中华人民共和国个人所得税法》，并于1994年1月1日起施行。多年来通过了六次修改，目前适用的是2011年6月30日，由第十一届全国人民代表大会常务委员会第二十一次会议通过的《关于修改〈中华人民共和国个人所得税法〉的决定》并予以公布。自2011年9月1日起施行。

我国现行个人所得税是政府利用税收对个人收入进行调节的一种手段，纳税人不仅包括个人还包括具有自然人性质的企业。从世界范围看个人所得税的税制模式有三种：分类征收制、综合征收制、混合征收制。分类征收制就是将纳税人不同来源、性质的所得项目，分别规定不同的税率征税；综合征收制，是对纳税人全年各种不同来源的所得加以汇总，就其总额进行征税；混合征收制，是对纳税人不同来源、性质的所得先分别按照不同的税率征税，然后将全年的各项所得进行汇总征税。三种不同的税制模式各有其优缺点。目前我国个人所得税的征收采用的是分类征收制，其改革方向是由分类征收制向分类与综合相结合的模式转变。

二、纳税义务人与扣缴义务人

个人所得税的纳税义务人，包括中国公民、个体工商户、个人独资企业、合伙企业投资者以及在中国有所得的外籍人员（包括无国籍人员，下同）和我国香港、澳门、台湾同胞。上述纳税义务人依据住所和居住时间两个标准，区分为居民和非居民，分别承担不同的纳税义务。

（一）居民纳税人和非居民纳税人的判定标准

1．住所标准

住所标准，是指以个人在一国境内拥有的住所，确定其居民归属的判定标准。根据《个人所得税法》（以下简称《个人所得税法》）规定，在中国境内有住所的个人，是指因户籍、家庭、经济利益关系而在中国境内习惯性居住的个人。这里所说的习惯性居住，是指个人因学习、工作、探亲等原因消除之后，没有理由在其他地方继续居留时，所要回到的地方，而不是指实际居住或在某一个特定时期内的居住地。

2．居住时间标准

居住时间标准，是指以个人在一国境内居住的时间，确定其居民归属的判定标准。居住时间是个人在一国境内实际居住的日数。我国《个人所得税法》规定，在我国境内居住满1年的个人即为居民纳税人。所谓在境内居住满1年，即一个纳税年度（即公历1月1日起至12月31日止，下同）内，在中国境内居住满365日。在计算居住天数时，对临时离境应视同在华居住，不扣减其在华居住天数。这里所说的临时离境，是指在一个纳税年度内，一次不超过30日或者多次累计不超过90日的离境。

上述两个判定标准是并列性标准，个人只要具备或达到其中任何一个标准，就可以认定为中国居民。也就是说，在中国境内有所住所，或者无住所而在境内居住满1年的个人，是居民纳税义务人，具体包括以下两类：

（1）在中国境内定居的中国公民和外国侨民。但不包括虽具有中国国籍，却没有在中国大陆定居，而是侨居海外的华侨和居住在香港、澳门、台湾的同胞。

（2）从公历1月1日起至12月31日止，居住在中国境内的外国人、海外侨胞和香港、澳门、台湾同胞，这些人如果在一个纳税年度内，一次离境不超过30日，或者多次离境累计不超过90日的，仍应被视为全年在中国境内居住，从而判定为居民纳税义务人。

在中国境内无住所又不居住或者无住所而在境内居住不满一年的个人，是非居民纳税义务人。

（二）居民纳税人和非居民纳税人的纳税义务

1．居民纳税人的纳税义务

居民纳税人负有无限纳税义务，即无论其来源于中国境内还是中国境外的所得，都属于纳税义务范围，在中国依法缴纳个人所得税。

2．非居民纳税人的纳税义务

非居民纳税人承担有限纳税义务，即仅就其来源于中国境内的所得依法缴纳个人所得税。

下列所得，不论支付地点是否在中国境内，均为来源于中国境内的所得：

（1）因任职、受雇、履约等而在中国境内提供劳务取得的所得；

（2）将财产出租给承租人在中国境内使用而取得的所得；

（3）转让中国境内的建筑物、土地使用权等财产或者在中国境内转让其他财产取得的所得；

（4）许可各种特许权在中国境内使用而取得的所得；

（5）从中国境内的公司、企业以及其他经济组织或者个人取得的利息、股息、红利所得。

在中国境内无住所，但是居住满1年以上、5年以下的个人，其来源于中国境外的所得，经主管税务机关的批准，可以只就由中国境内公司、企业以及其他经济组织或者个人支付的部位缴纳个人所得税；居住超过5年的个人，从第6年起，应当就其来源于中国境外的全部所得缴纳个人所得税。

在中国境内无住所，但是在一个纳税年度中在中国境内连续或累计工作不超过90日的个人，其来源于中国境内的所得，由境外雇主支付并且不是由该雇主在中国境内的机构、场所负担的部分，免予缴纳个人所得税。

三、征税对象

下列各项个人所得，应纳个人所得税：

（一）工资、薪金所得

工资、薪金所得是指个人因任职或受雇而取得的工资、薪金、奖金、年终加薪、劳动分红、津贴、补贴以及与任职或受雇有关的其他所得。

一般来说，工资、薪金所得属于非独立个人劳动所得，所谓非独立个人劳动，是指个人所从事的是由他人制定、安排并接受管理的劳动，工作或服务于公司、工厂、行政、事业单位的人员（私营企业主除外）均为非独立劳动者。他们从上述单位取得的劳动报酬，是以工资、薪金的形式体现的。通常情况下，把直接从事生产、经营或服务的劳动者的收入称为工资，而将从事社会公职或管理活动的劳动者（公职人员）的收入称为薪金。但在实际立法过程中，各国都从简便易行的角度考虑，将工资、薪金合并为一个项目计征个人所得税。

除工资、薪金以外，奖金、年终加薪、劳动分红、津贴、补贴也被确定为工资、薪金范畴。其中，年终加薪、劳动分红不分种类和取得情况，一律按照工资、薪金所得课税。津贴、补贴等则有例外。

根据我国目前个人收入的构成情况，规定一些不属于工资、薪金性质的补贴、津贴或者不属于纳税人本人工资、薪金所得的项目的收入，不予征税。这些项目包括：

（1）独生子女补贴。

（2）执行公务员工作制度未纳入基本工资总额的补贴、津贴差额和家属成员的副食补贴。

（3）托儿补助费。

（4）差旅费津贴、误餐补助。其中，误餐补助是指按照财政部规定，个人因公在城区、郊区工作，不能在工作单位或返回就餐的，根据实际误餐顿数，按规定的标准领取的误餐费。单位以误餐补助名义发给职工的补助、津贴不能包括在内。

奖金是指所有具有工资性质的奖金，免税奖金的范围在税法中另有规定。

公司职工取得的用于购买企业国有股权的劳动分红，应按“工资、薪金所得”项目征收个人所得税。

出租汽车经营单位对出租车驾驶员采取单车承包或承租方式运营，出租车驾驶员从事客货运营取得的收入，按“工资、薪金所得”征税。

（5）按照国务院规定发给的政府特殊津贴、院士津贴、资深院士津贴，以及国务院规定免纳个人所得税的其他补贴、津贴。

（二）个体工商户的生产经营所得

个体工商户的生产经营所得具体包括：

（1）个体工商户从事工业、手工业、建筑业、交通运输业、商业、饮食业、服务业、修理业及其他行业取得的所得。

（2）个人经政府有关部门批准，取得执照，从事办学、医疗、咨询以及其他有偿服务活动取得的所得。

（3）上述个体工商户和个人取得的与生产、经营有关的各项应纳税所得。

（4）个人因从事彩票代销业务而取得的所得，应按照“个体工商户的生产、经营所得”项目计征个人所得税。

（5）从事个体出租车运营的出租车驾驶员取得的收入，按“个体工商户的生产、经营所得”税目计征个人所得税。

出租车属于个人所有，但挂靠出租汽车经营单位或企事业单位，驾驶员向挂靠单位缴纳管理费的，或出租汽车经营单位将出租车所有权转移给驾驶员的，出租车驾驶员从事客货运营取得的收入，比照“个体工商户的生产、经营所得”税目征税。

（6）个体工商户和从事生产经营的个人，取得与生产、经营活动无关的其他各项应税所得，应分别按照有关规定，计算征收个人所得税。如取得的银行存款利息所得、对外投资取得的股息所得，应按"利息、股息、红利所得"税目的规定单独计征个人所得税。

（7）个人独资企业、合伙企业的个人投资者以企业资金为本人、家庭成员及其相关人员支付与企业生产经营无关的消费性支出及购买汽车、住房等财产性支出，视为企业对个人投资者利润分配，并入投资者个人的生产经营所得，依照"个体工商户的生产经营所得"项目计征个人所得税。

（8）其他个人从事个体工商业生产、经营取得的所得。

（三）对企事业单位的承包经营、承租经营所得

承包、承租经营所得是指个人对企事业单位承包经营、承租经营以及转包、转租取得的所得，并包括个人按月或者按次取得的工资、薪金性质的所得。承包项目可分多种，如生产经营、采购、销售、建筑安装等各种承包。转包包括全部转包或部分转包。

（四）劳务报酬所得

劳务报酬所得是指个人独立从事各种非雇用的各种劳务所取得的所得，包括设计、装潢、安装、制图、化验、测试、医疗、法律、会计、咨询、讲学、新闻、广播、翻译、审稿、书画、雕刻、影视、录音、录像、演出、表演、广告、展览、技术服务、介绍服务、经纪服务、代办服务以及其他劳务取得的所得。

自2004年1月2日起，对商品营销活动中，企业和单位对营销业绩突出的雇员以培训班、研讨会、工作考察等名义组织旅游活动，通过免收差旅费、旅游费对个人实行的营销业绩奖励（包括实物、有价证券等），应根据所发生费用的全额并入营销人员当期的工资、薪金所得，按照"工资、薪金所得"项目征收个人所得税，并由提供上述费用的企业和单位代扣代缴。

在实际操作过程中，还可能出现难以判定一项所得是属于工资、薪金所得，还是属于劳务报酬所得的情况。这两者的区别在于：工资、薪金所得是属于非独立个人劳务活动，即在机关、团体、学校、部队、企事业单位及其他组织中任职、受雇而得到的报酬；劳务报酬所得则是个人独立从事各种技艺、提供各项劳务取得的报酬。

（五）稿酬所得

稿酬所得是指个人因其作品以图书、报刊形式出版、发表而取得的所得。

（六）特许权使用费所得

特许权使用费所得是指个人提供专利权、商标权、著作权、非专利技术以及其他特许权的使用权取得的所得。提供著作权的使用权取得的所得，不包括稿酬所得。

（七）利息、股息、红利所得

利息、股息、红利所得是指个人拥有债权、股权而取得的利息、股息、红利所得。

除个人独资企业、合伙企业以外的其他企业的个人投资者，以企业资金为本人、家庭成员及相关人员支付与生产经营无关的消费性支出以及购买汽车、住房等财产性支出，视为企业对个人投资者的红利分配，按"利息、股息、红利所得"项目计征个人所得税。企

业的上述支出不允许在所得税前扣除。

纳税年度内个人投资者从其投资的企业（个人独资企业、合伙企业除外）借款，在该纳税年度终了后既不归还，又未用于企业生产经营的，其未归还的借款可视为企业对个人投资者的红利分配，依照“利息、股息、红利所得”项目计征个人所得税。

（八）财产租赁所得

财产租赁所得是指个人出租建筑物、土地使用权、机器设备、车船以及其他财产取得的所得。

个人取得的财产转租收入，属于“财产租赁所得”的征税范围，由财产转租人缴纳个人所得税。

（九）财产转让所得

财产转让所得是指个人转让有价证券、股权、建筑物、土地使用权、机器设备、车船以及其他财产取得的所得。

（十）偶然所得

偶然所得是指个人得奖、中奖、中彩以及其他偶然性质取得的所得。

（十一）其他所得

其他所得是指国务院财政主管部门确定需要征税的，除上述列举的各项个人所得之外的其他所得。

四、个人所得税税率

（一）工资、薪金所得

（1）工资、薪金所得，适用3%～45%的七级超额累进税率（见表7-1）。

表7-1 工资、薪金所得个人所得税税率

级数	全月应纳税所得额		税率（%）	速算扣除数/元
	含税级距	不含税级距		
1	不超过1 500元的	不超过1 455元的	3	0
2	超过1 500元至4 500元的部分	超过1 455元至4 155元的部分	10	105
3	超过4 500元至9 000元的部分	超过4 155元至7 755元的部分	20	555
4	超过9 000元至35 000元的部分	超过7 755元至27 255元的部分	25	1 005
5	超过35 000元至55 000元的部分	超过27 255元至41 255元的部分	30	2 755
6	超过55 000元至80 000元的部分	超过41 255元至57 505元的部分	35	5 505
7	超过80 000元的部分	超过57 505元的部分	45	13 505

注：1. 本表所列含税级距与不含税级距，均为按照税法规定减除有关费用后的所得额；

2. 含税级距适用于由纳税人负担税款的工资、薪金所得；不含税级距适用于由他人（单位）代付税款的工资、薪金所得。

（2）关于年终奖。

按照国家税务总局2005年11月26日颁布的《国家税务总局关于调整个人取得全年一次性奖金等计算征收个人所得税方法问题的通知》，从2005年开始，纳税人取得的年终奖全额，将先除以12，据此确定适用税率，再以这个税率计算纳税。行政机关、企事业单位向其雇员发放的全年一次性奖金，作为单独一个月工资、薪金所得计算纳税，不与当月工资薪金合并计税。其计税按全年一次性奖金方法处理，即按当月取得的全年一次性奖金，先除以12个月，按其商数确定适用税率和“速算扣除数”。

如张先生年终奖12 000元，计算其年终奖应缴纳的个人所得税，应先用12 000除以12，即1 000元，再以1 000作为应税所得额确定税率，其适用税率为3%，故张先生只需缴纳360元（12 000×3%=360）。

（二）个体工商户的生产、经营所得和对企事业单位的承包经营、承租经营所得

（1）个体工商户的生产、经营所得和对企事业单位的承包经营、承租经营所得，适用5%～35%的五级超额累进税率（见表7-2）。

表7-2 个体工商户的生产、经营所得和对企事业单位的承包经营、承租经营所得个人所得税税率

级数	全年应纳税所得额		税率（%）	速算扣除数/元
	含税级距	不含税级距		
1	不超过15 000元的	不超过14 250元的	5	0
2	超过15 000元至30 000元的部分	超过14 250元至27 750元的部分	10	750
3	超过30 000元至60 000元的部分	超过27 750元至51 750元的部分	20	3 750
4	超过60 000元至100 000元的部分	超过51 750元至79 750元的部分	30	9 750
5	超过100 000元的部分	超过79 750元的部分	35	14 750

注：1. 本表所列含税级距与不含税级距，均为按照税法规定以每一纳税年度的收入总额减除成本、费用以及损失后的所得额；

2. 含税级距适用于个体工商户的生产、经营所得和由纳税人负担税款的对企事业单位的承包经营、承租经营所得；不含税级距适用于由他人（单位）代付税款的对企事业单位的承包经营、承租经营所得。

这里需要注意的是，由于目前实行承包（租）经营的形式较多，分配方式也不相同，因此，承包、承租人按照承包、承租经营合同（协议）规定取得所得的适用税率也不一致。

1）承包、承租人对企业经营成果不拥有所有权，仅是按合同（协议）规定取得一定所得的，其所得按“工资、薪金”所得项目征税，适用3%～45%的七级超额累进税率。

2）承包、承租人按合同（协议）的规定只向发包、出租方缴纳一定费用后，企业经营成果归其所有的，承包、承租人取得的所得，按对企事业单位的承包经营、承租经营所得项目，适用5%～35%的五级超额累进税率征税。

（2）个人独资企业和合伙企业的个人投资者取得的生产经营所得也适用5%～35%的五级超额累进税率。

（三）稿酬所得

稿酬所得适用比例税率，税率为20%，并按应纳税额减征30%。故其实际税率为14%。

（四）劳务报酬所得

劳务报酬所得适用比例税率，税率为20%。对劳务报酬所得一次收入畸高的，可以实行加成征收，劳务报酬所得一次收入畸高，是指个人一次取得劳务报酬，其应纳税所得额超过2万元。根据《中华人民共和国个人所得税法实施条例》，个人一次取得劳务报酬的应纳税所得额超过20 000元至50 000元的部分，依照税法规定计算应纳税额后，再按照应纳税额加征5成；超过50 000元的部分加征10成。因此，劳务报酬所得实际上适用20%、30%、40%的三级超额累进税率（见表7-3）。

表7-3 劳务报酬所得个人所得税税率

级　数	每次应纳税所得额	税率（%）	速算扣除数/元
1	不超过20 000元的部分	20	0
2	超过20 000元～50 000元的部分	30	2 000
3	超过50 000元的部分	40	7 000

注：本表所称“每次应纳税所得额”，是指每次收入额减除费用800元（每次收入不超过4 000元时）或减除20%的费用（每次收入额超过4 000元时）后的余额。

（五）特许使用权所得，利息、股息、红利所得，财产租赁所得，财产转让所得，偶然所得和其他所得

特许权使用费所得，股息所得，财产租赁所得，财产转让所得，偶然所得和其他所得，适用比例税率，税率为20%。

第二节　个人所得税的计算

一、个人所得税计税依据

个人所得税以应纳税所得额为计税依据。应纳税所得额是指纳税人的收入总额扣除税法规定的各项费用以后的余额。征收个人所得税的一般原则是要从纳税人的收入总额中扣除一些必要的费用。

二、应税所得额的确定

（一）费用减除标准

（1）工资、薪金所得，以每月收入额减除费用3 500元作为纳税人及其赡养家属的生活费用和其他必要的费用，仅就超过3 500元的部分作为应纳税所得额。

按照国家规定，单位为个人缴付和个人缴付的基本养老保险费、基本医疗保险费、失业保险费、住房公积金，从纳税义务人的应纳税所得额中扣除。

对在中国境内无住所而在中国境内取得工资、薪金所得的纳税义务人，以及在中国境

内有住所而在中国境外取得工资薪金所得的纳税义务人，根据其平均收入水平、生活水平以及汇率变化情况，每月在减除3 500元费用的基础上，确定附加减除费用1 300元。华侨和香港、澳门、台湾同胞参照附加减除费用标准执行。

（2）个体工商户、个人独资企业和合伙企业投资者的生产经营所得，以每一纳税年度的收入总额，减除成本、费用以及损失后的余额，为应纳税所得额。成本、费用，是指纳税义务人从事生产、经营所发生的各项直接支出和分配计入成本的间接费用以及销售费用、管理费用、财务费用；所说的损失，是指纳税义务人在生产、经营过程中发生的各项营业外支出。

纳税义务人未提供完整、准确的纳税资料，不能正确计算应纳税所得额时，由主管税务机关核定其应纳税所得额。

对个体工商户业主、个人独资企业和合伙企业自然人投资者的生产经营所得依法计征个人所得税时，个体工商户业主、个人独资企业和合伙企业自然人投资者本人的费用扣除标准统一确定为42 000元/年，即3 500元/月。

（3）对企事业单位的承包经营、承租经营所得，以每一纳税年度的收入总额（包括纳税人按承包、承租经营合同规定分得的经营利润和工资、薪金所得），按月减除3 500元后的余额，为应纳税所得额。

（4）劳务报酬所得、稿酬所得、特许权使用费所得，财产租赁所得，每次收入不超过4 000元的，减除费用800元，4 000元以上的，减除20%的费用，其余额为应纳税所得额。

（5）财产转让所得，以转让财产的收入额减除财产原值和合理费用后的余额，为应纳税所得额。

（6）利息、股息、红利所得，偶然所得和其他所得，以每次收入额为应纳税所得额，不作任何费用扣除。

（二）每次收入的确定

（1）劳务报酬所得，根据不同劳务项目的特点，分别规定为：

1）只有一次性收入的，以取得该项收入为一次。

2）属于同一事项连续取得收入的，以一个月内取得的收入为一次。

（2）稿酬收入以每次出版、发表取得的收入为一次。

（3）特许权使用费所得，以某项使用权的一次转让所取得的收入为一次。

（4）财产租赁所得，以一个月内取得的收入为一次。

（5）利息、股息、红利所得，以支付利息、股利、红利时取得的收入为一次。

（6）偶然所得，以每次收入为一次。

（7）其他所得，以每次收入为一次。

（三）应纳税所得额的其他规定

（1）个人将其所得通过中国境内的社会团体、国家机关向教育和其他社会公益事业以及遭受严重自然灾害的地区、贫困地区的捐赠，捐赠额未超过纳税人申报的应纳税所得额30%的部分，可以从应纳税所得额中扣除，超过部分不得扣除。

（2）个人的所得（不含偶然所得，经国务院财政部门确定征税的其他所得）用于对非关联的科研机构和高等学校研究开发新产品、新技术、新工艺所发生的研究开发经费的资助，可以全额在下月（工资、薪金所得）或下次（按次计征的所得）或当年（按年计征的所得）计征个人所得税时，从应纳税所得额中扣除，不足抵扣的，不得结转抵扣。

（3）个人取得的应纳税所得，包括现金、实物和有价证券。所得为实物的，应当按照取得的凭证上所注明的价格计算应纳税所得额；无凭证的实物或者凭证上所注明的价格明显偏低的，由主管税务机关参照当地的市场价格核定应纳税所得额。所得为有价证券的，由主管税务机关根据票面价格和市场价格核定应纳税所得额。

三、税收优惠

1．免征个人所得税优惠

下列各项个人所得，免纳个人所得税。

（1）省级人民政府、国务院部委和中国人民解放军军以上单位，以及外国组织颁发的科学、教育、技术、文化、卫生、体育、环境保护等方面的奖金。

（2）国债和国家发行的金融债券利息。

（3）福利费、抚恤金、救济金。

（4）保险赔款。

（5）军人的转业费、复员费。

（6）按照国家统一规定发给干部、职工的安家费、退职费、退休工资、离休工资、离休生活补助费。

（7）依照我国有关法律规定应予免税的各国驻华使馆、领事馆的外交代表、领事官员和其他人员的所得。

（8）中国政府参加的国际公约以及签订的协议中规定的免税所得。

（9）关于发给见义勇为者的奖金问题，对乡、镇以上人民政府或经县以上人民政府主管部门批准成立的有机构、有章程的见义勇为基金或者类似性质组织，奖励见义勇为者的奖金或奖品，经主管税务机关核准，免征个人所得税。

（10）对个人取得的教育储蓄存款利息所得以及国务院财政部门确定的其他专项储蓄存款或者储蓄性专项基金存款的利息所得，免征个人所得税。

（11）储蓄机构内从事代扣代缴工作的办税人员取得的扣缴利息手续费所得，免征个人所得税。

（12）按照国家统一规定发给的补贴、津贴。

（13）企业和个人按照省级以上人民政府规定的比例提取并缴付的住房公积金、医疗保险金、基本养老保险金、失业保险基金，不计入个人当期的工资、薪金收入，免征个人所得税。超过规定的比例缴付的部分计征个人所得税。

个人领取原提存的住房公积金、医疗保险金、基本养老保险金时，免予征收个人所得税。

（14）生育妇女按照县级以上人民政府根据国家有关规定制定的生育保险办法，取得的生育津贴、生育医疗费或其他属于生育保险性质的津贴、补贴，免征个人所得税。

（15）对工伤职工及其近亲属按照《工伤保险条例》规定取得的工伤保险待遇，免征个人所得税。工伤保险待遇，包括工伤职工按照该条例规定取得的一次性伤残补助金、伤残津贴、一次性工伤医疗补助金、一次性伤残就业补助金、工伤医疗待遇、住院伙食补助费、外地就医交通食宿费用、工伤康复费用、辅助器具费用、生活护理费等，以及职工因工死亡，其近亲属按照该条例规定取得的丧葬补助金、供养亲属抚恤金和一次性工亡补助金等。

（16）外籍个人以非现金形式或实报实销形式取得的住房补贴、伙食补贴、搬迁费、洗衣费。外籍个人按合理标准取得的境内、外出差补贴。外籍个人取得的探亲费、语言训练费、子女教育费等，经当地税务机关审核批准为合理的部分。可以享受免征个人所得税优惠的探亲费，仅限于外籍个人在我国的受雇地与其家庭所在地（包括配偶或父母居住地）之间搭乘交通工具，且每年不超过两次的费用。

（17）个人举报、协查各种违法、犯罪行为而获得的奖金。

（18）个人办理代扣代缴税款手续，按规定取得的扣缴手续费。

（19）个人转让自用五年以上、并且是家庭唯一居住用房取得的所得免征个人所得税。

（20）对按《国务院关于高级专家离休退休若干问题的暂行规定》和《国务院办公厅关于杰出高级专家暂缓离退休审批问题的通知》精神，达到离休、退休年龄，但确因工作需要，适当延长离休退休年龄的高级专家，其在延长离休退休期间的工资、薪金所得，视同退休工资、离休工资免征个人所得税。

（21）外籍个人从外商投资企业取得的股息、红利所得。

（22）凡符合下列条件之一的外籍专家取得的工资、薪金所得可免征个人所得税：

1）根据世界银行专项贷款协议由世界银行直接派往我国工作的外国专家；

2）联合国组织直接派往我国工作的专家；

3）为联合国援助项目来华工作的专家；

4）援助国派往我国专为该国无偿援助项目工作的专家；

5）根据两国政府签订文化交流项目来华工作两年以内的文教专家，其工资、薪金所得由该国负担的；

6）根据我国大专院校国际交流项目来华工作两年以内的文教专家，其工资、薪金所得由该国负担的；

7）通过民间科研协定来华工作的专家，其工资、薪金所得由该国政府机构负担的。

（23）股权分置改革中非流通股股东通过对价方式向流通股股东支付的股份、现金等收入，暂免征收流通股股东应缴纳的个人所得税。

（24）对被拆迁人按照国家有关城镇房屋拆迁管理办法规定的标准取得的拆迁补偿款，免征个人所得税。

（25）自2006年6月1日起，对保险营销员佣金中的展业成本，免征个人所得税；对佣金中的劳务报酬部分，扣除实际缴纳的增值税及附加后，依照税法有关规定计算征收个人所得税。保险营销员的佣金由展业成本和劳务报酬构成，“展业成本”即营销费。根据目前保险营销员展业的实际情况，佣金中展业成本的比例暂定为40%。

（26）证券经纪人从证券公司取得的佣金收入，应按照“劳务报酬所得”项目缴纳个人所得税。证券经纪人佣金收入由展业成本和劳务报酬构成，对展业成本部分不征收个人所得税。证券经纪人展业成本的比例暂定为每次收入额的40%。证券经纪人以一个月内取得的佣金收入为一次收入，其每次收入先减去实际缴纳的增值税及附加，再减去规定比例的展业成本，余额按“劳务报酬所得”项目计算缴纳个人所得税。

（27）个人从公开发行和转让市场取得的上市公司股票，持股期限超过一年的，股息红利所得暂免征收个人所得税，持股期限在一个月以内（含一个月）的，其股息红利所得全额计入应纳税所得额；持股期限在一个月以上至一年（含一年）的，暂减按50%计入应纳税所得额；持股期限超过一年的，暂减按25%计入应纳税所得额。上述所得统一适用20%的税率计征个人所得税。

（28）经国务院财政部门批准免税的所得。

2．减征个人所得税的优惠

有下列情形之一的，经批准可以减征个人所得税：

（1）残疾、孤老人员和烈属的所得；

（2）因严重自然灾害造成重大损失的；

（3）其他经国务院财政部门批准减税的。

四、个人所得税的计算

个人所得税应纳税额的计算，是在准确计算应纳税所得额和减免税额的基础上进行的。由于个人所得税税率采取比例税率和累进税率两种形式，不同项目的所得在计税方法上是不同的。

（一）工资、薪金所得应纳税额的计算

应纳税额=应纳税所得额×适用税率−速算扣除数

　　　　=（每月收入额−3 500元或4 800元）×适用税率−速算扣除数

例7-1　某纳税人月薪4 600元，该纳税人不使用附加减除费用的规定，计算其负担的月应纳个人所得税税额。

应纳所得税额=4 600−3 500=1 100（元）。该档的适用税率为3%，速算扣除数为0，则

应纳税额=1 100×3%=33（元）

（二）个体工商户的生产、经营所得应纳税额的计算

应纳税额=应纳税所得额×适用税率−速算扣除数

　　　　=（全年收入总额−成本、费用以及损失）×适用税率−速算扣除数

根据2015年1月1日起施行的国家税务总局《个体工商户个人所得税计税办法》，个体工商户生产、经营所得应纳税额计算按如下规定执行：

1．计算原则

个体工商户应纳税所得额的计算，以权责发生制为原则，属于当期的收入和费用，不论款项是否收付，均作为当期的收入和费用；不属于当期的收入和费用，即使款项已经在当期收付，均不作为当期收入和费用。本办法和财政部、国家税务总局另有规定的除外。

2．计税基本规定

（1）个体工商户的生产、经营所得，以每一纳税年度的收入总额，减除成本、费用、税金、损失、其他支出以及允许弥补的以前年度亏损后的余额，为应纳税所得额。

（2）个体工商户从事生产经营以及与生产经营有关的活动（以下简称生产经营）取得的货币形式和非货币形式的各项收入，为收入总额，包括销售货物收入、提供劳务收入、转让财产收入、利息收入、租金收入、接受捐赠收入、其他收入。

前款所称其他收入包括个体工商户资产溢余收入、逾期一年以上的未退包装物押金收入、确实无法偿付的应付款项、已作坏账损失处理后又收回的应收款项、债务重组收入、补贴收入、违约金收入、汇兑收益等。

（3）成本是指个体工商户在生产经营活动中发生的销售成本、销货成本、业务支出以及其他耗费。

（4）费用是指个体工商户在生产经营活动中发生的销售费用、管理费用和财务费用，已经计入成本的有关费用除外。

（5）税金是指个体工商户在生产经营活动中发生的除个人所得税和允许抵扣的增值税以外的各项税金及其附加。

（6）损失是指个体工商户在生产经营活动中发生的固定资产和存货的盘亏、毁损、报废损失，转让财产损失，坏账损失，自然灾害等不可抗力因素造成的损失以及其他损失。

个体工商户发生的损失，减除责任人赔偿和保险赔款后的余额，参照财政部、国家税务总局有关企业资产损失税前扣除的规定扣除。

个体工商户已经作为损失处理的资产，在以后纳税年度又全部收回或者部分收回时，应当计入收回当期的收入。

（7）其他支出是指除成本、费用、税金、损失外，个体工商户在生产经营活动中发生的与生产经营活动有关的、合理的支出。

（8）个体工商户发生的支出应当区分收益性支出和资本性支出。收益性支出在发生当期直接扣除；资本性支出应当分期扣除或者计入有关资产成本，不得在发生当期直接扣除。

前款所称支出，是指与取得收入直接相关的支出。

除税收法律法规另有规定外，个体工商户实际发生的成本、费用、税金、损失和其他支出，不得重复扣除。

（9）个体工商户下列支出不得扣除：

1）个人所得税税款；

2）税收滞纳金；

3）罚金、罚款和被没收财物的损失；

4）不符合扣除规定的捐赠支出；

5）赞助支出；

6）用于个人和家庭的支出；

7）与取得生产经营收入无关的其他支出；

8）国家税务总局规定不准扣除的支出。

（10）个体工商户生产经营活动中，应当分别核算生产经营费用和个人、家庭费用。对于生产经营与个人、家庭生活混用难以分清的费用，其40%视为与生产经营有关费用，准予扣除。

（11）个体工商户纳税年度发生的亏损，准予向以后年度结转，用以后年度的生产经营所得弥补，但结转年限最长不得超过五年。

（12）个体工商户使用或者销售存货，按照规定计算的存货成本，准予在计算应纳税所得额时扣除。

（13）个体工商户转让资产，该项资产的净值，准予在计算应纳税所得额时扣除。

（14）本办法所称亏损，是指个体工商户依照本办法规定计算的应纳税所得额小于零的数额。

3．扣除项目及标准

（1）个体工商户实际支付给从业人员的、合理的工资、薪金支出，准予扣除。个体工商户业主的费用扣除标准，依照相关法律、法规和政策规定执行（42 000 元/年）。

个体工商户业主的工资、薪金支出不得税前扣除。

（2）个体工商户按照国务院有关主管部门或者省级人民政府规定的范围和标准为其业主和从业人员缴纳的基本养老保险费、基本医疗保险费、失业保险费、生育保险费、工伤保险费和住房公积金，准予扣除。

个体工商户为从业人员缴纳的补充养老保险费、补充医疗保险费，分别在不超过从业人员工资总额 5%标准内的部分据实扣除；超过部分，不得扣除。

个体工商户业主本人缴纳的补充养老保险费、补充医疗保险费，以当地（地级市）上年度社会平均工资的 3 倍为计算基数，分别在不超过该计算基数 5%标准内的部分据实扣除；超过部分，不得扣除。

（3）除个体工商户依照国家有关规定为特殊工种从业人员支付的人身安全保险费和财政部、国家税务总局规定可以扣除的其他商业保险费外，个体工商户业主本人或者为从业人员支付的商业保险费，不得扣除。

（4）个体工商户在生产经营活动中发生的合理的不需要资本化的借款费用，准予扣除。

个体工商户为购置、建造固定资产、无形资产和经过 12 个月以上的建造才能达到预定可销售状态的存货发生借款的，在有关资产购置、建造期间发生的合理的借款费用，应当作为资本性支出计入有关资产的成本，并依照本办法的规定扣除。

（5）个体工商户在生产经营活动中发生的下列利息支出，准予扣除：

1）向金融企业借款的利息支出；

2）向非金融企业和个人借款的利息支出，不超过按照金融企业同期同类贷款利率计算的数额的部分。

（6）个体工商户在货币交易中，以及纳税年度终了时将人民币以外的货币性资产、负债按照期末即期人民币汇率中间价折算为人民币时产生的汇兑损失，除已经计入有关资产成本部分外，准予扣除。

（7）个体工商户向当地工会组织拨缴的工会经费、实际发生的职工福利费支出、职工教育经费支出分别在工资、薪金总额的 2%、14%、2.5%的标准内据实扣除。

工资、薪金总额是指允许在当期税前扣除的工资薪金支出数额。

职工教育经费的实际发生数额超出规定比例当期不能扣除的数额，准予在以后纳税年度结转扣除。

个体工商户业主本人向当地工会组织缴纳的工会经费、实际发生的职工福利费支出、职工教育经费支出，以当地（地级市）上年度社会平均工资的 3 倍为计算基数，在前述规定比例内据实扣除。

（8）个体工商户发生的与生产经营活动有关的业务招待费，按照实际发生额的60%扣除，但最高不得超过当年销售（营业）收入的5‰。

业主自申请营业执照之日起至开始生产经营之日止所发生的业务招待费，按照实际发生额的60%计入个体工商户的开办费。

（9）个体工商户每一纳税年度发生的与其生产经营活动直接相关的广告费和业务宣传费不超过当年销售（营业）收入15%的部分，可以据实扣除；超过部分，准予在以后纳税年度结转扣除。

（10）个体工商户代其从业人员或者他人负担的税款，不得税前扣除。

（11）个体工商户按照规定缴纳的摊位费、行政性收费、协会会费等，按实际发生数额扣除。

（12）个体工商户根据生产经营活动的需要租入固定资产支付的租赁费，按照以下方法扣除：

1）以经营租赁方式租入固定资产发生的租赁费支出，按照租赁期限均匀扣除；

2）以融资租赁方式租入固定资产发生的租赁费支出，按照规定构成融资租入固定资产价值的部分应当提取折旧费用，分期扣除。

（13）个体工商户参加财产保险，按照规定缴纳的保险费，准予扣除。

（14）个体工商户发生的合理的劳动保护支出，准予扣除。

（15）个体工商户自申请营业执照之日起至开始生产经营之日止所发生符合本办法规定的费用，除为取得固定资产、无形资产的支出，以及应计入资产价值的汇兑损益、利息支出外，作为开办费，个体工商户可以选择在开始生产经营的当年一次性扣除，也可自生产经营月份起在不短于3年期限内摊销扣除，但一经选定，不得改变。

开始生产经营之日为个体工商户取得第一笔销售（营业）收入的日期。

（16）个体工商户通过公益性社会团体或者县级以上人民政府及其部门，用于《中华人民共和国公益事业捐赠法》规定的公益事业的捐赠，捐赠额不超过其应纳税所得额30%的部分可以据实扣除。

财政部、国家税务总局规定可以全额在税前扣除的捐赠支出项目，按有关规定执行。

个体工商户直接对受益人的捐赠不得扣除。

公益性社会团体的认定，按照财政部、国家税务总局、民政部有关规定执行。

（17）本办法所称赞助支出，是指个体工商户发生的与生产经营活动无关的各种非广告性质支出。

（18）个体工商户研究开发新产品、新技术、新工艺所发生的开发费用，以及研究开发新产品、新技术而购置单台价值在10万元以下的测试仪器和试验性装置的购置费准予直接扣除；单台价值在10万元以上（含10万元）的测试仪器和试验性装置，按固定资产管理，不得在当期直接扣除。

例 7-2　某小型食品加工厂系个体工商户，账证健全，20×6年全年生产经营收入总额为200 000元，准许扣除的当年生产成本为80 000元、费用（已含个人已计费用按标准扣除的部分）为57 000元、经营损失为5 000元。计算该个体工商户全年应纳个人所得税税额。

全年应纳税所得额=200 000−80 000−57 000−5 000=58 000（元）

该档的适用税率为 20%，速算扣除数为 3 750，则

全年应缴纳所得税=58 000×20%−3 750=7 850（元）

（三）个人独资企业和合伙企业应纳个人所得税的计算

1．查账征税

（1）自 2011 年 9 月 1 日起，个人独资企业和合伙企业投资者的生产经营所得依法计征个人所得税时，个人独资企业和合伙企业投资者本人的费用扣除标准统一确定为 42 000 元/年，即 3 500 元/月。投资者的工资不得在税前扣除。

（2）投资者及其家庭发生的生活费用不允许在税前扣除。投资者及其家庭发生的生活费用与企业生产经营费用混合在一起，并且难以划分的，全部视为投资者个人及其家庭发生的生活费用，不允许在税前扣除。

（3）企业生产经营和投资者及其家庭生活用的固定资产，难以划分的，由主管税务机关根据企业的生产经营类型、规模等具体情况，核定准予在税前扣除的折旧费用的数额或比例。

（4）个人独资企业和合伙企业投资者经营过程中向其从业人员实际支付的合理的工资、薪金支出，允许在税前据实扣除。

（5）个人独资企业和合伙企业拨缴的工会经费、发生的职工福利费、职工教育经费支出分别在工资薪金总额 2%、14%、2.5%的标准内据实扣除。

（6）个人独资企业和合伙企业每一纳税年度发生的与其生产经营业务直接相关的业务招待费支出，按照发生额的 60%扣除，但最高不得超过当年销售（营业）收入的 5‰。

（7）个人独资企业和合伙企业每一纳税年度发生的广告费和业务宣传费用不超过当年销售（营业）收入 15%的部分，可据实扣除；超过部分，准予在以后纳税年度结转扣除。

（8）企业计提的各种准备金不得扣除。

（9）投资者兴办两个或两个以上企业，并且企业性质全部是独资的，年度终了后，汇算清缴时，应缴纳个人所得税税额的计算方法如下：先汇总其投资兴办的所有企业的经营所得作为应纳税所得额，以此确定适用税率，计算出全年经营所得的应当纳税额；再根据每个企业的经营所得占所有企业经营所得的比例，分别计算出每个企业的应当纳税额和应当补缴税额。计算公式如下：

1）应纳税所得额=Σ 各个企业的经营所得

2）应纳税额=应纳税所得额×税率−速算扣除数

3）本企业应纳税额=应纳税额×本企业的经营所得÷Σ 各个企业的经营所得

4）本企业应补缴的税额=本企业应纳税额−本企业预缴的税额

2．核定征收

核定征收方式，包括定额征收、核定应税所得率征收以及其他合理的征收方式。

实行核定应税所得率征收方式的，应纳所得税额的计算公式如下：

应纳所得税额=应纳税所得额×适用税率

应纳税所得额=收入总额×应税所得率

或　　=成本费用支出额÷（1−应税所得率）×应税所得率

应税所得率应按表 7-4 规定的标准执行：

表 7-4 个人所得税应税所得率表

行 业	应税所得率（%）
工业、交通运输业、商业	5～20
建筑业、房地产开发业	7～20
饮食服务业	7～25
娱乐业	20～40
其他行业	10～30

企业经营多业的，无论其经营项目是否单独核算，均应根据其主营项目确定其适用的应税所得率。

实行核定征税的投资者，不能享受个人所得税的优惠政策。

实行查账方式征税的个人独资企业和合伙企业改为核定征税方式后，在查账征税方式下认定的年度经营亏损未弥补完的部分，不得再继续弥补。

个体工商户、个人独资企业和合伙企业在纳税年度中间开业、合并、注销以及其他原因，导致该纳税年度的实际经营期不足一年的，以其实际经营期为一个纳税年度。投资者本人的费用扣除标准，按照其实际经营月份数，以 3 500 元/月的标准确定。

计算公式如下：

应纳税所得额=该年度收入总额−成本、费用及损失−当年投资者本人的费用扣除额

当年投资者本人的费用扣除额=月减除费用（3 500 元/月）×当年实际经营月份数

应纳税额=应纳税所得额×税率−速算扣除数

（四）对企事业单位的承包经营、承租经营所得应纳税额的计算

应纳税额=应纳税所得额×适用税率−速算扣除数

=（纳税年度收入总额−必要费用）×适用税率−速算扣除数

对企事业单位的承包经营、承租经营所得，以每一纳税年度的收入总额，减除必要费用后的余额为应纳税所得额。

在一个纳税年度中，承包经营或者承租经营期限不足一年的，以其实际经营期为纳税年度。

例 7-3 某个人与事业单位签订承包合同经营招待所，承包期为 3 年，招待所当年实现承包利润 85 000 元（未扣除含承包人工资报酬），按合同规定承包人每年从承包经营利润中上交承包费 20 000 元。计算承包人本年的应纳个人所得税税额。

（1）应纳税所得额=承包经营利润−上交费用−每月必要费用扣除合计

=85 000−20 000−3 500×12=23 000（元）

（2）应纳税额=年应纳税所得额×适用税率−速算扣除数

=23 000×10%−750=1 550（元）

（五）劳务报酬所得应纳税额的计算

应纳税额=应纳税所得额×适用税率

1．每次收入额不超过 4 000 元的

应纳税额=（每次收入额−800 元）×20%

2．每次收入额超过 4 000 元至 20 000 元的

应纳税额=每次收入额×（1−20%）×20%

3．每次应纳税所得额超过 20 000 元的

应纳税额=每次应纳税所得额×适用税率−速算扣除数

=每次收入额×（1−20%）×适用税率−速算扣除数

例 7-4　某演员签约参加营业性演出一个月，共演八场，每场酬金 10 000 元，该演员本月取得劳务报酬所得 80 000 元，请计算其应纳个人所得税额。

（1）应纳税所得额：80 000×（1−20%）=64 000（元）

（2）应纳税额：64 000×40%−7 000=18 600（元）

4．为纳税人代付税款的计算办法

如果单位或个人为纳税人代缴税款的，应当将单位或个人支付给纳税人的不含税支付额（或称纳税人取得的不含税收入额）换算为应纳税所得额，然后按规定计算应代付的个人所得税款，其计算公式如下：

（1）不含税收入额不超过 3 360 元的：

应纳税所得额=（不含税收入额−800）÷（1−税率）

（2）不含税收入额超过 3 360 元的：

应纳税所得额=[（不含税收入额−速算扣除数）×（1−20%）]÷[1−税率×（1−20%）]

或　　　　　=[（不含税收入额−速算扣除数）×（1−20%）]÷当级换算系数

（3）应纳税额=应纳税所得额×适用税率−速算扣除数。

公式（1）、（2）中的税率，是指不含税所得按不含税级距（见表 7-5）对应的税率；公式（3）中的税率，是指应纳税所得额按含税级距（见表 7-3）对应的税率。

表 7-5　不含税劳务报酬收入适用税率表

级　数	不含税劳务报酬收入额	税率（%）	速算扣除数/元	换算系数（%）
1	未超过 3 360 元的部分	20	0	无
2	超过 3 360 至 21 000 元的部分	20	0	84
3	超过 21 000 元至 49 500 元的部分	30	2 000	76
4	超过 49 500 元的部分	40	7 000	68

例 7-5　某大学教授李某 9 月份在本职工作之余到 B 学校讲学共 4 次，每次收入均为 2 000 元（合同注明讲学收入为税后收入），计算 B 学校 9 月份应代李某缴纳个人所得税税额。

（1）李某 9 月份讲学收入应纳税所得额

=2 000×4×（1−20%）÷[1−20%×（1−20%）]

=2 000×4×（1−20%）÷84%

=7 619.05（元）

（2）应代李某缴纳个人所得税税额：7 619.05×20%=1 523.81（元）

（六）稿酬所得应纳税所得额的计算

1．每次收入额不超过 4 000 元的

应纳税额=应纳税所得额×适用税率×（1−30%）

=（每次收入额−800)×20%×（1−30%）

2．每次收入额超过 4 000 元

应纳税额=应纳税所得额×适用税率×（1−30%）

=每次收入额×（1−20%)×20%×（1−30%）

（七）特许权使用费应纳税额的计算

1．每次收入额不超过 4 000 元的

应纳税额=应纳税所得额×适用税率

=（每次收入额−800)×20%

2．每次收入额超过 4 000 元

应纳税额=应纳税所得额×适用税率

=每次收入额×（1−20%）×20%

（八）利息、股息、红利所得应纳税额的计算

应纳税额=应纳税所得额×适用税率

=每次收入额×20%

例 7-6 中国公民张某于 201×年 2 月以 8 万元的资金持有上海证券交易所的某境内上市公司股票 10 000 股。7 月，该上市公司宣布实施每股 0.8 元分红决定，张某在 8 月份将上述股票以 9 万元的价格转让，计算张某上述行为应缴纳的个人所得税。

利息、股息、红利所得的基本规定是按收入全额计税，不得扣除任何费用，但根据个人所得税优惠政策，张某持股期限未超过一年，其红利所得可减按 50%计入个人应纳税所得额。

张某上述行为应缴纳的个人所得税=10 000×0.8×50%×20%

=800（元）

（九）财产租赁所得应纳税额的计算

财产租赁所得应纳税所得额的计算，参照劳务报酬所得应纳税所得额的公式确定。

1．每次（月）收入额不超过 4 000 元的

应纳税额=应纳税所得额×适用税率

=[每次（月）收入额−800]×20%

2．每次收入额超过 4 000 元

应纳税额=应纳税所得额×适用税率

=每次（月）收入额×（1−20%）×20%

（十）财产转让所得应纳税额的计算

应纳税额=应纳税所得额×适用税率

=（收入总额−财产原值−合理税费）×20%

（十一）偶然所得和其他所得应纳税额的计算

应纳税额=应纳税所得额×适用税率

=每次收入额×20%

第三节　个人所得税的会计处理

一、个人所得税会计科目设置

企业按规定计算应代扣代缴的职工个人所得税时，应通过“应付职工薪酬”“管理费用”和“应交税费——应交个人所得税”三个账户进行核算。

二、个人所得税会计处理

（一）工资、薪金所得

支付工资、薪金的单位在代扣、代缴个人所得税时，应通过“应交税费——应交个人所得税”会计科目进行核算。代扣所得税时，借记“应付职工薪酬”账户，贷记“应交税费——应交个人所得税”账户。税款实际上缴入库时，记入“应交税费——应交个人所得税”科目的借方和“银行存款”科目的贷方。

例 7-7　某年 3 月，某公司发放杨某工资 5 600 元，杨某自己负担个人所得税。试编制会计分录。

首先确定应纳税所得额：

5 600−3 500=2 100（元）

确定应纳税额：

2 100×10%-105=105（元）

然后编制会计分录：

（1）代扣个人所得税：

借：应付职工薪酬 105

贷：应交税费——应交个人所得税 105

（2）缴纳个人所得税时：

借：应交税费——应交个人所得税 105

贷：银行存款 105

（二）对企事业单位承包经营、承租经营所得

在“应交税费”的科目下，设立“应交个人所得税”明细科目。在支付对企事业单位承包经营、承租经营所得的同时，按税法规定计算应代扣的个人所得税额，将代扣的个人所得税记入“应交税费——应交个人所得税”科目。税款代缴入库时，冲减“应交税费——应交个人所得税”。

（三）劳务报酬所得

例 7-8 某企业邀请一位专家为其进行工程设计，设计完成后，企业按约定支付专家48 000元含税劳务报酬，应由企业代扣代缴个人所得税。

应代扣代缴所得税额=48 000×（1-20%）×30%-2 000=9 520（元）

编制会计分录：

（1）支付该劳务报酬时：

借：管理费用 48 000

贷：应交税费——应交个人所得税 9 520

银行存款 38 480

（2）实际缴纳个人所得税时：

借：应交税费——应交个人所得税 9 520

贷：银行存款 9 520

（四）特许权使用费所得

例 7-9 王某向专利局申请一项专利，被某企业采用。王某收取该企业特许权使用费65 000元（含税），计算该企业代扣代缴税额。

应纳税所得额=65 000×（1-20%）=52 000（元）

应纳税额=52 000×20%=10 400（元）

编制会计分录：

（1）支付特许权使用费时：

借：管理费用 65 000

贷：应交税费——应交个人所得税 10 400

银行存款 54 600

（2）实际缴纳个人所得税时：

借：应交税费——应交个人所得税　　10 400

　　贷：银行存款　　10 400

（五）财产转让所得

例 7-10 某人某年12月购买商品房一套，买价和税费共计256 395元，次年12月该人将房屋转让给某企业做写字楼，转让价350 000元，其转让过程发生相关税金计算如下：

根据“营改增”规定，个人销售其取得（不含自建）的不动产（不含其购买的住房），应以取得的全部价款和价外费用减去该项不动产购置原价或者取得不动产时的作价后的余额为销售额，按照5%的征收率计算应纳增值税额。则

应交增值税=（350 000−256 395）×5%=4 680.25（元）

应交城市维护建设税及教育费附加=4 680.25×10%=468.025（元）

应交印花税=350 000×0.05%+5=180（元）

相关税金合计：

4 680.25+468.025+180=5 328.28（元）

企业代扣代缴所得税：

应纳税所得额=350 000−256 395−5 328.28=88 276.72（元）

居民应纳个人所得税额=88 276.72×20%=17 655.34（元）

编制会计分录：

（1）企业支付房屋转让费时，将实际支付款项与代扣代缴税额之和作为固定资产原值。

借：固定资产　　350 000

　　贷：应交税费——应交个人所得税　　17 655.34

　　　　银行存款　　332 344.66

（2）实际缴纳个人所得税时：

借：应交税费——应交个人所得税　　17 655.34

　　贷：银行存款　　17 655.34

（六）稿酬所得

例 7-11 某作家在某出版社出版一部专著，获稿酬20 000元，出版社代扣代缴其应纳所得税，试编制会计分录。

应纳税所得额=20 000×（1−20%）=16 000（元）

应纳税额=16 000×20%×（1−30%）=2 240（元）

编制会计分录：

（1）支付稿费时，将稿费记入图书成本。

借：图书成本　　20 000

贷：应交税费——应交个人所得税 2 240

现金 17 760

（2）实际缴纳个人所得税时：

借：应交税费——应交个人所得税 2 240

贷：银行存款 2 240

三、代扣代缴手续费的会计处理

税务部门按扣缴税款的 2%付给代扣代缴单位和个人的手续费，由税务部门按月填开收入退还书发给扣缴义务人，扣缴义务人按收入退还书指定银行办理税款退库手续。

代扣代缴单位和个人于收到手续费以后，编制会计分录：

借：银行存款

贷：应交税费——应交个人所得税

然后，冲减企业管理费用，编制会计分录：

借：应交税费——应交个人所得税

贷：管理费用

第四节 个人所得税的代扣代缴与自行申报

个人所得税的纳税办法，有自行申报和代扣代缴两种，以所得人为纳税义务人，以支付所得的单位或者个人为扣缴义务人。个人所得超过国务院规定数额的，或者在两处以上取得工资、薪金所得和没有扣缴义务人的，以及具有国务院规定的其他情形的，纳税义务人应当按照国家规定办理纳税申报。扣缴义务人应当按照国家规定办理全员全额扣缴申报。

一、自行申报纳税

自行申报纳税，是由纳税人自行在税法规定的纳税期限内，向税务机关申报取得的应纳税所得项目和数额，如实填写个人所得税纳税申报表，并按照税法规定计算应纳税额，据此缴纳个人所得税的一种方法。

（一）自行申报纳税的适用情况

纳税义务人有下列情形之一的，应当按照规定到主管税务机关办理纳税申报：

（1）年所得 12 万元以上的。

（2）从中国境内两处或者两处以上取得工资、薪金所得的。

（3）从中国境外取得所得的。

（4）取得应纳税所得，没有扣缴义务人的。

（5）国务院规定的其他情形。

（二）自行申报纳税的纳税期限

年所得12万元以上的纳税义务人，在年度终了后3个月内到主管税务机关办理纳税申报。

个体工商户和个人独资、合伙企业投资者取得的生产、经营所得应纳的税款，分月预缴的，纳税人在次月15日内办理纳税申报；分季预缴的，纳税人在每个季度终了后15日内办理纳税申报；纳税年度终了后3个月内汇算清缴，多退少补。

纳税人年终一次性取得承包经营、承租经营所得的，自取得收入之日起30日内申报纳税；在一年内分次取得承包经营、承租经营所得的，应在取得每次所得后的次月15日内申报预缴，年度终了后3个月内汇算清缴，多退少补。

从中国境外取得所得的纳税义务人，应当在年度终了后30日内，向中国境内主管税务机关办理纳税申报。

个人独资企业和合伙企业在年度中间合并、分离终止时，投资者应当在停止生产经营之日起60日内，向主管税务机关办理当期个人所得税汇算清缴。

除以上规定的情形外，纳税人取得其他各项所得须申报纳税的，在取得所得的次月15日内向主管税务机关办理纳税申报。

（三）自行申报纳税的纳税地点

（1）申报地点一般为收入来源地的主管税务机关；纳税人从两处或两处以上取得工资、薪金所得的，可选择并固定在其中一地税务机关申报纳税；从境外取得所得的，应向境内户籍所在地税务机关申报纳税。

（2）在中国境内无任职、受雇单位，年所得项目中有个体工商户的生产、经营所得或者对企事业单位的承包经营、承租经营所得（以下统称生产、经营所得）的，向其中一处实际经营所在地主管税务机关申报。

（3）在中国境内无任职、受雇单位，年所得项目中无生产、经营所得的，向户籍所在地主管税务机关申报。在中国境内有户籍，但户籍所在地与中国境内经常居住地不一致的，选择并固定向其中一地主管税务机关申报。在中国境内没有户籍的，向中国境内经常居住地主管税务机关申报。

（4）个体工商户向实际经营所在地主管税务机关申报。

（5）个人独资、合伙企业投资者兴办两个或两个以上企业的，区分不同情形确定纳税申报地点：

1）兴办的企业全部是个人独资性质的，分别向各企业的实际经营管理所在地主管税务机关申报。

2）兴办的企业中含有合伙性质的，向经常居住地主管税务机关申报。

3）兴办的企业中含有合伙性质，个人投资者经常居住地与其兴办企业的经营管理所在地不一致的，选择并固定向其参与兴办的某一合伙企业的经营管理所在地主管税务机关申报。

4）除以上情形外，纳税人应当向取得所得所在地主管税务机关申报。

纳税人不得随意变更纳税申报地点，因特殊情况变更纳税申报地点的，须报原主管税务机关备案。

二、代扣代缴

代扣代缴，是指按照税法规定负有扣缴税款义务的单位和个人，在向个人支付应纳所得额时，应计算应纳税额，从其所得中扣除并缴入国库，同时向税务机关报送扣缴个人所得税报告表（具体格式见表 7-6），这种方法，有利于控制税源、防止漏税和逃税。

（1）扣缴义务人。凡支付个人应纳税所得的企业（公司）、事业单位、机关、社团组织、军队、驻华机构、个体户等单位或者个人，为个人所得税的扣缴义务人。

（2）代扣代缴个人所得税范围，包括：个人所得税法中的工资、薪金所得；对企事业单位的承包经营、承租经营所得；劳务报酬所得；稿酬所得；特许权使用费所得；利息、股息、红利所得；财产租赁所得；财产转让所得；偶然所得；经国务院财政部门确定征税的其他所得。

扣缴义务人向个人支付应纳税所得（包括现金、实物和有价证券）时，不论纳税人是否属于本单位人员，均应代扣代缴其应纳的个人所得税税款。

（3）扣缴义务人的义务及应承担的责任。

1）扣缴义务人应指定支付应纳税所得的财务会计部门或其他有关部门的人员为办税人员，由办税人员具体办理个人所得税的代扣代缴工作。

代扣代缴义务人的有关领导要对代扣代缴工作提供便利，支持办税人员履行义务；确定办税人员或办税人员发生变动时，应将名单及时报告主管税务机关。

2）扣缴义务人的法人代表（或单位主要负责人）、财会部门的负责人及具体办理代扣代缴税款的有关人员，共同对依法履行代扣代缴义务负法律责任。

3）同一扣缴义务人的不同部门支付应纳税所得时，应报办税人员汇总。

4）扣缴义务人在代扣税款时，必须向纳税人开具税务机关统一印制的代扣代收税款凭证，并详细注明纳税人姓名、单位、职务、家庭住址、居民身份证或护照号码（无上述证件的，可用其他能有效证明身份的证件）等个人情况。

5）对工资、薪金所得和利息、股息、红利所得等，因纳税人数众多，不便一一开具代扣代收税款凭证的，经主管税务机关同意，可不开具代扣代收税款凭证，但应通过一定形式告知纳税人已扣缴税款。扣缴义务人应主动向税务机关申领代扣代缴税款凭证，据以向纳税人扣税。

6）扣缴义务人对纳税人的应扣未扣的税款，其应纳税款仍然由纳税人缴纳，扣缴义务人应承担应扣未扣税款 50%以上至三倍的罚款。

7）扣缴义务人应设立代扣代缴税款账簿，正确反映个人所得税的扣缴情况，并如实填写扣缴个人所得税报告表及其他有关资料。

8）对扣缴义务人按所扣缴的税款，付给 2%的手续费。

（4）代扣代缴期限。扣缴义务人每月所扣的税款，应当在次月 15 日内缴入国库，并向主管税务机关报关“扣缴个人所得税报告表”（见表 7-6）、代扣代收税款凭证和包括每一纳税人姓名、单位、职务、收入、税款等内容的支付个人收入明细表以及税务机关要求报送的其他有关资料。扣缴义务人因有特殊困难不能按期报送扣缴个人所得税报告表及其他有关资料的，经县级税务机关批准，可以延期申报。

表 7-6 扣缴个人所得税报告表

税款所属期： 年 月 日 至 年 月 日

扣缴义务人名称：

扣缴义务人所属行业：□一般行业 □特定行业月份申报

扣缴义务人编码：□□□□□□□□□□□□□□□□□□□□

金额单位：人民币元（列至角分）

序号	姓名	身份证件类型	身份证件号码	所得项目	所得期间	收入额	免税所得	税前扣除项目								减除费用	准予扣除的捐赠额	应纳税所得额	税率%	速算扣除数	应纳税额	减免税额	应扣缴税额	已扣缴税额	应补（退）税额	备注
								基本养老保险费	基本医疗保险费	失业保险费	住房公积金	财产原值	允许扣除的税费	其他	合计											
1	2	3	4	5	6	7	8	9	10	11	12	13	14	15	16	17	18	19	20	21	22	23	24	25	26	27
合计																										

谨声明：此扣缴报告表是根据《中华人民共和国个人所得税法》及其实施条例和国家有关税收法律法规规定填写的，是真实的、完整的、可靠的。

法定代表人（负责人）签字： 年 月 日

扣缴义务人公章： 经办人：	代理机构（人）签章： 经办人： 经办人执业证件号码：	主管税务机关受理专用章： 受理人：
填表日期： 年 月 日	代理申报日期： 年 月 日	受理日期： 年 月 日

国家税务总局监制

本 章 小 结

个人所得税是对个人取得的各项应税所得征收的一种税，其征税对象是个人所取得的应纳税所得额，具体有 11 个应税项目。个人所得税的纳税人是个人。按住所和居住时间两个判定标准，可以把纳税人分为居民纳税人和非居民纳税人，居民纳税人就来源于中国境内、境外的所得依法缴纳个人所得税，非居民纳税人只就其来源于中国境内的所得缴纳个人所得税。

现行个人所得税的税率采用超额累进税率和比例税率两种。工资、薪金所得，个体工商户和个人独资、合伙企业投资者的生产、经营所得，对企事业单位的承包经营、承租经营所得适用超额累进税率；稿酬所得，劳务报酬所得，特许权使用费所得，利息、股息、红利所得，财产租赁所得，财产转让所得，偶然所得和其他所得适用比例税率。

个人所得税以应纳税所得额为计税依据。应纳税所得额是指纳税人的收入总额扣除税法规定的各项费用以后的余额，其费用的扣除采用定额和定率两种方法。个人所得税的征收实行源泉扣缴和纳税人自行申报相结合的办法。

基础知识与技能训练题

一、名词解释

个人所得税　　居民纳税人和非居民纳税人

二、简答题

1．居民纳税人和非居民纳税人的判定标准及其纳税义务是什么？

2．个人所得税各项应税所得的计税依据是如何确定的？

三、单项选择题

1．下列应税项目中，以一个月为一次确定纳税所得额的是（　　）。

A．劳务报酬所得　　B．特许权使用费所得

C．财产租赁所得　　D．财产转让所得

2．某演员一次获得表演收入 100 000 元，其应纳个人所得税额为（　　）。

A．20 000 元　　B．29 625 元　　C．33 000 元　　D．25 000 元

3．下列不是个人所得税纳税人的是（　　）。

A．个人独资企业和合伙企业　　B．合营企业

C．个人承租、承包企业　　D．个体工商户

4．下列各项中，不征收个人所得税的是（　　）。

A．股息、红利所得　　B．中奖、中彩所得

C．金融债券利息　　D．股票转让所得

5．下列应税项目中，不使用代扣代缴纳税方式的是（　　）。

A．承包承租经营所得　　B．财产转让所得

C．偶然所得　　D．个体工商户经营所得

6．中国某公司杨先生，1 月份取得工资 2 000 元，另取得奖金 2 800 元，杨先生本月应纳个人所得税（　　）。

A．155 元　　B．165 元　　C．39 元　　D．60 元

7．下列各项所得，不应按特许权使用费所得征收个人所得税的是（　　）。

A．专利权所得　　B．著作权所得

C．稿酬所得　　D．非专利技术所得

8．下列各项中，以每次收入额为应纳税所得额的是（　　）。

A．特许权使用费　　B．劳务报酬所得

C．利息、股利、红利所得　　　　D．财产转让所得

9．个人取得的下列所得中，不免征个人所得税的是（　　）。

A．救济金　　　　B．专利被侵权所获赔款

C．退休工资　　　　D．政府特殊津贴

10．下列利息、股息、红利所得应当征收个人所得税的是（　　）。

A．国库券利息　　　　B．国家发行的金融债券利息

C．个人取得的教育储蓄利息　　　　D．境外存款利息

11．作者甲与乙合作出版一部著作，一次性取得稿酬 20 000 元，甲分得 17 000 元，乙分得 3 000 元，作者甲、乙共计应纳个人所得税为（　　）。

A．2 240 元　　B．2 212 元　　C．3 160 元　　D．3 200 元

四、多项选择题

1．我国个人所得税的纳税义务人，包括（　　）。

A．中国公民　　　　B．个体工商户

C．外籍人员　　　　D．港、澳、台同胞

2．我国个人所得税的纳税义务人依据（　　）两个标准，区分为居民纳税人和非居民纳税人。

A．住所　　　　B．365 天

C．现居民地　　　　D．居住时间

3．下列各项中，属于个人所得税居民纳税人的是（　　）。

A．在中国境内无住所，但一个纳税年度中在中国境内居住满 1 年的个人

B．在中国境内无住所且不居住的个人

C．在中国境内无住所，而在境内居住超过 6 个月不满 1 年的个人

D．在中国境内有住所的个人

4．个人独资企业的投资者以全部生产经营所得，为应纳税所得额，生产经营所得包括（　　）。

A．工资　　　　B．税后利润

C．当年留存的所得　　　　D．奖金

5．下列各项中，应按“工资、薪金所得”项目征税的有（　　）。

A．个体工商户与企业联营而分得的利润　　　　B．年终加薪

C．个人取得的佣金　　　　D．通信费补贴收入

6．下列应税所得中，应固定扣除 800 元费用的有（　　）。

A．承包、承租经营所得　　　　B．4 000 元以下的利息所得

C．4 000 元以下的财产租赁所得　　　　D．4 000 元以下的劳务报酬所得

7．纳税人取得下列应税所得时，应到税务机关自行申报的有（　　）。

A．取得应纳税所得，没有扣缴义务人

B．从两处或两处以上取得工资薪金所得

C．分笔取得属于一次性劳务报酬所得

D．取得应纳税所得，扣缴义务人未按规定扣缴税款

8．下列各项中，适用 5%～35%超额累进税率计征个人所得税的有（　　）。

A．个体工商户的生产、经营所得　　　　B．个人独资企业的生产、经营所得

C．对企事业单位的承包经营所得　　　　D．合伙企业的生产、经营所得

五、业务题

1．万倍公司 5 月份为中国公民张明发工资 5 000 元（含税收入），合同约定，张明自己承担个人所得税税款，由万倍公司代扣代缴。请计算张明的个人所得税，并做万倍公司代扣代缴的会计处理。

2．某作家的一篇小说在一家晚报上连载，3 个月的稿酬收入分别是 3 000 元、4 000 元和 5 000 元，计算该作家 3 个月所获得稿酬应纳税所得额及应纳个人所得税。

3．某个体工商业户全年收入 400 000 元，成本费用 200 000 元（不包括工资费用）；雇工 3 人，雇工每人每月 4 000 元；税法允许扣除的投资者本人的费用为 42 000 元/年。请计算该个体工商户全年应纳个人所得税税额。

4．王某向专利局申请一项专利，被 A 企业采用。王某收取该企业特许权使用费 85 000 元，请计算该企业代扣代缴税额，并做该企业代扣代缴个人所得税的会计处理。

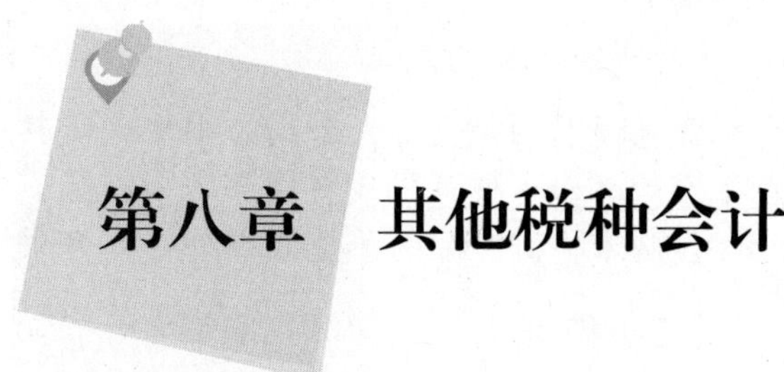

第八章　其他税种会计

【学习目的】通过本章的学习，了解其他税种的含义、税率和税收优惠政策，理解其他各税种的征税对象、纳税人、计税依据，掌握应纳税额的计算以及各税种的会计处理方法。

【技能要求】能准确地确定计税依据，掌握计算其他各税种的应纳税额的方法，会进行相应会计处理和报税操作。

引　言

某矿山企业开采铁矿石，并精选部分原矿，该铁矿适用资源税率 3%。20×7 年 1～6 月，该企业对外销售精矿共 1 000 万元，交纳资源税 30 万元。7 月份税务专管员对该矿上半年的纳税情况进行检查，发现该矿有非生产性自用的 5 万吨精矿未计入销售，由此确认企业漏交资源税。

根据财政部 2016 年 5 月 10 日发布关于全面推进资源税改革的通知规定，纳税人既有对外销售应税产品，又有将应税产品用于除连续生产应税产品以外的其他方面的，则自用这部分应税产品按纳税人对外销售应税产品的平均价格计算销售额征收资源税。企业将 5 万吨精矿用于非生产性自用，应按平均价格计算销售额计缴资源税。如按平均价格 250 元/吨计算，企业少纳资源税 37 500 元（50 000×250×3%），应予补征。经查属新进会计人员不熟悉政策造成的，故不属偷税，除令其补缴税款，按滞纳日期加收滞纳金（加收滞纳金的计算处理略）外，不再给予其他处罚。

那么什么是资源税？资源税怎么计算和核算？本章将从资源税讲起，向大家介绍资源税、城镇土地使用税、印花税、车船税等其他税种及其会计业务处理。

第一节　资源税会计

资源税是对在我国境内从事应税矿产品开采和生产盐单位和个人课征的一种税。

一、资源税纳税义务人及征税对象

（一）纳税义务人

资源税的纳税义务人是指在中华人民共和国领域及管辖海域开采应税资源的矿产品或者生产盐（以下称开采或者生产应税产品）的单位和个人。

收购未税矿产品的单位或中外合作开采油气田作业者为资源税的扣缴义务人。

（二）税目

资源税税目包括五大类，在五个税目下面又设有若干个子目。现行资源税的税目及子目主要根据资源税应税产品和纳税人开采资源的行业特点设置。

（1）原油，是指开采的天然原油，不包括人造原油。

（2）天然气，是指专门开采的天然气和与原油同时开采的天然气，煤矿生产的天然气暂不征税。

（3）煤炭，包括原煤和以未税原煤（即自采原煤）加工的洗选煤。

（4）金属矿，包含铁矿、金矿、铜矿、铝土矿、铅锌矿、镍矿、锡矿、钨、钼、未列举名称的其他金属矿产品原矿或精矿。

（5）其他非金属原矿，包括石墨、硅藻土、高岭土、萤石、石灰石、硫铁矿、磷矿、氯化钾、硫酸钾、井矿盐、湖盐、提取地下卤水晒制的盐、煤层（成）气、海盐、稀土、黏土、砂石、未列举名称的其他非金属矿产品。

财政部2016年5月10日发布《关于全面推进资源税改革的通知》（以下简称《资源税改革通知》），明确了资源税改革的主要内容，包括扩大资源税征收范围，开展水资源税改革试点工作；实施矿产资源税从价计征改革；全面清理涉及矿产资源的收费基金；合理确定资源税税率水平；加强矿产资源税收优惠政策管理，提高资源综合利用效率等。资源税从价计征改革及水资源税改革试点，自2016年7月1日起实施。先在河北省开展水资源税试点。开征水资源税试点工作，采取水资源费改税方式，将地表水和地下水纳入征税范围，实行从量定额计征，对高耗水行业、超计划用水以及在地下水超采地区取用地下水，适当提高税额标准，正常生产生活用水维持原有负担水平不变。在总结试点经验基础上，财政部、国家税务总局将选择其他地区逐步扩大试点范围，条件成熟后在全国推开。

此外，《资源税改革通知》要求，积极创造条件，逐步对水、森林、草场、滩涂等自然资源开征资源税。

二、资源税计税依据与税率

（一）计税依据

资源税的计税依据为应税产品的销售额或销售量，各税目的征税对象包括原矿、精矿（或原矿加工品）、金锭、氯化钠初级产品，具体按照《资源税改革通知》所附“资源税税目税率幅度表”相关规定执行。对未列举名称的其他矿产品，省级人民政府可对本地区主要矿产品按矿种设定税目，对其余矿产品按类别设定税目，并按其销售的主要形态（如原矿、精矿）确定征税对象。

1. 从价定率征收的计税依据

实行从价定率征收的以销售额作为计税依据。销售额是指纳税人销售应税产品向购买方收取的全部价款和价外费用，但不包括收取的增值税销项税额和运杂费用。

运杂费用是指应税产品从坑口或洗选（加工）地到车站、码头或购买方指定地点的运输费用、建设基金，以及随运销产生的装卸、仓储、港杂费用。运杂费用应与销售额分别核算，凡未取得相应凭据或不能与销售额分别核算的，应当一并计征资源税。

纳税人开采应税矿产品有其他关联单位对外销售的，按其关联单位的销售额征收资源税。纳税人既有对外销售应税产品，又有将应税产品用于除连续生产应税产品以外的其他方面的，则自用这部分应税产品按纳税人对外销售应税产品的平均价格计算销售额征收资源税。

纳税人将其开采的应税产品直接出口的，按其离岸价格（不含增值税）计算销售额征收资源税。

价外费用，包括价外向购买方收取的手续费、补贴、基金、集资费、返还利润、奖励费、违约金、滞纳金、延期付款利息、赔偿金、代收款项、代垫款项、包装费、包装物租金、储备费、优质费、运输装卸费以及其他各种性质的价外收费。但下列项目不包括在内：

（1）同时符合以下条件的代垫运输费用：

1）承运部门的运输费用发票开具给购买方的；

2）纳税人将该项发票转交给购买方的。

（2）同时符合以下条件代为收取的政府性基金或者行政事业性收费：

1）由国务院或者财政部批准设立的政府性基金，由国务院或者省级人民政府及其财政、价格主管部门批准设立的行政事业性收费；

2）收取时开具省级以上财政部门印制的财政票据；

3）所收款项全额上缴财政。

纳税人以人民币以外的货币结算销售额的，应当折合成人民币计算。其销售额的人民币折合率可以选择销售额发生的当天或者当月 1 日的人民币汇率中间价。纳税人应在事先确定采用何种折合率计算方法，确定后 1 年内不得变更。

2. 从量定额征收的计税依据

实行从量定额征收的以销售数量为计税依据。销售数量的具体规定为：

（1）销售数量，包括纳税人开采或者生产应税产品的实际销售数量和视同销售的自用数量。

（2）纳税人不能准确提供应税产品销售数量的，以应税产品的产量或主管税务机关确定的折算比换算的数量为计征资源税的销售数量。

（二）税率

资源税采用从价定率或从量定额的办法计征，分别以应税产品的销售额乘以纳税人具体适用的比例税率或者以应税产品的销售数量乘以纳税人具体适用的定额税率计算，实施“级差调节”的原则。级差调节是指运用资源税对因资源储存状况、开采条件、资源优劣、地理位置等客观存在的差别而产生的资源级差收入，通过实施差别税额标准进行调节。资源税税目税率幅度见表 8-1。

表 8-1 资源税税目税率幅度表

序号	税目		征税对象	税率幅度
1	金属矿	铁矿	精矿	1%～6%
2		金矿	金锭	1%～4%
3		铜矿	精矿	2%～8%
4		铝土矿	原矿	3%～9%
5		铅锌矿	精矿	2%～6%
6		镍矿	精矿	2%～6%
7		锡矿	精矿	2%～6%
8		未列举名称的其他金属矿产品	原矿或精矿	税率不超过 20%
9	非金属矿	石墨	精矿	3%～10%
10		硅藻土	精矿	1%～6%
11		高岭土	原矿	1%～6%
12		萤石	精矿	1%～6%
13		石灰石	原矿	1%～6%
14		硫铁矿	精矿	1%～6%
15		磷矿	原矿	3%～8%
16		氯化钾	精矿	3%～8%
17		硫酸钾	精矿	6%～12%
18		井矿盐	氯化钠初级产品	1%～6%
19		湖盐	氯化钠初级产品	1%～6%
20		提取地下卤水晒制的盐	氯化钠初级产品	3%～15%
21		煤层（成）气	原矿	1%～2%
22		黏土、砂石	原矿	每吨或立方米 0.1～5 元
23		未列举名称的其他非金属矿产品	原矿或精矿	从量税率每吨或立方米不超过 30 元；从价税率不超过 20%
24	海盐		氯化钠初级产品	1%～5%
25	原油			6%～10%
26	天然气			6%～10%
27	煤炭			2%～10%

注：

1. 铝土矿包括耐火级矾土、研磨级矾土等高铝黏土。
2. 氯化钠初级产品是指井矿盐、湖盐原盐、提取地下卤水晒制的盐和海盐原盐，包括固体和液体形态的初级产品。
3. 海盐是指海水晒制的盐，不包括提取地下卤水晒制的盐。
4. 轻稀土按地区执行不同的适用税率，其中，内蒙古为 11.5%、四川为 9.5%、山东为 7.5%
   中重稀土资源税适用税率为 27%。
   钨资源税适用税率为 6.5%。
   钼资源税适用税率为 11%。

对“资源税税目税率幅度表”中列举名称的资源品目，由省级人民政府在规定的税率幅度内提出具体适用税率建议，报财政部、国家税务总局确定核准。

对“资源税税目税率幅度表”中未列举名称的其他金属和非金属矿产品，按照从价计征为主、从量计征为辅的原则，由省级人民政府确定计征方式。并由省级人民政府根据实际情况确定具体税目和适用税率，报财政部、国家税务总局备案。

纳税人开采或者生产不同税目应税产品的，应当分别核算不同税目应税产品的销售额或者销售数量;未分别核算或者不能准确提供不同税目应税产品的销售额或者销售数量的，从高适用税率。

三、资源税税收优惠政策

资源税虽然贯彻普遍征收、级差调节的原则，但是也规定了一些减免税项目，主要有以下内容：

（1）开采原油过程中用于加热、修井的原油，免税。

（2）纳税人开采或者生产应税产品过程中，因意外事故或者自然灾害等原因遭受重大损失的，由省、自治区、直辖市人民政府酌情决定减税或者免税。

（3）铁矿石资源税减按 40%征收资源税。

（4）对鼓励利用的低品位矿、废石、尾矿、废渣、废水、废气等提取的矿产品，由省级人民政府根据实际情况确定是否给予减税或免税，并制定具体办法。

（5）从 2007 年 1 月 1 日起，对地面抽采煤层气暂不征收资源税。

（6）自 2010 年 6 月 1 日起，纳税人在新疆开采的原油、天然气，自用于连续生产原油、天然气的，不缴纳资源税；自用于其他方面的，视同销售，依照税法规定计算缴纳资源税。

（7）有下列情形之一的，免征或者减征资源税。

1）油田范围内运输稠油过程中用于加热的原油、天然气，免征资源税。

2）稠油、高凝油和高含硫天然气资源税减征 40%。

3）三次采油资源税减征 30%。

4）低丰度油气田资源税暂减征 20%。

5）深水油气田资源税减征 30%。

6）对实际开采年限在 15 年以上的衰竭期矿山开采的矿产资源，资源税减征 30%。

7）对依法在建筑物下、铁路下、水体下通过充填开采方式采出的矿产资源，资源税减征 50%。

为促进共伴生矿的综合利用，纳税人开采销售共伴生矿，共伴生矿与主矿产品销售额分开核算的，对共伴生矿暂不计征资源税；没有分开核算的，共伴生矿按主矿产品的税目和适用税率计征资源税。财政部、国家税务总局另有规定的，从其规定。

纳税人的减税、免税项目，应单独核算课税数量；未单独核算或者不能准确提供课税数量的，不予减税或者免税。

四、资源税应纳税额的计算及会计处理

（一）资源税应纳税额的计算

资源税的应纳税额，按照从价定率或者从量定额的办法，分别以应税产品的销售额乘以纳税人具体适用的比例税率或者以应税产品的销售数量乘以纳税人具体适用的定额税率计算，计算公式分别为

应纳税额=应税产品销售额×适用税率

应纳税额=应税产品课税数量×单位税额

如果有减、免税优惠，在计算时还应考虑减、免税因素。

例 8-1 某油田10月份销售原油3万吨，开具增值税专用发票取得销售收入15 000万元，增值税额2 550万元，查资源税税目税率明细表得知，适用税率为6%，计算该油田本月应纳资源税税额。

资源税应纳税额=15 000×6%=900（万元）

（二）资源税会计处理

为了核算企业应交的资源税，企业应设置“应交税费——应交资源税”科目。该科目的借方登记企业已交的或按规定允许抵扣的资源税；贷方登记应交的资源税；期末贷方余额反映企业尚未缴纳的资源税。

企业按规定计算出销售应税产品应缴纳的资源税，借记“税金及附加”科目，贷记“应交税费——应交资源税”科目；企业计算出自产自用的应税产品应缴纳的资源税，借记“生产成本”“制造费用”等科目，贷记“应交税费——应交资源税”科目；企业收购未税矿产品，发生代扣代缴资源税时，借记“材料采购”等科目，贷记“应交税费——应交资源税”科目；企业按规定缴纳资源税时，借记“应交税费——应交资源税”科目，贷记“银行存款”科目。

例 8-2 承上例8-1，企业计算应纳资源税时，编制会计分录如下：

借：税金及附加 9 000 000

贷：应交税费——应交资源税 9 000 000

企业用外购液体盐加工固体盐，在购入液体盐时，按允许抵扣的资源税，借记“应交税费——应交资源税”科目，按外购价款扣除允许抵扣资源税后的数额，借记“材料采购”等科目，按应支付的全部价款，贷记“银行存款”“应付账款”等科目。企业加工完成的固体盐出售时，按计算出的固体盐应交的资源税，借记“税金及附加”等科目，贷记“应交税费——应交资源税”科目；将销售的固体盐应纳资源税扣除液体盐已纳资源税后的差额上交时，借记“应交税费——应交资源税”科目，贷记“银行存款”等科目。

例 8-3 某盐厂201×年7月，外购液体盐8万吨，增值税专用发票注明价款8 000 000元，增值税额为1 040 000元。加工成固体盐4万吨出售，开具增值税专用发票取得销售额10 000 000元，增值税额1 300 000元。按“资源税税目税率幅度表”的规定，其外购液体盐适用税率5%，销售固体盐适用税率10%。计算本月应纳资源税税额，并编制计算应纳资源税的会计分录。

分析计算：

液体盐已纳资源税额=8 000 000×5% =400 000（元）

固体盐应纳资源税额=10 000 000 ×10% =1 000 000（元）

企业应纳资源税额=1 000 000−400 000=600 000（元）

编制会计分录：

（1）外购液体盐时，编制会计分录：

借：应交税费——应交资源税　　400 000

　　　　——应交增值税（进项税额）　　1 040 000

　材料采购　　7 600 000

　贷：银行存款　　9 040 000

（2）销售固体盐时，编制会计分录：

借：税金及附加　　1 000 000

　贷：应交税费——应交资源税　　1 000 000

借：银行存款　　11 300 000

　贷：主营业务收入　　10 000 000

　　应交税费——应交增值税（销项税额）　　1 300 000

（3）实际上交本月资源税，编制会计分录：

借：应交税费——应交资源税　　600 000

　贷：银行存款　　600 000

五、资源税的纳税申报

（一）纳税时间

（1）纳税人采取分期收款结算方式的，其纳税义务发生时间为销售合同规定的收款日期的当天。

（2）纳税人采取预收货款结算方式的，其纳税义务发生时间为发出应税产品的当天。

（3）纳税人采取其他结算方式的，其纳税义务发生的时间为收讫销售款或取得销售款凭据的当天。

（4）纳税人自产自用应税产品的纳税义务发生时间为移送使用的当天。

（5）扣缴义务人代扣代缴税款的纳税义务发生时间为支付首笔货款或者开具应支付货款凭据的当天。

（二）纳税地点

（1）凡是缴纳资源税的纳税人，都应向应税产品的开采或者生产所在地主管税务机关缴纳。

（2）如果纳税人在本省、自治区、直辖市范围内开采或者生产应税产品，其纳税地点需要调整的，由所在地省、自治区、直辖市税务机关决定。

（3）如果纳税人应纳的资源税属于跨省开采，其下属生产单位与核算单位不在同一省、自治区、直辖市的，对其开采的矿产品一律在开采地纳税。

（4）扣缴义务人代扣代缴资源税，也应向收购地主管税务机关纳税。

（三）纳税申报表

纳税人申报、缴纳资源税，不论有无销售额，均应按照税务机关核定的纳税期限填写资源税纳税申报表（具体格式见表 8-2），并在规定的期限内向当地税务机关申报纳税。

表 8-2 资源税纳税申报表

税款所属时间：自 年 月 日至 年 月 日 填表日期： 年 月 日 金额单位：元至角分

纳税人识别号

纳税人名称	（公章）			法定代表人姓名			注册地址		生产经营地址	
开户银行及账号				登记注册类型					电话号码	
税目	子目	折算率或换算比	计量单位	计税销售量	计税销售额	适用税率	本期应纳税额	本期减免税额	本期已缴税额	本期应补（退）税额
1	2	3	4	5	6	7	8①=6×7；8②=5×7	9	10	11=8-9-10
合计		—	—			—				
授权声明	如果你已委托代理人申报，请填写下列资料：为代理一切税务事宜，现授权 （地址）为本纳税人的代理申报人，任何与本申报表有关的往来文件，都可寄予此人。授权人签字：						申报人声明	本纳税申报表是根据国家税收法律法规及相关规定填写的，我确定它是真实的、可靠的、完整的。声明人签字：		

主管税务机关： 接收人： 接收日期： 年 月 日

本表一式两份，一份纳税人留存，一份税务机关留存。

第二节 城镇土地使用税会计

城镇土地使用税是以国有土地或集体土地为征税对象，对拥有土地使用权的单位和个人征收的一种税。

开征城镇土地使用税，有利于促进土地的合理使用，调节土地级差收入，也有利于筹集地方财政资金。

一、城镇土地使用税纳税义务人及征税对象

（一）纳税义务人

城镇土地使用税的纳税义务人，是指在城市、县城、建制镇、工矿区范围内使用土地的单位和个人。所称单位，包括国有企业、集体企业、私营企业、股份制企业、外商投资企业、外国企业以及其他企业和事业单位、社会团体、国家机关、军队以及其他单位；所称个人，包括个体工商户以及其他个人。城镇土地使用税的纳税人通常包括以下几类：

（1）拥有土地使用权的单位和个人。

（2）拥有土地使用权的单位和个人不在土地所在地的，其土地的实际使用人和代管人为纳税人。

（3）土地使用权未确定或权属纠纷未解决的，其实际使用人为纳税人。

（4）土地使用权共有的，共有各方都是纳税人，由共有各方分别纳税。

（二）征税范围

城镇土地使用税的征税范围，包括在城市、县城、建制镇和工矿区内的国家所有和集体所有的土地。城市的土地包括市区和郊区的土地，县城的土地是指县人民政府所在地的土地，建制镇的土地是指镇人民政府所在地的土地。

建立在城市、县城、建制镇和工矿区以外的工矿企业不需要缴纳城镇土地使用税。

二、城镇土地使用税计税依据与税率

（一）计税依据

城镇土地使用税以纳税人实际占用的土地面积为计税依据，土地面积计量标准为每平方米。纳税人实际占用的土地面积按下列办法确定：

（1）由省、自治区、直辖市人民政府确定的单位组织测定土地面积的，以测定的面积为准。

（2）尚未组织测量，但纳税人持有政府部门核发的土地使用证书的，以证书确定的土地面积为准。

（3）尚未核发土地使用证书的，应由纳税人申报土地面积，据以纳税，待核发土地使用证以后再做调整。

（4）对在城镇土地使用税征税范围内单独建造的地下建筑用地，按规定征收城镇土地使用税。其中，已取得地下土地使用权证的，按土地使用权证确认的土地面积计算应征税款；未取得地下土地使用权证或地下土地使用权证上未标明土地面积的，按地下建筑垂直投影面积计算应征税款。

对上述地下建筑用地暂按应征税款的50%征收城镇土地使用税。

（二）税率

城镇土地使用税采用定额税率，即采用有幅度的差别税额，按大、中、小城市和县城、建制镇、工矿区分别规定每平方米土地使用税应纳税额。具体规定见表8-3。

表8-3 城镇土地使用税税率表

级　别	人口/人	每平方米税额/元
大城市	50万以上	1.5～30
中等城市	20万～50万	1.2～24
小城市	20万以下	0.9～18
县城、建制镇、工矿区		0.6～12

各省、自治区、直辖市人民政府可根据市政建设情况和经济繁荣程度在规定税额幅度内，确定所辖地区的适用税额幅度。经济落后地区，城镇土地使用税的适用税额标准可适当降低，但降低额不得超过上述规定最低税额的30%。经济发达地区的适用税额标准可以适当提高，但须报财政部批准。

三、城镇土地使用税税收优惠政策

（一）税法规定免征城镇土地使用税的用地

按照城镇土地使用税法规的规定，免征土地使用税的土地主要有：

（1）国家机关、人民团体、军队自用的土地。

（2）由国家财政部门拨付事业经费的单位自用的土地。

（3）宗教寺庙、公园、名胜古迹自用的土地。宗教寺庙自用的土地，是指举行宗教仪式等的用地和寺庙内的宗教人员生活用地。

（4）市政街道、广场、绿化地带等公共用地。

（5）直接用于农、林、牧、渔业的生产用地。

（6）经批准开山填海整治的土地和改造的废弃土地，从使用的月份起免缴土地使用税5～10年。

（7）企业办的学校、医院、托儿所、幼儿园，其用地能与企业其他用地明确区分的，免征城镇土地使用税。

（8）免税单位无偿使用纳税单位的土地（如公安、海关等单位使用铁路、民航等单位的土地），免征城镇土地使用税。纳税单位无偿使用免税单位的土地，纳税单位应照章缴纳城镇土地使用税。纳税单位与免税单位共同使用、共有使用权土地上的多层建筑，对纳税单位可按其占用的建筑面积占建筑总面积的比例计征城镇土地使用税。

（9）对行使国家行政管理职能的中国人民银行总行（含国家外汇管理局）所属分支机构自用的土地，免征城镇土地使用税。

（10）为了体现国家的产业政策，支持重点产业的发展，对一些特殊用地划分了征免税界限和给予政策性减免税照顾。例如：对石油天然气生产建设中用于地质勘探、钻井、井下作业、油田地面工程等施工临时用地暂免征收城镇土地使用税；对企业的铁路专用线、公路等用地，在厂区以外、与社会公用地段未加隔离的，暂免征收城镇土地使用税；对企业厂区以外的公共绿化用地和向社会开放的公园用地，暂免征收城镇土地使用税；对盐场的盐滩、盐矿的矿井用地，暂免征收城镇土地使用税；对高校后勤实体用地，免征城镇土地使用税，等等。

（11）对非营利性医疗机构、疾病控制机构和妇幼保健机构等卫生机构自用的土地，免征城镇土地使用税。

（12）自2016年1月1日至2018年12月31日，对专门经营农产品的农产品批发市场、农贸市场使用（包括自有和承租，下同）的房产、土地，暂免征收房产税和城镇土地使用税。对同时经营其他产品的农产品批发市场和农贸市场使用的房产、土地，按其他产品与农产品交易场地面积的比例确定征免房产税和城镇土地使用税。

（二）省、自治区、直辖市地方税务局确定减免土地使用税的用地

（1）个人所有的居住房屋及院落用地。

（2）房产管理部门在房租调整改革之前经租的居民住房用地。

（3）免税单位职工家属的宿舍用地。

（4）集体和个人办的各类学校、医院、托儿所、幼儿园用地。

四、城镇土地使用税应缴税额的计算及会计处理

（一）应缴税额的计算

城镇土地使用税的应纳税额可以通过纳税人实际占用的土地面积乘以该土地适用税额求得。应纳税额的计算公式为

全年应纳税额=实际占用应税土地面积（平方米）×适用税额

例 8-4 某市甲企业实际占用土地面积为 40 000 平方米，该土地所在区域的税额为 4 元/平方米，经税务机关核定，该企业不具备减征、免征条件，计算甲企业当年应纳的城镇土地使用税税额。

应纳税额=40 000×4=160 000（元）

（二）城镇土地使用税的会计处理

为了核算城镇土地使用税，企业应设置“应交税费——应交城镇土地使用税”科目。该科目贷方登记本期应缴纳的城镇土地使用税税额；借方登记企业实际缴纳的城镇土地使用税；期末贷方余额表示企业应交而未交的城镇土地使用税税额。

企业按规定计算应交城镇土地使用税，借记“管理费用”科目，贷记“应交税费——应交城镇土地使用税”科目。上交土地使用税时，借记“应交税费——应交城镇土地使用税”科目，贷记“银行存款”科目。

例 8-5 承上例 8-4，编制甲企业计算应交城镇土地使用税的会计分录。

（1）计算应交城镇土地使用税时，编制会计分录如下：

借：管理费用　　160 000

　　贷：应交税费——应交城镇土地使用税　　160 000

（2）实际上交城镇土地使用税时，编制会计分录如下：

借：应交税费——应交城镇土地使用税　　160 000

　　贷：银行存款　　160 000

五、城镇土地使用税的申报

（一）纳税期限

城镇土地使用税实行按年计算、分期缴纳。缴纳期限由省、自治区、直辖市人民政府确定。

（二）纳税义务发生时间

（1）纳税人购置新建商品房，自房屋交付使用之次月起，缴纳城镇土地使用税（房产税）。

（2）纳税人购置存量房，自办理房屋权属转移、变更登记手续，房地产权属登记机关签发房屋权属证书之次月起，缴纳城镇土地使用税（房产税）。

（3）纳税人出租、出借房产，自交付出租、出借房产之次月起，缴纳城镇土地使用税

（房产税）。

（4）以出让或者转让方式有偿取得土地使用权的，应由受让方从合同约定交付土地时间的次月起缴纳城镇土地使用税；合同未约定交付土地时间的，由受让方从合同签订的次月起缴纳城镇土地使用税。

（5）新征用的土地，如属于耕地，自批准征用之日起满1年时开始缴纳土地使用税。

（6）如属于非耕地，则自批准征用次月起开始缴纳土地使用税。

（7）自2009年1月1日起，纳税人因土地的权利发生变化而依法终止城镇土地使用税纳税义务的，其应纳税款的计算应截止到土地权利发生变化的当月末。

（三）纳税地点

城镇土地使用税的纳税地点为土地所在地，由土地所在地税务机关征收。纳税人使用的土地不属于同一省（自治区、直辖市）管辖范围内的，纳税人应分别向土地所在地的税务机关申报纳税；在同一省（自治区、直辖市）管辖范围内，纳税人跨地区使用的土地，纳税地点由各省、自治区、直辖市税务局确定。

（四）纳税申报

纳税人应按照当地税务机关规定的期限，如实填写城镇土地使用税纳税申报表，并分季办理纳税申报。城镇土地使用税纳税申报表的格式见表8-4。

表8-4 城镇土地使用税纳税申报表

税款所属期：自　　年　月　日至　　年　月　日　　　　　　填表日期：　　年　月　日

金额单位：元至角分；面积单位：平方米

纳税人识别号 □□□□□□□□□□□□□□□□□□□□□

纳税人信息	名称						纳税人分类		单位□　个人□		
	登记注册类型			*			所属行业		*		
	身份证件类型			身份证□　护照□　其他□_____			身份证件号码				
	联系人						联系方式				
申报纳税信息	土地编号	宗地的地号	土地等级	税额标准	土地总面积	所属期起	所属期止	本期应纳税额	本期减免税额	本期已缴税额	本期应补（退）税额
	*										
	*										
	*										
	*										
	*										
	*										
	*										
	*										
	*										
	*										
	合计			*		*	*				

以下由纳税人填写：

纳税人声明	此纳税申报表是根据《中华人民共和国城镇土地使用税暂行条例》和国家有关税收规定填报的，是真实的、可靠的、完整的。				
纳税人签章		代理人签章		代理人身份证号	

以下由税务机关填写：

受理人		受理日期	年　月　日	受理税务机关签章	

本表一式两份，一份纳税人留存，一份税务机关留存。

第三节 土地增值税会计

一、土地增值税纳税义务人及征税对象

土地增值税是对有偿转让国有土地使用权、地上建筑物及其他附着物产权，取得增值收入的单位和个人征收的一种税。征收土地增值税增强了政府对房地产开发和交易市场的调控，有利于抑制炒买炒卖土地获取暴利的行为，也增加了国家财政收入。

（一）纳税义务人

土地增值税的纳税义务人为转让国有土地使用权、地上建筑物及其附着物（以下简称转让房地产）并取得收入的单位和个人。不论法人与自然人，不论行业与部门，不论经济性质，不论内资与外资，不论中国公民还是外籍个人，只要有偿转让房地产，都是土地增值税的纳税义务人。

（二）征税范围

土地增值税是对转让国有土地使用权及其地上建筑物和附着物的行为征税，不包括国有土地使用权出让所取得的收入。

国有土地使用权出让是指国家以土地所有者的身份将土地使用权在一定年限内让与土地使用者，并由土地使用者向国家支付土地使用权出让金的行为，属于土地买卖的一级市场。土地使用权的出让不属于土地增值税的征税范围。

而国有土地使用权转让是指土地使用者通过出让等形式取得土地使用权后，将土地使用权再转让的行为，包括出售、交换和赠与，它属于土地买卖的二级市场。土地使用权的转让，属于土地增值税的征税范围。

土地增值税的征税范围不包括未转让土地使用权、房产产权的行为，如房地产的出租。

我国现行土地增值税的征税范围包括：

（1）转让国有土地使用权。

（2）地上建筑物及其附着物连同国有土地使用权一并转让。

（3）存量房地产买卖。

（4）建成后转让（非自用）的合作建房。

二、土地增值税计税依据与税率

（一）计税依据

土地增值税的计税依据是纳税人转让房地产所取得的应税收入减除规定的扣除项目金额后的余额，即增值额。

1. 应税收入的确定

纳税人转让房地产取得的应税收入是指纳税人转让房地产所取得的全部价款及有关的经济利益，包括货币收入、实物收入和其他收入。

2. 扣除项目的确定

（1）取得土地使用权所支付的金额，包括纳税人取得土地使用权所支付的地价款和纳税人在取得土地使用权时按国家统一规定缴纳的有关费用。

（2）房地产开发成本。房地产开发成本是指纳税人房地产开发项目实际发生的成本，包括土地征用及拆迁补偿费、前期工程费、建筑安装工程费、基础设施费、公共配套设施费和开发间接费。

（3）房地产开发费用。房地产开发费用是指与房地产开发项目有关的销售费用、管理费用和财务费用。但是，由于现行财务会计制度规定，企业发生的这三项费用作为期间费用直接计入发生当期损益，不按成本核算对象进行分配，所以作为土地增值税扣除项目的房地产开发费用，不按纳税人房地产开发项目实际发生的费用进行扣除，应按《中华人民共和国土地增值税暂行条例实施细则》规定的标准进行扣除：

1）财务费用中的利息支出，凡能够按转让房地产项目计算分摊并提供金融机构证明的，允许据实扣除，但最高不能超过按商业银行同期贷款利率计算的金额。其他房地产开发费用按取得土地使用权所支付的金额和房地产开发成本计算的金额之和的 5%以内计算扣除。

2）财务费用中的利息支出，凡不能按转让房地产项目计算分摊利息支出或不能提供金融机构证明的，房地产开发费用按取得土地使用权所支付的金额和房地产开发成本计算的金额之和的 10%以内计算扣除。

具体扣除比例，由各省、自治区、直辖市人民政府规定。

（4）与转让房地产有关的税金。与转让房地产有关的税金是指在转让房地产时缴纳的城市维护建设税、印花税。因转让房地产缴纳的教育费附加也可视同税金予以扣除。

需要说明的是：房地产开发企业转让房地产时缴纳的印花税已列入管理费用中，所以在此不允许再单独扣除。其他纳税人缴纳的印花税允许在此扣除。

（5）其他扣除项目。对于从事房地产开发的纳税人可按取得土地使用权所支付的金额和房地产开发成本计算的金额之和，加计 20%的扣除。

（6）旧房及建筑物的评估价格。旧房及建筑物的评估价格是指在转让已使用的房屋及建筑物时，由政府批准设立的房地产评估机构评定的重置成本价乘以成新度折扣率后的价格。评估价格需经当地税务机关确认。

（二）税率

土地增值税实行四级超率累进税率：

（1）增值额未超过扣除项目金额 50%的部分，税率为 30%。

（2）增值额超过扣除项目金额 50%、未超过扣除项目金额 100%的部分，税率为 40%。

（3）增值额超过扣除项目金额 100%、未超过扣除项目金额 200%的部分，税率为 50%。

（4）增值额超过扣除项目金额 200%的部分，税率为 60%。

上述所列四级超率累进税率，每级“增值额未超过扣除项目金额”的比例，均包括本比例数。超率累进税率如表 8-5 所示。

表 8-5 土地增值税四级超率累进税率表

级 数	增值额与扣除项目金额的比率	税率（%）	速算扣除系数（%）
1	不超过 50%的部分	30	0
2	超过 50%～100%的部分	40	5
3	超过 100%～200%的部分	50	15
4	超过 200%的部分	60	35

三、土地增值税税收优惠政策

1. 对建造普通标准住宅的税收优惠

纳税人建造普通标准住宅出售，增值额未超过扣除项目金额 20%的，免征土地增值税；增值额超过扣除项目金额 20%的，应就其全部增值额按规定计税。对于纳税人既建普通标准住宅又搞其他房地产开发的，应分别核算增值额。不分别核算增值额或不能准确核算增值额的，其建造的普通标准住宅不能适用这一免税规定。

2. 对国家征用收回的房地产的税收优惠

因国家建设需要依法征用、收回的房地产，免征土地增值税。

3. 因城市规划、国家建设需要而搬迁由纳税人自行转让原房地产的税收优惠

因城市实施规划、国家建设需要而搬迁，由纳税人自行转让原房地产的，免征土地增值税。因“城市实施规划”而搬迁，是指因旧城改造或因企业污染、扰民（指产生过量废气、废水、废渣和噪声，使城市居民生活受到一定危害），而由政府或政府有关主管部门根据已审批通过的城市规划确定进行搬迁的情况；因“国家建设的需要”而搬迁，是指因实施国务院、省级人民政府、国务院有关部委批准的建设项目而进行搬迁的情况。

4. 对企事业单位、社会团体以及其他组织转让旧房作为公共租赁住房房源的税收优惠

对企事业单位、社会团体以及其他组织转让旧房作为公共租赁住房房源，且增值额未超过扣除项目金额 20%的，免征土地增值税。享受上述税收优惠政策的公共租赁住房是指纳入省、自治区、直辖市、计划单列市人民政府及新疆生产建设兵团批准的公共租赁住房发展规划和年度计划，并按照《关于加快发展公共租赁住房的指导意见》（建保〔2010〕87号）和市、县人民政府制定的具体管理办法进行管理的公共租赁住房。

四、土地增值税应缴税额的计算及会计处理

（一）应纳税额的计算方法

土地增值税按照纳税人转让房地产所取得的增值额和规定的税率计算征收。土地增值

税的计算公式为

应纳税额=Σ（每级距的土地增值额×适用税率）

在实际工作中，为了简化计算，一般采用速算扣除法计算土地增值税，计算公式为

应纳税额=增值额×适用税率−允许扣除项目金额×速算扣除系数

例 8-6 A企业销售商品房取得收入为1 000万元，按规定确定的扣除项目金额为400万元，计算应交土地增值税额。

第一步，先计算增值额。

增值额=1 000−400=600（万元）

第二步，计算增值额与扣除项目金额之比率。

增值额与扣除项目金额之比率为：600÷400×100%=150%

第三步，计算应交土地增值税。

（1）分级计算法，分别计算各级次土地增值税税额，然后汇总求出应纳税总额。

应纳税额=400×50%×30%+400×（100%−50%）×40%+400×（150%−100%）×50%
=240（万元）

（2）速算扣除法。

应纳税额=600×50%−400×15%=240（万元）

从上述计算不难看出，两种计算方法计算的结果是相同的，速算扣除法计算十分简便。

（二）土地增值税的会计处理

核算土地增值税，企业应设置“应交税费——应交土地增值税”科目。该科目贷方登记计算应交的土地增值税税额；借方登记实际缴纳的土地增值税税额；期末贷方余额表示应缴未缴的土地增值税税额。

由于企业从事业务的性质不同，土地增值税的会计核算会有差别。具体分为以下两种情况。

1．企业主营或兼营房地产业务土地增值税的会计核算

主营或兼营房地产业务的企业，其销售房地产过程中应缴纳的土地增值税，借记“税金及附加”科目，贷记“应交税费——应交土地增值税”科目。

例 8-7 承例8-6，如果A企业为房地产开发企业，计算缴纳土地增值税，编制会计分录如下：

借：税金及附加　　2 400 000
　　贷：应交税费——应交土地增值税　　2 400 000
借：应交税费——应交土地增值税　　2 400 000
　　贷：银行存款　　2 400 000

2. 其他企业土地增值税的会计核算

其他企业涉及土地增值税的情形主要是发生转让自己使用的房地产行为。转让的房地产原属于企业固定资产的，转让时应纳的土地增值税，借记“固定资产清理”科目，贷记“应交税费——应交土地增值税”科目。

例 8-8 某工业企业出售一幢办公楼，售价 800 万元，办公楼原价为 600 万元，已提折旧为 114 万元。房地产评估机构评定，现在建造同样的办公楼需要 1 200 万元，该办公楼出售时 4 成新，转让缴纳的各种税金为 44.4 万元。计算该企业应缴纳的土地增值税额，并编制计算缴纳土地增值税的会计分录。

1）计算应交土地增值税。

评估价格=1 200×40%=480（万元）

扣除项目金额合计=1 200×40%+44.4=524.4（万元）

增值额=800−524.4=275.6（万元）

增值率=275.6÷524.4×100%=52.56%

应交土地增值税=275.6×40%−524.4×5%=84.02（万元）

2）编制会计分录。

① 注销固定资产账面价值时，编制会计分录如下：

借：固定资产清理　　4 860 000
　　累计折旧　　1 140 000
　　贷：固定资产　　6 000 000

② 计算应交土地增值税，编制会计分录如下：

借：固定资产清理　　840 200
　　贷：应交税费—— 应交土地增值税　　840 200

③ 实际缴纳土地增值税时，编制会计分录如下：

借：应交税费—— 应交土地增值税　　840 200
　　贷：银行存款　　840 200

五、土地增值税的纳税申报

纳税人应在转让房地产合同签订后 7 日内，到房地产所在地主管税务机关办理土地增值税纳税申报。纳税人办理纳税登记申报手续时，应提交房屋及建筑物产权证书、土地使用证书、土地使用权转让合同、房屋买卖合同、房地产评估报告及其他与转让房地产有关的资料，然后在税务机关核实的期限内缴纳土地增值税。纳税人因经常发生房地产行为而难以在每次转让后申报的，经税务机关审核同意后，可以定期进行纳税申报，具体期限由税务机关确定。

纳税人应如实填写土地增值税纳税申报表，正确计算转让房地产的收入、扣除项目金额以及应纳税额，按期纳税。土地增值税纳税申报表的格式见表 8-6、表 8-7。

表 8-6 土地增值税纳税申报表（一）

（从事房地产开发的纳税人预征适用）

税款所属时间： 年 月 日至 年 月 日 填表日期： 年 月 日

项目名称： 项目编号： 金额单位：元至角分；面积单位：平方米

纳税人识别号 □□□□□□□□□□□□□□□□□□□□

房产类型	房产类型子目	收入				预征率（%）	应纳税额	税款缴纳	
		应税收入	货币收入	实物收入及其他收入	视同销售收入			本期已缴税额	本期应缴税额计算
	1	2=3+4+5	3	4	5	6	7=2×6	8	9=7−8
普通住宅									
非普通住宅									
其他类型房地产									
合 计	—					—			

以下由纳税人填写：

纳税人声明	此纳税申报表是根据《中华人民共和国土地增值税暂行条例》及其实施细则和国家有关税收规定填报的，是真实的、可靠的、完整的。				
纳税人签章		代理人签章		代理人身份证号	

以下由税务机关填写：

受理人		受理日期	年 月 日	受理税务机关签章	

本表一式两份，一份纳税人留存，一份税务机关留存。

表 8-7 土地增值税纳税申报表（三）

（非从事房地产开发的纳税人适用）

税款所属时间： 年 月 日至 年 月 日 填表日期： 年 月 日

金额单位：元至角分 面积单位：平方米

纳税人识别号 □□□□□□□□□□□□□□□□□□□□

纳税人名称		项目名称		项目地址			
所属行业		登记注册类型		纳税人地址		邮政编码	
开户银行		银行账号		主管部门		电话	

项 目		行 次	金 额
一、转让房地产收入总额 1=2+3+4		1	
其中	货币收入	2	
	实物收入	3	
	其他收入	4	
二、扣除项目金额合计 （1）5=6+7+10+15 （2）5=11+12+14+15		5	

（续）

项目			行次	金额
（1）提供评估价格	1．取得土地使用权所支付的金额		6	
	2．旧房及建筑物的评估价格 7＝8×9		7	
	其中	旧房及建筑物的重置成本价	8	
		成新度折扣率	9	
	3．评估费用		10	
（2）提供购房发票	1．购房发票金额		11	
	2．发票加计扣除金额 12=11×5%×13		12	
	其中：房产实际持有年数		13	
	3．购房契税		14	
	4．与转让房地产有关的税金等 15＝16+17+18+19		15	
其中	营业税		16	
	城市维护建设税		17	
	印花税		18	
	教育费附加		19	
三、增值额 20＝1−5			20	
四、增值额与扣除项目金额之比（%）21＝20÷5			21	
五、适用税率（%）			22	
六、速算扣除系数（%）			23	
七、应缴土地增值税税额 24＝20×22−5×23			24	
八、减免税额（减免性质代码：____________）			25	
九、已缴土地增值税税额			26	
十、应补（退）土地增值税税额 27=24−25−26			27	

以下由纳税人填写：					
纳税人声明	此纳税申报表是根据《中华人民共和国土地增值税暂行条例》及其实施细则和国家有关税收规定填报的，是真实的、可靠的、完整的。				
纳税人签章		代理人签章		代理人身份证号	
以下由税务机关填写：					
受理人		受理日期	年 月 日	受理税务机关签章	

本表一式两份，一份纳税人留存，一份税务机关留存。

第四节 房产税会计

房产税是以房屋为征税对象，按照房屋的计税余值或租金收入，向房屋产权所有人征收的一种财产税。

一、房产税纳税义务人及征税对象

（一）房产税的纳税义务人

房产税以征税范围内的房屋产权所有人为纳税人。具体规定如下：

（1）产权属于国家所有的，由经营管理单位纳税；产权属于集体和个人所有的，由集体单位和个人纳税。

（2）产权出典的，由承典人纳税。

（3）产权所有人、承典人不在房屋所在地的，由房产代管人或者使用人纳税。

（4）产权未确定及租典纠纷未解决的，由房屋代管人或者使用人纳税。

（5）无租使用其他房产的问题。纳税单位和个人无租使用房产管理部门、免税单位及纳税单位的房产，应由使用人代为缴纳房产税。

（二）征税对象

房产税的征税对象是房产。房产是指有屋面和维护结构，能够遮风避雨，可供人们在其中生产、学习、娱乐、工作、居住或者储存物资的场所。我国目前仅对城市、县城、建制镇和工矿区的房产征收房产税，农村不包括在房产税的征税范围内。

二、房产税计税依据与税率

（一）计税依据

房产税的计税依据是房产的计税价值或者租金收入。按照房产计税价值征税的，称为从价计征；按照房产租金收入计征的，称为从租计征。

从价计征房产税的，计税价值是指房产原值一次减除 10%～30%后的余值计算纳税。具体扣除比例由省、自治区、直辖市人民政府确定。

房产原值是指纳税人按照会计制度规定，在账簿“固定资产”科目中记载的房屋原价。

自 2009 年 1 月 1 日起，对依照房产原值计税的房产，不论是否记载在会计账簿固定资产科目中，均应按照房屋原价计算缴纳房产税，房屋原价应根据国家有关会计制度规定进行核算，对纳税人未按国家会计制度规定核算并记载的，应按规定予以调整或重新评估。

自 2010 年 12 月 21 日起，对按照房产原值计税的房产，无论会计上如何核算，房产原值均应包含地价，包括为取得土地使用权支付的价款、开发土地发生的成本费用等。宗地容积率低于 0.5 的，按房产建筑面积的两倍计算土地面积并据此确定计入房产原值的地价。

从租计征房产税的，房产租金收入为房产税的计税依据。

（二）税率

在我国，房产税采用比例税率。由于房产税的计税依据分为从价计征和从租计征两种形式，所以房产税的税率也有两种。从价计征的税率为 1.2%；从租计征的税率为 12%。对个人出租住房，不区分用途，减按 4%的税率征收房产税。

三、房产税税收优惠政策

（1）国家机关、人民团体、军队自用的房产免征房产税。

（2）由国家财政部门拨付事业经费的单位，在本身业务范围内使用的房产免征房产税。

（3）宗教寺庙、公园、名胜古迹自用的房产免征房产税。

（4）个人所有的非营业用房免征房产税。

（5）从 2001 年 1 月 1 日起，对按政府规定价格出租的公有住房和廉租住房，包括企业和自收自支事业单位向职工出租的单位自有住房；房管部门向居民出租的公有住房；落实私房政策中带户发还产权并以政府规定租金标准向居民出租的私有住房等，暂免征收房产税。

（6）对经营公租房所取得的租金收入，免征房产税。公租房租金收入与其他住房经营收入应单独核算，未单独核算的，不得享受免征营业税、房产税优惠政策。

（7）经财政部批准免税的其他房产。如在基建工地为基建服务的各种工棚、材料棚、休息棚和办公室等临时性房屋，在施工期间，一律免征房产税；对高校学生公寓和高校学生食堂免征房产税；非营利性医疗机构、疾病控制机构和妇幼保健机构等卫生机构自用的房产，免征房产税等。

四、房产税应纳税额的计算及会计处理

（一）应纳税额的计算

房产税应纳税额的计算分为从价计征应缴税额的计算和从租计征应缴税额的计算。

（1）从价计征应交房产税的计算公式为

年应交税额=应税房产原值×（1−扣除比例）×1.2%

例 8-9 某企业的生产用厂房原始价值为 6 000 万元，按照当地的规定，允许减除的比例为 30%，请计算该企业每年应交的房产税税额。

年应纳税额=6 000×（1−30%）×1.2%=50.4（万元）

（2）从租计征应交房产税的计算公式为

年应纳税额=年租金收入×12%

例 8-10 某企业出租仓库，合同规定，每年租金为 20 万元，请计算每年应缴纳的房产税税额。

年应纳税额=20×12%=2.4（万元）

（二）房产税的会计处理

企业核算房产税，应在“应交税费”科目下设置“应交房产税”明细科目。“应交房产税”明细科目，贷方登记计算应纳的房产税税额；借方登记实际缴纳的房产税税额；期末若为贷方余额，反映应缴未缴的房产税；若为借方余额表示预缴的房产税。

企业按计算应交的房产税，借记“管理费用”等科目，贷记“应交税费——应交房产税”科目。

例 8-11 某企业拥有房屋的原始价值总额为8 000万元，全部自用。省人民政府规定，企业自用房屋，按房产原值一次扣除20%后的余值计征房产税。房产税分季缴纳，每季度终了后10日内上缴房产税。201×年第一季度房产税的计算及会计处理如下：

年应纳税额=8 000×（1−20%）×1.2%=76.8（万元）

1～3月份每月应纳税额=76.8÷12=6.4（万元）

每月计算应缴房产税时，编制会计分录如下：

借：管理费用 64 000

　　贷：应交税费——应交房产税 64 000

4月10日前，上缴第一季度房产税时，会计分录如下：

借：应交税费——应交房产税 192 000

　　贷：银行存款 192 000

五、房产税的申报

（一）纳税时间

由于单位房产的形成及使用时间不同，其纳税义务发生时间也不同，一般有以下几种情况：

（1）纳税人将原有房产用于生产经营，从生产经营之月起，缴纳房产税。

（2）纳税人自行新建房屋用于生产经营，从建成之次月起，缴纳房产税。

（3）纳税人委托施工企业建设的房屋，从办理验收手续之次月起，缴纳房产税。纳税人在办理手续前，已使用或出租、出借的新建房屋，应从使用或出租、出借的当月起，缴纳房产税。

（4）纳税人购置新建商品房的纳税义务发生时间自房屋交付使用之次月起。

（5）购置存量房的纳税义务发生时间自办理房屋权属转移，登记机关签发房屋权属证书之次月起。

（6）纳税人出租、出借房产的纳税义务发生时间自交付出租、出借房产之次月起。

（7）房地产开发企业自用、出租、出借本企业建造商品房的纳税义务发生时间自房屋使用或交付之次月起。

（8）自2009年1月1日起，纳税人因房产的实物或权利状态发生变化而依法终止房产税纳税义务的，其应纳税款的计算应截止到房产的实物或权利状态发生变化的当月末。

房产税实行按年计算、分期缴纳的征收方法，具体纳税期限由省、自治区、直辖市人民政府确定。

（二）纳税地点

房产税在房产所在地缴纳。房产不在同一地方的纳税人，应按房产的坐落地点分别向房产所在地的税务机关纳税。

房产税的纳税人应按《房产税暂行条例》的有关规定，及时办理纳税申报，并如实填写房产税纳税申报表，具体格式见表 8-8。

表 8-8 房产税纳税申报表

税款所属期：自　　年　月　日至　　年　月　日　　　　　　　　填表日期：　　年　月　日

金额单位：元至角分；面积单位：平方米

纳税人识别号 □□□□□□□□□□□□□□□□□□□□

纳税人信息	名称		纳税人分类	单位□　个人□
	登记注册类型	*	所属行业	*
	身份证件类型	身份证□　护照□　其他□＿＿＿＿	身份证件号码	
	联系人		联系方式	

一、从价计征房产税

	房产编号	房产原值	其中：出租房产原值	计税比例	税率	所属期起	所属期止	本期应纳税额	本期减免税额	本期已缴税额	本期应补（退）税额
1	*										
2	*										
3	*										
4	*										
5	*										
6	*										
7	*										
8	*										
9	*										
10	*										
合计	*	*	*	*	*	*	*				

二、从租计征房产税

	本期申报租金收入	税率	本期应纳税额	本期减免税额	本期已缴税额	本期应补（退）税额
1						
2						
3						
合计		*				

以下由纳税人填写：

纳税人声明	此纳税申报表是根据《中华人民共和国房产税暂行条例》和国家有关税收规定填报的，是真实的、可靠的、完整的。				
纳税人签章		代理人签章		代理人身份证号	

以下由税务机关填写：

受理人		受理日期	年　月　日	受理税务机关签章	

本表一式两份，一份纳税人留存，一份税务机关留存。

第五节 契税会计

契税是以在中华人民共和国境内转移土地、房屋权属为征税对象，向产权承受人征收的一种财产税。征收契税有利于增加地方财政收入，有利于保护合法产权，避免产权纠纷。

一、契税纳税义务人及征税对象

（一）纳税义务人

契税的纳税义务人是境内转移土地、房屋权属承受的单位和个人。土地、房屋权属是指土地使用权和房屋所有权。

（二）征税对象

契税的征税对象是境内转移土地、房屋权属。具体包括以下内容：

（1）国有土地使用权出让。

（2）土地使用权转让。

（3）房屋买卖。以房产抵债或者进行实物交换、以房产作投资或作股权转让、买房拆料或翻建新房也视同房屋买卖。

（4）房屋赠予。

（5）房屋交换。房屋交换是指房屋所有者之间交换房屋的行为。

二、契税计税依据与税率

（一）计税依据

契税的计税依据为不动产的价格。由于土地、房屋权属转移的方式不同，因而具体计税依据视不同情况而定。

（1）国有土地使用权出让、土地使用权出售、房屋买卖，以成交价格为计税价格。

（2）土地使用权赠予、房屋赠予，由征收机关参照土地使用权出售、房屋买卖的市场价格核定。

（3）土地使用权交换、房屋交换，为所交换土地使用权、房屋的价格差额。

（4）以划拨方式取得土地使用权，经批准转让房地产时，由房地产转让者补缴契税。计税依据为补交的土地使用权出让金或者土地收益。

（5）房屋附属设施征收契税的依据。

1）不涉及土地使用权和房屋所有权转移变动的，不征收契税。

2）采取分期付款方式购买房屋附属设施土地使用权、房屋所有权的，应按合同规定的总价款计征契税。

3）承受的房屋附属设施权属如为单独计价的，按照当地确定的适用税率征收契税；如与房屋统一计价的，适用与房屋相同的契税税率。

（6）个人无偿赠予不动产行为，应对受赠人全额征收契税，在缴纳契税和印花税时，纳税人须提交经税务机关审核并签字盖章的“个人无偿赠予不动产登记表”，税务机关（或其他征收机关）应在纳税人的契税和印花税完税凭证上加盖“个人无偿赠予”印章，在“个人无偿赠予不动产登记表”中签字并将该表格留存。

根据“营改增”规定，计征契税的成交价格不含增值税。

（二）税率

契税实行 3%～5%的幅度税率。各省、自治区、直辖市人民政府可在 3%～5%的幅度税率范围内，按照本地区的实际情况确定本地区的适用税率。

三、契税税收优惠政策

（1）国家机关、事业单位、社会团体、军事单位承受的土地、房屋用于办公、教学、科研和军事设施的，免征契税。

（2）城镇职工按规定第一次购买公有住房，免征契税。

此外，财政部、国家税务总局规定：自 2000 年 11 月 29 日起，对各类公有制单位为解决职工住房而采取集资建房方式建成的普通住房，或由单位购买的普通商品住房，经当地县以上人民政府房改部门批准，按照国家房改政策出售给本单位职工的，如属职工首次购买住房，均可免征契税。

（3）因不可抗力灭失住房而重新购买住房的，酌情减、免契税。

（4）土地、房屋被县级以上人民政府征用、占用后，重新承受土地、房屋权属的，由省级人民政府确定是否减、免契税。

（5）承受荒山、荒沟、荒丘、荒滩土地使用权，用于农、林、牧、渔业生产的，免征契税。

（6）依照我国有关法律规定以及我国缔结或参加的双边和多边条约或协定，应当予以免税的外国驻华使馆、领事馆、联合国驻华机构及其外交代表、领事官员和其他外交人员承受的土地、房屋权属，免征契税。

（7）公租房经营单位购买住房作为公租房的，免征契税。

（8）对个人购买的是家庭唯一住房（家庭成员范围一般包括购房人、配偶还有相关未成年子女，下同），面积为 90 平方米还有以下的，减按 1%的税率征收契税；面积如果为 90 平方米以上的，减按 1.5%的税率征收契税。

（9）对个人购买家庭第二套改善性住房，面积为 90 平方米及以下的，减按 1%的税率征收契税；面积为 90 平方米以上的，减按 2%的税率征收契税。

家庭第二套改善性住房是指已拥有一套住房的家庭购买的家庭第二套住房。

（10）纳税人申请享受税收优惠，根据纳税人的申请或者授权，由购房所在地的房地产主管部门出具纳税人家庭住房情况书面查询的结果，并且将查询的结果和相关的住房信息及时传递给税务机关。暂不具备查询条件的而且不能提供家庭住房的查询结果的，纳税人应该向税务机关提交家庭住房的实有套数的书面诚信保证，诚信保证不真实的，属虚假纳税申报，按照《中华人民共和国税收征收管理法》的相关规定进行处理，并且将不诚信的记录纳入个人征信系统。

（11）按照便民、高效的原则，房地产主管部门应该按照规定及时出具纳税人的家庭住房情况书面查询的结果，税务机关应该对纳税人提出的税收优惠申请限时办结。

（12）财政部、国家税务总局规定的其他减税、免税规定。

四、契税应缴税额计算及会计处理

（一）契税应缴税额计算

契税采用比例税率，计算应缴契税的公式为

应缴税额=计税依据×税率

例 8-12 某房地产开发企业取得国有土地一块，按规定土地出让费 2 000 万元，用于房地产开发。企业按规定申报缴纳契税，当地政府规定契税税率为 5%，则应纳税契税税额为

应纳税额=2 000 ×5%=100（万元）

（二）契税会计处理

纳税人取得土地使用权、房屋产权按规定缴纳的契税，可以不通过“应交税费”科目核算。企业取得土地使用权、房屋按规定缴纳的契税，借记 “无形资产”“固定资产”等科目，贷记“银行存款”科目。

例 8-13 某企业以支付土地出让金的方式从当地政府手中取得某块土地使用权，支付土地使用权出让费 2 000 万元，省政府规定契税的税率为 3%。计算企业应缴纳的契税税额，并做出上缴契税的会计分录。

（1）计算按规定企业应当缴纳的契税税额为

应纳税额=2 000×3%=60（万元）

（2）企业在实际缴纳契税时应做如下会计分录：

借：无形资产——土地使用权 600 000

贷：银行存款 600 000

五、契税的纳税申报

（一）契税的纳税时间

纳税义务发生时间为纳税人在签订土地、房屋权属转移合同的当天，或者取得其他具有土地、房屋权属转移合同性质凭证的当天。其他具有土地、房屋权属转移合同性质凭证是指具有合同效力的契约、协议、和约、单据、确认书以及由省、自治区、直辖市人民政

府确定的其他凭证。

（二）契税的纳税期限和申报

凡发生土地使用权、房屋使用权权属转移行为（如出让、转让、买卖、赠予、继承、交换等）时，承受土地使用权、房屋所有权的单位和个人，应当在确定权属转移发生之日起10日内向土地、房屋所在地契税征收机关申报纳税，填报契税纳税申报表（格式见表8-9）。

表 8-9 契税纳税申报表

填表日期： 年 月 日　　　　金额单位：元至角分；面积单位：平方米

纳税人识别号 □□□□□□□□□□□□□□□□□□□□

<table>
<tr><td rowspan="4">承受方信息</td><td>名称</td><td colspan="2"></td><td colspan="3">□单位 □个人</td></tr>
<tr><td>登记注册类型</td><td colspan="2"></td><td>所属行业</td><td colspan="2"></td></tr>
<tr><td>身份证件类型</td><td colspan="2">身份证□ 护照□ 其他□</td><td>身份证件号码</td><td colspan="2"></td></tr>
<tr><td>联系人</td><td colspan="2"></td><td>联系方式</td><td colspan="2"></td></tr>
<tr><td rowspan="3">转让方信息</td><td>名　称</td><td colspan="2"></td><td colspan="3">□单位 □个人</td></tr>
<tr><td>纳税人识别号</td><td></td><td>登记注册类型</td><td></td><td>所属行业</td><td></td></tr>
<tr><td>身份证件类型</td><td></td><td>身份证件号码</td><td></td><td>联系方式</td><td></td></tr>
<tr><td rowspan="3">土地房屋权属转移信息</td><td>合同签订日期</td><td></td><td>土地房屋坐落地址</td><td></td><td>权属转移对象</td><td></td></tr>
<tr><td>权属转移方式</td><td></td><td>用途</td><td>设立下拉列框</td><td>家庭唯一普通住房</td><td>□90平米以上
□90平米及以下</td></tr>
<tr><td>权属转移面积</td><td></td><td>成交价格</td><td></td><td>成交单价</td><td></td></tr>
<tr><td rowspan="2">税款征收信息</td><td>评估价格</td><td></td><td>计税价格</td><td></td><td>税率</td><td></td></tr>
<tr><td>计征税额</td><td></td><td>减免性质代码</td><td>减免税额</td><td>应纳税额</td><td></td></tr>
<tr><td colspan="7">以下由纳税人填写：</td></tr>
<tr><td>纳税人声明</td><td colspan="6">此纳税申报表是根据《中华人民共和国契税暂行条例》和国家有关税收规定填报的，是真实的、可靠的、完整的。</td></tr>
<tr><td>纳税人签章</td><td></td><td>代理人签章</td><td></td><td>代理人身份证号</td><td colspan="2"></td></tr>
<tr><td colspan="7">以下由税务机关填写：</td></tr>
<tr><td>受理人</td><td></td><td>受理日期</td><td>年 月 日</td><td>受理税务机关签章</td><td colspan="2"></td></tr>
</table>

本表一式两份，一份纳税人留存，一份税务机关留存。

申报人未按规定期限向契税征收机关办理纳税申报的，依照《中华人民共和国税收征收管理法》第四十条规定处罚。契税征收机关在收到契税纳税申报表及有关资料后，于两个工作日内办理完毕。

第六节 车船税会计

2011年2月25日，第十一届全国人民代表大会常务委员会第十九次会议通过了《中华人民共和国车船税法》（以下简称《车船税法》）。同日，国家主席胡锦涛签署第43号主席令予以公布，自2012年1月1日起施行。

车船税法是指国家制定的用以调整车船税征收与缴纳权利及义务关系的法律规范。车船税是以车船为征税对象，向拥有车船的单位和个人征收的一种税。

一、车船税纳税义务人及征税对象

（一）纳税义务人

车船税的纳税义务人，是指在中华人民共和国境内，车辆、船舶（以下简称车船）的所有人或者管理人。应税车船的所有人或管理人未缴纳车船税的，由使用人代缴。

（二）征税范围

车船税的征税范围，是指在中华人民共和国境内属于《车船税法》所附“车船税税目税额表”规定的车辆、船舶。车辆、船舶是指：

（1）依法应当在车船登记管理部门登记的机动车辆和船舶；

（2）依法不需要在车船登记管理部门登记的在单位内部场所行驶或者作业的机动车辆和船舶。

前款所称车船管理部门，是指公安、交通运输、农业、渔业、军队、武装警察部队等依法具有车船登记管理职能的部门；单位，是指依照中国法律、行政法规规定，在中国境内成立的行政机关、企业、事业单位、社会团体以及其他组织。

二、车船税税目与税率

车船税实行定额税率。定额税率也称固定税率，是税率的一种特殊形式。定额税率计算简便，适宜于从量计征的税种。车船税采用定额税率，即对征税的车船规定单位固定税额。车船税的适用税额，依照《车船税法》所附的“车船税税目税额表”执行。

车辆的具体适用税额由省、自治区、直辖市人民政府根据车船税法所附“车船税税目税额表”规定的税额幅度和国务院的规定确定。

船舶的具体适用税额由国务院在《车船税法》所附的“车船税税目税额表”规定的税额幅度内确定。

车船税确定税额总的原则是：非机动车船的税负轻于机动车船；人力车的税负轻于畜力车；小吨位船舶的税负轻于大船舶。由于车辆与船舶的行使情况不同，车船税的税额也有所不同。车船税税目、税额见表8-10。

表8-10　车船税税目、税额表

税目		计税单位	年基准税额	备注
乘用车（按发动机汽缸容量分档）	1.0升（含）以下的	每辆	60～360元	核定载客人数9人（含）以下
	1.0升以上至1.6升（含）的		300～540元	
	1.6升以上至2.0升（含）的		360～660元	
	2.0升以上至2.5升（含）的		660～1 200元	
	2.5升以上至3.0升（含）的		1 200～2 400元	
	3.0升以上至4.0升（含）的		2 400～3 600元	
	4.0升以上的		3 600～5 400元	
商用车	客车	每辆	480～1 440元	核定载客人数9人以上，包括电车
	货车	整备质量每吨	16～120元	包括半挂牵引车、三轮汽车和低速载货汽车等

（续）

税目		计税单位	年基准税额	备注
挂车		整备质量每吨	按照货车税额的50%计算	
其他车辆	专用作业车	整备质量每吨	16～120元	不包括拖拉机
	轮式专用机械车		16～120元	
摩托车		每辆	36～180元	
船舶	机动船舶	净吨位每吨	3～6元	拖船、非机动驳船分别按照机动船舶税额的50%计算
	游艇	艇身长度每米	600～2 000元	

注：整备质量是指汽车按出厂技术条件装备完整（如备胎、工具等安装齐备），各种油水添满后的重量，即通常说的汽车自重。

其中：

（1）机动船舶具体适用税额为：

1）净吨位不超过200吨的，每吨3元；

2）净吨位超过200吨但不超过2 000吨的，每吨4元；

3）净吨位超过2 000吨但不超过10 000吨的，每吨5元；

4）净吨位超过10 000吨的，每吨6元。

拖船按照发动机功率每1千瓦折合净吨位0.67吨计算征收车船税。

（2）游艇具体适用税额为：

1）艇身长度不超过10米的，每米600元；

2）艇身长度超过10米但不超过18米的，每米900元；

3）艇身长度超过18米但不超过30米的，每米1 300元；

4）艇身长度超过30米的，每米2 000元；

5）辅助动力帆艇，每米600元。

关于船舶税额的确定，还应掌握以下情况：

船舶不论净吨位或载重吨位，其尾数在半吨以下者免算（含半吨），超过半吨者，按1吨计算；但不及1吨的小型船只，一律按1吨计算。

三、车船税税收优惠政策

（一）下列车船免征车船税

（1）捕捞、养殖渔船。

（2）军队、武警专用的车船。

（3）警用车船。

（4）依照法律规定应当予以免税的外国驻华使馆、领事馆和国际组织驻华机构及其有关人员的车船。

（5）对节约能源、使用新能源的车船可以减征或者免征车船税；对受严重自然灾害影响纳税困难以及有其他特殊原因确需减税、免税的，可以减征或者免征车船税。具体办法由国务院规定，并报全国人民代表大会常务委员会备案。

（6）省、自治区、直辖市人民政府可以根据当地实际情况，对城市、农村公共交通车船，农村居民拥有并主要在农村地区使用的摩托车、三轮汽车和低速载货汽车给予定期减税、免税。

（7）以上免税单位与纳税单位合并办公，所有车辆能划分清楚的，分别免税和征税；划不清楚的，一律照章征税。

（二）特定减免

（1）经批准临时入境的外国车船和我国香港特别行政区、澳门特别行政区、台湾地区的车船，不征收车船税。

（2）按照规定缴纳船舶吨税的机动车船，自《车船税法》实施之日起 5 年内免征车船税。

（3）依法不需要在车船登记管理部门登记的机场、港口、铁路站场内部行驶或作业的车船，自《车船税法》实施之日起 5 年内免征车船税。

（三）其他规定

（1）在一个纳税年度内，已完税的车船被盗抢、报废、灭失的，纳税人可以凭有关管理机关出具的证明和完税凭证，向纳税所在地的主管税务机关申请退还自被盗抢、报废、灭失月份起至该纳税年度终了期间的税款。已办理退税的被盗抢车船失而复得的，纳税人应当从公安机关出具相关证明的当月起计算缴纳车船税。

（2）在一个纳税年度内，纳税人在非车辆登记地由保险机构代收代缴机动车车船税，且能够提供合法有效完税证明的，纳税人不再向车辆登记地的地方税务机关缴纳车辆车船税。

（3）已缴纳车船税的车船在同一纳税年度内办理转让过户的，不另纳税，也不退税。

四、车船税应缴税额的计算及会计处理

（一）应纳税额的计算

车船税税额的计算公式如下：

（1）乘用车应纳税额=按排气量分档的车辆数×相应适用单位税额

（2）商用客车（包括电车）和摩托车应纳税额=车辆数×适用单位税额

（3）商用货车（包括半挂牵引车和三轮汽车、低速货车）、专用作业车、轮式专用机械车应纳税额=整备质量×适用单位税额

（4）挂车应纳税额=整备质量×适用单位税额×50%

（5）船舶应纳税额=净吨位数×适用单位税额

（6）拖船和非机动驳船应纳税额=净吨位数×适用单位税额×50%

（7）游艇应纳税额=艇身长度×适用单位税额

（8）客货两用汽车应纳税额分两步计算：

乘人部分应纳税额=车辆数×（商用客车适用税额×50%）

载货部分应纳税额=整备质量×适用单位税额

（二）会计处理

企业应设置“应交税费——应交车船税”科目，以反映车船税的计提和缴纳情况。

企业计提车船税时，应借记“管理费用”科目，贷记“应交税费——应交车船税”科目；

企业缴纳车船税时，应借记“应交税费——应交车船税”科目，贷记“银行存款”科目。

例 8-14 某航运公司拥有净吨位为 600 吨的船舶 10 艘，净吨位为 2 000 吨的船舶 8 艘，净吨位为 5 000 吨的船舶 2 艘。当地省政府规定年单位税额分别为 3 元/吨、3.2 元/吨、4.2 元/吨。要求计算该公司全年应纳的车船使用税额。

净吨位 600 吨的船舶应纳税额=600×3×10 =18 000（元）

净吨位 2 000 吨的船舶应纳税额=2 000×3.2×8 =51 200（元）

净吨位 5 000 吨的船舶应纳税额=5 000×4.2×2=42 000（元）

全年应纳税额=18 000+51 200+42 000=111 200（元）

计提时：借：管理费用——车船税　　111 200

　　　　　贷：应交税费——应交车船税　　111 200

实际缴纳时：借：应交税费——应交车船税　　111 200

　　　　　　　贷：银行存款　　111 200

五、车船税纳税申报与缴纳

车船税纳税义务发生时间为取得车船所有权或者管理权的当月。

车船税按年申报缴纳。具体申报纳税期限由各省、自治区、直辖市人民政府确定。

车船税纳税地点为车船的登记地或者车船税扣缴义务人所在地。依法不需要办理登记的车船，车船税的纳税地点为车船的所有人或者管理人所在地。

从事机动车第三者责任强制保险业务的保险机构为机动车车船税的扣缴义务人，应当在收取保险费时依法代收车船税，并出具代收税款凭证。

车船税的纳税人应按照条例的有关规定及时办理纳税申报，并如实填写车船税纳税申报表。车船税纳税申报表见表 8-11。

表 8-11　车船税纳税申报表

填表日期：　　年　月　日

纳税人识别号 □□□□□□□□□□□□□□□□□□　　　　单位：元（列至角分）

<table>
<tr><td colspan="2">纳税人名称</td><td colspan="4"></td><td colspan="2">税款所属时期</td><td></td></tr>
<tr><td rowspan="2">车船类别</td><td rowspan="2">计税标准</td><td rowspan="2">数量</td><td rowspan="2">单位税额</td><td rowspan="2">全年应纳税额</td><td rowspan="2">年缴纳次数</td><td colspan="3">本　期</td></tr>
<tr><td>应纳税额</td><td>已纳税额</td><td>应补（退）税额</td></tr>
<tr><td>1</td><td>2</td><td>3</td><td>4</td><td>5=3×4</td><td>6</td><td>7=5÷6</td><td>8</td><td>9=7−8</td></tr>
<tr><td></td><td></td><td></td><td></td><td></td><td></td><td></td><td></td><td></td></tr>
<tr><td></td><td></td><td></td><td></td><td></td><td></td><td></td><td></td><td></td></tr>
<tr><td></td><td></td><td></td><td></td><td></td><td></td><td></td><td></td><td></td></tr>
<tr><td></td><td></td><td></td><td></td><td></td><td></td><td></td><td></td><td></td></tr>
<tr><td></td><td></td><td></td><td></td><td></td><td></td><td></td><td></td><td></td></tr>
<tr><td></td><td></td><td></td><td></td><td></td><td></td><td></td><td></td><td></td></tr>
<tr><td colspan="2">合　计</td><td></td><td></td><td></td><td></td><td></td><td></td><td></td></tr>
<tr><td colspan="3">车船税税收缴款书号</td><td colspan="6"></td></tr>
<tr><td colspan="4">如纳税人填报，由纳税人填写以下各栏</td><td colspan="4">如委托代理人填报，由代理人填写以下各栏</td><td>备注</td></tr>
<tr><td colspan="2" rowspan="3">会计主管
（签章）</td><td colspan="2" rowspan="3">纳税人
（公章）</td><td>代理人名称</td><td></td><td colspan="2" rowspan="2">代理人
（公章）</td><td rowspan="3"></td></tr>
<tr><td>代理人地址</td><td></td></tr>
<tr><td>经办人姓名</td><td></td><td>电话</td><td></td></tr>
<tr><td colspan="9">以下由税务机关填写</td></tr>
<tr><td colspan="2">收到申报表日期</td><td colspan="3"></td><td>接收人</td><td colspan="3"></td></tr>
</table>

第七节 城市维护建设税会计

一、城市维护建设税纳税义务人及征税对象

城市维护建设税是对从事工商经营，缴纳增值税、消费税的单位和个人征收的一种税。城市维护建设税在全国范围内征收，只要缴纳增值税、消费税（以下简称“两税”）的纳税人所在的地方，除税法另有规定者外，都属于征收城市维护建设税的范围。

城市建设维护税的纳税人，是缴纳增值税、消费税的单位和个人，包括国有企业、集体企业、私营企业、股份制企业、其他企业和行政单位、事业单位、军事单位、社会团体、其他单位以及个体工商户及其他个人。

二、城市维护建设税计税依据与税率

城建税的计税依据是纳税人实际缴纳的“两税”税额。纳税人违反“两税”有关税法而加收的滞纳金和罚款，不作为城建税的计税依据。

城建税的税率，是指纳税人应缴纳的城建税税额与纳税人实际缴纳的“两税”税额之间的比率。城建税按纳税人所在地的不同，设置了三档地区差别比例税率，即

（1）纳税人所在地为市区的，税率为7%。

（2）纳税人所在地为县城、镇的，税率为5%。

（3）纳税人所在地不在市区、县城或者镇的，税率为1%；开采海洋石油资源的中外合作油（气）田所在地在海上，其城市建设维护税适用1%的税率。

三、城市维护建设税税收优惠政策

城建税原则上不单独减免，但因城建税是附加税，当主税发生减免时，势必影响到城市维护建设税相应发生税收减免。

（1）城市维护建设税按减免后实缴的增值税、消费税税额计征，即随“两税”的减免而减免。

（2）由于减免“两税”而需退税的，同时退还已纳城建税；但对出口产品退还“两税”的不退还已缴纳的城建税。

（3）海关对进口产品代征的“两税”，不征收城建税。

（4）对“两税”实行先征后返、先征后退、即征即退办法的，除另有规定外，对随“两税”附征的城市维护建设税，一律不予退（返）还。

（5）为支持国家重大水利工程建设，对国家重大水利工程建设基金免征城市维护建设税。

四、城市维护建设税应缴税额的计算及会计处理

（一）应纳税额的计算

应纳税额=实际应纳的两税（增值税+消费税）税额×适用税率

（二）会计处理

为了正确核算企业应缴城市维护建设税的计算、形成及缴纳过程，需要在“应交税费”科目下设置“应交城市维护建设税”明细科目进行核算。企业应纳的城市维护建设税，应借记“税金及附加”科目，贷记“应交税费——应交城市维护建设税”科目；实际缴纳时，借记“应交税费——应交城市维护建设税”科目，贷记“银行存款”科目。

例 8-15 某企业 7 月份应缴增值税 8 000 元，应缴消费税 5 000 元，该企业位于市区，适用城建税税率 7%。计算应缴纳的城市维护建设税额，并做出会计处理。

应纳税额=（8 000+5 000）×7%=910（元）

计提时：

借：税金及附加　　910

　贷：应交税费——应交城市维护建设税　　910

实际缴纳时：

借：应交税费——应交城市维护建设税　　910

　贷：银行存款　　910

五、城市维护建设税纳税申报与缴纳

城市建设维护税的纳税环节，就是纳税人缴纳增值税、消费税的环节。纳税人只要发生增值税、消费税的纳税义务，就要在同样的环节，分别计算缴纳城市维护建设税。

一般来说，纳税人缴纳增值税、消费税的地点，就是该纳税人缴纳城市维护建设税的地点。但是属于下列情况的，纳税地点应注意：

（1）代征代扣增值税、消费税的单位和个人，其城市维护建设税的纳税地点在代征代扣地。

（2）跨省开采的油田，下属生产单位与核算单位不在一个省内的，对其生产的原油，在油井所在地缴纳增值税。应纳的税款，由核算单位按照各油井的产量和规定的税率，计算汇拨各油井并缴纳。这样，各油井应纳的城市维护建设税，应由核算单位计算，随同增值税一并汇拨油井所在地，由油井在缴纳增值税的同时，一并缴纳城市维护建设税。

（3）纳税人跨地区提供建筑服务、销售和出租不动产的，应在建筑服务发生地、不动产所在地预缴增值税时，以预缴增值税税额为计税依据，并按预缴增值税所在地的城市维护建设税适用税率和教育费附加征收率就地计算缴纳城市维护建设税和教育费附加。

（4）预缴增值税的纳税人在其机构所在地申报缴纳增值税时，以其实际缴纳的增值税税额为计税依据，并按机构所在地的城市维护建设税适用税率和教育费附加征收率就地计

算缴纳城市维护建设税和教育费附加。

（5）对流动经营等无固定纳税地点的单位和个人，应随同“两税”在经营地按适用税率缴纳。

纳税人应根据实际缴纳“两税”情况，正确计算城市维护建设税，如实填写城市维护建设税纳税申报表，及时申报和缴纳城市维护建设税。城市维护建设税纳税申报表的格式见表 8-12。

表 8-12 城市维护建设税纳税申报表

填表日期：　　年　月　日

纳税人识别号 □□□□□□□□□□□□□□□□□□　　　　金额单位：元（列至角分）

<table>
<tr><td>纳税人名称</td><td colspan="3"></td><td>税款所属时期</td><td></td></tr>
<tr><td>计税依据</td><td>计税金额</td><td>税　率</td><td>应纳税额</td><td>已纳税额</td><td>应补（退）税额</td></tr>
<tr><td>1</td><td>2</td><td>3</td><td>4=2×3</td><td>5</td><td>6=4−5</td></tr>
<tr><td>增值税</td><td></td><td></td><td></td><td></td><td></td></tr>
<tr><td>消费税</td><td></td><td></td><td></td><td></td><td></td></tr>
<tr><td>合计</td><td></td><td></td><td></td><td></td><td></td></tr>
</table>

<table>
<tr><td colspan="2">如纳税人填报，由纳税人填写以下各栏</td><td colspan="4">如委托代理人填报，由代理人填写以下各栏</td><td>备注</td></tr>
<tr><td rowspan="3">会计主管
（签章）</td><td rowspan="3">纳税人
（公章）</td><td>代理人名称</td><td></td><td colspan="2" rowspan="2">代理人（公章）</td><td rowspan="3"></td></tr>
<tr><td>代理人地址</td><td></td></tr>
<tr><td>经办人</td><td></td><td>电　话</td><td></td></tr>
<tr><td colspan="7">以下由税务机关填写</td></tr>
<tr><td>收到申报表日期</td><td colspan="3"></td><td>接收人</td><td colspan="2"></td></tr>
</table>

第八节　车辆购置税会计

车辆购置税是以在中国境内购置规定的车辆为课税对象、在特定环节向车辆购置者征收的一种税。征收车辆购置税有利于合理筹集财政资金，规范政府行为，调节收入差距，也有利于配合打击车辆走私和维护国家权益。

一、车辆购置税纳税义务人及征税对象

在我国境内购买、进口、自产、受赠、获奖或者以其他方式取得并自用应税车辆的单位和个人，为车辆购置税的纳税人。这里所称的单位，包括国有企业、集体企业、私营企业、股份制企业、外商投资企业、外国企业以及其他企业和事业单位、社会团体、国家机关、部队以及其他单位；所称个人，包括个体工商户以及其他个人，既包括中国公民又包括外国公民。

车辆购置税的征税对象是：汽车、摩托车、电车、挂车、农用运输车。

二、车辆购置税计税依据与税率

车辆购置税实行从价定率、价外征收的办法计算应纳税额，税率为 10%。应纳税额的计算公式为

应纳税额=计税价格×税率

车辆购置税的计税价格根据不同情况，按照下列规定确定：

（1）纳税人购买自用的应税车辆的计税价格，为纳税人购买应税车辆而支付给销售者的全部价款和价外费用，不包括增值税税款。

（2）纳税人进口自用的应税车辆的计税价格的计算公式为

计税价格=关税完税价格+关税+消费税

（3）纳税人自产、受赠、获奖或者以其他方式取得并自用的应税车辆的计税价格，由主管税务机关参照最低计税价格核定。国家税务总局参照应税车辆市场平均交易价格，规定不同类型应税车辆的最低计税价格。

（4）纳税人购买自用或者进口自用应税车辆，申报的计税价格低于同类型应税车辆的最低计税价格，又无正当理由的，按照最低计税价格征收车辆购置税。

（5）车辆购置税实行一次征收制度。购置已征车辆购置税的车辆，不再征收车辆购置税。

三、车辆购置税税收优惠政策

车辆购置税的免税、减税，按照下列规定执行：

（1）外国驻华使馆、领事馆和国际组织驻华机构及其外交人员自用的车辆，免税。

（2）中国人民解放军和中国人民武装警察部队列入军队武器装备订货计划的车辆，免税。

（3）设有固定装置的非运输车辆，免税。

（4）自 2004 年 10 月 1 日起，对农用三轮运输车免征车辆购置税。

（5）自 2016 年 1 月 1 日起至 2020 年 12 月 31 日止，对城市公交企业购置的公共汽电车辆免征车辆购置税。

（6）有国务院规定予以免税或者减税的其他情形的，按照规定免税或者减税。

四、车辆购置税应缴税额的计算及会计处理

（1）企业购置（包括购买、进口、自产、受赠、获奖或者以其他方式取得并自用）应税车辆，按规定缴纳的车辆购置税，应计入所购车辆成本。在取得时，借记“固定资产”等科目，贷记“银行存款”科目。

（2）企业购置的减税、免税车辆改制后用途发生变化的，按规定应补交车辆购置税，在补交时，借记“固定资产”科目，贷记“银行存款”科目。

五、车辆购置税纳税申报与缴纳

1．申报与缴纳时间

（1）购买自用应税车辆的，应当自购买之日起 60 日内申报纳税。

（2）进口自用应税车辆的，应当自进口之日起 60 日内申报纳税。

（3）自产、受赠、获奖或者以其他方式取得并自用应税车辆的，应当自取得之日起 60 日内申报纳税。

（4）免税、减税车辆因转让、改变用途等原因不再属于免税、减税范围的，应当在办

理车辆过户手续前或者办理变更车辆登记注册手续前缴纳车辆购置税。

2. 纳税地点

购置应税车辆，应当向车辆登记注册地的主管国税机关申报纳税；购置不需要办理车辆登记注册手续的应税车辆，应当向纳税人所在地的主管国税机关申报纳税，并如实填写车辆购置税纳税申报表，其具体格式见表8-13。

表8-13 车辆购置税纳税申报表

填表日期： 年 月 日　　行业代码：　　注册类型代码：

纳税人名称：　　金额单位：元

纳税人证件名称			证件号码		
联系电话		邮政编码		地址	

车辆基本情况			
车辆类别	1. 汽车　2. 摩托车　3. 电车　4. 挂车　5. 农用运输车		
生产企业名称		机动车销售统一发票（或有效凭证）价格	
厂牌型号		关税完税价格	
发动机号码		关税	
车辆识别代号（车架号码）		消费税	
购置日期		免（减）税条件	

申报计税价格	计税价格	税率	免税、减税额	应纳税额
1	2	3	4=2×3	5=1×3 或 2×3
		10%		

申报人声明	授权声明
此纳税申报表是根据《中华人民共和国车辆购置税暂行条例》的规定填报的，我相信它是真实的、可靠的、完整的。 声明人签字：	如果你已委托代理人申报，请填写以下资料： 为代理一切税务事宜，现授权（　　），地址（　　）为本纳税人的代理申报人，任何与本申报表有关的往来文件，都可寄予此人。 授权人签字：

纳税人签名或盖章	如委托代理人的，代理人应填写以下各栏		
	代理人名称		代理人（章）
	地址		
	经办人		
	电话		

接收人： 接收日期：	主管税务机关（章）：

第九节 印花税会计

印花税是以经济活动和经济交往中，书立、领受应税凭证的行为为征税对象征收的一种税。印花税因其采用在应税凭证上粘贴印花税票的方法缴纳税款而得名。征收印花税有利于增加财政收入，有利于配合和加强经济合同的监督管理，有利于培养纳税意识，也有利于配合对其他应纳税种的监督管理。

一、印花税纳税义务人及征税对象

（一）纳税义务人

印花税的纳税义务人，是在中国境内书立、使用、领受印花税法所列举的凭证并应依法履行纳税义务的单位和个人。所谓单位和个人，是指国内各类企业、事业、机关、团体、部队以及中外合资企业、合作企业、外资企业、外国公司企业和其他经济组织及其在华机构等单位和个人。

（二）征税对象

印花税的征税对象即印花税的税目，指印花税法明确规定的应当纳税的项目，它具体划定了印花税的征税范围，一般地说，列入税目的就要征税，税法没有列举的凭证不征税。印花税共包括 13 个税目：

（1）购销合同，包括供应、预购、采购、购销结合及协作、调剂、补偿、贸易等合同。此外，还包括出版单位与发行单位之间订立的图书、报纸、期刊和音像制品的应税凭证。

（2）加工承揽合同，包括加工、定做、修缮、修理、印刷、广告、测绘、测试等合同。

（3）建设工程勘察设计合同，包括勘察、设计合同。

（4）建筑安装工程承包合同，包括建筑、安装工程承包合同。

（5）财产租赁合同，包括租赁房屋、船舶、飞机、机动车辆、机械、器具、设备等合同，还包括企业、个人出租门店、柜台等签订的合同。

（6）货物运输合同，包括民用航空、铁路运输、海上运输、公路运输和联运合同，以及作为合同使用的单据。

（7）仓储保管合同，包括仓储、保管合同，以及作为合同使用的仓单、栈单等。

（8）借款合同，指银行及其他金融组织与借款人所签订的合同，以及只填开借据并作为合同使用、取得银行借款的借据。

（9）财产保险合同，包括财产、责任、保证、信用保险合同，以及作为合同使用的单据。

（10）技术合同，包括技术开发、转让、咨询、服务等合同，以及作为合同使用的单据。

（11）产权转移书据，包括财产所有权和版权、商标专用权、专利权、专有技术使用权等转移书据。

（12）营业账簿，指单位或者个人记载生产经营活动的财务会计核算账簿。按照其反映内容的不同，可分为记载资金的账簿和其他账簿。

（13）权利、许可证照，包括政府部门发给的房屋产权证、工商营业执照、商标注册证、专利证、土地使用证。

二、印花税计税依据与税率

（一）计税依据

印花税的计税依据是应税凭证所载金额或应税凭证件数。对一些载有金额的凭证，包括经济合同和具有合同性质的凭证（指具有合同效力的协议、契约、合约、单据、确认书及其他各种名称的凭证），记载资金的账簿，以凭证所载金额为计税依据。对一些无法计算金额的凭证，如各种权利、许可证照，或虽载有金额，但作为计税依据明显不合理的凭证，如其他账簿，以凭证件数为计税依据。

（二）税率

印花税税率的设计，遵循税负从轻、共同负担的原则，所以税率比较低。印花税采用比例税率和定额税率两种形式。

1．比例税率

在印花税的13个税目中，各类合同以及具有合同性质的凭证，产权转移书据、营业账簿中记载资金的账簿，适用比例税率。

印花税的比例税率分为4个档次，分别是0.05‰、0.3‰、0.5‰、1‰。

（1）适用0.05‰税率的为“借款合同”。

（2）适用0.3‰税率的为“购销合同”“建筑安装工程承包合同”“技术合同”。

（3）适用0.5‰税率的为“加工承揽合同”“建筑工程勘察设计合同”“货物运输合同”“产权转移书据”“营业账簿”中记载资金的账簿。

（4）适用1‰税率的为“财产租赁合同”“仓储保管合同”“财产保险合同”。

（5）在上海证券交易所、深圳证券交易所、全国中小企业股份转让系统买卖、继承、赠与优先股所书立的股权转让书据，均依书立时实际成交金额，由出让方按1‰的税率计算缴纳证券（股票）交易印花税。

香港市场投资者通过沪港通买卖、继承、赠予上交所上市A股，按内地现行税制规定缴纳证券（股票）交易印花税。内地投资者通过沪港通买卖、继承、赠予联交所上市股票，按照香港特别行政区现行税法规定缴纳印花税。

2．定额税率

在印花税的13个税目中，“营业账簿”税目中的其他账簿、“权利、许可证照”适用定额税率，均为按件贴花，税额为5元。

三、印花税税收优惠政策

（1）根据《中华人民共和国印花税暂行条例》（以下简称《印花税暂行条例》）及其《实施细则》和其他有关税法的规定，下列凭证免纳印花税：

1）已缴纳印花税凭证的副本或抄本。以副本或抄本视同正本使用的，应另行贴花，不予免税。

2）财产所有人将财产赠给政府、抚养孤老伤残的社会福利单位以及学校书立的凭证。

3）国家指定的收购部门与村民委员会、农民个人签订的农副产品收购合同。

4）无息、贴息贷款合同。

5）外国政府或国际金融组织向中国政府及国家金融机构提供的优惠贷款所书立的合同。

6）特殊货运凭证，免征印花税，比如军事物资运输凭证、抢险救灾物资运输凭证、新建铁路的工程临管线运输凭证。

7）对房地产管理部门与个人鉴定的用于生活居住的租赁合同。

8）农牧业保险合同。

9）对与高校学生签订的学生公寓租赁合同，免征印花税。

10）对廉租住房、经济适用住房经营管理单位与廉租住房、经济适用住房相关的印花税以及廉租住房承租人、经济适用住房购买人涉及的印花税予以免征。在商品住房项目中配套建造经济适用住房，依据政府部门出具的相关材料，可按廉租住房、经济适用住房建筑面积占总建筑面积的比例免征开发商应缴纳的印花税。

11）从 2013 年 7 月 4 日起，对改造安置住房经营管理单位、开发商与改造安置住房相关的印花税以及购买安置住房的个人涉及的印花税予以免征。

12）从 2008 年 11 月 1 日起，个人买卖住房暂免征收印花税。

13）经财政部批准免税的其他凭证。

（2）减免税和退税管理：

1）减免税管理依据：税务机关应当依照《印花税暂行条例》和相关规定做好印花税的减免税工作。印花税减免税备案管理的其他事项，按照《国家税务总局关于发布〈税收减免管理办法〉的公告》（国家税务总局公告 2015 年第 43 号）的有关规定执行。

2）减免税报送材料：纳税人减免税备案登记表、登记簿复印件，减免税依据的相关法律、法规规定的其他资料。

退税管理：多贴印花税票的，不得申请退税或者抵用。

四、印花税应缴税额的计算及会计处理

（一）应纳税额的计算

纳税人的应纳税额，根据应纳税凭证的性质，分别按比例税率或者定额税率计算，其计算公式为

应纳税额=应税凭证计税金额（或应税凭证件数）×适用税率

例 8-16 某企业某年 1 月开业，当年发生以下业务：领受房屋产权证、工商营业执照、土地使用证各一件；与其他企业订立转移专用技术使用权数据 1 份，所载金额 100 万元；订立产品购销合同 1 份，所载金额为 200 万元；企业记载资金的账簿，“实收资本”“资本公积”为 800 万元；其他营业账簿 5 本。计算该企业当年应缴纳的印花税额。

（1）企业领受权利、许可证照应纳税额

应纳税额=3×5=15（元）

（2）企业订立产权按转移书据应纳税额

应纳税额=1 000 000×0.5‰=500（元）

（3）企业订立购销合同应纳税额

应纳税额=2 000 000×0.3‰=600（元）

（4）企业记载资金账簿应纳税额

应纳税额=8 000 000×0.5‰=4 000（元）

（5）企业其他营业账簿应纳税额

应纳税额=5×5=25（元）

（6）当年企业应纳印花税税额

15+500+600+4 000+25=5 140（元）

（二）会计处理

由于企业缴纳的印花税，不发生应付未付税款的情况，也不需要预计应缴数，所以不需通过“应交税费”科目核算，企业只需设置“管理费用——印花税”科目以反映印花税的缴纳情况。

企业购买印花税票时按实际支付购买税票的款项，借记“管理费用”科目，贷记“银行存款”科目。如果一次购买支付金额较大，全部记入会计期间影响当期成本费用的，可先记入“其他应收款”科目，然后按期平均摊销记入“管理费用”科目，摊销时借记“管理费用”，贷记“其他应收款”科目。

例 8-17 某企业一次购买印花税票 10 000 元，由于该企业一次购买印花税票数额较大，可通过“其他应收款”核算，假设分四次摊销。

购买时：

借：其他应收款　　10 000

　　贷：银行存款　　10 000

每次摊销时：

借：管理费用　　2 500

　　贷：其他应收款　　2 500

五、印花税纳税申报与缴纳

（一）纳税方法

印花税的纳税办法，根据税额大小，贴花次数以及税收征收管理的需要，分别采用以下三种纳税办法。

（1）自行贴花办法。这种办法一般适用于应税凭证较少或者贴花次数较少的纳税人。纳税人书立、领受或者使用应税凭证的同时，纳税义务即已产生，应根据应税凭证的性质和适用税率自行计算应纳税额，自行购买印花税票，自行一次贴足印花税票并加以注销或画销，纳税义务才算全部履行完毕。

（2）汇贴或汇缴。这种办法一般适用于应纳税额较大或者贴花次数频繁的纳税人。凡汇总缴纳印花税的凭证，应加注税务机关指定的汇缴戳记，编号并装订成册后，将已贴银花或者缴款书的一联粘附册后，盖章注销，保存备查。

（3）委托代征。这一办法主要是通过税务机关的委托，经由发放或者办理应纳税凭证的单位代为征收印花税税款。

（二）纳税环节和纳税地点

印花税应当在书立或领受时贴花。具体是指，在合同签订时、账簿启用时和证照领受时贴花。如果合同是在国外签订，并且不便在国外贴花的，应在将合同带入境时办理贴花纳税手续。

印花税一般实行就地纳税。对于全国性商品物资订货会（包括展销会、交易会等）上所签订合同应纳的印花税，由纳税人回其所在地后及时办理贴花完税手续；对地方主办、不涉及省际关系的订货会、展销会上所签合同的印花税，其纳税地点由各省、自治区、直辖市人民政府自行确定。

（三）纳税申报

印花税的纳税人应按照条例的有关规定及时办理纳税申报，并如实填写印花税纳税申报表。印花税纳税申报表的具体格式见表 8-14。

表 8-14 印花税纳税申报（报告）表

税款所属期限：自　　年　月　日至　　年　月　日　填表日期：　　年　月　日　金额单位：元至角分

纳税人识别号 □□□□□□□□□□□□□□□□□□□□

纳税人信息	名称			□单位　□个人
	登记注册类型		所属行业	
	身份证件类型		身份证件号码	
	联系方式			

应税凭证	计税金额或件数	核定征收		适用税率	本期应纳税额	本期已缴税额	本期减免税额		本期应补（退）税额
		核定依据	核定比例				减免性质代码	减免额	
	1	2	3	4	5=1×4+2×3×4	6	7	8	9=5−6−8
购销合同				0.3‰					
加工承揽合同				0.5‰					
建设工程勘察设计合同				0.5‰					
建筑安装工程承包合同				0.3‰					
财产租赁合同				1‰					
货物运输合同				0.5‰					
仓储保管合同				1‰					
借款合同				0.05‰					
财产保险合同				1‰					
技术合同				0.3‰					
产权转移书据				0.5‰					
营业账簿（记载资金的账簿）		—		0.5‰					
营业账簿（其他账簿）		—		5					
权利、许可证照		—		5					
合计	—	—		—					

以下由纳税人填写：					
纳税人声明	此纳税申报表是根据《中华人民共和国印花税暂行条例》和国家有关税收规定填报的，是真实的、可靠的、完整的。				
纳税人签章		代理人签章		代理人身份证号	
以下由税务机关填写：					
受理人		受理日期	年　月　日	受理税务机关签章	

本表一式两份，一份纳税人留存，一份税务机关留存。

减免性质代码：减免性质代码按照税务机关最新制发的减免税政策代码表中的最细项减免性质代码填报。

第十节 耕地占用税会计

一、耕地占用税纳税义务人及征税对象

耕地占用税是对占用耕地建房或从事其他非农业建设的单位和个人，按其实际占用的耕地面积，一次性定额征收的一种税。于 1987 年 4 月 1 日开征。目前由地方财政机关负责征收。

（一）纳税义务人

凡在我国境内占用耕地建房或从事其他非农业建设的单位和个人，都是耕地占用税的纳税人。所称单位，包括国有企业、集体企业、私营企业、股份制企业、外商投资企业、外国企业以及其他企业和事业单位、社会团体、国家机关、部队以及其他单位；所称个人，包括个体工商户以及其他个人。

（二）征税对象

耕地占用税的征税对象为占用耕地建房或从事其他非农业建设的行为。所谓耕地，是指用于种植农作物的土地，占用前三年内曾用于种植农作物的土地，亦视为耕地。其征税范围如下：

（1）种植粮食作物、经济作物和其他作物的土地，包括粮田、棉田、油料田、麻田、烟田、蔗田等。

（2）菜地，包括种植各种蔬菜的土地。

（3）园地，包括苗圃、花圃、茶园、桑园、果园和其他种植经济林木的土地。

（4）鱼塘。

（5）其他农用土地，如已开发的从事种植、养殖的滩涂、草场、水面和林地等。占用这类土地是否征税，由各省、自治区、直辖市本着有利于农用土地后续资源和保护生态平衡的原则，结合具体情况加以确定。

二、耕地占用税计税依据与税率

（一）计税依据

耕地占用税纳税人用于建房或从事其他非农业建设实际占用的耕地面积为计税依据。耕地面积的计量单位为平方米，但在审批用地时，往往是以亩为单位计量的。因此，计算征税时，应将亩换算成平方米，其换算关系为：1 亩=666.67 平方米。

（二）税率

耕地占用税采用定额税率。通常以县为单位，按人均耕地面积的多少，规定幅度差别税率。具体规定见表 8-15。

表 8-15 耕地占用税税率表

人 均 耕 地	单位税额/平方米
1 亩以下（含 1 亩）的地区	10～50 元
1～2 亩（含 2 亩）的地区	8～40 元
2～3 亩（含 3 亩）的地区	6～30 元
3 亩以上的地区	5～25 元

各省、自治区、直辖市每平方米平均税额为：上海市 45 元；北京市 40 元；天津市 35 元；江苏、浙江、福建、广东 4 省均为 30 元；辽宁、湖北、湖南 3 省均为 25 元；河北、安徽、江西、山东、河南、四川、重庆 7 省市均为 22.5 元；广西、海南、贵州、云南、陕西 5 省区均为 20 元；山西、吉林、黑龙江 3 省均为 17.5 元；内蒙古、西藏、甘肃、青海、宁夏、新疆 6 省区均为 12.5 元。

各地依据耕地占用税暂行条例和上述规定，经省级人民政府批准，确定县级行政区占用耕地的适用税额，占用林地、牧草地、农田水利用地、养殖水面以及渔业水域滩涂等其他农用地的适用税额可适当低于占用耕地的适用税额。经济技术开发区和经济发达且人均耕地特别少的地区，适用税额可以适当提高，但是提高的部分最高不得超过表 8-15 中的第三款“人均耕地超过 2 亩但不超过 3 亩”这一档规定的当地适用税额的 50%。占用基本农田的，适用税额应当在表 8-15 中的第三款和经济技术开发区、经济发达且人均耕地特别少的地区规定的当地适用税额的基础上提高 50%。

三、耕地占用税税收优惠政策

为了保障国家巩固建设用地的需要，体现社会福利政策和民族政策，耕地占用税规定对下列情况减税或免税：

（1）军事设施占用耕地免征耕地占用税。

（2）学校（包括由国务院人力资源社会保障行政部门、省级、直辖市人民政府或其人保部门批准成立的技工院校）、幼儿园、养老院、医院占用耕地免征耕地占用税。

（3）铁路线路、公路线路、飞机场跑道、停机坪、港口、航道占用耕地，减按每平方米 2 元的税额征收耕地占用税。

（4）农村居民占用耕地新建住宅，按照当地适用税额减半征收耕地占用税。

（5）农村烈士家属、残疾军人、鳏寡孤独以及革命老根据地、少数民族聚居地区和边远贫困山区生活困难的农户，在规定用地标准以内新建住宅纳税确有困难的，经所在地乡（镇）人民政府审核，报经县级人民政府批准后，可给予减税或免税照顾。

耕地占用税减免实行申报制度。纳税人在申请用地的同时，必须根据《耕地占用税暂行条例》规定的减免范围向当地财政机关提出报告，说明申请减免的理由。

四、耕地占用税应缴税额的计算及会计处理

（一）应纳税额的计算

耕地占用税应纳税额的计算公式为

应纳税额=应税耕地实际占用面积（平方米）×单位税额

例 8-18 某企业经批准在市郊占用田地45 000平方米，其中用于厂房建设用地42 000平方米，其余土地用于托儿所、职工医院建设。要求计算其应纳的耕地占用税税额。（该企业所在地区适用税额为12元/平方米。）

计算：托儿所、职工医院用地免税，厂房用地应缴纳耕地占用税。

应纳税额=42 000×12=504 000（元）

（二）会计处理

耕地占用税是企业占用耕地建房或从事其他非农业建设时，依法缴纳的税金，这部分税款应计入企业购建的固定资产价值。耕地占用税不通过“应交税费”科目核算。

企业计算出应缴纳的耕地占用税，应借记“在建工程”科目，贷记“银行存款”科目。工程竣工后汇算清缴时，如果预缴的税款少于应缴的税款时，应借记“在建工程”科目，贷记“银行存款”科目。如果有多缴的预缴税款退回时，应借记“银行存款”科目，贷记“在建工程”科目。

五、耕地占用税纳税申报与缴纳

耕地占用税按“先缴税后用地”的原则一次性征收，即纳税人在经土地管理部门批准占用耕地之日起30日内，将批件及时抄送所在地的统计征收机关，由征收机关通知纳税人在规定时间内到指定地点缴纳税款或办理免税手续；土地管理部门凭征收机关开具的耕地占用税完税凭证或免税证明批准用地。

纳税人在规定期限内未申报纳税的，从滞纳税款之日起，按日加收应纳税款5‰的滞纳金。

纳税人按有关规定向土地管理部门退还耕地的，已纳税款不予退还。

凡被占用并已征收了耕地占用税的耕地，经核实确属农业税计税面积，其计税常年产量和计征税额应予与扣除。

耕地占用税纳税申报表见表8-16。

表8-16 耕地占用税纳税申报表

专用缴款书号：________

完税证字号：________

填表日期： 年 月 日　　　　编　　号：________

纳税人	单位/姓名			联系电话	
	单位性质	①国有 ②集体 ③股份 ④联营 ⑤私营 ⑥其他			
批准文件	字别		被占地单位	________镇（乡）________村	
	号				
类型	①国家建设 ②乡镇集体建设 ③农业用地 ④农民建房 ⑤非法占地补办 ⑥其他				
用途	①部队军事设施 ②铁路线路 ③飞机场跑道 ④炸药库 ⑤学校、幼儿园 ⑥医院 ⑦敬老院 ⑧公路（不包括机耕路） ⑨农田水利设施 ⑩其他				
占用耕地面积	平方米	单位税额	①10元/平方米 ②5元/平方米 ③2元/平方米		
计征税额	=占地面积×单位税额=				
减免税额		应缴税额			

（续）

滞纳金申报	应纳税期限	逾期天数	应纳滞纳金（应缴税额×0.000 5×逾期天数）
	年 月 日	天	元
备注	领证人签字：		
声明	此纳税申报表是根据《中华人民共和国耕地占用税暂行条例》的规定填报的，以上内容是真实、可靠、完整的。 声明人（纳税人或代理人）		

征收机关：

审核人：

审核日期： 年 月 日

第十一节 综合纳税申报

在实际工作中，各地方税务局为方便纳税人纳税申报，还设置了综合纳税表，多个地方税种都可填在这一张报表上申报，包括城市维护建设税、教育费附加、文化事业建设费、房产税、城镇土地使用税、印花税等。其格式见表 8-17。

表 8-17 地方税收纳税申报表

（综 合）

填报日期： 年 月 日 计算单位：元（列至角分）· m^2 · 本 · 份

纳税人全称（盖章）			税务登记证号码			电脑编码					联系电话		
经营项目	税种	税目	税款所属期限	营业收入总额或增值税、消费税税额	允许扣除金额	计税金额	计税数量	税（费）率（单位税额）	应缴纳税（费）额	批准减免税（费）额	实际应缴纳税（费）额	本次缴纳税额	备注
1	2	3	4	5	6	7	8	9	10	11	12	13	
合计													

房产税附列资料	房产建筑面积	m^2	其中批准减免税房产面积	m^2	房产原值		本期比上期增加房产原值		出租房屋面积	m^2	租金收入	

纳税人声明	本单位（公司、个人）所申报的各种税款真实、准确，如有虚假内容，愿承担法律责任。 法人代表（业主） 签名： 年 月 日	代理人声明	本纳税申报表是按照国家税法和税务机关有关规定填报，我确信是真实、合法。如有不实，我愿承担法律责任。 代理人（法人代表）签名： 经办人签名： （代理人盖章） 年 月 日	备 注
税务机关填写	受理申报日期： 年 月 日 受理人签名：		录入日期： 年 月 日 录入员签名：	

（续）

填表说明	一、本表适用于纳税人申报营业税、城市维护建设税、教育费附加、文化事业建设费、房产税、城镇土地使用税、印花税、定率征收的三个所得税：个人所得税、企业所得税、涉外企业所得税；如以上所列税种有专用申报表的，使用专用申报表。 二、逾期纳税申报者，按《中华人民共和国税收征收管理法》及其实施细则有关规定，由税务机关责令限期改正，可以处二千元以下的罚款；情节严重的，可以处二千元以上一万元以下的罚款； 三、不按照规定期限缴纳税款的，根据《中华人民共和国税收征收管理法》规定，从税款滞纳之日起，按日加收滞纳金；	四、“税款所属期限”栏中房产税如按年、半年、季、月申报的应填写清楚； 五、城镇土地使用税：“税目”栏填写土地等级；“计税数量”填写实际占用面积×计税月份/12；单位税额栏填写每平方米年税额；备注栏填写房地产坐落位置。 六、本表呈报区地方税务局，经审核后打印受理回执，作为已向税务机关申报凭据。

企业（业主）财务负责人或税务代理　签名：　　企业（业主）会计主管或税务代理　签名：　　填表人签名：

本章小结

本章主要介绍资源税、城镇土地使用税、土地增值税、房产税、契税等其他税种的含义及会计处理，通过本章学习，学会计算应交资源税、城镇土地使用税、土地增值税、房产税、契税等应纳税额的计算，了解相关的税收优惠政策，掌握其他税种应缴税费的计算和上缴税金的相关会计处理。

基础知识与技能训练题

一、名词解释

资源税　　城镇土地使用税　　土地增值税　　房产税　　契税

二、简答题

1. 目前，我国资源税的具体征税对象有哪些？
2. 契税的征税对象具体内容有哪些？
3. 车船税的征税范围是如何规定的？
4. 耕地占用税的征收对象和范围是什么？

三、单项选择题

1. 纳税人以外购液体盐加工固体盐，其加工固体盐所耗用的液体盐的已纳资源税（　　）。

　A. 不准扣除　　B. 准予按购入量计算扣除

　C. 准予按购入量的50%计算扣除　　D. 准予按耗用量计算扣除

2. 对土地使用权交换、房屋交换行为征收契税时，其计税依据应为（　　）。

　A. 交换价格差额　　B. 成交价

　C. 货币结算金额　　D. 税务机关核定的价格

3. 某公司转让一栋已使用的厂房，转让时账面净值为300万元，重置成本为900万元，成新度折扣率为70%，则评估价格为（　　）万元。

　A. 630　　B. 330　　C. 430　　D. 210

4. 下列各项中，应当征收房产税的是（　　）。

A. 行政机关所属招待所使用的房产
B. 事业单位本身业务范围内使用的房产
C. 疾病控制中心自用的房产
D. 施工期间在基建工地搭建的临时办公用房

5. 纳税人新购置车辆使用的，其车船税的纳税义务发生时间为（　　）。

A. 购置使用的当月起
B. 购置使用的次月起
C. 购置使用的当年起
D. 购置使用的次年起

6. 甲、乙企业签订一份运输合同，运输费用 4 万元，装卸费用 0.5 万元，该合同应纳印花税（　　）。

A. 2.5 元　B. 5 元　C. 20 元　D. 22.5 元

7. 下列情况，应缴纳城市建设维护税的是（　　）。

A. 单位对外营业的招待所
B. 中外合资经营企业
C. 生产销售免税货物
D. 进口应税货物

8. 市区某事业单位出租闲置房屋收取租金 8 万元，应缴纳的城建税为（　　）。

A. 0.4 万元　B. 0.56 万元　C. 0.03 万元　D. 0.028 万元

9. 在国外签订的合同，在我国境内履行时，贴印花税票的时间是（　　）。

A. 签订时　B. 生效时　C. 使用时　D. 终止时

四、多项选择题

1. 下列各项应征收资源税的是（　　）。

A. 煤矿生产的天然气
B. 与原油同时生产的天然气
C. 原煤
D. 人造石油

2. 按照土地增值税法的规定，允许从事房地产开发的纳税人加计 20%扣除的项目是（　　）。

A. 房地产开发费用
B. 房地产开发成本
C. 取得土地使用权所支付的金额
D. 转让房地产支付的税金的金额

3. 免交城镇土地使用税的土地包括（　　）。

A. 个人所有的住宅及院落用地
B. 直接用于农、林、牧、渔业的生产用地
C. 国家机关自用的土地
D. 生产企业闲置的土地

4. 下列各项中，应当征收房产税的有（　　）。

A. 城市居民出租的房屋
B. 城市居民投资联营的房屋
C. 城市居民所有的自住用房
D. 城市居民拥有的营业用房

5. 下列各项中，符合车船税有关规定的有（　　）。

A. 商用客车，以“辆”为计税依据
B. 商用货车，以“整备质量”为计税依据
C. 机动船，以“净吨位”为计税依据
D. 非机动驳船，以“净吨位”为计税依据

6. 下列各项中，应征收印花税的有（　　）。

A. 分包或转包合同
B. 会计咨询合同
C. 财政贴息贷款合同
D. 未列明金额的购销合同

7. 下列项目中可以作为城建税计税依据的有（　　）。

A. 增值税的滞纳金
B. 增值税的罚金
C. 加罚的增值税金
D. 减征后的增值税金

五、业务题

1. 某采矿企业 8 月份共开采并销售锡矿石 400 万元，适用税率 5%。计算该企业 8 月份应纳的资源

税额并编制相应的会计分录。

2．某企业某年1月1日的房产原值为4 000万元，4月1日将其中原价为1 000万元的房产出租给某企业使用，月租金5万元。当地政府规定从价计征房产税允许按房产原价减除20%后的余额计税。计算该企业当年应缴纳房产税税额并编制相应的会计分录。

3．某汽车修配厂接受客户委托，改装两辆运输汽车，总价值13万元。双方签订的加工承揽合同中规定：汽车底盘和发动机由客户提供，价值6万元；轮胎由修配厂提供，价值1.8万元；零配件由修配厂提供，价值2.2万元，加工费3万元。计算汽车修配厂应缴印花税，并做相应会计处理。

4．某交通运输企业拥有整备质量10吨的载货汽车30辆，整备质量5吨挂车10辆，整备质量2.5吨客货两用车（核定载客人数10人）8辆，该企业所在地载货汽车按自重年税额50元/吨，载客汽车年税额600元/辆。计算该企业当年应缴纳车船税，并做会计处理。

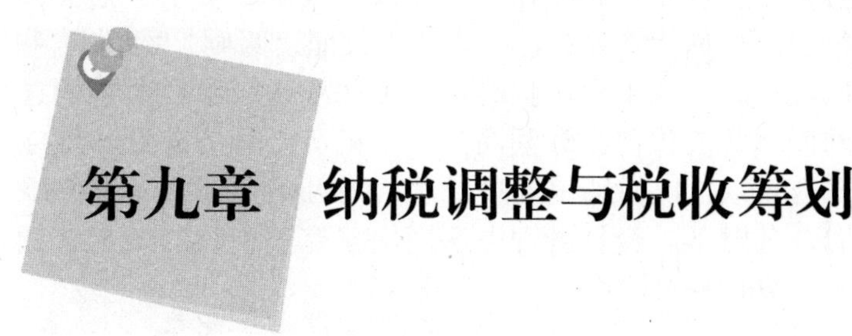

第九章　纳税调整与税收筹划

【学习目的】通过本章学习，使学生了解纳税调整、税收筹划的概念，掌握税收核算原则与会计核算原则的差异；掌握税收筹划的基本内容、原则、步骤、方法、技术等；熟悉几种常见业务纳税调整的会计处理、企业经营发展过程中常见的税收筹划方法。

【技能要求】能进行纳税调整的相关会计处理，进行税收筹划分析与操作。

引　　言

经常会有人问：我们学习的税法有关规定和会计有关规定为何不一致呢？不一致我们应该怎么办？

如果你为某企业财务总监，现有100万元闲置资金去投资，企业有两个投资意向：一是购买年利率为4.5%的国家重点建设债券，二是购买年利率为3.5%国债，选择哪一方案呢？在两个决策中由于有税负影响，所以可以通过合理筹划，选出最优方案，使企业税后收益最大，这即是税收筹划。

由于新企业会计制度与税收政策之间存在差异，所以需进行纳税调整与相应会计处理。那么，企业何时需要进行纳税调整？如何进行纳税调整是本章要解决的问题之一。

近些年，税收筹划在我国取得了蓬勃发展，对税收筹划基本步骤、方法、技术等有关内容进一步研究显得尤为必要。那么，什么是税收筹划？税收筹划的基本步骤、方法、技术以及企业在经营发展各阶段常用的筹划方法是我们本章需阐述的另一问题。

第一节　纳　税　调　整

一、纳税调整的概念

纳税调整是指由于现行企业财务会计制度、会计准则与税法存在差异，在进行纳税申报时按现行税法规定做相应调整。

由于财务会计与所得税会计核算的目的不同，二者之间存在一定差异。现行企业财务会计制度规定：企业在确认收入、成本、费用、损失并进行损益核算和账务处理，以及进行资产、负债管理时，必须严格按照“两则”“两制”和财政部统一制定的其他财务、会计制度执行。在纳税申报时，对于在确认应纳税所得额过程中，因计算口径和计算时期的不同而形成的税前会计利润与应纳税所得额的差额，不应改变原符合财务制度规定的处理和账簿记录，仅做纳税调整处理。《企业所得税暂行条例》规定，纳税人在计算应纳税所得额时，其财务、会计处理办法同国家有关税收的规定有抵触的，应当依照国家有关税收的规定计算纳税。

二、税法原则与会计核算原则的差异

（一）税法核算的一般原则

《企业所得税税前扣除办法》（国税发〔2000〕84 号）规定，除税收法规另有规定者外，税前扣除的确认一般应遵循以下原则：

（1）权责发生制原则，即纳税人应在费用发生时而不是实际支付时确认扣除。

（2）配比原则，即纳税人发生的费用应在费用应配比或应分配的当期申报扣除，纳税人某一纳税年度应申报的可扣除费用不得提前或滞后申报扣除。

（3）相关性原则，即纳税人可扣除的费用从性质和根源上必须与取得应税收入相关。

（4）确定性原则，即纳税人可扣除的费用不论何时支付，其金额必须是确定的。

（5）合理性原则，即纳税人可扣除费用的计算和分配方法应符合一般的经营常规和会计惯例。

（二）会计信息质量要求

会计信息质量要求是对企业财务报告中所提供会计信息质量的基本要求，是使财务报告中所提供的会计信息对投资者等信息使用者决策有用应具备的基本特征，它主要包括可靠性、相关性、明晰性、可比性、实质重于形式、重要性、谨慎性和及时性等。

1．可靠性

可靠性（客观性）要求企业应当以实际发生的交易或者事项为依据进行确认、计量和报告，如实反映符合确认和计量要求的各项会计要素及其他相关信息，保证会计信息真实可靠、内容完整。可靠性是对会计工作的基本要求，如果财务报告所提供的会计信息是不可靠的，就会给投资者等使用者的决策产生误导甚至损失。

2．相关性

相关性要求企业提供的会计信息应当与投资者等财务报告使用者的经济决策需要相关，有助于投资者等财务报告使用者对企业过去、现在或者未来的情况做出评价或者预测。

3．明晰性

明晰性（可理解性）要求企业提供的会计信息应当清晰明了，便于投资者等财务报告使用者理解和使用。

4．可比性

可比性要求企业提供的会计信息应当相互可比。这主要包括两层含义：

1)同一企业不同时期发生的相同或者相似的交易或者事项，应当采用一致的会计政策，不得随意变更。确需变更的，应当在附注中说明。

2）不同企业发生的相同或者相似的交易或者事项，应当采用规定的会计政策，确保会计信息口径一致、相互可比。

5．实质重于形式

这里的“实质”强调经济业务的经济实质，“形式”强调经济业务的法律形式，即经济实质要重于法律形式。实质重于形式要求企业应当按照交易或者事项的经济实质进行会计确认、计量和报告，不仅仅以交易或者事项的法律形式为依据。

6．重要性

重要性要求企业提供的会计信息应当反映与企业财务状况、经营成果和现金流量有关的所有重要交易或者事项。

7．谨慎性

谨慎性要求企业对交易或者事项进行会计确认、计量和报告应当保持应有的谨慎，不应高估资产或者收益、低估负债或者费用。谨慎性的应用并不允许企业设置秘密准备。

8．及时性

及时性要求企业对于已经发生的交易或者事项，应当及时进行确认、计量和报告，不得提前或者延后。

通过以上比较可知，税前扣除的原则与会计核算的信息质量要求存在一定差异。比如，税法不认同实质重于形式要求。企业发生的交易或事项在多数情况下，其经济实质和法律形式是一致的。但在有些情况下，会出现不一致。例如，以融资租赁方式租入的资产虽然从法律形式来讲企业并不拥有其所有权，但是由于租赁合同中规定的租赁期相当长，接近于该资产的使用寿命；租赁期结束时承租企业有优先购买该资产的选择权；在租赁期内承租企业有权支配资产并从中受益等，因此，从其经济实质来看，企业能够控制融资租入资产所创造的未来经济利益，在会计确认、计量和报告上就应当将以融资租赁方式租入的资产视为企业的资产，列入企业的资产负债表。

又如，企业按照销售合同销售商品但又签订了售后回购协议，虽然从法律形式上实现了收入，但如果企业没有将商品所有权上的主要风险和报酬转移给购货方，没有满足收入确认的各项条件，即使签订了商品销售合同或者已将商品交付给购货方，也不应当确认销售收入。

税法上不承认谨慎性要求，应严格按权责发生制原则，对于企业尚未发生的损失和费用，如果不能确定，按税法的确定性原则有关规定，不能随意计提，按照会计规定的合理数估计的或有负债不得在税前扣除。再比如，税法中不支持重要性要求，只要是应税收入或不得扣除项目，无论金额大小，均须按规定计算所得。

下面就企业日常经营过程中由于税法原则和会计信息质量要求规定不一致，需要进行纳税调整的事项进行阐述。

三、纳税调整的会计处理

（一）企业对外捐赠资产的会计处理及纳税调整

1．税法处理原则

按照税法规定，企业将自产、委托加工产成品和外购商品、原材料等用于捐赠，应分解为按公允价值销售和对外捐赠两项经济业务，即对外捐赠资产应视同销售计算缴纳增值税和所得税。捐赠行为发生的支出，除符合税法规定的公益救济性捐赠或可按应纳税所得额的一定比例范围在税前扣除外，其他捐赠支出一律不得在税前扣除。

2．会计处理原则

按照会计制度及相关准则规定，企业将自产、委托加工产成品和外购商品、原材料等用于捐赠，应将捐赠资产的账面价值及应缴纳的流转税等相关税费，作为营业外支出处理。

3．纳税调整

因税法与会计对捐赠处理原则不同而产生的差异为永久性差异。

因捐赠事项产生的纳税调整金额={按税法规定认定的捐出资产的公允价值–[按税法规定确定的捐出资产的成本（或原价）–按税法规定已计提的累计折旧（或累计摊销额）]–捐赠过程中发生的清理费用及缴纳的可从应纳税所得额中扣除的除所得税以外的相关税费}+因捐赠事项按会计规定计入当期营业外支出的金额–税法规定允许税前扣除的公益救济性捐赠金额。

（二）企业接受捐赠资产的会计处理及纳税调整

1．税法处理原则

（1）接受的货币性捐赠直接计入应纳税所得额。

（2）接受的非货币性捐赠，按公允价值计入应纳税所得额（包括捐赠过程中发生的税费，但不包括可以抵扣的增值税进项税额）。

2．会计处理原则

借：现金或银行存款或资产
　　贷：营业外收入——捐赠利得
　　　　递延所得税负债

3．纳税调整

（1）接受捐赠资产的公允价值加上相关税费计入应纳税所得额。

（2）会计分录：

借：所得税费用
　　贷：应交税费——应交所得税

（三）企业发生的销售退回及涉及所得税的会计处理及纳税调整

1．会计原则

一般来说，销售商品发生退回，其相关的收入、成本冲回退回当期的销售收入和销售成本；但如果是资产负债表日后事项涉及的报告年度所属期间的销售退回，应当作为资产负债表日后调整事项，调整报告年度相关的收入、成本等。

2. 税法原则

一般原则，销售商品发生退回，其相关的收入、成本冲回退回当期的销售收入和销售成本。企业年终申报纳税汇算清缴前发生的属于资产负债表日后事项的销售退回，所涉及的应纳税所得额的调整，应作为报告年度的纳税调整。企业年终申报纳税汇算清缴后发生的属于资产负债表日后事项的销售退回，相应产生会计与税法对销售退回相关收入、成本等确认时间不同。

3. 纳税调整

（1）资产负债表日后事项中涉及报告年度所属期间的销售退回发生于报告年度所得税汇算清缴之前的处理：有关损益类科目可通过“以前年度损益调整”科目进行调整，最后将此科目余额转入“利润分配——未分配利润”科目。

例 9-1 某股份有限公司，2017 年 2 月 15 日收到上年度销货退回 100 万元，（款项尚未收）该批货物成本为 80 万元，该公司董事会批准对外公布 2016 年财务报告日为 2017 年 2 月 18 日，年终汇算清缴日为 2 月 28 日，（假定增值税税率为 17%，所得税税率为 25%，不考虑其他税费影响）。

2 月 15 日收到退回货物时账务处理：

借：以前年度损益调整　　1 000 000

　　应交税费——应交增值税（销项税额）　　170 000

　　贷：应收账款　　1 170 000

同时冲减成本：

借：库存商品　　800 000

　　贷：以前年度损益调整　　800 000

对所得税影响处理：

借：应交税费——应交所得税　　50 000

　　贷：以前年度损益调整　　50 000

最后结转入“利润分配——未分配利润”科目：

借：利润分配——未分配利润　　150 000

　　贷：以前年度损益调整　　150 000

（2）资产负债表日后事项中涉及报告年度所属期间的销售退回发生于报告年度所得税汇算清缴之后的处理：按照税法规定，在此期间的销售退回所涉及的应缴纳所得税的调整应作为本年度的纳税事项。按会计制度及相关准则规定，调整报告年度会计报表相关的收入、成本、费用。

例 9-2 某股份有限公司 20×6 年度财务报告于 20×7 年 4 月 20 日对外公布，20×7 年 4 月 12 日退回 20×6 年销售的商品 100 万元，成本 65 万元。20×6 年的所得税汇算清缴于 20×7 年 2 月 28 日完成。按税法规定，该部分销售退回应减少的应纳税所得额在 20×7 年度应纳税所得额中反映。但按财务会计有关规定，由于为资产负债表日后事项，该部分销售退回应调整 20×6 年度会计报表相关的收入、成本、利润等。

（四）企业提取和转回的各项资产减值准备的会计处理及纳税调整

1．税法原则

根据权责发生制计提的各项资产减值准备（除满足条件的坏账准备以外）不得在税前扣除。

2．会计处理原则

根据权责发生制计提资产减值准备，并冲减当期会计利润总额。

3．纳税调整

（1）计提减值准备调整后应纳税所得额：会计利润+减值准备。

（2）计提减值准备后资产的折旧或摊销额差异的处理：会计利润总额+已提折旧-税法允许计提的折旧。

（3）计提减值准备的资产价值的处理：如果在纳税申报时已调增应纳税所得额的，价值恢复时，增加当期利润总额的金额，不计入恢复当期的应纳税所得额。

（4）处置已计提减值准备的资产处理：处置已计提减值准备的各项资产产生的纳税调整金额=处置资产计入应纳税所得额的金额-处置资产计入利润总额的金额。

（五）对于发生永久性或实质性损害的资产的会计处理及纳税调整

1．税法原则

只有资产出售时才确认相应的资产转让收益或转让损失。

2．会计处理原则

按照权责发生制核算损失。

3．纳税调整

利润总额+估计的永久性损失

（六）企业为减资等目的回购本公司股票的会计处理及纳税调整

1．税法原则

回购股票不得影响应纳税所得额。

2．会计处理原则

冲减或增加资本公积。

3．纳税调整

会计处理与税法规定一致，无须调整。

（七）企业对按照权益法核算的长期股权投资所产生的股权投资差额及处置长期股权投资损失的会计处理及纳税调整

1．税法原则

（1）权责发生制下确认的联营企业（被投资企业）利润不计入应纳税所得额；联营企

业损失不得在税前扣除。

（2）只有实际转让该项投资时发生的收益和损失应该计入应纳税所得额。

2．会计处理原则

按权责发生制确认投资收益与损失，计入利润总额。

3．纳税调整

应纳税所得额=利润总额-投资收益（权益法）+投资损失（权益法）

第二节　税收筹划管理

一、税收筹划的概念

税收筹划又称纳税筹划、税务筹划。

税收筹划是指纳税人或其代理人，在不违反法律、政策前提下，通过对筹资、投资、经营、理财活动的事前安排和筹划，尽可能地降低纳税人的税收成本，降低纳税负担，达到企业价值最大化的一种经济行为。

税收筹划区别于偷、逃税，是一种无可指责的正当行为。一方面是指税收筹划不违反国家的税收法规，前提是在税收政策允许范围之内进行。另一方面这种行为不但不违反税法而且符合国家的经济导向。当多种纳税方案可供选择时，纳税人凭借自己的聪明才智，以及对税收政策的熟悉程度，进行低税负的选择，是切实可行的。偷漏税在任何国家的任何历史时期均属声名狼藉的非法行为，一旦败露必将受到政府的严厉制裁，这对纳税人造成的损害远远大于偷漏税带来的利益。因此，越来越多的企业法人乃至个人，均精心研究，通过合法税收筹划来达到减轻税负的目的。

税收筹划有着积极意义，一是维护纳税人的合法权利，追求税后利益最大化；二是国家税收政策的许多具体目标主要是通过低税负或者递延纳税等政策实现的，税收筹划有利于国家税收政策目标的实现；三是纳税人可在税收筹划过程中学习税法，进而提高纳税人依法纳税的自觉性；四是在税收筹划过程中会暴露税制不完善的地方，有利于发现问题并解决问题。

二、税收筹划的基本内容

税收筹划的基本内容是指对什么进行筹划。它的范围比较广泛，最常见的是以下几种：

（一）适用税率的税收筹划

税率是税制的基本要素之一，也是决定纳税人税负高低的主要因素之一。我国属于复合型的税制体系，每个税种的税率形式不同，税率档次也有多种，这为税收筹划提供了一定空间。

（二）计税依据的税收筹划

计税依据是决定纳税人税负高低的另一主要因素。各税种对计税依据规定存在很大差异，对计税依据进行筹划可实现税后收益最大化的目的。这种筹划既包括使计税依据总量合法减少，又包括对计税依据实现时间的安排，即在递延纳税、适用税率、减免税方面获取税收收益。

（三）根据税收优惠政策进行税收筹划

税收优惠政策是降低或免除税收负担的主要因素。国家为了实现不同的政策目标，几乎在所有税制中都有税收优惠政策。充分研究本国及各国制定的各项税收优惠政策，分析适合自己情况的政策，用足用好政策，能合法降低税收成本。例如直接利用税收优惠政策筹划，根据需要进行地点流动策划等。

（四）不同类型纳税人的税收筹划

纳税人是税制的另一个基本要素。不同纳税人的同样的经济行为，纳税义务可能不尽相同，所以对纳税人合理进行筹划也能达到降低税收成本、提高企业收益的目的。比如，房产税、城镇土地使用税、城建税、教育费附加，纳税主体不同，纳税义务有一定区别。再如增值税一般纳税人与小规模纳税人增值税计税方法有一定区别，税收负担不尽相同，合理筹划能达到减税增收的目的。

（五）不同经济业务类型的税收筹划

不同类型业务纳税方法不尽相同，税收负担也就存在一定差距，所以对业务类型进行选择，分析不同税收负担，合理筹划达到降低税收成本也非常必要的。比如：从不同纳税人那里购进货物增值税税负不同；将房产直接对外投资与销售税负不同。这些业务类型的选择会影响税收成本，收益也是不同的。

（六）不同性质企业的税收筹划

企业经济类型不同适用不同的税收法规，是许多国家普遍存在的一种现象。比如我国个人独资企业、合伙企业和股份制企业所适用的所得税法规是存在一定差异的。所以，对企业类型在组建之前合理进行筹划是非常必要的。

（七）地区差异的税收筹划

不同的国家或地区之间宏观税负及税负结构完全相同的情况是不存在的，所以在不同国家或地区之间进行投资、联营、经营会承担不同的税负，完全可以在宏观税负高低不同的地区之间进行选择，达到降低税负的目的。

三、税收筹划的原则和特征

（一）税收筹划的原则

1. 不违法性原则

进行税收筹划，应当以税收及会计方面的法律、法规、规章为依据。要在熟知税收法律、法规、细则等规定的前提下，利用税制体系中的税负弹性进行筹划；同时不得违反《企业会计制度》和《企业财务通则》的有关规定，选择最优的纳税方案。这也是税收筹划的最基本原则，是区别于偷、逃、欠、骗税的关键。

2．保护性原则

由于我国大部分税种的税率、征收率不是单一的，有的税种还设有不同的扣除率、出口退税率，纳税人为避免多交税款，在兼营不同税种、不同税率的货物，劳务等应税行为，或在出口货物，经营应税与免税货物时，要按不同税率（退税率）分别设账，分别核算。另外，由于增值税实行专用发票抵扣制，依法取得并认证审核、妥善保管发票至关重要。对纳税人而言，这些均是保护性措施。否则，不但不能减轻负担，还可能加重税收负担。

3．时效性原则

时效性原则体现在充分利用资金的时间价值上，比如销售（营业）收入的确认、准予扣除项目的确认、增值税进项税额的确认与抵扣时间的确认、出口退税时间等，均有时效性问题。再则税收制度是不断改革和完善的，程序性税法与实体性税法均会产生一定的变动，如有变动，遵循“程序法从新、实体法从旧”的原则。税法中的“实体法从旧，程序法从新”是指：如果应税行为发生在新的法律生效以前，而纳税行为发生在其生效以后，那么，纳税的义务应根据旧的法律来计算，但纳税程序应依据新的法律来执行。

4．整体综合性原则

在进行税收筹划时，还要考虑与之有关的其他税种的税负效应，进行整体筹划，全局权衡，以求整体税负最轻，长期税负最轻，防止顾此失彼、前轻后重。

从小的方面来说，综合权衡时，眼睛不能只盯在个别税种的税负高低，要考虑一种税少缴了，另一种税是否会多缴？再则进行税收筹划是需要支付一定成本的，成本的付出与筹划的收益相比是否对企业有利。另一个角度看，税收支付的减少不等于企业价值最大化。例如设在我国经济特区的某些外商投资企业，用转让定价的方法将利润转移到境外低税区，为的是逃避外汇管制，追求集团总体利益而非自身税负最轻。（但须注意，我国对关联企业之间非正常销售货物或提供劳务已制定相应的税收规定加以防范，通过核定纳税人应纳税额加强关联方之间税收管理）。税收筹划要遵循整体综合性原则，总体考虑，选优弃劣，避害趋利。它是税收筹划的根本原则。

（二）税收筹划的特征

1．合法性

税收筹划是在符合税法、不违反税法的前提下进行的，它是在对税法进行认真研究比较后，对纳税各方案进行的一种最优化选择，符合政府的宏观调控目标。在有多种纳税方案可供选择时，纳税人做出低税负的决策是无可厚非的。税收筹划与偷税、逃税最主要的区别就是在于它是合法的，是在对税收法规进行精细比较后进行的纳税优化选择，是一种以税收法规为依据，以国家政策为导向的节税措施。这种节税与钻法律空子的避税和违反法律的偷漏税行为有本质区别。一般避税表现为形式上合法，实质上不合法；偷漏税表现为形式上与实质上均不合法；税收筹划则表现为形式上与实质上均合法，符合税收法律的意图，体现了税收对经济的调节作用。

2．超前性

税收筹划一般都是在应税行为发生之前进行规划、设计和安排的，它可以在事先预测出税收筹划的效果，因而具有一定的超前性。在经济活动中，纳税义务通常具有滞后性。企业交易行为发生后，才缴纳有关流转税；收益实现或分配后，才缴纳所得税；财产取得之后，才缴纳财产税。这在客观上提供了纳税前事先做出筹划的可能性。

3. 目的性

目的性表示纳税人要取得“节税”的税收利益。这有两层意思：一层意思是选择低税负。低税负意味着低的税收成本，低的税收成本意味着高的资本回收率；另一层意思是滞延纳税时间（并非指不按税法规定期限缴纳税款的欠税行为）。纳税期的推后，也许可以减轻税负负担（如避免高边际税率），也许可以降低资金成本（如减少利息支出）。不管是哪一种，其结果都是税款支付的节约，即节税，会提高企业的税后收益。

4. 符合政府的政策导向

政府为了某种（些）经济或社会目的，根据经营者、消费者希望减轻税负、获得最大利益的心态，有意识地制定一些税收优惠、税收鼓励政策、税收规定差异，引导投资者、经营者、消费者采取符合政府政策导向的行为。

5. 普遍性

各税种规定的纳税人、纳税对象、纳税地点、税目、税率、减免税及纳税期限等方面，一般都有差别，这就给纳税人提供了税收筹划的机会，也就决定了税收筹划的普遍性。从世界各国的税收实践看，一国税收制度无论如何制定、如何改进，也不能保证它没有差别，况且作为征税主体的政府为鼓励纳税者按政府的意图行事，总要牺牲一定的税收利益为代价，对纳税者施以一定的税收优惠来引导和规范纳税者的经济行为，这就给纳税人提供了进行税收筹划、寻找低税负、降低税收成本的机会。

6. 多变性

各国的税收政策，尤其是各税种的实施细则等，随着政治、经济形势的变化会不断地发生变化；会计制度千差万别，不断变化。因此，税收筹划也就具有多变性。纳税人应随时关注国家税收制度的变动，进行税收筹划的应变调整。

7. 专业性

专业性主要不是指纳税人的税收筹划需要其财务、会计专业人员进行，而是指面临社会化大生产、全球经济日趋一体化、国际经贸业务的日益频繁、规模越来越大，而各国税制也越来越复杂，仅靠纳税人自身进行税收筹划已经显得力不从心，作为第三产业的税务代理、税务咨询便应运而生。现在世界各国，尤其是发达国家的会计师事务所、税务师事务所纷纷开辟和发展有关税收筹划的咨询业务，说明税收筹划呈越来越专业化的特点。所以税收筹划不但需要一些高精尖专业人才，而且作为一种产业应日趋完善。

第三节 税收筹划的方法

一、税收筹划基本步骤

税收筹划一般要遵循以下几个步骤：

1. 熟知税法与财务会计制度、相关经济法规的规定

要进行税收筹划，必须熟知税法及相关法律，全面掌握税法的若干规定，尤其是各项税收优惠、税收鼓励政策，往往都散见于各项文件之中，有的是人大常委会、国务院颁发的，有的是财政部、国家税务总局联合发文，有的是国家税务总局发文，还有的可能是省（市）发文，对这些规定均需要收集、整理，进行归类；同时还要掌握企业财务制度的有关规定，尤其是和税法规定不一致的要逐一进行纳税调整。

2. 确立筹划目标，建立备选方案

根据税收筹划内容，确立税收筹划的目标，建立多个备选方案，每一方案都包含特定法律安排。

3. 建立数学模型，进行模拟决策（测算）

根据税法的有关规定和纳税人预计经营情况（中、长期预算等），尽可能建立数学模型，进行验算，模拟决策，定量分析，修改备选方案。

4. 根据税后净回报，排列选择方案

分析每一备选方案，所有备选方案的比较都要在成本最低化和企业价值最大化的分析框架内进行，并以此标准确立能够产生最大税后净回报的方案。另外，还要考虑企业风险、税收风险、政治风险等因素。

5. 选择最佳方案

最佳方案是在特定环境下选择的，这些环境能保持多长时间的稳定期，事先也应有所考虑，尤其是在国际税收筹划时，更应考虑这个问题。

6. 付诸实践，信息反馈

付诸实践后，再运用信息反馈制度，验证实际税收筹划结果是否如当初测算、估算。为今后税收筹划提供参考依据。

二、税收筹划的一般方法

税收筹划的方法很多，这里介绍几种税收筹划的基本方法。

（一）价格转让法

价格转让法是指两个或两个以上有经济利益联系的经济实体为共同获取更多利润和更多的满足经济利益的需要，以内部价格进行的销售活动，这是避税实践中最基本的方法。由于双方存在大量交易往来，不论是内部定价，还是协商定价，都是非常复杂的问题，局外人很难获得定价的真实资料。为确保集团公司的最大利益，对交易价格进行合理筹划可能达到理想目的。但须注意的是，我国税法和企业会计制度，对关联方交易价格的确定，均制定了相关政策，所以在筹划过程中应考虑相关规定的约束。

（二）成本（费用）调整法

成本（费用）调整法是通过对成本（费用）的合理调整或分配（摊销），抵消收益、减少利润，以达到规避纳税义务的各种方法。但须注意，合理的成本与费用的调整和摊销，

应根据现行税法、财务会计制度的规定，在可允许的范围内做的一些"筹划"，不可违法乱摊成本、乱挤费用。

（三）筹资法

筹资法是利用筹资技术使企业达到最大获利水平和使税负最轻的方法。企业的筹资方式除了靠自我积累外，还可以向银行或金融机构贷款、企业之间拆借、向社会或企业内部发行债券、股票等。不同筹资方式税收效果不同，对筹资的税收筹划也是一个重要内容。

（四）租赁法

租赁可以获得双重利益，对承租方而言，可以避免因长期拥有机器设备而增加负担和承担风险，同时，又可以在经营活动中以支付租金的方式冲减企业利润，减少应纳税额；对出租方而言，不必为如何使用设备及利用效果费心，获得的租金收入通常比经营利润享受较优惠的税收待遇，也是一种减轻税负的行为。

（五）投资法

投资的主要目的是盈利，由于现行税收制度对投资有影响，所以在投资中，尤其是长期投资中，需要考虑税收因素的影响。投资者须判定其投资项目按照税法规定应缴纳哪些税收，然后根据对相关指标的比较，选择最佳投资方案。

三、税收筹划的基本技术

从税制构成要素角度进行探讨，税收筹划的基本技术可以归纳如下几类：

（1）免税技术。尽量使免税期最长、免税额最大化。

（2）减税技术。尽量争取减税待遇和使减税期最长、减税额最大化。

（3）税率差异技术。尽量利用税率的差异使减税最大化。

（4）分割技术。使所得、财产在两个或更多个纳税人之间进行分割。尤其是针对累进税率的计税依据进行分割，降低税基，降低相应税率。

（5）扣除技术。使税收扣除额、宽免额和冲抵额等最大化。

（6）抵免扣技术。使税收抵免额最大化。

（7）延期纳税技术。尽量采用延期缴纳税款的节税技术。

（8）退税技术。争取退税待遇和使退税额最大化的节税技术。

第四节　税收筹划实务

一、企业兼并重组的税收筹划

目前，出于各种不同的动机，企业兼并重组的风潮日益盛行，国内外企业在兼并重组中进行税收筹划也日益受到人们重视。

兼并重组作为企业重组中的一个重要类型，在实践操作中，税收筹划起着重要的作用。因为它不但包括对合并企业自身承受能力的分析，而且包括对被兼并企业税收负担能力的分析。只有在分析的基础上选择兼并重组的最佳方案，才能达到税收筹划的理想目的。

例 9-3 A 企业是一建材厂家，经评估确认资产总额为 1 000 万元，负债总额 1 800 万元。A 企业有一条生产线前景较好，原值 500 万元，评估价值 800 万元。A 企业已严重资不抵债，无力继续经营，另有一 B 建筑公司，B 建筑公司建筑材料大部分从 A 企业购买，且有能力购买 A 企业该生产线。双方经过协商、达成初步并购意向，并有如下三种并购方案可供选择：

方案一：B 建筑公司以现金 800 万元直接购买 A 企业生产线，A 企业宣告破产；

方案二：B 建筑公司承担全部债务方式整体并购 A 企业；

方案三：A 企业首先以生产线评估值 800 万元重新注册一全新子公司，简称 C 公司，C 公司承担 A 企业债务 800 万元，即 C 公司资产和负债总额均为 800 万元，净资产为 0。此时 B 建筑公司购买 C 公司，A 企业再随后破产。

分析要点：

1. 三种方案下 A 企业的税负分析

方案一：属于有偿转让财产所有权，应承担的相关税负为：

（1）流转税：按照现行《增值税暂行条例》及其细则的有关规定，销售生产线属于销售不动产，应纳增值税（800−500）×11%=33（万元）（假设不考虑城建税、教育费附加，下同）。

（2）企业所得税：按企业所得税有关政策规定，企业在产权转让过程中，发生的产权转让净收益，要确定财产转让所得，依法缴纳企业所得税，应纳企业所得税=（800−500）×25%=75（万元）。

此方案承担税负共计 108 万元。

方案二：属于企业股权交易行为，应承担的相关税负为：

（1）流转税：按照现行《增值税暂行条例》及其实施细则的有关规定，股权交易行为不纳增值税。

（2）企业所得税：按企业所得税有关政策规定，在通常情况下，被合并企业应视为按公允价值转让、处置全部资产，计算资产转让所得，依法缴纳企业所得税。如果被合并企业的资产和负债基本相等，即净资产为 0，合并企业以承担被合并企业全部债务的方式实现吸收合并，不视为被合并企业按公允价值转让、处置全部资产，不计算资产的转让所得。A 企业的资产总额 1 000 万元，负债总额为 1 800 万元，已严重资不抵债，根据以上规定，在企业合并时，被兼并企业不视为按公允价值转让、处置全部资产，不缴纳企业所得税。

此方案承担税负为 0。

方案三：属企业股权交易行为，应承担的相关税负为：

（1）流转税：按照现行《增值税暂行条例》及其实施细则的有关规定，同方案二，不纳增值税。

（2）企业所得税：须从以下两步骤进行分析：

第一步，A 企业分立出 C 公司，按企业所得税有关企业分立业务的税务处理，被分立企业视为按公允价值转让其被分离出来部分或全部资产，计算被分立资产的财产转让所得，依法缴纳所得税；分立企业接受被分立企业的资产，在计税时，可按经评估确认的价值确认成本。所以A企业分立出C公司后，A企业应按公允价值800万元与原值500万元之差300万元，确认财产转让所得，依法缴纳企业所得税（800−500）×25%=75（万元）。另外分立出的C公司生产线的计税成本为800万元。

第二步：C公司被B建筑公司合并。根据企业合并有关政策规定，在通常情况下，被合并企业应视为按公允价值转让、处置全部资产，计算资产转让所得，依法缴纳企业所得税。由于C公司生产线资产评估价值800万元，计税成本也为800万元，因此，转让所得为零，不缴纳企业所得税。

方案三税负共计为75万元。

据此，从A企业承担税负角度考虑，方案二税负最轻，为0，其次是方案三，税负为75万元，最后是方案一，税负为108万元。

2. 三种方案下B企业的税负分析

方案一：B建筑公司只需购买A企业的生产线，不必购买其他没有利用价值的资产，而且不必承担A企业巨额债务。但是从现金流量角度考虑，B建筑公司须支付高额现金800万元。所以，对B建筑公司而言，一次性支付经济负担巨大。

方案二：B建筑公司须购买A企业的全部资产，对于B建筑公司而言，没有此必要，同时须承担大量债务。因此，在经济上是不可行的。

方案三：可从以下几方面进行分析：一方面：B建筑公司避免支付大量现金，解决了筹集现金的难题；第二方面：C公司只承担A企业的一部分债务，资产与负债基本相等，B建筑公司购买C公司所付代价非常低，几乎为零；第三方面：B建筑公司在付出代价非常低的前提下，购买了A企业有发展前景的生产线，减少了其他资产的不必要购买，进而增加了经济上的可行性。

所以，从B建筑公司经济负担上的可行性分析，得知，方案三是首选，其次是方案一，再次是方案二。

综合以上对兼并重组双方分析：无论是合并企业的支付能力分析，还是从被兼并企业的税负承受能力分析，方案三对于双方来说是最优、最可行的方案。

二、企业筹资的税收筹划

企业在进行生产、经营及投资活动中，需要筹集一定数量的资金满足其需要。

企业筹集资金的方式一般有以下几种：①向金融机构借款；②企业之间相互拆借或融资；③向社会筹资，即通过发行股票、债券等方式筹集资金；④自有资金积累，将企业经营的税后收益一部分积累供扩大再生产使用。

不同的筹资方式会产生不同的税负效果。比如，我国现行企业所得税法规定：企业在生产、经营期间向金融机构借款的利息支出，按实际发生数扣除；向非金融机构借款的利息支出，不高于按金融机构同类同期贷款利率计算的数额以内的部分，准予扣除。由此可见，向金融机构借款，企业之间相互拆借资金或向社会发行债券而需要支付的借款费用在一定程度上能冲减企业应纳税所得额，减少企业应纳所得税税额。股息和自由资金积累则达不到降低企业所得和税负的目的。所以在筹资过程中应考虑不同筹资方式对税负的影响。

以上观点并不是支持借款和发行债券是比发行股票和利用自由资金筹资更优的方案。

在实践中，还应具体情况，具体分析。另外，还要从量化上比较哪种筹资方案的资金成本率最低等因素权衡选择。

另外，借款对象选择不同对税负也有一定影响。比如我国现行税法规定，关联方之间借款，纳税人从关联方取得的借款金额超过其注册资本50%的，超过部分利息支出，不得在税前扣除。针对此政策，关联方之间借款完全可以通过税收筹划排除这一限制。

例 9-4 甲、乙两公司是关联企业，乙为甲的全资子公司，其注册资本为500万元，乙公司于201×年1月1日向甲借款400万元，双方协议约定，借款期限为一年，借款利率为10%。（同类同期银行贷款利率假定为8%，金融保险业增值税税率为6%，城建税税率为7%，教育费附加征收率为3%，企业所得税税率为25%）。

分析要点：

在未经筹划前提下，双方税负情况如下：

甲企业：应纳增值税=40×6%=2.4（万元）

应纳城建税、教育费附加合计=2.4×10%=0.24（万元）

乙企业：乙企业在财务费用中列支借款利息40万元，按我国税法有关规定，允许扣除的借款利息=500×50%×8%=20（万元），超标准列支20万元，应调增应纳税所得额20万元，假定201×年会计利润为100万元，不考虑其他纳税调整因素，乙企业当年应纳企业所得税税额=（100+20）×25%=30（万元）。

综上分析可见，甲公司得到利息40万元，乙公司支付利息40万元，由于属于关联方之间交易，对整个利益集团而言，既无收益又无损失。但由于甲乙是企业所得税的独立纳税人，且税法对关联方之间借款有限制，使乙公司额外支付所得税5万元（20×25%），支付增值税、城建税教育费附加共计2.64万元。对整个集团而言，纳税增加7.64万元。

通过以下方案的筹划，则可减少纳税成本：

（1）将借款变为投资。如果甲乙两公司企业所得税税率相同，乙公司支付给甲公司股息不存在补缴企业所得税问题，也不存在流转税问题。

（2）如果甲乙之间存在购销关系，完全可以将借款转化为"预付账款"或"应收账款"，双方之间约定免息，这在税法中是没有限制的，从而也避免了关联方之间借款筹资的纳税影响。

可见，税收筹划在筹资过程中是有用武之地的。

三、企业投资业务中的税收筹划

企业在投资过程中，都须坚守一个目的，利用有限资金获取最大的投资收益，而税收在投资方案中是必须要考虑的一个因素。税负成本高低会大大影响投资收益高低，所以在进行新的投资时必须进行合理的税收筹划，本书对此主要从以下几方面进行阐述。

（一）投资地点的选择

投资者在选择投资地点时，除考虑基础设施、原材料供应、金融环境、技术和劳动力供应等常规因素外，不同地区的税收制度差别也是应考虑的一重要因素。无论是国内投资还是跨国投资，均应充分利用不同地区的税制差别或区域性税收倾斜政策，选择整体税负较低的地点进行投资。比如我国对高新技术产业开发区、西部地区、沿海开放城市、经济特区等地区均有相应的税制差别和税收倾斜政策。另外从世界范围看，有的地区或国家不征所得税，有的税率高达50%，两者差距是非常悬殊的，所以，投资地点选择对企业投资净收益影响很大。

（二）投资行业的选择

投资地点选择非常重要，但即使投资地点相同，投资行业不同也有不同的税收政策。

如我国现行外商投资企业所得税对能源、交通、港口、码头或国家鼓励类的其他项目，税率按15%执行，对在西部地区新办交通、水利、邮政、广播电视事业，上述项目业务收入占企业总收入70%以上的，外商投资企业经营期10年以上，自获利年度起，第一年至第二年免征所得税，第三年至第五年减半征收所得税。

我国内资企业对不同行业也有一定优惠政策，比如对高新技术产业开发区内的高新技术企业，按15%所得税税率，而且自投产年度起，免征所得税2年；对在西部地区新办交通、水利、邮政、广播电视事业，上述项目业务收入占企业总收入70%以上的，自获利年度起，第一年至第二年免征所得税，第三年至第五年减半征收所得税。

综上所述，投资行业选择，也是税收筹划的必要方面，目前世界各地都普遍实行行业性税收倾斜政策，来迎合不同经济发展阶段的需求，这为合理进行筹划提供了便利。

（三）投资方式的选择

投资方式多种多样，有各种直接投资，投资于企业、设备；还有各种间接投资，比如股票、债券等。不同投资方式税收待遇是有区别的。

例 9-5 甲公司准备利用闲置资金进行债券投资，有两种债券可供选择，一种是铁路建设债券，年利率为5.59%；另一种是国库券，年利率为5%。在两种债券选择时，试通过税收杠杆的调节作用进行分析，合理筹划，选择哪种投资方式对企业更为有利？（该企业所得税税率为25%）

分析要点：按现行企业所得税法有关规定，纳税人购买国债利息收入，不计入应纳税所得额，免征企业所得税，而购买铁路建设债券取得的利息收入则需要缴纳12.5%的企业所得税（减半征收）。如果投资于铁路建设债券，最终取得税后收益为5.59%×（1−12.5%）= 4.89%，很显然，投资国债，表面利率5%虽低，但税后收益却由于免征所得税高于铁路建设债券。所以，在投资前进行税收筹划，确定投资方式，是非常必要的。通过分析可知，购买国债的投资方式对企业更有利。

四、企业经营中的税收筹划

企业在经营过程中会涉及多种多样的业务，针对不同业务的各自特点，适当进行税收筹划能达到提高企业税后收益的目的。主要从以下几个角度进行论述：

（一）记账汇率的选择

根据会计准则，企业日常外币业务所发生的汇兑损益直接计入当期损益，因此，进行所得税筹划的关键是通过选取适当的记账汇率，使得核算出的净汇兑损失最大化或净汇兑收益最小化，从而尽量使企业当期的应纳税所得额最小化。

例 9-6 某企业以人民币为记账本位币，5月25日企业用60 000美元到银行兑换为人民币。银行当日美元买入价为1美元=6.32元人民币，当月1日市场汇率为1美元=6.30元人民币，当日市场汇率为1美元=6.35元人民币。

若该企业选择当日市场汇率为记账汇率，则有汇兑损失1 800元[(6.32−6.35)×60 000]；若该企业选择当月1日市场汇率为记账汇率，则有汇兑收益1 200元[(6.32−6.30)×60 000]。所以在汇率上升时，该笔业务选择当日市场汇率为记账汇率较为有利，而汇率下降时，则选择当月1日汇率为记账汇率较为有利。

（二）存货计价方法的选择

存货成本的计算，对于产品成本、企业利润及所得税都有较大的影响。会计准则规定，存货购入以实际成本入账；存货的发出和领用成本的计价方法，可采用先进先出法、加权平均法、移动平均法、个别计价法等方法；我国现行税制规定，纳税人各项存货的发出和领用，其实际成本的计算方法，可以在上述方法中任选一种，计价方法一经选定，不得随意改变。现举例如下：

例 9-7 某企业在20×0年先后进货两批，数量相同，进价分别为400万元和600万元。20×1年和20×2年各出售一半，售价均为1 000万元。所得税税率为25%。在加权平均法、先进先出法和个别计价法下，销售成本、所得税和净利润的计算如表9-1所示。

表 9-1　存货计价方法比较实例　（单位：万元）

	加权平均法			先进先出法			个别计价法		
	20×1年	20×2年	合计	20×1年	20×2年	合计	20×1年	20×2年	合计
销售收入	1 000	1 000	2 000	1 000	1 000	2 000	1 000	1 000	2 000
销售成本	500	500	1 000	400	600	1 000	450	550	1 000
税前利润	500	500	1 000	600	400	1 000	550	450	1 000
所得税	125	125	250	150	100	250	137.5	112.5	250
净利润	375	375	750	450	300	750	412.5	337.5	750

注：表中个别计价法销售成本根据发出存货明细记录确定。

分析要点：从表中数据可知，虽然各项数据的两年合计相等，但不同计价方法对不同年份的数据产生了影响。20×1年企业所得税在加权平均法下为125万元，先进先出法下为150万元，个别计价法下为137.5万元。可见，采用先进先出法计算存货成本企业承担税负最重，用加权平均法最轻，个别计价法较为中性，但需要符合适用条件。在物价上涨时，宜优先选择加权平均法中的移动平均法，如果存货价格呈下降趋势，就应采用先进先出法。但是，需要注意的是，计价方法一经选定，不得随意改变，确实需要改变计价方法的，应当在下一纳税年度开始前报主管税务机关备案。

另外，对享受定期减免所得税的企业，正确选择存货计价的核算方法也同样起到降低税负的作用。

（三）"以旧换新"的税收筹划

"以旧换新"是指企业用旧的固定资产，跟生产商作价后换取新的固定资产。这对企业来说，就是换出的旧设备按固定资产清理处理，可按 2%的增值税税率计税；换进的新设备按购进设备处理，即按 17%的税率计算进项税额。这中间存在 15 个点的税差。

例 9-8 某建筑公司用一台六成新的设备从供应商那换取一台新设备。旧设备原值为 200 万元，已提折旧 80 万元，作价 120 万元给供应商，补价 80 万元，并取得新的设备，供应商按售价 200 万元开具了增值税专用发票。

分析要点：

旧设备视同销售需计算的销项税额=1 200 000÷（1+3%）×2%=23 300.97（元）

换取新设备可以取得进项税额=2 000 000÷（1+17%）×17%=290 598.29（元）

这两个数相差 267 297.32 元，即企业减轻的增值税税负，占 80 万元补价的 33.41%（267 297.32÷800 000），补价的相当比例转化成了进项税额。

在企业实务中，"以旧换新"一般要根据换出设备的成新率来确定换入新设备的补价，设备较旧，补价就多，设备较新，补价就少。从企业长足发展来说，一些固定资产迟早要更新，所以，企业换入新设备承担的补价，可以看作是设备成本的时间价值带来的费用，但这笔费用可以获取较多的进项税额，来减轻企业的高税负。

（四）折旧方法选择不同的筹划

固定资产折旧方法主要有平均年限法、双倍余额递减法和年数总和法。现就三种不同折旧方法通过案例形式分析对企业所得税的影响。

例 9-9 胜利汽车制造厂，设备原值 500 000 元，净残值为 5%，年限假定均为 5 年。

案例分析：

（1）平均年限法年折旧额为 95 000 元。

（2）双倍余额递减法年折旧率=2/折旧年限×100%=40%

实行双倍余额递减法的固定资产，在其固定资产折旧年限到期前两年内，将固定资产净值扣除预计净残值后的净额平均摊销。（净残值为 500 000×5%=25 000）

故五年每年折旧额为：

第一年为 500 000×40%=200 000（元）

第二年为（500 000−200 000）×40%=120 000（元）

第三年为（500 000−320 000）×40%=72 000（元）

第四年为（108 000−25 000）×50%=41 500（元）

第五年为（108 000−25 000）×50%=41 500（元）

（3）年数总和法年折旧率=（折旧年限−已使用年限）/年数总和×100%

其中：年数总和=折旧年限×（折旧年限+1）/2

年折旧额=（固定资产原值−预计残值）×年折旧率

故五年中每年折旧额见表 9-2。

表 9-2　年折旧额表　（单位：元）

年　份	折　旧　率	年 折 旧 额	账 面 净 值
第一年	5/15	158 333	341 667
第二年	4/15	126 667	215 000
第三年	3/15	95 000	120 000
第四年	2/15	63 333	56 667
第五年	1/15	31 667	25 000

假设该企业采用平均年限法计算折旧时，每年的税前利润都是 100 万元，则：采用加速折旧计算的税前利润=采用平均年限法计算折旧每年的税前利润 1 000 000 元+平均年限法折旧额 95 000 元−采用加速折旧计算的折旧额。年数总和法同理。该企业所得税率为 25%。现将每年税前利润和所得税额列表（见表 9-3）。

表 9-3　不同折旧方法对所得税的影响比较　（单位：元）

年份	平均年限法			双倍余额递减法			年数总和法		
	年折旧额	税前利润	所得税额	年折旧额	税前利润	所得税额	年折旧额	税前利润	所得税额
第一年	95 000	1 000 000	250 000	200 000	895 000	223 750	158 333	936 667	234 167
第二年	95 000	1 000 000	250 000	120 000	975 000	243 750	126 667	968 333	242 083
第三年	95 000	1 000 000	250 000	72 000	1 023 000	255 750	95 000	1 000 000	250 000
第四年	95 000	1 000 000	250 000	41 500	1 053 500	263 375	63 333	1 031 667	257 917
第五年	95 000	1 000 000	250 000	41 500	1 053 500	263 375	31 667	1 063 333	265 833
合计	475 000	5 000 000	1 250 000	475 000	5 000 000	1 250 000	475 000	5 000 000	1 250 000

从表中数据可知，虽然各项数据的五年合计相等，但不同计价方法对不同年份的数据产生了影响。以第一年为例，企业应纳税所得额在平均年限法、双倍余额递减法和年数总和法下分别为 250 000 元、223 750 元、234 167 元。如果采用双倍余额递减法可节税 26 250 元，如果采用年数总和法可节税 15 833 元。由此可见折旧方法不同对所得税的多少起着重要的影响。

（五）混合销售的纳税筹划

根据“营改增”有关规定，一项销售行为如果既涉及服务又涉及货物，为混合销售。从事货物的生产、批发或者零售的单位和个体工商户的混合销售行为，按照销售货物缴纳增值税；其他单位和个体工商户的混合销售行为，按照销售服务缴纳增值税。

所谓以从事货物的生产、批发或零售为主，是指纳税人的年货物销售额与非增值税应税劳务营业额的合计数中，年货物销售额超过 50%，非增值税应税劳务营业额低于 50%。

例 9-10 世纪空调城销售空调器 2 000 台，不含税销售额 500 万元，当月可抵扣进项税额 80 万元；同时为客户提供上门安装业务，收取安装费（含税）23.4 万元。

按“营改增”有关规定，销售空调器和取得安装费同属于增值税的范围，但该项销售行为涉及增值税两个不同税率，销售空调器增值税率 17%，提供上门安装业务属于安装服务，增值税率 11%。而该项销售行为所销售的空调器和收取的安装费又是因同一项销售业务而发生的。因此该空调城的这种销售行为实际上是一种混合销售行为。由于该空调城是从事货物的批发、零售企业，故该空调城取得的安装费收入 23.4 万元，应并入空调器的价款一并按

17%的税率计算缴纳增值税。其应纳税额=[500+23.4/（1+17%）]×17%−80 =8.4（万元）。

税收筹划做法：该空调城把安装空调器的部门独立出来成立以空调安装公司，实行独立核算，这样，空调器的安装费就可改为按11%计算缴纳增值税。其应纳税款计算如下：

空调城应纳增值税额=500×17%−80=5（万元）

空调安装公司应纳增值税=23.4/（1+11%）×11%=2.318 9（万元）

合计共应纳税额=5+2.318 9=7.318 9（万元）

与不进行纳税筹划相比可少缴税款=8.4−7.318 9 =1.081 1（万元）

一般情况下，服务业的税收负担会轻一些，尤其是在混合销售中进项税额相对较少的情况下更是如此。因此，对于混合销售行为，应考虑税收因素，积极筹划，以减轻自身的税收负担。

（六）一般纳税人与小规模纳税人的筹划

主要根据增值税税率与征收率不同、会计机构设置、进项税额所占比重进行论述。

1. 根据增值税税率与征收率

现行增值税制规定对增值税一般纳税人，按法定税率17%或低税率13%两种税率形式，以销售额与适用税率相乘得到销项税额，实行购进扣税法，凭发票抵扣进项税额。而小规模纳税人，进项税额一律不予扣除，规定了 3%的征收率，直接用销售额与征收率相乘得到应纳增值税额。

现就两种纳税人的税负通过定量分析来确定较科学、经济的纳税人类型，即增值税纳税人选择的税收筹划。理论根据如下：

一般纳税人应纳税额=当期销项税额−当期进项税额

=销售额×17%−销售额×17%×（1−增值率）

=销售额×17%×增值率

小规模纳税人应纳税额=销售额×征收率=销售额×3%

两种类型纳税人应纳税额相等时有如下计算等式：

销售额×17%×增值率=销售额×3%

增值率=3%/17%×100%=17.65%

可见当增值率为 17.65%时，两种纳税人的税负相同；如企业增值率大于 17.65%时，一般纳税人的税负重于小规模纳税人，则小规模纳税人较合适；但是要注意，如果达到一般纳税人的标准，单纯的不向税务机关申请认定为一般纳税人，按小规模纳税人计算税额，这种方案是不可行的。因为，对符合一般纳税人条件但不申请办理一般纳税人认定手续的纳税人，税法规定应按销售额依照增值税税率计算应纳税额，不得抵扣进项税额，也不得使用增值税专用发票。若小于 17.65%时，则一般纳税人税收负担较低，比较合适。

2. 会计机构设置

企业为一般纳税人的一个必备条件是会计核算健全。假定两类纳税人税负水平相差不大，若单纯为达到核算健全目的而增加会计人员，则会增加此部分人员工资开支，其实是得不偿失的。

3. 根据进项税额的比例

增值税一般纳税人应纳税额=当期销项税额−当期进项税额，根据此公式，可以推断增值税一般纳税人税负水平由两方面因素决定，既与企业销项税额有关，同时也与企业当期进项税额有密切关系。假定企业由于经营方式不同，进项税额所占比重较小，则企业按小规模纳税人计算公式计算企业应纳税额较合适。

例 9-11　昌盛汽车修理厂，主营是提供汽车修理修配劳务，同时销售配件。由于企业一部分收入来源为汽车修理、修配劳务，而此部分收入没有相应的进项税额取得。购进配件进项税额仅占销项税额 10%比重，企业作为小规模纳税人合适一些。

从以上分析可见，一般纳税人与小规模纳税人类型的合理选择，可达到降低税负的目的。

本 章 小 结

本章主要讲述了现行税法原则与会计制度核算原则的差异、纳税调整、税收筹划的有关内容。只有掌握了税法原则与会计制度核算的差异，才能对企业发生的各项具体业务进行纳税调整。只有掌握了以上税法与会计有关规定才能依循税收筹划方法、技术、步骤，进行税收筹划，降低企业税收成本，使企业收益最大化。

基础知识与技能训练题

一、名词解释

纳税调整　　税收筹划　　权责发生制原则　　谨慎性　　实质重于形式

二、简答题

1. 对比税法原则与会计信息质量要求，分析差异。
2. 税收筹划应遵循的原则有哪些？
3. 税收筹划的基本步骤有哪些？
4. 税收筹划的特点有哪些？
5. 税收筹划的基本技术有哪些？

三、单项选择题

1. 税收筹划的目的是（　　）。

　A. 逃税　　　　B. 避税

　C. 使纳税人税收负担最低化　　　　D. 偷税

2.（　　）原则规定纳税人应在成本费用发生时而不是实际支付时确认扣除。

　A. 确定性原则　　　　B. 权责发生制原则

　C. 相关性原则　　　　D. 配比原则

3．（　　）要求会计信息能够满足各方面的需要。

A．确定性　　B．相关性　　C．客观性　　D．实质重于形式

4．以下不属于会计信息质量要求的是（　　）。

A．重要性　　B．相关性　　C．合理性　　D．谨慎性

5．由于计提存货减值准备而产生的纳税调整金额属于（　　）。

A．误差　　B．差错　　C．永久性差异　　D．暂时性差异

6．海洋化工厂20×6年度会计利润为100万元，20×6年度计提了固定资产减值准备2万元，存货跌价准备10万元，该化工厂20×6年度年终汇算清缴时纳税调整金额为（　　）。

A．100万元　　B．112万元　　C．110万元　　D．12万元

7．凯特有限公司，20×6年11月接受红昌公司捐赠一批原材料，该批原材料公允价值50万元，增值税专用发票注明进项税额8.5万元，则，20×6年度年终汇算清缴时纳税调整金额为（　　）。

A．50万元　　B．8.5万元　　C．58.5万元　　D．41.5万元

8．税收筹划的最基本原则是（　　）。

A．不违法原则　　B．保护性原则　　C．实效性原则　　D．整体综合性原则

9．税收筹划的根本原则是（　　）。

A．不违法原则　　B．保护性原则　　C．实效性原则　　D．整体综合性原则

10．下列不属于税收筹划特征的是（　　）。

A．合法性　　B．目的性　　C．时效性原则　　D．符合政府政策导向

四、多项选择题

1．某股份有限公司，20×6年度财务会计报告日为，20×7年2月10日，年终汇算清缴日为2月15日，假定该企业，20×7年1月28日收到20×6年度销货退回20万元，成本15万元(增值税税率17%)，则1月28日收到销货退回时处理正确的为（假定货款尚未收到）（　　）。

A．借：以前年度损益调整　　200 000

　　贷：应收账款　　234 000

　　　　应交税费——应交增值税（销项税额）　　34 000（红字）

B．借：主营业务收入　　200 000

　　贷：应收账款　　234 000

　　　　应交税费——应交增值税（销项税额）　　34 000（红字）

C．借：库存商品　　150 000

　　贷：以前年度损益调整　　150 000

D．借：库存商品　　150 000

　　贷：主营业务成本　　150 000

2．下列属于税收筹划特征的有（　　）。

A．合法性　　B．目的性　　C．超前性　　D．专业性

3．会计信息质量要求有（　　）。

A．可靠性　　B．相关性　　C．可比性　　D．及时性

4．企业接受固定资产捐赠，进行纳税调整时涉及的会计科目有（　　）。

A．固定资产　　B．递延所得税负债

C．应交税费——应交所得税　　D．营业外收入

5．税收筹划的基本技术有（　　）。

A．税率差异技术　B．抵免扣技术　C．延期纳税技术　D．退税技术

6．税收筹划的一般方法有（　　）。

A．价格转让法　B．成本费用调整法　C．低税区避税法　D．租赁法

7．税收筹划的积极意义是（　　）。

A．维护纳税人的合法权利，追求税后利益最大化

B．有利于国家税收政策目标的实现

C．纳税人可在税收筹划过程中学习税法，进而提高纳税人依法纳税的自觉性

D．在税收筹划过程中会暴露税制不完善的地方，有利于发现问题并解决问题

8．由于税法处理原则与会计处理原则不一致需进行纳税调整的事项有（　　）。

A．企业接受捐赠资产　B．企业对外捐赠资产

C．企业发生销货退回　D．企业为减资回购本公司股票

9．税收筹划的原则是（　　）。

A．不违法性原则　B．保护性原则　C．时效性原则　D．整体综合性原则

10．企业投资业务中的税收筹划主要有（　　）。

A．投资地点的选择　B．投资行业的选择　C．投资方式的选择　D．记账汇率的选择

五、业务题

1．盛隆纺织有限公司201×年度会计利润为500万元，年末应收账款余额为3 000万元，税法规定坏账准备计提比例为千分之五，企业年末坏账准备贷方余额为20万元，该企业某大型设备计提减值准备50万元，假定不考虑残值，企业采用直线法计提折旧，折旧年限为10年，计算当年年终汇算清缴时当年度的应纳税所得额。

2．胜利服装厂10月份将自产服装一批捐赠给兴达化工厂，该批服装成本80 000元，同类产品销售价格为100 000元，（增值税税率为17%，企业所得税税率均为25%）试对双方做相关会计处理并进行纳税调整。

3．某企业有甲、乙两个项目的投资方案，假设这两个投资项目投资金额相等，企业所得税税率均为25%。

预计甲项目投产后，年含税销售收入200万元，外购各种含税支出160万元（假定均能取得合法抵扣票据，税率17%），增值税一般纳税人，税率为17%；

预计乙项目投产后，年营业收入额为200万元，各项支出为160万元（均不能取得合法抵扣票据），为增值税一般纳税人，税率6%。

试对该企业两投资方案进行抉择。

4．蓝天建筑安装材料公司属于增值税一般纳税人，该公司有两块业务，一块是批发、零售建筑安装材料，并提供安装、装饰业务；一块是提供建材设备租赁业务。5月份该公司的经营业务如下：销售建筑装饰材料100万元（不含税），取得有增值税专用发票的进项税额15万元；提供安装、装饰服务收入60万元，设备租赁服务收入20万元，共获得劳务收入80万元。

试分析该企业是否应对销售建筑安装材料以外的业务单独成立分公司。

5．宏达汽车贸易有限公司201×年8月26日，由于该年销售某型号汽车数量达到一定额度，收到汽车生产厂家返利200万元，根据增值税法有关规定，对商业企业向供货方收取的与商品销售量、销售额挂钩的各种返还收入，均应按照平销返利行为的有关规定冲减当期增值税进项税金。所以该企业按规定冲减了当期进项税金200/（1+17%）×17%＝29.06（万元）。试用税收筹划的方法帮助该企业进行筹划，尽量降低企业税负。

参 考 文 献

[1] 财政部，国家税务总局．关于全面推开营业税改征增值税试点的通知[EB/OL]. [2016-03-23].http://szs.mof.gov.cn/zhengwuxinxi/zhengcefabu/201603/t20160324_1922515.html.

[2] 中国注册会计师协会．税法[M]．北京：经济科学出版社，2016．

[3] 中国注册会计师协会．税法[M]．北京：中国财政经济出版社，2017．

[4] 中国注册会计师协会．会计[M]．北京：中国财政经济出版社，2016．

[5] 中国注册会计师协会．会计[M]．北京：中国财政经济出版社，2017．

[6] 企业会计准则编审委员会．企业会计准则——应用指南[M]．上海：立信会计出版社，2006．